大学 学科地图 丛书

丛书总策划　　周雁翎

社会科学策划　　刘　军

人文学科策划　　周志刚

大学 学科地图 丛书

经济学与管理学系列

A GUIDEBOOK FOR STUDENTS

发展经济学学科地图

叶初升　主编
罗连发　李慧　副主编

图书在版编目(CIP)数据

发展经济学学科地图/叶初升主编. —北京:北京大学出版社,2023.10
(大学学科地图丛书)
ISBN 978-7-301-33495-9

Ⅰ. ①发… Ⅱ. ①叶… Ⅲ. ①发展经济学—高等学校—教材 Ⅳ. ①F061.3

中国版本图书馆 CIP 数据核字(2022)第 193178 号

书　　名	发展经济学学科地图
	FAZHAN JINGJIXUE XUEKE DITU
著作责任者	叶初升　主编
责 任 编 辑	刘　军
标 准 书 号	ISBN 978-7-301-33495-9
出 版 发 行	北京大学出版社
地　　址	北京市海淀区成府路 205 号　100871
网　　址	http://www.pup.cn　新浪微博:@北京大学出版社
微信公众号	通识书苑(微信号:sartspku)
	科学元典(微信号:kexueyuandian)
电 子 邮 箱	编辑部 jyzx@pup.cn　　总编室 zpup@pup.cn
电　　话	邮购部 010-62752015　发行部 010-62750672
	编辑部 010-62753056
印 刷 者	北京鑫海金澳胶印有限公司
经 销 者	新华书店
	730 毫米×1020 毫米　16 开本　22.75 印张　390 千字
	2023 年 10 月第 1 版　2023 年 10 月第 1 次印刷
定　　价	92.00 元

未经许可,不得以任何方式复制或抄袭本书之部分或全部内容。
版权所有,侵权必究
举报电话:010-62752024　电子邮箱:fd@pup.cn
图书如有印装质量问题,请与出版部联系,电话:010-62756370

编写说明

"大学学科地图丛书"是一套简明的学科指南。

这套丛书试图通过提炼各学科的研究对象、概念、范畴、基本问题、致思方式、知识结构、表述方式，阐述学科的历史发展脉络，描绘学科的整体面貌，展现学科的发展趋势及前沿，将学科经纬梳理清楚，为大学生、研究生和青年教师提供进入该学科的门径，训练其专业思维和批判性思维，培养学术兴趣，使其了解现代学术分科的意义和局限，养成整全的学术眼光。

"大学学科地图丛书"的作者不但熟谙教学，而且在各学科共同体内具有良好的声望，对学科历史具有宏观全面的视野，对学科本质具有深刻的把握，对学科内在逻辑具有良好的驾驭能力。他们以巨大的热情投入到书稿的写作中，对提纲反复斟酌，对书稿反复修改，力图使书稿既能清晰展现学科发展的历史脉络，又能准确体现学科发展前沿和未来趋势。

近年来，弱化教学的现象在我国大学不断蔓延。这种倾向不但背离了大学教育的根本使命，而且直接造成了大学教育质量的下滑。因此，当前对各学科进行系统梳理、反思和研究，不但十分必要，而且迫在眉睫。

希望这套丛书的出版能为大学生、研究生和青年教师提供初登"学科堂奥"的进学指南，能为进一步提高大学教育质量、推动现行学科体系的发展与完善尽一份心力。

北京大学出版社

前　言

美国经济学家、哈佛大学哈伯勒教授（Gottfried von Haberler）在谈到经济学的一个分支学科时，把问题提升到经济学究竟是一元（monoeconomics）还是二元（duoeconomics）的认识高度，足见该学科分量之重，也足见人们对该学科的认识分歧之大。这门学科就是发展经济学。

在现代经济学体系中，没有哪个分支像发展经济学这样内容庞杂，几乎涉及所有的经济领域；没有哪个分支像发展经济学这样争议激烈，关乎学科的生死存亡；当然，也没有哪个分支像发展经济学这样专注于发展中国家经济发展，全方位地贴近发展中国家的现实。不仅发展中国家的实践需要发展经济学，人类社会科学理论体系也需要发展经济学。在世界一流大学的经济学课堂上，发展经济学是最有吸引力的课程之一；在世界一流经济学期刊中，发展经济学是最具活力的研究领域之一。截至2022年的92位诺贝尔经济学奖得主中，有12位经济学家是因为发展经济学研究获此殊荣。这在其他经济学分支中是少有的。

内容庞杂，纷争四起；专注于发展中国家经济发展，却诞生并成长于发达国家；学科属性特殊，学术研究生机勃勃……这究竟是怎样的一门学科？为了全方位地了解发展经济学，我们需要一个学科指南、一幅"学科地图"，从教科书介绍的基本概念、发展理论、发展战略和发展政策等构成的知识体系中延伸开来，将学科发展史、学科研究范式、学术前沿问题融入视野，集知识、学科和学术于一体，为读者提供一幅有高度、有广度、有深度的学科图景。应北京大学出版社之邀，我们依托教育部人文社会科学重点研究基地武汉大学经济发展研究中心，组织全国十所高校的青年教师、研究者编写了这本《发展经济学学科地图》。

作为学科指南，本书的主要任务是系统介绍发展经济学学科基本概念与经典理论，勾勒学科思想与研究范式，察悉学术方位与研究前沿，全面展现发展经济学的学科概貌。

全书共分九章。第一章"发展经济学学科综述"对发展经济学进行全方位扫描与深度透视，并尝试对一些有争议的问题进行解答。内容涉及发展经济学的产生、发展经济学的研究范式、学科发展脉络与发展趋势、发展经济学独立存在的合理性与微观基础问题等。第二章"发展经济学学科基本概念"，力图以简洁的语言介绍发展经济学理论体系中的基本概念。在选择概念时，我们特别强调两个原则：一是反映发展中国家经济的基本特征与发展问题；二是具有发展经济学的学科特色。第三章"发展经济学学科基本理论"，依据发展经济学的一般分析路径，从理论产生背景、主要假设与结论、政策含义以及理论对发展经济学的贡献等几个角度，重点介绍贫困陷阱、结构变迁、金融发展、外资利用等较为经典的基本理论。第四章"发展经济学学科研究方法"，着重介绍发展经济学几种重要的研究方法，如跨期的历史比较分析、多重均衡与结构分析、长期的动态非均衡分析、超边际分析与微观实证分析等方法及其应用。虽然发展经济学有着不同于一般经济学的研究对象、研究旨趣和研究范式，但研究方法本身并不特殊，特殊之处在于其方法组合所体现出来的方法应用偏好。第五章"发展经济学学科前沿"主要介绍近年来发展经济学者所关注的前沿议题，包括中等收入陷阱、新人力资本理论、数字经济、经济全球化、新结构经济学等。第六章"发展经济学学科代表人物"，从学者生平、代表理论与见解等方面介绍发展经济学的代表人物。第七章"发展经济学学科经典文献"，介绍了在发展经济学领域中影响广泛而深远的经典文献。第八章"发展经济学重要期刊和学术组织"，介绍发展经济学领域的重要期刊、学术组织、学术会议、基金会等。第九章"发展经济学与中国"勾勒中国经济发展的实践足迹与发展经济学的理论脉络，从两条起伏交错的历史线索中探索发展的逻辑，并阐释中国经济实践的发展经济学意义。

作为国家社会科学基金重大项目（21&ZD71）"新发展阶段伟大实践与发展经济学理论创新研究"的阶段性成果，本书是集体合作的结晶。作者分别来自武汉大学、北京大学、复旦大学、中国人民大学、兰州大学、郑州大学、西南政法大学、南京财经大学、湖北经济学院、武汉商学院等高校。全书九章的具体分工如下：第一章 叶初升；第二章 高考、叶初升；第三章 罗连发；第四章 斯丽娟、叶初升；第五章 赵锐、冯贺霞；第六章 李慧、惠利；第七章 任兆科；第八章 刘亚飞；第九章 彭刚、叶初升。感谢本书的责任编辑刘军老师，从选题策划到书稿的修改完善，为保障本书出版质量付出了大量心血。感谢张文佳、杨健、肖宇晴和侯畅等武汉大学研究生同学，牺牲假期休息时间认真校对。本书能顺利出版，有他们付出的辛勤努力，有他们作出的重要贡献。

地图是现实世界的模型描述，学科地图则是学科的抽象概貌。既然是抽象，就会有取舍；既然有取舍，就不可能像事物本身那样具体、准确和精致，就不可避免地渗透着主体性。受限于我们的学术水平、学术视野和学术偏好，《发展经济学学科地图》难免存在一些遗漏、瑕疵甚至不够准确的地方。我们诚挚期待读者提出宝贵意见，以便今后进一步修改和完善。

中国需要发展经济学，发展经济学也需要中国。发展经济学已经见证了中国从站起来到富起来的经济起飞；在新发展阶段，中国将实现从富起来到强起来的历史性跨越，为发展经济学的新发展贡献中国经验、中国智慧和中国方案。让我们张开双臂，拥抱新时代，迎接发展经济学的春天。

叶初升
2023 年 5 月 22 日于珞珈山

目　录

第一章　发展经济学学科综述

第一节　发展经济学的产生　/ 001
　　一、社会背景与思想渊源　/ 001
　　二、研究对象与研究任务　/ 008
　　三、发展经济学独立存在的合理性与微观基础问题　/ 013

第二节　发展经济学的研究范式　/ 017
　　一、分析空间　/ 017
　　二、逻辑起点　/ 019
　　三、核心论题　/ 020
　　四、研究旨归　/ 021

第三节　发展经济学的理论演进　/ 023
　　一、理论发展脉络　/ 023
　　二、学科发展趋势：从演绎学科转向经验学科　/ 031
　　三、中等收入阶段的理论创新问题　/ 034

第二章　发展经济学学科基本概念

第一节　关于发展问题　/ 037
　　一、贫困与不平等　/ 037
　　二、人口、资源与环境　/ 039
　　三、经济二元性与结构刚性　/ 041

第二节　关于发展目标 / 043
　　一、增长与发展 / 043
　　二、人类发展 / 046
　　三、可行能力与自由 / 047
第三节　关于发展要素 / 048
　　一、人口与人力资本 / 048
　　二、资本形成 / 051
　　三、社会资本与文化 / 054
第四节　关于发展动力 / 055
　　一、技术进步与技术创新 / 055
　　二、制度创新与制度变迁 / 056
　　三、开放与发展 / 056
第五节　关于发展机制与路径 / 058
　　一、市场和政府 / 058
　　二、发展阶段 / 059
　　三、结构变迁与劳动力转移 / 060
第六节　关于发展战略 / 062
　　一、平衡与不平衡增长 / 062
　　二、开放经济 / 064
　　三、经济政策 / 064

第三章　发展经济学学科基本理论

第一节　贫困与反贫困理论 / 066
　　一、贫困概念的演进 / 067
　　二、贫困恶性循环理论 / 070
　　三、低水平均衡陷阱理论 / 071
　　四、循环累积因果理论 / 073
　　五、中等收入陷阱理论 / 074

六、微观层面的贫困陷阱理论 / 076
　　七、反贫困理论 / 079
第二节　农户经济行为理论 / 083
　　一、理性农民假说 / 084
　　二、恰亚诺夫模型 / 085
　　三、辛格-斯奎尔-斯特劳斯模型 / 086
　　四、农户风险偏好与时间偏好 / 089
第三节　结构变迁理论 / 090
　　一、库兹涅茨事实 / 090
　　二、农业国的工业化理论 / 092
　　三、刘易斯模型 / 093
　　四、拉尼斯-费模型 / 095
　　五、乔根森模型 / 097
　　六、托达罗模型 / 099
　　七、农业转型理论 / 100
第四节　金融发展理论 / 101
　　一、金融抑制 / 101
　　二、金融深化 / 103
　　三、金融发展 / 105
第五节　国际贸易与外资利用理论 / 107
　　一、中心-外围理论 / 107
　　二、贸易与发展 / 108
　　三、两缺口模型 / 110
　　四、国际资本流动与债务危机 / 111
　　五、剩余出路理论 / 112
第六节　经济互补性与协调理论 / 113
　　一、大推进理论 / 113
　　二、不平衡增长理论 / 114
　　三、互补性与多重均衡理论 / 116

四、协调失灵理论 / 118

第四章 发展经济学学科研究方法

第一节 跨期的历史比较分析 / 120
　　一、方法目标 / 121
　　二、方法特征 / 123
　　三、方法应用实例 / 125

第二节 多重均衡与结构分析 / 128
　　一、多重均衡分析 / 128
　　二、结构分析 / 132

第三节 长期的动态非均衡分析 / 137
　　一、方法目标 / 137
　　二、方法特征 / 139
　　三、方法应用实例 / 142

第四节 超边际分析 / 143
　　一、方法目标 / 143
　　二、方法特征 / 145
　　三、方法应用实例 / 147

第五节 微观实证分析 / 148
　　一、微观计量分析 / 148
　　二、随机对照实验 / 150

第五章 发展经济学学科前沿

第一节 21世纪以来发展经济学的六大议题 / 156
　　一、实验革命：随机控制实验 / 157
　　二、制度的角色和发展的政治经济学 / 158
　　三、贫困陷阱和多重均衡 / 159

四、增长、不平等和贫困之间的关系 / 160
　　　五、关于人的发展和包容性增长的复杂定义 / 161
　　　六、全球发展 / 161
　第二节　中等收入阶段的经济发展 / 162
　　　一、"中等收入陷阱"命题及其争议 / 163
　　　二、中等收入阶段的经济发展问题 / 168
　　　三、跨越中等收入阶段 / 172
　　　四、小结 / 176
　第三节　新人力资本理论 / 177
　　　一、新人力资本的形成 / 178
　　　二、新人力资本对人的发展的影响 / 182
　第四节　数字经济与发展 / 186
　　　一、数字经济的内涵与特征 / 187
　　　二、数字经济与经济增长 / 190
　　　三、数字经济与社会发展 / 192
　　　四、数字经济下发展中国家面临的挑战 / 195
　第五节　全球化理论与逆全球化浪潮 / 197
　　　一、全球化背景下发展中国家的发展经验 / 197
　　　二、全球化与不平等问题 / 200
　　　三、小结 / 202
　第六节　新结构经济学的研究进展 / 202
　　　一、新结构经济学的理论框架与基本观点 / 202
　　　二、新结构经济学研究领域的具体进展 / 205
　　　三、新结构经济学的实践和智库研究进展 / 209

第六章　发展经济学学科代表人物

　第一节　结构主义代表人物 / 214
　　　一、保罗·罗森斯坦-罗丹 / 214

二、拉格纳·纳克斯 / 215

三、哈维·莱宾斯坦 / 216

四、劳尔·普雷维什 / 217

五、汉斯·辛格 / 219

六、威廉·阿瑟·刘易斯 / 220

七、古斯塔夫·拉尼斯 / 221

八、费景汉 / 222

九、阿尔伯特·奥托·赫希曼 / 223

十、冈纳·缪尔达尔 / 224

十一、弗朗索瓦·佩鲁 / 225

十二、科林·克拉克 / 227

十三、西蒙·史密斯·库兹涅茨 / 228

十四、霍利斯·钱纳里 / 229

十五、华尔特·惠特曼·罗斯托 / 230

第二节 新古典主义代表人物 / 231

一、西奥多·舒尔茨 / 231

二、戴尔·乔根森 / 232

三、尼古拉斯·卡尔多 / 234

四、赫拉·明特 / 235

五、安格斯·迪顿 / 236

六、爱尔玛·阿德尔曼 / 237

第三节 新古典政治经济学代表人物 / 239

一、弗农·拉坦 / 239

二、速水佑次郎 / 240

三、迈克尔·P. 托达罗 / 241

四、阿马蒂亚·森 / 242

五、考希克·巴苏 / 243

六、德布拉吉·瑞 / 244

七、普兰纳布·巴德汉 / 245

八、约瑟夫·斯蒂格利茨 / 246

　　九、阿比吉特·班纳吉 / 247

　　十、埃斯特·迪弗洛 / 249

　　十一、迈克尔·克雷默 / 250

　　十二、马丁·瑞沃林 / 251

　　十三、丹尼·罗德里克 / 252

第四节　致力于构建新发展经济学的中国学者 / 253

　　一、张培刚 / 253

　　二、谭崇台 / 255

　　三、杨小凯 / 257

　　四、林毅夫 / 258

第七章　发展经济学学科经典文献

第一节　发展经济学萌发期的经典文献 / 261

　　一、《东欧与东南欧工业化问题》 / 262

　　二、《落后地区的工业化》 / 263

　　三、《农业与工业化》 / 263

第二节　结构主义经济发展理论经典文献 / 265

　　一、《拉丁美洲的经济发展及其主要问题》 / 265

　　二、《投资国与贷款国之间的利益分配》 / 266

　　三、《不发达国家的资本形成问题》 / 267

　　四、《劳动无限供给下的经济发展》 / 268

　　五、《经济理论与不发达地区》 / 269

　　六、《经济发展战略》 / 270

　　七、《经济发展理论》 / 271

　　八、《剩余农业劳动力与二元经济发展理论》 / 273

　　九、《略论"大推进"理论》 / 274

　　十、《国外援助与经济发展》 / 276

　　　　十一、《欠发达国家劳动迁移与城市失业模型》 / 277

　　　　十二、《经济增长的阶段》 / 278

　　第三节　新古典主义经济发展理论经典文献 / 280

　　　　一、《国际贸易的"古典理论"与不发达国家》 / 281

　　　　二、《国际贸易与经济发展》 / 282

　　　　三、《改造传统农业》 / 282

　　　　四、《经济发展中的金融深化》 / 283

　　　　五、《经济发展中的货币与资本》 / 284

　　　　六、《发展经济学的贫困》 / 286

　　第四节　新古典政治经济学发展理论经典文献 / 287

　　　　一、《寻租社会的政治经济学》 / 287

　　　　二、《经济史中的结构与变迁》 / 289

　　　　三、《农业发展的国际分析》 / 290

　　　　四、《以自由看待发展》 / 292

　　　　五、《制度是长期增长的基础性原因》 / 293

第八章　发展经济学重要期刊和学术组织

　　第一节　发展经济学重要期刊 / 295

　　　　一、《发展经济学杂志》 / 295

　　　　二、《经济增长杂志》 / 296

　　　　三、《世界发展》 / 296

　　　　四、《经济发展与文化变迁》 / 297

　　　　五、《发展研究杂志》 / 297

　　　　六、《世界银行经济评论》 / 298

　　　　七、《发展与变革》 / 298

　　　　八、《人口与发展评论》 / 299

　　　　九、《发展经济学评论》 / 299

　　　　十、《国际发展杂志》 / 300

第二节　发展经济学重要学术组织　/ 300
　　一、联合国大学世界发展经济学研究院　/ 300
　　二、世界银行发展经济学研究部　/ 301
　　三、哈佛大学国际发展中心　/ 301
　　四、全球发展中心　/ 302
　　五、阿卜杜勒·拉蒂夫·贾米尔贫困行动实验室　/ 302
　　六、北京大学新结构经济学研究院　/ 303
　　七、武汉大学经济发展研究中心　/ 306
　　八、华中科技大学张培刚发展研究院　/ 308
　　九、基金会　/ 309

第九章　发展经济学与中国

第一节　发展经济学在中国的传播与发展　/ 311
　　一、发展经济学传入中国　/ 312
　　二、发展经济学在中国的新发展　/ 315
　　三、中国自主创新的发展理论：新结构经济学　/ 318
第二节　发展经济学与中国经济发展　/ 322
　　一、计划经济时期（1949—1977 年）　/ 323
　　二、经济高速增长时期（1978—2007 年）　/ 327
　　三、经济高质量发展时期（2008 年以来）　/ 329
第三节　中国实践的发展经济学意义　/ 332
　　一、什么样的研究才具有发展经济学意义？　/ 332
　　二、具有发展经济学意义的中国经验事实　/ 334
　　三、新发展阶段的实践探索与理论展望　/ 340

第一章

发展经济学学科综述

进入21世纪以来，发展经济学已经成为经济学领域最有生机和活力的学科之一。2019年，三位发展经济学家同时获得诺贝尔经济学奖，再次点燃社会各界对发展经济学的热情。但是，发展经济学也是争议较多的经济学分支。曾几何时，遭受研究阵营内外的攻击，发展经济学几近夭折。七十多年跌宕起伏，发展经济学一路风雨兼程。对社会实践而言，发展经济学应该是怎样的一种理论存在？对经济学体系而言，发展经济学应该以什么样的研究方式存在？尽管在这些问题上已经形成了较多共识，但仍然存在一些争议。本章是发展经济学学科综述，是对发展经济学的全方位扫描与深度透视，并尝试对一些有争议的问题进行解答。①

第一节 发展经济学的产生

一、社会背景与思想渊源

（一）社会背景

社会实践的需要促使经济学萌发新枝。作为现代经济学体系中唯一专

---

① 叶初升. 寻求发展理论的微观基础：兼论发展经济学理论范式的形成 [J]. 中国社会科学, 2005 (04)：29-40. 叶初升. 中等收入阶段的发展问题与发展经济学理论创新：基于当代中国经济实践的一种理论建构性探索 [J]. 经济研究, 2019, 54 (08)：167-182.

注于发展中国家经济发展的独立分支,发展经济学产生于20世纪40年代。

发展中国家需要发展经济学,一门有别于一般经济学(general economics)①的经济学分支。

第二次世界大战后,全球殖民体系迅速瓦解,一大批殖民地、半殖民地和附属国先后摆脱殖民主义者的统治,赢得了政治上的独立。这些国家可谓"一穷二白",被称为欠发达国家(less developed countries)或发展中国家(developing countries)。一方面,发展中国家经济落后:人均收入低,贫富差距大;平均寿命低,人口出生率和文盲率高;劳动生产率低,经济增长速度慢;市场发育不全,经济结构刚性失衡;文化教育、卫生和基础设施落后,在全球经济中居外围脆弱地位。另一方面,发展中国家有着强烈的发展经济、追赶发达国家的愿望。发展中国家落后的经济要增长,经济结构要变迁,要在世界市场上与实力强大且已经占据优势的发达国家同台竞争、博弈,利用国际市场发展自己。为了缩小与发达国家的差距,以追赶的方式实现"趋同",发展中国家的经济不仅在增长速度上要高过发达国家,而且要在增长的基础上改善收入分配,提升经济结构,提高生活质量,实现经济发展。

当时,在贫困落后的客观现实与谋求发展的主观愿望之间,没有一门现成的经济学理论可以担当引领发展中国家经济发展的重任。一些发展中国家邀请西方发达国家的经济学家担任经济顾问,为其经济发展出谋划策。正如发展经济学家迈耶(G. Meier)所言,政治独立可以通过立法予以确认,经济发展则不是那么简单,需要弄清楚发展的动力所在,并制定相应的政策加以推动。②许多西方经济学家开始研究和探讨发展中国家经济发展问题。

二战后的世界格局还有另一个重要的变化,在意识形态上,世界分成

---

① 本章所说的一般经济学,是指研究人类经济活动的普遍事实、现象和一般规律的经济学理论,以区别于以某类特定的经济体为研究对象的经济学分支。

② MEIER G. The Old Generation of Development Economists and the New. [C] // MEIER G, STIGLITZ J E. Frontiers of Development Economics: The Future in Perspective. Washington, D. C.: World Bank and Oxford University Press, 2001.

了两大阵营：美国为首的资本主义国家阵营，苏联为首的社会主义国家阵营。这两大阵营在军事上和经济上以"冷战"方式展开竞赛。欧美资本主义国家为了遏制共产主义在全世界的蔓延，对发展中国家提供经济和军事援助，帮助它们发展经济，拉拢它们加入资本主义阵营。在这一时期，资本主义发达国家相继建立了各种援助组织，成立了多边援助机构，实施各种援助计划。为了有效地实施经济援助，了解发展中国家的经济现实，研究发展中国家的经济发展问题，也是这些援助机构的迫切需要。

此外，二战后，经济全球化过程加速发展，世界各国的经济联系越来越紧密。经济活动超越国界，通过对外贸易、资本流动、技术转移、提供服务等形式，形成相互依存、相互联系的有机的经济整体。发展中国家经济发展的状况会直接或间接地影响发达国家的经济。因此，在经济全球化背景下，为了利用国际资源和国际市场发展本国经济，在世界范围内建立全球经济规则，西方发达国家也需要研究发展中国家经济发展问题。

（二）思想源流

虽然发展经济学形成于20世纪40—50年代，但关于经济发展的思想源远流长。

关于经济发展问题的研究有狭义与广义之分。前者专注于发展中国家的发展问题，探讨其经济增长与结构变迁的理论、路径、战略乃至具体政策；后者探讨人类经济发展的一般规律，具有普适性。

狭义上的经济发展思想发轫于重商主义。重商主义是16至17世纪西欧资本原始积累时期的一种经济理论体系，包含丰富的发展内涵。重商主义主张国家干预经济生活，由政府管制农业、商业和制造业；实施对外贸易垄断；通过高关税率及其他贸易限制来保护国内市场；利用殖民地为母国的制造业提供原料和市场。英国曾是落后于荷兰的农业国，因为坚决将重商主义付诸实践而后来居上。许多经济学家都认为，重商主义为英国实现经济赶超提供了重要的理论基础和政策指南。

从17世纪中叶到18世纪中叶近一百年间，英国通过圈地运动、海外殖民掠夺、强盗式贸易、贩卖奴隶和对国内民众的剥削，完成了资本原始积累。18世纪中期，英国成为世界上最大的资本主义殖民国家，国内外市场的扩大对工场手工业提出了技术改革的要求，同时也对经济理论提出了新要求。顺应前者，以技术革新为目标的工业革命首先在英国发生；顺应后者，亚当·斯密率先批判重商主义，倡导自由放任的市场经济与自由贸易。此后，重商主义理论与英国奋发图强赶超荷兰的经济起飞史一起，渐渐被人们有选择地遗忘了，淡出主流经济学的视线，直到19世纪中叶被德国经济学家李斯特重新挖掘并发扬光大。

工业革命之后，英国凭借工业优势竭力推销自由竞争和自由贸易。此时的德国还是一个四分五裂的落后的农业国。国内产业受到英国的挤压，大多数工厂岌岌可危，被迫大量出口农产品和工业原料，以补偿进口的工业品。市场上充斥着廉价的外国商品。在这种状况下，如果放开市场，奉行国际分工和自由贸易，不仅不能促进德国经济的发展，而且会加速经济的崩溃。如何在一个落后的农业国迅速完成国民经济结构的转型，构建新的国民经济体系？德国经济历史学派的先驱者李斯特从德国当时的国情和国际环境出发，从历史、理论和政策等多种角度，论述了相对落后于英、法两国的德国如何促进生产力增长，发展成为工业强国的问题。与亚当·斯密的自由主义经济学理论相左，李斯特所构建的国民经济学体系是以经济发展阶段论和生产力理论为基础，以经济落后的现实为出发点，以工业化为核心，以国家干预和幼稚产业保护论为战略，为落后国家的现代化战略勾勒出一幅发展蓝图。李斯特的经济学说不仅奠定了德国工业化时期的指导思想，也启发和影响了罗森斯坦-罗丹、罗斯托、缪尔达尔等发展经济学先驱，为二战后兴起的发展经济学奠定了理论基础。

中国的经济发展思想萌发于19世纪40年代。当时，随着中国国门逐渐打开，国人认清了中西国力差距，先后提出了不同的经济发展方略：林则徐、魏源提出"师夷长技以制夷"的"军工引进"型发展模式；王韬、薛福成、郑观应等提出"通商主导"型发展模式，要求以商业尤其是对外贸易为中心，在国民经济各部门中学习和采用资本主义生产方式和经营方式；康有为、严复、谭嗣同、梁启超等提出"兴工自由"型发展模式，要求以大机器工业作为中心或主导部门，带动国民经济各部门全面地发展，实现国家工业化；孙中山则于1919年发表实业计划，谋求全面推进中国工业革命，在中国全境普遍实现工业化。20世纪三四十年代，有一批经济学学者，如刘大钧、方显廷、翁文灏、马寅初、张培刚等，研究过中国的工业化发展问题①。20世纪40年代，一些海外留学生以落后国家的工业化作为博士论文选题②，哈佛大学张培刚的博士论文《农业与工业化》便是典型代表。该文获得了哈佛大学1946—1947年度最佳论文奖和"威尔士奖金"，被列为"哈佛经济丛书"第85卷，1949年由哈佛大学出版社出版，被誉为发展经济学奠基作品之一。这篇博士论文建立在张培刚早年国内经济研究基础之上，虽未直接引证中国学者的经济发展理论，但吸收了中国经济发展思想的主要理论成果。

广义上，研究人类经济发展一般规律的经济学理论可以在古典经济学那里找到思想源泉。亚当·斯密的《国富论》、大卫·李嘉图的《政治经济学及赋税原理》、马尔萨斯的《人口原理》《政治经济学原理》、马克思的《资本论》等，都是以经济发展为研究主题，并注重研究影响经济发展的长期性因素。斯密强调自由市场的积极作用，认为劳动分工、资本积累等是一个国家经济增长的主要动力；马尔萨斯特别关注人口因素对经济增长的作用效果，认为一个国家的人均收入从长期来看将收敛到其静态的均衡水平；李嘉图则重点关注分配领域，认为资本、劳动和土地是影响产出的重要因素，但如果没有技术进步，生产要素的边际报酬递减将可能导致经济停滞。马克思基于劳动价值论和剩余价值理论，创建了社会资本再生产理论体系，构建了经济增长学说史上第一个两部类增长模型。通过两部类增长模型分析，马克思发现，社会总资本的分配比例会影响两大部类的增长速度进而影响经济增长，资本有机构成是影响总体经济增长的关键因

---

① 比如，吴景超《中国经济建设之路》(1944)、翁文灏、顾翊群《中国经济建设与农村工业化问题》(1944)、周宪文《中国经济的两条路线：工业化或农业化》(1945)、谷春帆《中国工业化通论》(1947)，等等。

② 比如，王念祖《工业化、货币扩张和通货膨胀：不发达国家工业化进程研究》(哈佛大学，1945)、丁忱《工业化、资本结构和内部积累：战后中国工业化考察》(哈佛大学，1946)、吴元黎《资本形成与经济秩序：一个关于贫困国家案例的研究》(伦敦政治经济学院，1946)、桑恒康《资本形成机制》(哈佛大学，1947)、辛膺《不发达国家的工业发展理论》(密歇根大学，1948)，等等。

素。资本、劳动、科学技术和制度在经济增长中发挥着重要作用，但资本主义的生产方式无法满足生产力发展的需要，资本主义经济增长不具备可持续性。社会变革和制度变迁是经济发展的关键因素。古典经济学关于市场、社会分工、制度、资本积累、收入分配等问题的研究，揭示了经济运行的一般规律，为日后发展经济学研究发展中国家经济发展问题奠定了理论基础。

19世纪70年代，以边际效用价值论和边际分析方法为内容的边际革命，使经济学从强调生产、供给和成本，转向关注消费、需求和效用。1890年马歇尔出版《经济学原理》，将古典经济学的供给决定论和边际学派的需求决定论整合为统一的数学分析框架，标志着主流经济学正式跨入新古典主义阶段。在新古典主义看来，需求和供给都是价值决定的因素，二者相互作用，最终形成均衡价格。均衡状态是稳定的，价格机制是一切调节的原动力，从而也是经济发展的重要机制。经济发展是以边际调节的方式实现的，是依靠资源优化而不断获得边际改善的自然而和谐的过程。从约翰·穆勒正式放弃工资基金理论宣告古典经济学解体，直到20世纪40年代末哈罗德和多马提出经济增长模型，在近一百年的时间里，经济增长和经济发展问题几乎在主流经济学中完全消失，既定资源的优化配置成为经济研究的主题，研究方法通常是静态分析或比较静态分析。这段时期被称为西方经济学史上"静态的插曲"。

当然，在这近百年的静流中，也有为数不多的经济学家潜心研究经济发展问题。熊彼特便是其中最杰出、最有影响的经济学家之一。1912年，熊彼特在《经济发展理论》一书中提出"创新理论"和经济发展理论。西方经济学后来沿着他的理论衍生出技术创新和制度创新两个分支。

20世纪40年代，是人类经济学思想史上一个重要的变革时期。

1929—1933年，西方发达国家爆发了资本主义有史以来最严重的一次大危机。与以往历次经济危机相比，这场危机持续时间长、波及面积广、经济衰退深重。在五年时间里，世界总失业人数由1000万增加到3000万，加上半失业共达4000万至5000万人。其中，美国1370万人，德国560万人，英国280万人。这场危机使世界的工业生产倒退到1900—1908年的水平，英国甚至倒退到1897年的水平。更为严重的是，这场危机不仅是生产危机，同时也是金融危机，以往应对危机时常用的金融货币政策完全失灵，在经济学中居主流地位的新古典主义经济学理论也束手无策。新古典主义信奉的市场机制无力解决产品市场和要素市场的非均衡状态。这场危机对经济理论构成了巨大的冲击，促使经济学家们反思理论、重构经济理论。人们开始怀疑古典主义、新古典主义经济学自由市场的理论教条。新古典主义的均衡虽然理想而美好，但非均衡却是现实经济的常态；市场机制虽然可以调节供求，但力量是有限的；自由放任的市场或许可以在长期中趋向均衡，但有时短期内不会自动出清，而"在长期，我们都死了"（凯恩斯语）。在这种背景下，英国经济学家凯恩斯摆脱新古典经济学教条，从现实的非均衡状态出发，基于经济整体分析而不是微观个体分析，合乎逻辑地将政府干预引入经济运行体系之中，提出了一套宏观经济理论。针对当时发达国家经济大萧条的基本现实，他主张国家干预经济，刺激有效需求，加强宏观需求管理，以实现充分就业和经济增长。凯恩斯的宏观经济理论不仅直接触发了微观经济学与宏观经济学的分化发展，影响了20世纪经济学的发展走向，同时也在一定程度上为此后发展经济学研究市场发育不良的发展中国家经济追赶问题提供了理论洞见。

凯恩斯的宏观理论是"短期的"经济分析，而不是长期的经济增长与发展问题。曾经在凯恩斯写作《就业、利息和货币通论》时参加过学术讨论的英国经济学家哈罗德，以及美国经济学家多马，从研究凯恩斯理论中投资和产出稳定性问题出发，把凯恩斯短期模型中的乘数原理及加速原理结合起来，引入长期的经济增长模型，考察一个国家在长期内国民收入和就业稳定均衡增长所需的条件，由此建立了哈罗德-多马模型。哈罗德-多马模型把凯恩斯理论动态化和长期化，使人们重新关注经济增长问题，开创了现代经济增长理论，为发展经济学研究发展中国家经济增长及发展问题奠定了理论基础。

20世纪40年代，在发展中国家经济实践的呼唤中，一批西方经济学家专门研究经济落后国家的经济增长和发展问题。1943年罗森斯坦-罗丹（Paul Rosenstein-Rodan）出版《东欧与东南欧工业化问题》，1944年斯塔利（E. Staley）出版《世界经济发展》，1947 年曼德尔鲍姆（K. Mandelbaum）出版《落后地区的工业化》，1949 年张培刚出版《农业与工业化》，标志着发展经济学的诞生。

二、研究对象与研究任务

（一）研究对象

虽然早期就有研究落后国家经济发展的经济学理论，如重商主义理论和德国历史学派理论，但是缺乏系统性，这些理论还不能称为独立的分支学科；虽然古典主义经济学力求探究人类经济发展的一般规律，如斯密和李嘉图等理论，但是，这些理论对于落后经济体而言缺乏针对性，不能满足落后国家经济追赶发展的实践需求。作为现代经济学体系中一门独立的分支学科，发展经济学是在二战结束之后顺应发展中国家经济发展的实践需要应运而生的。

发展经济学具有明确的研究对象和研究任务。发展经济学以发展中国家经济发展为研究对象。"发展中国家"和"经济发展"是界定发展经济学学科边界的两个重要维度。

任何国家都需要发展，但是，发展中国家的经济发展不同于发达国家的经济发展。因此，我们首先要弄清发展中国家在经济学意义上的特征事实。

相对于发达国家而言，发展中国家通常是指经济上比较落后、人民生活水平较低的国家。在二战后的一些文献中，曾经把经济上处于贫穷落后状态或生活水平较低的国家称为"不发达国家"（underdeveloped countries）或"欠发达国家"（less developed countries），以区别于发达国家（developed countries）。虽然这些称谓反映了这些国家当时的经济生活状态，但是用静止的眼光观察世界，甚至含有歧视性。实际上，这些国家一直在为经济增长、经济结构变迁和人民生活的改善而不懈努力。大约在 1964 年联合国第一届贸易与发展会议前后，开始出现发展中国家（developing countries）这一概念，并在国际社会广为流传。不过，联合国贸易与发展会议（UNCTAD）、世界银行（World Bank）和世界贸易组织（WTO）等国际机构至今也没有明确地给"发展中国家"下过定义，发展经济学理论也没有清晰地定义"发展中国家"这一概念。在发展经济学研究中，约定俗成的做法是，以人均国内生产总值（GDP）作为衡量一个国家经济发展水平的主要指标，将世界银行确定的低收入国家和中等收入国家统称为"发展中国家"。目前，在世界上190多个国家中，有130多个国家是发展中国家，大部分分布在亚洲、非洲和拉丁美洲，占世界陆地面积和总人口的70%以上。

虽然发展中国家在历史、文化、制度以及经济发展水平等方面各有特质，但是，这些国家却有着相似的历史命运、相近的经济特征、相同的发展愿望，面临相似的发展问题和发展任务。仅从经济学的角度观察，发展中国家，特别是处于低收入阶段的发展中国家，具有以下一些特征事实。

第一，市场发育不良，不能在配置资源中发挥决定性的作用。由于封建生产关系的束缚、长期遭受殖民掠夺以及政治独立后政府干预不当，发展中国家不仅存在一般的市场失灵问题，更重要的是市场"先天发育不良"。

第二，传统经济与现代经济并存的二元经济结构。依赖经验、技术停滞、劳动生产率低下是传统部门的重要特征；依赖制度、技术创新、劳动生产率较高是现代部门的重要特征。传统经济与现代经济在结构上的二元性，不仅存在于产业之间、城乡之间，更存在于农业、工业和服务业内部。一个经济体越是不发达，传统经济部门的比重越大，现代经济部门的比重越小。

第三，劳动生产率低，经济增长速度慢。由于传统经济部门比重较大，受人力资源素质、资本存量、技术水平和管理水平等条件的限制，发展中国家整体生产率水平比较低，经济增长缓慢。

第四，人均收入低，贫富差距大。在发展中国家，不仅大多数国民的生活水平很低，存在规模较大的贫困人口，而且贫富差距悬殊，收入分配不平等现象甚为严重。与此相关的事实是，人口增长速度快，赡养负担重，失业和隐性失业状况严重。生活水平低导致了人力资本投资不足，文化教育、卫生保健条件差，文盲率高；反过来，人力资本高度匮乏又成为

发展经济学学科地图

发展中国家贫困落后的重要原因。

第五，在全球经济中居于劣势地位。由于收入水平低，国内储蓄不足，大多数发展中国家只能靠出口初级产品取得外汇，以引进经济发展所必要的技术、外援和外资。因此，在国际经济中，发展中国家不仅竞争力不足，而且受制于发达国家制定的国际经济规则，处于被支配的"外围"地位。

发展是一种变化，但并非任何变化都可以称为发展。尽管在许多语境下学者们可能用比较宽泛的"经济发展"概念泛指"经济增长"和"经济发展"，但是，在发展经济学的理论视野中，经济增长与经济发展是相关但内涵不同的两个概念。

经济增长（economic growth）是指一个经济体生产能力的提高，表现为一个时期内人均产出（或人均收入）水平的持续增加。决定经济增长的直接因素是自然资源禀赋、资本、劳动和生产率水平。经济发展（economic development）是在经济增长的基础上，一个经济体的经济结构和社会结构持续高级化、生活质量持续提高的过程。经济发展既涵盖经济结构（如投入结构、生产组织结构、产出结构、产品结构等）的高级化，也包括以经济结构高级化为基础的空间结构（城乡结构、区域结构等）和社会结构（收入结构、阶层结构等）的变迁，人民生活水平的提高，收入分配状态和生态环境的改善。应该特别指出，在发展经济学意义上，经济结构的高级化变迁是以传统经济向现代经济转型为主要内涵，而不仅仅是经济部门之间的数量比例。可见，经济发展比经济增长内涵更丰富、更复杂。

人们追求经济增长，但经济增长本身并不是目的。经济增长是经济发展的必要而非充分条件，它只是为经济发展创造条件、开辟道路。没有经济增长，经济不可能发展。但是，经济增长并不必然带来经济发展。无论是在理论上，还是在现实中，都存在着有增长而无发展（growth without development）的情形。如果一个经济体的人均收入提高了，但它是传统经济规模扩展的结果，而经济结构和社会结构没有呈现高级化变迁，生态环境遭到损害，收入分配状态可能进一步恶化，大多数人民生活水平没有提高，那么，就不能称为经济发展。

更进一步地,一些发展经济学家们将经济发展的概念推进为人类发展。阿马蒂亚·森把发展看作是提高人的"可行能力"与扩展自由范围的过程。发展意味着经济主体各种权利和能力的扩大,意味着他们能够在某种政治、法律、文化制度框架下享有更大的行为自由,拥有更多的机会,做出更多的选择,实现更大的效用。在他看来,一切发展皆以人为中心,发展的本质在于人的自由。一方面,自由是发展的目标,是人们评判发展状态的价值标准;另一方面,自由又是促进发展的不可缺乏的重要手段。这种发展观具有哲学人类学的意义,已经超出经济学的范畴,被联合国开发计划署称为"人类发展"（human development）。从 1990 年开始,联合国开发计划署每年发表《人类发展报告》,对世界各国的人类发展状况进行评估和比较。

经济增长不一定导致经济发展,更进一步说,即使经济增长促进了经济发展,但也不一定带来"人类发展"。因为,"人类发展"不仅包含经济发展所指的经济结构和社会结构的高级化变迁以及人的物质生活水平的提高,还包括精神生活和政治生活的改善,是人的全面发展。《1996 年人类发展报告》列举了五种有经济增长而无人类发展的情况:（1）无工作的增长（jobless growth）,人均 GDP 提高了,但就业机会并没有增加;（2）无声的增长（voiceless growth）,人均 GDP 提高了,但民主化进程停滞或倒退;（3）无情的增长（ruthless growth）,人均 GDP 提高了,但收入分配状况恶化了,贫困加深了;（4）无根的增长（rootless growth）,人均 GDP 提高了,但文化却衰落了;（5）无未来的增长（futureless growth）,人均 GDP 提高,但自然资源衰竭和人类居住环境恶化。

（二）研究任务

经济增长与经济发展既相互区别,又相互联系。耐人寻味的是,在现代经济学体系中,虽然经济增长理论与发展经济学同时诞生于 20 世纪四五十年代,但是,两种理论一直处于彼此隔膜的状态:经济增长理论一般地考察经济体实现均衡增长的条件,探究经济增长的动力机制,解释不同经济体增长收敛或不收敛的根本原因;发展经济学专注于落后的发展中国家摆脱贫困、实现经济起飞的经济发展问题。

经济发展是可能的，但它不是必然的。发展经济学的主要任务有以下三项。

第一，从理论上解释发展中国家经济为什么落后或不发达。

发展经济学首先要描述和分析发展中国家贫困落后的现实，并在与其他国家的比较中，由表入里地从理论上找到阻碍经济发展的因素与内在机制。在内在因素方面，发展经济学认为是资本稀缺、技术落后、市场不发达、制度不良等；就外在因素而言，一些发展经济学家提出了世界经济体系"中心-外围论""依附论"；就内在机制而言，发展经济学家提出了"贫困恶性陷阱理论""低水平均衡陷阱理论"和"循环累积因果理论"等。

第二，从理论上研究从经济落后的现实出发实现经济起飞的发展机制。

虽然各个国家都需要经济发展，但是，发展中国家的经济发展不同于发达国家的经济发展。当今的发展中国家既不同于发达国家的过去，也不同于发达国家的现在。发展中国家因为收入水平低、资本稀缺、技术落后，所以必须在起步阶段以强有力的动员资源的方式发展经济；因为存在结构刚性，经济结构高级化变迁必须从矫正结构失衡起步；因为市场发育不全，必须在培育市场的同时在国际市场上与强者同台竞争；因为经济落后，所以必须以比先行者更强劲的发展动力、更快的速度才可能实现追赶；传统经济的工业化（落后于时代的发展）与现代经济的信息化（与时代同行的发展），必须在同一个进程中实现双重发展；等等。这些都是发展经济学重要的研究任务。

第三，提出促进发展中国家经济发展的实践战略。

发展中国家的经济发展既不能延续过去的老路，也不能简单模仿发达国家的发展之路，更不可能从一般经济学理论中找到现成的实践方略。为了摆脱贫困落后的面貌，实现经济发展，如何动员国内资源、利用国际资源？如何培育市场，并与政府和社会形成配置资源的三种机制协同推进发展？采取什么样的发展战略？是追求平衡发展还是不平衡发展战略？如何选择增长极？以什么产业为发展先导？由于经济发展是一个长期的过程，发展经济学特别关注与长期变化有关的制度、结构、战略与政策问题，特别强调非经济因素——如政治、社会、文化等——对经济发展的影响。由于要探讨发展战略与政策,国家或政府的作用与功能往往被置于发展经济学关注的中心。

三、发展经济学独立存在的合理性与微观基础问题

(一) 发展经济学独立存在的合理性问题

发展经济学自20世纪40年代问世以来,经历了半个多世纪的风风雨雨。其间,堡垒内部的反戈①,阵营外部的攻击②,使它几近夭折。进入21世纪之后,发展经济学在现代经济学理论体系中的学科地位问题仍然充满着争议。同时,发展经济学的研究对象——发展中国家如何摆脱贫困进入发达状态的发展问题——却依然存在,它既没有在实践上过时,也没有在理论上得到圆满的解答。著名发展经济学家迈耶认为,只要发展中国家经济与发达国家相比有着自己的特殊性,就需要有一门独立的经济学分支对其做出理论解释,发展经济学就有存在的必要。③ 不过,发展中国家经济的基本特征及其发展问题的特殊性,只是为发展经济学的产生和发展提供了客观基础,只是发展经济学赖以生存的"土壤"。更进一步的问题是,发展经济学的"根"是什么?

从科学哲学的角度看,判断一门学科是否成熟、是否具有相对的独立性,一个重要的标志就是,该学科是否存在规范理论研究、使其逻辑内在一致并区别于其他学科的理论范式。如果没有,就是库恩(T. Kuhn)所说的"前科学"。④ 在经济学研究中,能够充任学科范式的理论就是其微观

---

① HIRSCHMAN A O. The Rise and Decline of Development Economics [C] // HIRSCHMAN A O. Essays in Trespassing: Economics to Politics and Beyond. Cambridge: Cambridge University Press, 1981.

② KRUGMAN P. Toward a Counter-counterrevolution in Development Theory [J]. World Bank Economic Review, 1992, 6: 15-38.

③ MEIER G. The Old Generation of Development Economists and the New. [C] // MEIER G, STIGLITZ J E. Frontiers of Development Economics: The Future in Perspective. Washington, D. C.: World Bank and Oxford University Press, 2001.

④ KUHN T. The Structure of Science Revolution [M]. Chicago: The University of Chicago Press, 1962.

理论基础。它要求经济学研究以经济主体的（理性）行为分析为逻辑起点，即使不是直接从逻辑起点出发，也必须与源于逻辑起点的分析相一致①，以经济主体行为互动形成的系统均衡为目标，推演出一系列具有严密逻辑联系的理论，并与其他学科区别开来。从这个意义上说，构筑自身的微观基础，并形成明晰的学科范式，是发展经济学作为一个独立学科存在的重要前提。

构建微观理论基础，使发展经济学由众说纷纭的"前科学"逐渐向一个统一的学科范式收敛，不仅能够规范发展经济学理论研究，在理论之间形成内在的逻辑联系，而且能界定学科边界，使发展经济学与标准经济学相对区别开来。这是发展经济学的"生命之根"，也是发展经济学在现代经济学体系中存在合理性之基石。

（二）发展经济学的微观基础问题

结构主义经济发展理论与新古典主义经济发展理论均没有真正建构发展经济学的微观基础②。结构主义经济发展理论是一种"无根"的经济学，而新古典主义经济发展理论则把"根"寄生于新古典主义经济学，"寻根"的结果是把发展经济学变成一种依附性的应用学科，从根本上迷失了自己的理论方向。

结构主义发展经济学从发展中国家实际出发，着眼于发展中国家经济发展所需要的宏大的结构变革，在拒斥以新古典主义经济学作为其理论的微观基础的同时，像当时流行的凯恩斯主义经济学一样，并没有构建自己的微观基础理论。正如阿德尔曼（I. Adelman）所批评的那样，早期的发展经济学家们总是直观地为发展中国家的不发达寻找各种各样的单一的原因，并由此寻求单一的解决办法③。他们往往是从描述性的陈述出发，通

---

① ARROW K. Methodological Individualism and Social Knowledge [J]. American Economic Review, 1994, 84 (02): 1-9.

② 关于这一观点的论述可参考：叶初升. 寻求发展理论的微观基础：兼论发展经济学理论范式的形成 [J]. 中国社会科学, 2005 (04): 32.

③ ADELMAN I. Fallacies in Development Theory and Their Implications for Policy [C] // MEIER G, STIGLITZ J E. Frontiers of Development Economics: The Future in Perspective. Washington, D. C.: World Bank and Oxford University Press, 2001.

过归纳逻辑来导出理论观点。这些理论虽然有助于我们理解发展问题，却无法给出准确的微观基础证明，因而不同理论之间缺乏必要的逻辑联系。

新古典主义发展经济学从发展中国家与发达国家的经济共性（而不是结构主义强调的差异性）出发，在重新认定发展中国家经济主体的理性行为特征和市场价格机制的前提下，以新古典主义经济学为其微观理论基础，基于发达国家的经济现实去俯视经济落后的发展中国家，并运用新古典分析工具研究发展中国家的经济发展问题。在理论建构上，新古典主义发展经济学植根于主流的新古典主义经济学之中，试图以此从根本上改变结构主义经济发展理论缺乏微观基础的"无根"状态。但是，这种努力的结果是，发展经济学在有了"根"的归属的同时，却失去了自我：发展经济学在很大程度上变成新古典主义理论的一个应用经济学分支。

在这种背景下，有不少学者怀疑甚至否定发展经济学在现代经济学体系中存在的合理性。早期著名发展经济学家赫希曼（A. O. Hirschman）认为，发展经济学兴起后在经历了显著的增长期之后，20世纪80年代在新古典主义经济学家和新马克思主义者的夹击下，转入了收益递减时期：该领域难以出现新的思想，再也不能充分地再生产其自身，因而发展经济学已近衰亡。[①] 针对结构主义发展理论排斥正统的微观经济学理论而主张政府直接控制的统制教条，英籍印度裔经济学家拉尔（D. Lal）进行了严厉批判，认为发展经济学的消亡可能有助于经济学发展和发展中国家的兴旺发达。[②] 哈伯勒更是旗帜鲜明地反对发展经济学的独立地位，"我的思路，一直是人们常常称呼的单一经济学（monoeconomics）的思路"。克鲁格曼（P. Krugman）则认为，由于理论研究的"非数学化风格"，结构主义发展经济学停留在一些直观的理论见解层面，不能将其转变为可以证明的逻辑清晰的模型，因而发展经济学作为一个特定领域已被挤出主流经济学。[③]

[①] HIRSCHMAN A O. The Rise and Decline of Development Economics [C] // HIRSCHMAN A O. Essays in Trespassing: Economics to Politics and Beyond. Cambridge: Cambridge University Press, 1981.

[②] 拉尔. 发展经济学的贫困 [M]. 刘沪生, 译. 上海：上海三联书店, 1992: 122.

[③] KRUGMAN P. Toward a Counter-Counterrevolution in Development Theory [J]. World Bank Economic Review, 1992, 6: 15-38.

面对针对发展经济学理论地位的种种诘难,大多数经济学家都予以反驳,认为赫希曼和拉尔等人是以偏激的心态,从偏狭的思维视角出发,得出有失公允的偏颇结论。① 赫希曼和拉尔等人的诘难,或明或暗地包含着对发展经济学理论中肯的批判,即发展经济学缺乏自己的理论根基,没有形成自己的学科范式。既然强调发展中国家经济特殊性的结构主义发展理论,是一些没有充分论证的、缺乏逻辑关联并且被发展中国家经济实践证明是存在较大缺陷的松散的理论;既然强调发展中国家与发达国家的共性的新古典主义发展经济学,是植根于现代主流经济学理论,其理论观点只不过是新古典主义经济学在发展中国家环境中的具体应用,其理论观点和政策主张也为一些发展中国家的经济实践所支持,那么,专门以发展中国家经济发展问题为研究对象的发展经济学,就没有独立存在的必要,或者只能作为主流新古典主义经济学的应用分支才有可能存在。

遗憾的是,赫希曼、拉尔、哈伯勒等人对发展经济学理论建构的批评,并没有引起发展经济学家们深入的反思,其合理底蕴被淹没在一些具体问题的争辩与反驳之中。目前,由于没有建成自己的微观理论基础,也没有形成统一的学科范式,发展经济学仍然没有走出科学哲学意义上"前科学"的阴影。因此,也就不难理解,否定发展经济学独立理论地位的诘难仍然不绝于耳。

令人稍感欣慰的是,20 世纪 90 年代以来,第二代发展经济学家从高度概括的模型转向分散的微观研究:一方面,运用现代分析工具重新论证早期结构主义发展理论的合理内核,试图在新的理论模型中做出微观上的新解释;另一方面,进一步拓展发展问题的分析视角,深入分析影响经济发展的微观机制。② 虽然从整体上看,发展经济学至今也没有完全摆脱阿德尔曼所批评的"寻找不发达的单一原因,寻求单一的解决办法"这种研

---

① SEN A. Development: Which Way Now? [J]. Economic Journal, 1983, 93: 745-762.
② MEIER G. The Old Generation of Development Economists and the New. [C] // G. MEIER, STIGLITZ J E. Frontiers of Development Economics: The Future in Perspective. Washington, D. C.: World Bank and Oxford University Press, 2001.

究模式①，发展经济学仍然处于缺乏微观理论基础的"无根"状态，但是为微观理论基础的形成积累了必要的理论铺垫。

第二节 发展经济学的研究范式

所谓范式，就是一个学科观察问题、分析问题和解决问题的思维方式，是一个学科区别于其他学科、一个理论体系区别于其他理论体系的研究旨趣。区别于一般经济学（general economics）的发展经济学研究范式可以概括为：在非均衡分析空间里解析发展中国家的经济发展问题，从分析经济"不发展"的机理出发，以研究经济发展质量和社会经济结构变迁为核心，以研究经济发展战略为旨归。其中，第一点是发展经济学的研究视野，后三点则是发展经济学的研究风格。

一、分析空间

发展经济学是在非均衡分析空间中研究发展中国家的经济发展问题。

任何一门学科都是把客观的研究对象投射到一个既能恰当地体现研究对象的基本特征又便于研究的分析空间中，去分析经验现象背后的实质，解释和揭示客观对象的内在机制与运行规律。作为研究对象的经济活动与经济现象属于本体论范畴，而分析空间以及建构起来的各种理论则属于认识论范畴。以新古典主义经济学为代表的一般经济学，其分析空间的最基本的特征就是均衡。一般经济学将经济活动投射到均衡分析空间中，研究人类经济活动的一般特征，揭示发达经济体和不发达经济体共同遵循的普遍规律。在一般经济学的均衡分析空间中，经济主体为各自目标函数的最优化而相互作用，最终达到系统中各方力量的平衡状态——均衡。如果遇到外部冲击，经济系统要么在均衡附近波动并重新回到原来的均衡状态，

---

① ADELMAN I. Fallacies in Development Theory and Their Implications for Policy [C] // MEIER G, STIGLITZ J E. Frontiers of Development Economics: The Future in Perspective. Washington, D.C.: World Bank and Oxford University Press, 2001.

要么转向另一种均衡。在均衡分析空间里建构起来的经济学理论，能较好地解释处于均衡附近的经济系统的运行与演进，并形成逻辑严谨的公理化、形式化的理论体系，但是，它没有刻画和解释远离均衡的经济系统趋向均衡的动态过程。由于这个原因，增长理论研究经济体在外生因素驱动下的均衡增长。新增长理论虽然对此提出了一些疑问，并提供了新的研究方向，但是仍然没有成功地量化处理非均衡增长问题。①

均衡是经济系统中各方力量相互作用而达到的一种相对平衡状态。问题是，一方面，一个经济体所实现的均衡，在客观上往往不是唯一的，在主观上也不一定是合意的。不发达经济体的低水平均衡陷阱（又称贫困陷阱）或中等收入陷阱本身就是均衡状态，但它们不是合意的，而是人们极力想摆脱、试图努力打破的均衡。另一方面，由于经济系统的复杂性，一个经济体中可能有局部的多重低水平均衡并存。假定成熟的市场经济处于高水平均衡或近均衡状态，对发达经济体来说也许是一种合理的简化。然而，发展中国家经济在总体上远离合意的高水平均衡，其系统内部则是各种低水平的子均衡并存。而且，仅仅凭系统自身的内在力量，不发达经济体很难甚至根本不可能在短期内自发地趋向合意的高水平均衡。缪尔达尔指出，如果要构建一种理论来解释社会系统中的变迁，稳定均衡往往是一个"错误的类推"。② 熊彼特指出，发展是一个独特的现象，它完全不同于在循环流转或趋向均衡的趋势中所能观察到的东西。与经济增长这种量变相比，经济发展意味着新模式、新结构的涌现，它表现为经济系统由远离均衡逐渐向均衡逼近、由低水平均衡向高水平均衡的跃迁。③

森指出，由于这样或那样的原因，许多标准经济学研究已倾向于远离贫困、苦难和福利等广泛的发展问题，并且远离基本需要的满足和生活质

---

① AYRES R U, MATRTINAS K. On the Reappraisal of Microeconomics: Economic Growth and Change in a Material World [M]. Northampton, MA: Edward Elgar, 2005.

② MYRDAL G. Economic Theory and Underdeveloped Regions [M]. London: Duckworth, 1957: 18.

③ SCHUMPTETER J A. The Theory of Economic Development [M]. New York: Oxford University Press, 1961.

量的改善等问题。① 尽管一般经济学仍然可以对发展中国家经济系统的一些现实问题做出分析，并为解释发展中国家经济系统运行提供基本的理论参照系，但是，它毕竟不能解决一个远离均衡态的经济系统如何才能逼近均衡、如何实现由低水平均衡向高水平均衡跃迁的问题。发展经济学必须根据不发达经济体的特征重建一个新的非均衡分析空间，在理论上解析、再现、推演这个跃迁过程，在实践上推动这个跃迁过程。

二、逻辑起点

发展经济学以研究发展中国家经济"不发展"为逻辑起点。

如果经济发展能够完全被看成是一个自然现象，那么，我们要做的就是了解这个过程，顺其自然。一般经济学的研究旨趣就在于揭示这个自然过程的机制与规律。但是，现实世界长期存在不发达国家的事实告诉我们，这个过程并非必然地、自动地发生的。很多国家由于诸多因素的制约，很难启动这个过程，或者在这个过程的某个阶段停滞不前（低水平均衡陷阱或中等收入陷阱）。这是发展经济学所面对的基本事实，也是发展经济学存在的客观前提。如果没有这一事实，发展经济学就没有作为一门分支学科独立存在的必要。

一般经济学研究经济系统的常态，类似于生命的健康状态，而发展经济学的研究对象是那些陷入"贫困恶性循环""贫困陷阱"或"中等收入陷阱"之中难以自拔的经济体。如果把一般经济学比喻为研究人类经济系统健康状态下经济活动的"生命科学"，那么，研究发展中国家经济不发达的成因、机理以及发展机制的发展经济学，就是研究经济系统从低水平均衡的非健康状态走向健康状态的"医学"。根据一般经济学，以人均收入水平不断提高为标志的经济增长，主要源泉就是社会劳动生产率水平不断提高，而提高平均劳动生产率水平要依靠技术进步、制度创新、优化资源配置。不可否认，这些普适于发达国家和发展中国家的一般认知对发展

---

① SEN A. The Concept of Development [C]. // SCHULTZ T P, STRAUSS J. Handbook of Development Economics. vol.1. London: North Holland, 1988.

中国家经济实践的确具有积极的指导意义，但是，对于那些深陷"贫困恶性循环""贫困陷阱"或"中等收入陷阱"的发展中国家而言，具体实践中最棘手的问题是，尽管按照一般经济学所提供的指南不懈努力，经济仍然不能发展。这就是说，基于发达国家经济发展而提炼出来的一般层面的经济学认知，不足以指导发展中国家摆脱"低水平均衡陷阱"的经济实践。

在那些增长停滞或者有增长而无发展的发展中国家，为什么相对价格变化并不能像一般经济学标准模型所预言的那样改变资源配置状况？为什么技术创新步履蹒跚？机能不良的制度为什么会持续存在？为什么推动了发达国家经济发展的市场机制难以承受发展中国家经济发展任务之重？只有解析了"为什么不发展"的病理，才可能开出如何发展的处方。"不发达""不发展"既是发展中国家的客观现实，又是一般经济学没有研究而发展中国家实践迫切需要回答的紧要课题，因而构成发展经济学研究思维的逻辑起点。

三、核心论题

发展经济学以研究发展质量和结构变迁为核心。

发展经济学与一般经济学不同，它虽然也研究发展中国家的经济增长，但关注的焦点是经济增长量变基础上的发展质变。经济发展的质变主要体现在两个层面上：第一，社会经济系统质的提升；第二，经济结构变迁。前者是经济发展的内容实质，它规定着社会经济系统质变的方向，涉及价值判断；后者是经济发展的表现形式。

在发展经济学视野中，社会经济系统质的属性包括预期寿命、婴儿死亡率、教育、民主、收入分配、广泛的参与性、人与环境的和谐等方面。[1] 社会经济系统质的提升可以概括为三个涵义：提高生活质量、提高可行能力、扩展自由。[2] 发展经济学特别珍视这些价值，并努力将其内生于理论

---

[1] 吉利斯，波金斯，罗默，等. 发展经济学[M]. 黄卫平，彭刚，杨瑞龙译. 北京：中国人民大学出版社，1998.
[2] 阿马蒂亚·森. 以自由看待发展[M]. 任赜，于真，译. 北京：中国人民大学出版社，2012.

研究之中，从发展的视角出发，从合意的发展目标去反思、分析和评价经济增长过程，研究经济增长过程中蕴含的质量，提出规范意义的发展政策，从而形成发展经济学区别于一般经济学的特质。

发展经济学还特别关注经济增长进程中发生的结构变迁，体现了不同于一般经济学的研究志趣。发展经济学对经济结构的研究与一般经济学的研究相比，有着不同的侧重点。

首先，一般经济学较多地讨论共时性的经济结构及其变化（包括升级）；在发展经济学视野中，"结构"的涵义更广，不仅仅是指禀赋结构、就业结构、产业结构、需求结构、收入结构、区域（空间）结构，还特别关注经济体各组成部分由于发展程度的差异性而形成的历时性结构，即不同发展水平的多重局部均衡并存，比如，传统经济结构与现代经济结构等。

其次，在经济发展过程中，经济增长与结构变迁之间是相互作用、相互影响的，但是，一般经济学更看重产业升级对提高全要素生产率（TFP）的影响，把结构变迁看成是促进经济增长（量变）的动力源泉之一；发展经济学则看重经济增长这种量变过程中发生的结构变迁（经济发展质变），将经济结构的形成与演进内生于经济增长过程之中。

最后，一般经济学把结构变迁看成是经济系统自然发生的过程，发展经济学更关注不发达经济体的结构失衡、结构刚性，解析结构刚性的形成机理，探究矫正结构失衡、促进合意的结构变迁的机制与可能路径。

四、研究旨归

发展经济学以研究经济发展战略为旨归。

经济学理论可以分为两种类型：一种偏重认知，另一种偏重实践。就研究志趣而言，一般经济学是偏重认知型理论，发展经济学则属于偏重实践型理论。

一般经济学的目的在于探索人类经济活动的一般规律，解释现实经济现象。虽然一般经济学也研究经济政策，但不是主要目的，只是解释经济现实之后的扩展与推论。一般经济学的研究对象是处于均衡或近均衡状态的经济系统。当系统受到不太大的外部冲击或系统中存在某些扰动时，会引起经济系统一系列内在的调适反应，凭借系统自身的力量会重新逼近合意的均衡，一般无须外部干预。在均衡分析空间中研究经济活动的一般规律，是一般经济学的主要任务，只有在特殊情况下才去研究干预经济运行的政策策略。一般经济学基本的研究方式是：首先，在一系列假设条件下构建揭示经济活动主要变量之间关系及其运行机制的理想模型；然后，以此为参照，再加上现实条件，解释现实的经济现象；最后，可能但并非必需的步骤是，根据理想与现实的差异，推论出改变现实、趋向理想状态的政策。

一般经济学只是从宏观和微观的层面解释经济世界，而问题在于改造经济世界。发展经济学关注不发达的发展中国家经济，目的不仅仅是认识和解释发展中国家经济"不发展"的机理，更重要的是由此探索摆脱"不发展"而促进经济发展的动力、路径和机制，为发展中国家制定经济发展战略提供理论依据。如前所述，不同水平的多重均衡并存，是发展中国家经济结构的一个显著特征。一般情况下，低水平的均衡不会自发地向高水平均衡逼近，甚至会背离较高水平而滑向更低水平的均衡。即使偶尔有一些较低水平的均衡会向着更高水平的均衡收敛，这个过程也是曲折而缓慢的，不然，世界上就不会有那么多经济体长期停滞于低收入阶段或中等收入阶段。因此，不发达的经济系统需要恰到好处的干预，帮助经济系统趋向合意的高水平均衡。托达罗和史密斯认为，发展经济学必须系统地阐明在尽可能短的时间里影响整个社会经济、制度和社会变革而制定的适宜的公共政策，因此，政府部门在发展经济学中发挥着比在传统的新古典经济学分析中更为广泛、更具有决定性的作用。[①]

结构主义发展经济学家从发展中国家市场不完善、极度贫困、资本极度匮乏的实际情况出发，着眼于发展中国家的结构失衡、部门刚性、供给与需求缺乏弹性，以及经济主体的非新古典主义理性行为方式，认为发展

---

① 托达罗，史密斯. 发展经济学 [M]. 聂巧平，程晶蓉，汪小雯，等，译. 北京：机械工业出版社，2014.

中国家经济发展所需要的宏大的结构变革是其不完善的市场体系所不可能胜任的，因而强调国家或政府是经济变革的行为主体。他们提倡政府配置资源，以完成经济的结构性转换，并提出了一系列以"唯资本化""唯工业化""唯计划化""内向发展"为特征的政策主张。新古典主义发展经济学家批评结构主义过分强调发展中国家经济的特殊性，认为市场价格机制在发展中国家仍然能够发挥自己的功能，发展问题的分析不应当是"无价格的"，问题的关键是理顺价格，让市场发挥作用。他们提出了一系列充分发挥市场机制的作用、以"矫正价格"为核心的发展理论及政策主张，比如，舒尔茨（T. W. Schultz）的"改造传统农业"，麦金农（R. I. Mckinnon）和肖（E. S. Shaw）的"金融深化"，等等。无论是强调政府还是强调市场，理论和实践都表明，发展战略对于发展中国家的经济发展是非常必要的，这也是发展经济学的价值指向与实践功能之所在。

第三节　发展经济学的理论演进

一、理论发展脉络

发展经济学自 20 世纪 40 年代兴起以来，在七十多年的发展历程中，就研究内容、理论观点和政策主张而言，先后出现了五种不同的分析思路或流派：结构主义、激进主义、新古典主义、新古典政治经济学、新结构主义。这些分析思路或流派在研究发展中国家经济发展问题时各有侧重，观点各异，在发展经济学的不同发展时期处于不同的理论地位。参照谭崇台先生关于发展经济学理论发展阶段的划分，结合近年来发展经济学研究的新趋势，我们把发展经济学的发展历程分为几个不同的阶段：20 世纪 40 年代末至 60 年代中期，是以结构主义为主导的第一阶段；20 世纪 60 年代末至 80 年代初，是以新古典主义为主导的第二阶段；20 世纪 80 年代中期至21世纪初,是以新古典政治经济学为主导的第三阶段①;2010年以来新结构主义初现端倪。当然,在某个时期,当一种分析思路或流派成为"显学"时,其他流派并未完全销声匿迹,或修正、深化,或融入主流,推动发展经济学理论的发展。

(一) 第一阶段:结构主义为主导

第二次世界大战结束以后,面对政治独立而经济落后的发展中国家经济实践对理论的要求,一批经济学家关注发展中国家经济落后、市场不完善、结构刚性等现实问题,同时又深受当时方兴未艾的凯恩斯主义影响,尤其欣赏凯恩斯关于资本主义经济的非均衡分析以及政府干预经济的政策主张,致力于研究发展中国家从经济不发达向发达状况转变的结构变革问题。

他们认为,新古典主义的各种理论模型根本无法描述发展中国家经济主体普遍的行为方式,新古典主义模型中的完全竞争、充分替代弹性、精确预见、无滞后调节等理论假设远离发展中国家现实;发展中国家经济发展需要的不是边际调整,而是宏大的结构变革,这是不完善的市场体系所不可能胜任的,因而国家或政府应该成为经济变革的行为主体。因此,他们提倡政府配置资源,以纠正和避免市场失灵,完成经济的结构性转换。这些理论观点与政策主张被称为结构主义,主要代表人物有罗森斯坦-罗丹、纳克斯(R. Nurkse)、刘易斯(W. A. Lewis)、缪尔达尔、辛格(H. Singer)、普雷维什(R. Prebisch)、赫希曼和钱纳里(H. B. Chenery)等人。结构主义发展理论有罗森斯坦-罗丹的大推进理论、刘易斯等人的二元结构理论、缪尔达尔的循环累积因果理论和地理二元结构论、钱纳里的结构转型理论与双缺口模型,等等。

结构主义强调资本形成在经济发展中的作用,认为资本匮乏是发展中

---

① 以上三个阶段的划分,来自于国内权威的发展经济学教材,如谭崇台. 发展经济学的新发展[M]. 武汉:武汉大学出版社,1999. 谭崇台. 发展经济学[M]. 太原:山西经济出版社,2001.

国家不发达的主要原因；强调工业化是由不发达走向发达的必由之路；强调发展中国家经济发展应该是内向发展，工业化应该是进口替代工业化；强调发展中国家市场残缺、结构失衡，认为市场机制需要有长期的培育过程，因而进口替代工业化的经济发展过程必须是计划性的。结构主义的这些基本观点，反映了当时刚刚在政治上独立的发展中国家谋求经济迅速起飞的主观愿望与贫穷落后的客观现实之间的矛盾，同时也是受20世纪四五十年代西方经济理论思潮影响的结果，是在自由主义日渐衰落的背景下对新古典主义主流经济学的反叛、对凯恩斯主义理论的"扬弃"。受结构主义发展经济学理论的影响，不少发展中国家实行内向的、计划性的进口替代工业化发展战略。

激进主义理论虽然没能占据主导地位，但其"中心-外围"依附论可视为结构主义在世界经济分析中的一种反映，或可称之为国际二元结构，对发展中国家处理国际经济关系仍然具有重要的启发意义和现实意义。

激进主义理论肇始于20世纪50年代，主要代表人物有普雷维什、巴兰（P. A. Baran）、阿明（S. Amin）和卡多索（F. H. Cardoso）等人。激进主义发展理论的主要发源地是拉丁美洲。这些国家经济发展起步比较早，一直被美国视为自己的后院，但是，由于西方跨国公司在拉美各国的扩张，拉美经济被纳入西方资本主义经济运行体系。拉美国家以美国等发达国家为样板，但发达国家的经验在拉美国家并没有取得理想的绩效，反而进一步拉大了它们与发达国家的差距。面对这种现实，一些经济学家不仅对新古典主义经济理论失去了信心，对结构主义发展理论也产生了怀疑。他们把眼光从本国经济内部转向外部经济关系，从总体上审视世界经济格局中拉美以至整个第三世界的经济发展问题，寻求摆脱依附、振兴经济的途径。因此，与一般的激进经济学不同，激进主义发展经济学家分析和批判的焦点不是资本主义生产方式，而是阻碍发展中国家经济发展的旧的国际经济秩序。他们认为，世界经济是一个"中心-外围"体系：西方发达国家处于"中心"，而发展中国家则是"外围"。"中心"国家利用不平等的世界经济关系对"外围"国家进行经济控制和剥削，使得它们不得不依附于"中心"并受其剥削，发展中国家技术进步与生产率提高所产生的收益都被发达国家所侵吞。因此,发达国家的发达就是发展中国家不发达的原因。这种观点被称为"依附论"。他们主张,在这种国际秩序下,发展中国家的工业化必须实施贸易保护,有选择地实施进口替代战略,甚至提出更激进的与"中心"国家"脱钩"的口号。激进主义有助于唤醒发展中国家的自主意识,强调发展中国家经济发展要走自己的道路,但是,它依据拉美和部分非洲国家的经验事实,把不发达国家落后的原因完全归咎于世界经济体系不平等的外部关系,则是"激进"地走向了极端。

(二)第二阶段:新古典主义为主导

发展中国家完成了工业化的基础产业和基础设施的建构,经济发展开始起步之后,结构主义发展战略的各种弊端逐渐暴露出来。

20世纪60年代初,特别是到60年代中期,发展中国家出现了与结构主义理论预期不一致的现实。实施进口替代工业化战略的发展中国家经过较为宽松的初始阶段之后,便出现了农业滞后、工业竞争乏力、国内资源得不到合理配置、国民经济效率低下、人民生活水平提高缓慢等问题。相反,那些比较注意发挥市场机制、经济比较开放、实施出口导向政策的发展中国家,却在经济上取得了快速的进步。此外,由于发达国家在20世纪60年代中期以后特别是70年代出现了严重的滞胀,强调政府干预的凯恩斯主义受到了现实的挑战,而信奉市场的新古典主义则在西方经济学理论思潮中开始复兴。

在现实的冲击下,20世纪70年代激进主义发展理论出现了分化:一支是沿着"中心-外围"方向的依附性发展理论,强调国家积极参与、国内资本和国际资本相联合,如埃文斯(Peter Evens)等人;另一支是坚持反西方中心立场的多元现代化理论和"现代世界体系"理论,如沃勒斯坦(Immanuel Wallerstein)等人。由于对发展中国家自身的发展问题关注不多,激进主义逐渐淡出发展经济学。

在发展经济学领域,受当时理论与实践的影响,20世纪60年代末,新古典主义发展理论逐渐取代结构主义成为发展经济学的"显学",使发展经济学进入第二个发展阶段。新古典主义发展理论的主要代表人物有舒尔茨、哈伯勒、哈伯格(A. C. Harberger)、明特(H. Myint)、拉尔、麦金农、迈耶、斯蒂格利茨（J. E. Stiglitz）等人。他们批评结构主义过分强调发展中国家经济的特殊性，从发展中国家与发达国家的经济共性出发，在重新认定发展中国家经济主体的理性行为特征和市场价格机制的前提下，运用均衡分析、静态分析、边际分析等新古典分析工具研究发展中国家的经济发展问题，提出了一系列充分发挥市场机制的作用、以"矫正价格"为核心的发展理论和政策主张。主要的代表理论有舒尔茨的改造传统农业理论、麦金农和肖的金融深化理论等。

新古典主义发展经济学家认为，结构主义所说的发展中国家"市场失效论"诱导人们不再信任市场而过于相信政府的能力和计划的功能，忽视了市场与价格激励功能。他们指出，像发达国家一样，在发展中国家，价格刺激—反应机制无处不在；个人作为经济决策主体会在利益的驱使下，在成本等因素的约束下，能够根据市场价格信号，在不同的替代物之间做出选择以获得最大福利。新古典主义发展经济学理论认为，发展中国家市场的供给弹性、需求弹性以及要素的替代弹性都比较高，因而价格的变动必然会引起产品的供给数量和需求数量以及生产要素配置比例的相应变化。根据新古典主义发展理论，市场价格机制在发展中国家仍然能够发挥功能，发展问题的分析不应当是"无价格的"，问题的关键是理顺价格，让市场发挥作用。

新古典主义修正了发展中国家经济发展的目标及结构主义发展政策：从片面强调工业转向重视农业，从片面强调物质资本的形成，转向重视人力资源开发；从片面强调计划转向重视市场；从片面强调封闭性的进口替代转向开放的出口鼓励。在第二阶段发展经济学理论的影响下，不少发展中国家在经济发展战略上改弦更张，使国民经济焕发活力，经济出现持续、快速的增长，人民生活水平不断提高。

在理论建构上，新古典主义发展理论将研究发展中国家经济发展问题的发展经济学植根于新古典主义经济学之中。这种努力的结果是发展经济学失去了自我，在很大程度上变成当时占主导地位的新古典主义一般经济学的一个应用分支。在这种背景下，怀疑甚至否定发展经济学在现代经济学体系中存在的合理性、必要性，也就毫不奇怪了。

其实，新古典主义发展理论也有自身的局限性，比如，过分推崇市场机制，对于国家和市场关系的认识过于片面；把个体、企业和家庭视为自利的理性计算单位，而不是处于制度—文化网络中的主体；对于影响和塑造个体偏好的制度和文化因素几乎没有或很少给予关注；忽视了非经济因素对于经济分析的重要作用；等等。

（三）第三阶段：新古典政治经济学为主导

无论是结构主义发展理论、激进主义发展理论，还是新古典主义发展理论，一个共同的缺陷是，理论分析框架是无制度的，因而既不能很好地解释不同国家经济增长与发展的差异，也不能解决如何启动发展的问题。进入20世纪80年代，逐渐为主流经济学所接受的新制度经济学，苏联、东欧国家以及中国和越南等发展中国家从计划经济向市场经济转轨与改革的实践，拓展了发展经济学的理论视野。

一方面，一些经济学家，如速水佑次郎（Yujiro Hayami）、奥斯特罗姆（Elinor Ostrom）等人，不仅认识到制度是影响经济发展的重要变量，甚至是内生变量，而且开始运用成熟而规范的新制度经济学分析方法，探讨发展中国家在经济发展中面临的制度障碍以及克服障碍的选择方案；另一方面，新制度经济学研究促进或阻碍发展中国家经济发展的制度因素。于是，制度影响经济效率，制度变迁能够促进经济发展，成为发展经济学与新制度经济学的基本共识。在这种共识之下研究经济制度与发展中国家经济发展之间的相互关系，标志着发展经济学进入了以新古典政治经济学为主导的新阶段。

事实上，结构主义者如刘易斯、缪尔达尔等人，并没有忽略在经济发展中发挥重要作用的制度，只不过，在他们所处的那个时代，还不能以经济学分析方法处理制度，因而制度无法进入经济学严谨分析的框架。激进主义者也意识到了制度在经济发展中的重大作用，但他们关注的焦点是不平等的世界经济关系对发展中国家经济发展的影响。新古典主义假定交易成本为零和完全信息，以市场为核心的制度体系是外生给定的，因而无须经济学分析。直到建立在交易成本概念基础之上的新制度经济学于20世纪70年代中期融入主流经济学，才得以用新古典分析方法讨论制度这种特殊资源在经济发展中的地位及作用。发展经济学也因此进入了"全景时代"。

在这一阶段,发展经济学研究不仅运用新古典分析工具,而且恢复了以斯密为代表的古典经济学传统,将政治、法律、文化等非经济因素内生化,作为影响经济活动的正式制度和非正式制度,全方位地研究经济发展问题,拓展了发展经济学的研究范围。这种研究思路通常被称为新古典政治经济学分析思路。新古典政治经济学克服了新古典主义无制度背景、无历史维度、无交易成本的缺陷,把发展经济学从新古典主义超越时空的历史虚无主义道路上,拉回到发展中国家的社会现实。发展经济学家们认识到,制度至关重要:微观个体行为要受到制度的约束与塑造,土地、劳动和资本这些生产要素在一定的制度安排下才能发挥作用,技术创新也只有在一定的制度安排下才能被激活。在这个意义上,资本不足等过去被认为是阻碍发展中国家经济发展的根本原因,其实只是经济不发达的结果,而阻碍发展的真正原因是发展中国家普遍存在的制度缺陷。因此,发展经济学必须探究制度变迁及其经济绩效。基于这种理念,许多学者分析了发展中国家经济活动中的政府行为与腐败、制度设计、社会资本等问题。

此外,进入20世纪80年代以后,世界各国特别是发展中国家的资源耗减、环境退化问题越来越严重,不仅导致人们生活质量下降,而且直接威胁到经济的长期持续发展。因此,从这一时期开始,环境和可持续发展问题真正进入发展经济学的视野,并在此后一直是发展经济学研究的重要课题。

(四)新结构主义初现端倪

在经济发展的过程中,经济增长与结构变迁是内在统一的。长期以来,前者属于增长理论研究的领域,后者属于发展经济学研究的范围,而增长理论和发展理论几无交集。主流增长理论认为,从长期来看,经济增长总量是平稳变化的,即产出增长率、劳动生产率增长率、人均资本增长率、利润率、资本产出比等指标长期来看是稳定的,这些事实被称为"卡尔多事实"。主流增长理论并不关注经济增长过程中的结构变化。发展经济学理论则更加关注增长过程中的结构变化,经典的理论是"库兹涅茨事实",即认为经济发展过程中,第一产业的增加值和就业占比持续下降,第二产业的增加值和就业占比先上升后下降,第三产业的增加值和就业占比持续上升。进入21世纪以来,增长理论与发展理论平行发展的格局开始发生了变化。

在一般经济学的经济增长理论研究中,一些经济学家尝试用统一的分析框架解释总量增长与产业结构变化,使之兼容"卡尔多事实"和"库兹涅茨事实"。他们从需求和供给两个侧面研究经济增长驱动结构变迁的机制:在需求侧,在增长中不断提高的收入,通过恩格尔效应改变消费结构、扩展需求结构,从而引致经济结构的变化;[1] 在供给侧,经济增长过程中不同部门之间在技术进步率、资本深化率、要素替代弹性等方面的差异,导致资源或要素在部门之间流动,促使经济结构发生变化。随着各国经济发展和国际分工的加深,国际贸易、外国直接投资(FDI)对一国结构变迁产生的影响也越来越大,因此,也有不少学者研究一个经济体在开放环境下的结构变迁问题。

另一面,在发展经济学的旗帜下,以林毅夫教授为代表的中国经济学家,从供给侧进一步追溯经济结构变迁的动力源泉,强调禀赋结构及其变化对一个经济体的结构变迁进而对经济发展所产生的基础性作用。林毅夫称其理论为新结构经济学,并认为是"第三波发展经济学思潮"。新结构经济学立足并系统总结中国经济发展的实践经验,借鉴其他发展中国家的发展经验,主张以历史唯物主义为指导,以新古典经济学方法,从一个经济体每一时点给定但随着时间变化的要素禀赋及其结构切入,研究经济发展过程中不同发展程度的国家各种结构及其变迁的决定因素和影响。新结构经济学主张发展中国家或地区应从自身的要素禀赋结构出发,发展具有比较优势的产业,在"有效市场"和"有为政府"的共同作用下,推动经济结构转型升级和经济社会发展。自从2011年林毅夫教授正式提出这一理论主张以来,新结构经济学已在国际上产生了重要反响,受到学术界、政府部门和国际机构愈来愈多的重视。[2]

---

[1] KONGSAMUT P, REBELO S, XIE D. Beyond Balanced Growth [J]. Review of Economic Studies, 2001 (68): 869-882.

[2] 林毅夫. 新结构经济学:反思经济发展与政策的理论框架 [M]. 北京:北京大学出版社, 2012.

虽然一般经济学的结构主义增长理论不以发展中国家经济发展为主要目的，只是拓展一般经济学的经济增长理论，但其理论分析已经触及结构变迁这个发展经济学的核心问题，并为发展经济学建构严谨的结构变迁理论奠定了基础，开辟了道路。基于这种认识，笔者更愿意将由经济增长拓展延伸而来的结构变迁理论，与林毅夫等人的新结构经济学一起，合称为新结构主义发展理论。两者的共同特征是，第一，重视经济发展中的结构变迁过程；第二，在研究中，将经济结构及其变迁内生于经济增长过程之中；第三，用新古典主义分析方法研究结构变迁机制。第一点与发展经济学传统的结构主义相似，第二和第三点则超越了传统的结构主义。正因为如此，我们才称其为新结构主义发展理论。

发展经济学与一般经济学相向而行，打通了两者之间的逻辑通道。由此，发展经济学理论进入了一个新的发展阶段，分析方法更规范，研究更深入，理论更严谨。

二、学科发展趋势：从演绎学科转向经验学科

21世纪以来，发展经济学进入新的活跃时期。一方面，在新的时代背景下，全球发展中国家面临的发展问题发生了变化，促使发展经济学关注的焦点也随之变化；另一方面，互联网和信息技术的发展改善了实证数据的可得性和可计算性，计算经济学、实验经济学、行为经济学、社会网络分析等新兴的研究方法被用于分析复杂的发展现象，社会学、政治学、心理学等学科的概念和理论被引入发展分析框架，极大地拓展了发展经济学的研究领域。索贝克（Erik Thorbecke）从6个方面概括了2000年至2017年发展经济学的最新进展：第一，实验革命：随机对照实验；第二，制度和政治经济学在发展中的作用；第三，贫困陷阱与多重均衡；第四，增长、不平等与贫困之间的相互关系；第五，人类发展的综合性定义与包容性增长战略；第六，全球化与发展。[①]

---

① THORBECKE E. The History and Evolution of the Development Doctrine [C]. // NISSANKE M, OCAMPO J A. The Palgrave Handbook of Development Economics. Cham: Palgrave Macmillan, 2019.

从学科发展趋势上看,由于越来越重视经验分析,发展经济学正在从一门演绎学科向经验学科转向。① 这种转向体现在研究内容与研究方法两个层面。

首先,在研究内容上,发展经济学不再热衷于建构宏大理论,而将关注的焦点投向具体的发展问题,呈现微观化趋势。

如果有一个经济学研究的"微观—宏观连续光谱",那么,早期发展经济学研究常聚集于宏观一端,随着时间的推移而逐渐向微观一端移动。早期的发展经济学以经济体(国家或地区)为分析对象,基于历史事实和宏观统计数据,致力于构建整体的宏观理论和一般策略,比如罗斯托的增长阶段理论、罗森斯坦-罗丹的大推进理论、刘易斯的二元结构模型等。随着研究的深入,发展经济学研究的主题越来越具体、越来越微观,比如教育、健康、营养、家庭、婚姻、生育率、妇女、儿童等。其研究特征是将个人、家庭、企业、社区等作为经济主体,构建微观理论模型,并基于调查数据或实验数据进行实证分析。

其次,在研究方法上,发展经济学越来越注重经验分析,呈现实证化趋势。

研究方法实证化最显著的进展是随机对照实验(Randomized Controlled Trial,RCT)的兴起与应用。随机对照实验主要用于评估发展项目的实施效果。任何项目效果评估都试图回答一个反事实问题:如果没有该项目,项目参与者会如何表现?通过比较分析随机实验方法、控制变量方法(Control Variate)、断点回归设计(Regression Discontinuity Design)、双倍差分(Difference-in-Difference)和固定效应(Fixed Effects),迪弗洛(E. Duflo)等人认为,以随机实验方法得到的参数估计的统计性质是最好的,受其他因素的影响较小。这种方法已被运用于许多项目分析,如学校投入对学生成绩的影响,农业生产中采用新技术的效果,许可证管理中腐败影

---

① MOOKERHJEE D. New Directions in Development Economics: Theory or Empirics?: Is There too Little Theory in Development Economics? [R] Boston University—Department of Economics—Working Papers Series WP2005-028,2005.

响的评估，消费者信贷市场中道德风险与逆向选择的影响评估问题，等等。① 班纳吉（A. Banerjee）、迪弗洛和克雷默（M. Kremer）因为将随机对照实验方法引入发展经济学以提升扶贫政策效果，获得了2019年诺贝尔经济学奖。

不过，随机对照实验方法也招致一些冷静的批评。一个特定的随机对照实验至多只能为某个非常小的问题提供精确而可靠的答案，它无法解决宏观的经济发展问题。后者才是发展经济学更为重要、更为根本的研究任务。鉴于随机对照实验方法在经济学界产生了巨大影响，并可能对发展经济学的未来走向产生实质性影响，许多学者认为，应该以建设性的态度审视随机对照实验方法：（1）随机对照实验是否有助于揭示一个项目影响预期结果的内在机制？（2）从一个或多个随机对照实验中获得的经验是否可以推广到其他不同的场景？（3）随机对照实验没有解决一般均衡效应这一缺陷会产生什么样的严重后果？（4）随机对照实验方法是否会引发道德问题？②

近年来发展经济学研究偏重于经验分析，或者说，理论发展受经验分析和政策问题所驱动。这种经验事实导向的理论发展趋势是否合理？是否忽略了对现象背后一些本质问题和基本规律的探寻？2004年5月，在康奈尔大学举办的一场研讨会上，就发展经济学的发展走向应该偏向理论分析还是经验分析，学者们展开了激烈的争论。其中有5篇代表性的论文随后在《经济与政治周刊》(*Economic and Political Weekly*)上发表。学者们的观点大致可分为三类。

一种观点认为，经验分析足以阐释现实问题，并能更好地发掘现象背后的机理。③ 瑞（D. Ray）支持这一观点。他认为，发展经济学的经验分析价值在某种程度上要优于仅仅靠构建理论模型来阐释现实问题。在他看

---

① DUFLO E, GLENNERSTER R, KREMER M. Using Randomization in Development Economics Research: A Toolkit [C]. // SCHULTZ T P, STRAUSS J. Handbook of Development Economics. vol. 4. London: North Holland, 2007.

② THORBECKE E. The History and Evolution of the Development Doctrine [C]. // NISSANKE M, OCAMPO J A. The Palgrave Handbook of Development Economics. Cham: Palgrave Macmillan, 2019.

③ BANERJEE A, DUFLO E. The Experimental Approach to Development Economics [J]. Annual Review of Economics, 2009, 1: 151-178.

来，经验分析是基于事实对现实问题的思考，而理论模型往往是基于一些虚无飘渺或者脱离现实的理论假设；而且，大量的经验分析也可以成为构建新理论的契机。①

第二种观点强调在经验分析的基础上探寻现象背后的理论机制。比如，穆克吉（D. Mookerhjee）将发展经济学划分为4个阶段：（1）利用经验描述相关现象，识别经验规律，试图寻找能够解释其结果的理论；（2）构建相关理论；（3）对理论进行检验和估计，然后再对理论进行修复，重复循环该过程；（4）利用经过经验检验的最成功的理论进行预测，并对政策进行评估。他认为，目前发展经济学正处于第三和第四阶段，如果过分强调经验分析的地位，会忽略了其背后的理论基础。②

第三种观点则持中立立场。比如，坎布（R. Kanbur）认为，发展经济学需要维持理论和经验分析的平衡，虽然在短期内会有不同程度的偏颇，但从长期上看，应该并驾齐驱。③

三、中等收入阶段的理论创新问题

低收入国家和中等收入国家，都属于发展中国家，都是发展经济学要研究的对象。

当代世界经济史告诉我们，经济体由中等收入水平向高收入水平发展的过程中，存在着分化现象：只有少量的经济体成功进入了高收入行列，许多经济体长期徘徊于中等收入阶段。世界银行将这种情形称为"中等收入陷阱"。④ 其基本涵义是，一个经济体从中等收入向高收入迈进的过程中，既不能重复又难以摆脱以往从低收入阶段进入中等收入阶段的发展模

---

① RAY D. Development Economics [M]. Princeton: Princeton University Press, 1998.
② MOOKERHJEE D. New Directions in Development Economics: Theory or Empirics?: Is There too Little Theory in Development Economics? [R]. Boston University—Department of Economics—Working Papers Series WP2005-028, 2005.
③ KANBUR R. The Development of Development Thinking [J]. Journal of Social and Economic Development, 2004, 6 (2): 147-158.
④ GILL I, ET AL. An East Asian Renaissance: Ideas for Economic Growth [M]. Washington D. C.: World Bank, 2007.

式，很容易出现经济增长的停滞和徘徊。

尽管学术界对"中等收入陷阱"是否存在的问题存在争议，但在我们看来，无论认可或者不认可"中等收入陷阱"这个概念，一大批经济体滞留在中等收入阶段，时间或长或短，就像许多学生的成绩在六七十分摇摆一样，这是不争的客观现实，也是发展经济学应该关注、必须解释与研究的经济现象。在现实中，不同国家经历中等收入阶段的时间存在长短差异，这些经济体"量"的特征反映了内在"质"的区别。发展经济学关注"陷阱"或滞留时间问题，但它要研究的是，同样是冲出了低水平均衡陷阱、实现经济起飞的经济体，在中等收入阶段滞留时间长短差异背后的发展机制。

一个经济体在不同的发展阶段，存在不同的发展问题。那些冲出了"低水平均衡陷阱"或"贫困陷阱"的发展中国家，在中等收入阶段，发展要素、发展环境、发展动力、发展问题、发展目标、发展任务等方面明显区别于低收入阶段：在发展要素方面，渐渐失去了低收入阶段的人口红利，失去了劳动力成本低的优势，而资本积累不再像低水平阶段那样紧迫，资本形成对经济增长的边际贡献日益递减；在发展环境上，一方面要受到低收入国家劳动密集型产业和资源密集型产业的挤兑，另一方面，相对于发达国家的后发优势可利用空间日益缩小，在国际市场上要受到发达国家的竞争压制；在发展动力上，依靠资源要素投入、技术模仿、牺牲环境推动经济发展的方式走到了尽头，创新不足成为制约中等收入阶段经济发展的主要瓶颈，低收入阶段制度变迁促进经济发展的动力开始衰退，而新的利益格局开始形成并可能阻碍新一轮的制度创新与制度变迁；在发展任务方面，应该改造而不是沿袭或固化低收入阶段形成的产业结构，以适应已经变化了的中等收入阶段要素禀赋结构和需求结构，在推进工业化、城市化的同时加快服务化、信息化的发展步伐；等等。历史和现实都告诉我们，一个中等收入经济体，在发展道路上面临着新的挑战，仍然会存在经济停滞、陷入中等收入陷阱的可能。

面对中等收入阶段的发展问题，分析中等收入陷阱的"病理"，探索不同于低收入阶段的发展动力和发展机制，是人类经济实践提出的重大现实问题，也是发展经济学题中应有之义。然而，这些研究主题在当前的发展经济学研究中并没有得到分析和研究。当代所有的发展经济学理论都是以低收入贫穷国家的经济发展问题为研究对象，其理论分析与政策建议都是指向低收入发展中国家摆脱贫困陷阱、实现经济起飞。迄今为止，一部发展经济学的发展史，就是人们研究低收入国家摆脱贫困谋求经济起飞的学说史。刘易斯明确指出，发展经济学就是研究低收入经济体的宏观结构与微观的经济行为，发展经济学家的梦想就是建立针对发展中经济的好的理论，促使一个经济体从最低水平越过分界线，上升到或超过西欧的水平。在发展经济学理论中，"起飞"是不发达与发达的"分水岭"，一旦实现了关键性的"起飞"，一国经济便进入了正常的发展轨道，会自然而然地依次实现更高级发展阶段的跃迁。[1] 因此，发展中国家谋求经济发展的主要任务就是创造经济"起飞"的条件，全力以赴地摆脱低水平均衡陷阱。然而，发展中国家的发展历程表明，即使摆脱了"贫困恶性循环"，冲出了"低水平均衡陷阱"，在中等收入阶段的经济发展道路上仍然会面临着新的挑战，可能遭遇中等收入陷阱。对此，发展经济学缺乏足够的理论准备。发展经济学既有的大部分理论与发展战略，已经不再适用于包括中国在内的中等收入国家经济实践的需要。

人类文明的每一次重大发展，经济社会的每一次重大进步，都需要思想先导与理论变革。时代在变迁，当代中国与诸多中等收入国家的经济实践迫切要求发展经济学理论把中等收入经济体纳入研究范围，把研究主题从由贫变富的发展扩展为由富变强的发展，由此掀开新的篇章。

---

[1] LEWIS W A. The Roots of Development Theory [C] // SCHULTZ T P, STRAUSS J. Handbook of Development Economics. vol. 1. London: North Holland, 1988.

第二章

发展经济学学科基本概念

本章介绍发展经济学学科的主要基本概念。

第一节 关于发展问题

一、贫困与不平等

1. 绝对贫困

从收入和支出的角度看,托达罗认为,绝对贫困指一种连最低水平的收入、衣食住行及其他生活必需品都无法满足的贫困状态;速水佑次郎认为,绝对贫困可以定义为一个人(或一些人)的物质生活水平低于其所在社会公认的最低生活水平标准的状态;从权利的角度看,森认为,贫困必须被视为基本的可行能力被剥夺,而不仅仅是收入低下。

2. 绝对贫困线

在一定的社会环境下,人们维持基本生存所需的最低费用,即为绝对贫困线。以1985年的美元购买力平价估算,世界银行定义的国际贫困线原指每人每日收入1美元。后来,世界银行制定了两个贫困线的标准:以

2005 年美元购买力平价估算世界最贫困的 15 个国家的贫困状况，取其平均值得到国际贫困线为每人每日 1.25 美元；估算所有发展中国家的贫困状况，取其平均值得到国际贫困线为每人每日 2 美元。

3. 相对贫困

收入或支出水平低于社会平均水平某种程度的生活状态，被称为"相对贫困"。有些国家将收入低于平均收入 40% 视为相对贫困线；有的经济体将收入低于平均收入的 1/3 视为相对贫困线。

4. FGT 贫困指数

FGT 贫困指数是由福斯特（James Forster）、格里尔（Joel Greer）、索贝克（Erik Thorbecke）三人于 1984 年共同研发用以测量贫困、具有良好数学特性的贫困指数，其计算公式为 $P_\alpha = \frac{1}{N} \sum_{i=1}^{H} \left(\frac{Y_p - Y_i}{Y_p} \right)^\alpha$。其中，$Y_i$ 是第 i 个穷人的收入，Y_p 指贫困线，N 是人口数，P_α 指数的形式会随着 α 值改变而改变。如果 $\alpha = 0$，可以得到贫困发生率；$\alpha = 1$，可以得到贫困距指数；$\alpha = 2$，可以得到平方贫困距指数；$\alpha = 1$ 和 $\alpha = 2$ 时，用于测量贫困程度。

5. 多维贫困指数

多维贫困指数（The multi-dimensional poverty index，MPI）由牛津贫困和人类发展中心提出。该指数包括 3 个大类 10 个维度指标：健康（营养状况、儿童死亡率）、教育（儿童入学率、受教育程度）、生活水平（饮用水、电、日常生活用燃料、室内空间面积、环境卫生和耐用消费品）。MPI 可以反映不同个体或家庭在不同维度上的贫困程度。2010 年，联合国开发计划署将其作为另一种衡量收入贫困的指标，发表于 2010 年《人类发展报告》中。

6. 贫困陷阱

对于一个家庭、社区或国家来说，贫困陷阱是一种劣均衡：家庭、社区或国家陷入一种贫困的恶性循环之中，贫困和欠发达会导致更严重的贫困和欠发达，且延续数代。

7. 基尼系数

基尼指数以意大利统计与社会学家基尼（Corrado Gini）的名字命名，

用以衡量一个经济体收入分配的状况。根据洛伦兹曲线，用实际收入分配曲线与收入分配绝对平等曲线之间的面积，除以该面积与实际收入分配曲线右下方的面积之和，其商值为基尼系数，表示不平等程度。基尼系数的理论值为从0（完全平等）到1（完全不平等）。

8. 收入分配库兹涅茨曲线

收入分配库兹涅茨曲线是美国经济学家库兹涅茨于1955年提出的收入分配状况随经济发展过程而变化的曲线。以人均财富增长为横坐标，人均财富分配为纵坐标，二者关系的变化呈现倒U型曲线轨迹：在经济发展的起步阶段，随着人均收入的提高，收入分配状况先趋于恶化；随着经济发展进一步提高，收入分配状况逐步改善，最后达到比较公平的收入分配状况。

9. 不平等交换理论

不平等交换理论最早由法国经济学家伊曼纽尔（Arghiri Emmanuel）提出。该理论认为，穷国与富国的交换是不平等的，因为穷国的工资较低。换句话说，交换不平等是与工资不平等状况有关的，即便其他方面都平等，只要工资不平等就足以导致交换不平等。

二、人口、资源与环境

1. 马尔萨斯人口陷阱

英国经济学家马尔萨斯认为，人口按几何级数增长而生活资源只能按算术级数增长，造成人口过剩，会不可避免地出现饥饿、贫困和失业等现象。他呼吁采取果断措施，遏制人口出生率，使人口不超出相应的农业发展水平。20世纪50年代后，一些经济学家将马尔萨斯的这一观点称为"人口陷阱理论"（The Theory of Population Trap），用以说明发展中国家人均收入停滞不前的原因。

2. 人口—贫困循环

早期有发展经济学家认为，人口增长过快将产生消极的经济后果，从而成为困扰发展中国家的一个问题。其基本假设是：人口增长会恶化和激化与欠发达条件相关的经济、社会和心理问题，降低家庭和国家的储蓄率，延缓当代人改善生活状况的进程。

3. 人口过渡理论

该理论根据出生率和死亡率的变化描述人口自然增长率的变化。在前现代社会，出生率和死亡率很高，人口自然增长率维持在非常低的水平。随着现代经济增长，开始进入第一阶段，此时死亡率开始下降而出生率大致保持不变，造成人口自然增长率的上升；在第二阶段，死亡率停止下降，但出生率仍保持在高水平上，因而人口自然增长率维持较高水平；在第三阶段，出生率开始以比死亡率快得多的速度下降，致使人口自然增长率下降。人口过渡理论认为，以高出生率、高死亡率为特征的前现代类型人口缓慢增长，经历三个阶段以后，转变为以低出生率、低死亡率为特征的现代类型的人口缓慢增长。

4. 资源依赖型经济

资源依赖型经济是依靠当地资源特别是矿产资源的比较优势，通过对自然资源的开采、初级加工形成初级产品促进经济增长的一种经济形态。

5. 荷兰病

20世纪五六十年代，荷兰发现了大量天然气，引致出口急剧增加，不断取得国际收支顺差，外汇储备增加，经济呈现一片繁荣。但是，到了20世纪70年代，荷兰发生通货膨胀，对经济发展产生了负面影响。初级产品出口剧增引起外汇储备充盈进而导致通货膨胀，阻碍了经济发展，这种现象被称为"荷兰病"（Dutch Disease）。

6. 资源诅咒

对一些国家而言，丰裕的自然资源并不是经济增长的充分有利条件，反而是一种限制。美国经济学家奥蒂（Richard Auty）将这种现象称为"资源诅咒"（Resource Curse）。随后，一批经济学家对"资源诅咒"现象进行了严谨的实证检验，并进一步研究了其内在传导机制。

7. 环境库兹涅茨曲线

借用人均收入与收入不均等之间的库兹涅茨曲线，表达人均收入与环境质量之间的倒U型关系，被称为环境库兹涅茨曲线：在低收入阶段，随着人均收入增加，环境质量恶化；收入水平上升到一定程度后，随着人均收入增长，环境质量得到改善。

三、经济二元性与结构刚性

1. 二元经济结构

著名发展经济学家、诺贝尔经济学奖获得者刘易斯1954年首次提出了二元经济发展模型。发展中国家经济同时存在着传统与现代两个部门，它们的再生产过程以及劳动生产率存在显著差异，呈现出鲜明的二元经济结构。传统经济通常集中在农村，而现代经济集中在城市。一个经济体越是不发达，传统经济部门的比重越大，现代经济部门的比重越小。发展中国家经济发展的过程，是经济资源不断由传统经济向现代经济转移、经济效率不断提升的过程，是传统部门不断收缩、被改造，而现代部门不断扩张、生成的过程，亦即二元经济逐渐转向现代一元经济的过程。

2. 城乡二元经济结构

城乡二元经济结构一般是指低收入国家以社会化生产为主要特点的城市经济和以小生产为主要特点的农村经济并存的经济结构。城市经济以现代化的大工业生产为主，而农村经济以典型的小农经济为主；城市的道路、通信、卫生和教育等基础设施比较发达，而农村的基础设施落后；城市的人均消费水平远高于农村；相对于城市，农村人口众多；等等。

3. 循环累积因果理论

循环累积因果理论由诺贝尔经济学奖获得者缪尔达尔于1957年提出。缪尔达尔认为，在一个动态的社会过程中，社会经济各因素之间存在着循环累积的因果关系。某一社会经济因素的变化，会引起另一社会经济因素的变化，而后者反过来又加强了前一个因素的变化，从而使社会经济朝最初变化的方向形成累积性的循环发展趋势。如果某一地区由于初始优势而比其他地区发展得更好，那么，它就可能通过循环累积因果过程，不断积累有利因素，进一步扩大优势。循环累积过程存在两种效应：一是回波效应，即落后地区的经济资源、生产要素向发达地区流动，导致落后地区发展更慢；二是扩散效应，即发达地区的资本、技术和劳动力等向落后地区流动，促进落后地区的发展。根据循环累积因果理论，一个经济体会形成发达地区和落后地区并存的地理二元经济结构，而市场力量一般趋向于强化而不是弱化区域间的不平衡。这一假说有助于解释国家之间或国家内部地区之间长期存在的发展水平差异。

4. 城市就业部门二元性

城市就业的部门可分为正规部门和非正规部门。正规部门主要是指有组织的、现代化的经济部门，一般规模较大，多用资本密集而节约劳动的技术，生产率较高；劳动者收入水平较高但难以进入，劳动技能一般是通过教育或训练而正式获得的；往往依赖国外资源，受政府保护和调节。非正规部门一般规模较小，多用劳动密集而节约资本的技术，生产率较低；劳动者收入水平较低但易于进入，劳动技能一般是通过家传或师徒关系而非正式获得的；常以家庭为中心，依赖本土资源，不受政府保护和调节而面临竞争性市场，如小商小贩、木匠、鞋匠、个体搬运工、夫妻店等。

5. 依附理论（中心-外围理论）

依附理论最先由阿根廷经济学家普雷维什在20世纪60—70年代提出。该理论认为，世界经济领域存在着中心—外围层次。发达资本主义国家构成世界经济的中心，发展中国家处于世界经济的外围。"中心"与"外围"不是彼此独立的，而是相互联系、互为条件的两极存在。"中心"与"外围"之间的关系是不对称的、不平等的，"中心"的发达国家与"外围"的发展中国家之间是控制与依附、剥削与被剥削的关系。发展中国家对发达国家的依附有三种形式：殖民依附、金融—工业依附，以及新型的技术—工业依附。

6. 涓流效应

涓流效应又称滴流效应，是指在市场机制的调节下，经济增长的收益会像涓涓流水一样逐渐自动地流向低收入阶层。主张涓流效应的新古典主义发展经济学家认为，经济增长会给社会创造更多的就业机会和良好的经济环境，使更多的失业人口就业并提高他们的收入水平；同时，经济增长会提高社会福利，政府通过各种转移支付（如失业救济、补贴等）将经济增长的收益分享给广大民众。这样，经济增长使低收入阶层受益，最终解决发展中国家一般存在的失业、收入不均和贫困三大问题。

7. 扩散效应

新古典主义发展理论认为,当经济发展到一定程度后,生产要素会从发达地区向周围不发达地区扩散,对不发达地区经济发展产生推动作用或有利影响,即"扩散效应"。随着发达地区生产规模不断扩大,该地区生产要素供给趋紧,引起生产成本上升,追逐利润的资本必然要到其他地区寻找出路,因而会出现资本和技术向落后地区扩散的现象。根据新古典主义理论,经济发展所产生的利益会通过横向的"扩散效应"和纵向的"涓流效应"自然而然地分享给全体社会成员,形成帕累托最优状态。

8. 非均衡状态

在结构主义发展理论的视野中,发展中国家经济不是自我均衡体系,其常态是持续的非均衡状态,即在缺乏弹性的条件下,价格的相对变动对资源重新配置的推动作用很小,供给与需求难以自动趋向均衡,市场不能出清,供求缺口无法填平。

9. 经济宽化

这是结构主义发展经济学家提出的一种概念。他们认为,新古典主义经济学家把经济变动看成是边际的、增量的调节,而发展中国家所需要的是大规模的经济变化和重大的结构改造,或者说,需要通过结构改造而实现"经济宽化",而不是新古典主义经济学家所主张的通过资源配置而实现"经济绷紧"。

第二节 关于发展目标

一、增长与发展

1. 经济增长

经济增长是指社会财富的增长、生产的增长或产出的增长。经济学家常常用国内生产总值(GDP)或国民总收入(GNI)的增长率来测度经济增长速度，用人均 GDP 或人均 GNI 衡量经济增长水平。

2. 经济发展

经济发展是指一个经济体在经济增长的基础上发生的社会经济结构的积极变化和居民生活质量的提高。这些积极变化包括：投入结构的变化、生产组织结构的变化、产业结构的变化、产品构成的变化与质量的改进、卫生健康状况的变化、文化教育状况的变化、自然环境和生态的变化、居民生活水平和生活品质的提高、分配状况的改善和贫困的减少，等等。

3. 亲贫式增长

当经济增长能够给贫困人口带来更多的就业机会，并且贫困人口的收入增长率超过全社会平均增长率时，这种增长就是亲贫式增长（Pro-poor Growth）。在亲贫式增长内涵中，包括三个重要因素：经济增长及其社会经济绩效、收入不平等程度、贫困变化。

4. 包容性增长

包容性增长（Inclusive Growth）或"共享式增长"是指创造新的经济机会，并且能够确保社会各阶层公平地享有这种机会的持续而公平的增长。其基本内涵包括如下两个方面：一、社会包容，即消除制度障碍，提高激励，增加包含大部分劳动力——包括穷人等脆弱人群在内——的社会各阶层获得发展的机会；二、赋权和社会保障，即提高不同人群参与增长过程的资产和能力，改善政府干预的社会风险管理。包容性增长强调改善健康、教育和基础设施方面的基本服务，帮助生活福利条件比较差的人群参与经济活动。包容性增长将亲贫式增长进一步扩展到人类福利的非收入方面，比较接近多元亲贫式增长概念。

5. 无工作的增长

联合国开发计划署《1996 年人类发展报告》指出的五种无发展增长情形之一。无工作的增长（Jobless Growth），即经济增长并未给民众提供更多的就业机会。

6. 无声的增长

联合国开发计划署《1996 年人类发展报告》指出的五种无发展增长情形之一。无声的增长（Voiceless Growth），即经济增长并未伴随着政治参与和民主的扩大。

7. 无情的增长

联合国开发计划署《1996年人类发展报告》指出的五种无发展增长情形之一。无情的增长（Ruthless Growth），即经济增长产生的利益大部分落入了富人手中，收入分配恶化，贫富分化加剧。

8. 无根的增长

联合国开发计划署《1996年人类发展报告》指出的五种无发展增长情形之一。无根的增长（Rootless Growth），即经济增长过程中的市场化、全球化导致了本土文化的危机以及民族冲突。

9. 无未来的增长

联合国开发计划署《1996年人类发展报告》指出的五种无发展增长情形之一。无未来的增长（Futureless Growth），即经济增长以破坏生态环境为代价，对后代的发展造成了巨大的甚至是不可逆转的损害。

10. 可持续发展

可持续发展（Sustainable Development）概念最早可以追溯到1980年由世界自然保护联盟（IUCN）、联合国环境规划署（UNEP）、野生动物基金会（WWF）共同发表的《世界自然资源保护大纲》。1987年，世界环境与发展委员会在《我们共同的未来》报告中，将可持续发展定义为："能满足当代人的需要，又不对后代人满足其需要的能力构成危害的发展。"

11. 千年发展目标

在2000年9月召开的联合国首脑会议上，189个国家一致通过了一项旨在将全球贫困水平在2015年之前降低一半（以1990年的水平为标准）的行动计划，签署了《联合国千年宣言》，正式提出八个方面的目标：（1）消除极端贫穷和饥饿；（2）实现普遍的初等教育；（3）促进男女平等，赋予妇女更大的权利；（4）降低儿童死亡率；（5）改善母亲健康水平；（6）与艾滋病毒/艾滋病、疟疾等疾病做斗争；（7）确保环境可持续发展；8. 建立发展的全球合作机制。这些目标被置于全球议程的核心，统称为千年发展目标（Millennium Development Goals，MDGs）。

二、人类发展

1. 人类发展

著名经济学家、诺贝尔经济学奖得主阿马蒂亚·森指出，发展的目的不仅在于增加人的商品消费数量，更在于使人获得能力，扩展自由。根据这一思想，联合国开发计划署（UNDP）提出了"人类发展"概念，进一步拓展了发展的内涵。联合国开发计划署《1990年人类发展报告》指出，人类发展是扩大人民选择机会的过程；《2000年人类发展报告》指出，人类发展是通过扩展人的作用和能力，以扩大人的选择机会的过程；《2004年人类发展报告》提出，人类发展首先而且根本的是，让人们过上自己选择的生活，并为他们提供条件和机会使之能够实现这样的选择；《2006年人类发展报告》提出，人类发展首先而且根本的是，让人们过上自己珍视的生活，并使他们能够实现其潜力。

2. 人类发展指数

1990年，联合国开发计划署创立了人类发展指数（Human Development Index，HDI），即以"寿命水平、教育水平和生活水平"三项基础变量，按照一定的计算方法得到的综合指数，用来衡量各成员国经济社会发展水平。寿命水平用出生时预期寿命来衡量；教育水平用成人识字率（2/3权重）及小学、中学、大学综合入学率（1/3权重）共同衡量（《2010年人类发展报告》对其进行了修改，利用平均受教育年限取代了识字率，利用预期受教育年限即预期中儿童现有入学率下得到的受教育时间取代了毛入学率）；生活水平用实际人均GDP（购买力平价美元）来衡量（《2010年人类发展报告》中采用人均GNI取代人均GDP来评估）。联合国开发计划署每年都在《人类发展报告》中发布世界各国的人类发展指数。

3. 物质生活质量指数

物质生活质量指数（Physical Quality of Life Index，PQLI）由美国海外开发委员会提出，于1977年作为测度贫困居民生活质量的方法正式公布。该指数由婴儿死亡率、预期寿命和识字率三个指标组成，旨在测度世界最贫困国家在满足人们基本需要方面所取得的成就。

4. 社会进步指数

社会进步指数（Index of Social Progress，ISP）由美国宾夕法尼亚大学埃斯蒂斯（R. J. Estes）教授于1984年提出，涉及教育、健康状况、妇女地位、国防、经济、人口、地理、政治参与、文化、福利成就等10个社会经济领域的36项指标。作为评价社会发展状况的一个工具，社会进步指数不仅可以用于不同国家、不同地区间社会发展状况的比较，也可用于一国内部不同地区间社会发展水平的横向比较，还可用于一国不同时期发展水平的动态比较。

5. 可持续经济福利指数

1989年，美国经济学家达利（Herman E. Daly）和科布（John B. Cobb）共同提出可持续经济福利指数（Index of Sustainable Economic Welfare，ISEW）。他们考虑了社会因素造成的成本，如财富分配不公、失业和犯罪对社会带来的危害，进一步分析了经济活动中的成本和收益，如医疗支出等社会成本不能算作是对经济的贡献。ISEW的核算方法是加权消费支出、社会行为净收益与政府行为净收益三个项目之和，再减去环境成本。该指数反映了经济增长的可持续性与福利变化。

三、可行能力与自由

1. 功能性活动

阿马蒂亚·森非常强调人在发展过程中的中心地位，在此基础上，他提出了"功能性活动"和"可行能力"的概念。功能性活动（functioning）是一个人认为值得去做或达到的多种多样的事情或状态。有价值的功能性活动很多，从初级的基本生存要求，如有足够的营养和不受可以避免的疾病之害，到非常复杂的活动或者个人状态，如参与社区生活和拥有自尊。一个人的功能性活动组合反映了此人实际达到的成就。

2. 可行能力

在阿马蒂亚·森看来，一个人的可行能力（capability）是指此人有可能实现的各种可能的功能性活动组合。可行能力是一种自由，是实现各种可能的功能性活动组合的实质自由（substantive freedom）。

3. 实质自由

阿马蒂亚·森认为，实质自由是指免受困苦（诸如饥饿、营养不良、可避免的疾病、过早死亡之类）的基本可行能力，以及能够识字算数、享受政治参与等方面的自由。人的实质自由是发展的最终目的和重要手段。经济发展的本质是扩展人的自由。

4. 工具性自由

工具性自由，其实是自由的工具性作用，能直接或间接地帮助人们按自己合意的方式来生活。在《以自由看待发展》中，阿马蒂亚·森着重考察五种工具性自由：（1）政治自由；（2）经济条件；（3）社会机会；（4）透明性保证；（5）防护性保障。这些工具性自由能帮助人们更自由地生活并提高他们的整体能力，同时它们也相互补充。

5. 自由的构建性

自由的构建性，指的是自由是人们的价值标准与发展目标中自身固有的组成部分，它自身就是价值，因而不需要通过与别的有价值的事物的联系来表现其价值，也不需要通过对别的有价值的事物起促进作用而显示其重要性。

6. 社会机会

社会机会是指在社会教育、医疗保健等方面所实行的安排。这些条件不仅对个人生活（例如享受更健康的生活、避免可防治的疾病和过早死亡），而且对有效地参与经济和政治活动，都是重要的。它们影响人们享受更好生活的实质自由。

第三节　关于发展要素

一、人口与人力资本

1. 人口红利

在一国的人口年龄结构中，当劳动年龄人口占有较高的比例时，充足的劳动力供给会产生较大的经济利益,这种情形被称为"人口红利"(demographic bonus)。

2. 就业不足

就业不足是指一个劳动者实际工作的时间少于他愿意并能够工作的时间。

3. 伪装的就业不足

劳动者做的是全日制工作,但他们所做的工作只需要较少的时间就可以完成。发展经济学家把这种现象称为"伪装的就业不足"。

4. 隐蔽性的失业

劳动者因无工可做而选择非就业活动。比如,有些人本已从某级学校毕业,但由于无就业机会而继续留校学习,或者由于无机会参加工作而只好留在家庭中做家务劳动,于是,学校和家庭就成为"最后的雇主"。这种情况当属失业,但不易察觉,未列入失业统计之内,因而称为"隐蔽性的失业"。

5. 知识效应和非知识效应

人们受教育后,获得了知识,提高了技能,从而增加了对新的工作机会的适应性和在工作中发挥专门才能的可能性,这称为知识效应;人们受教育后,改变不正确的价值判断,提高纪律性,加强对工作和社会的责任感,提高了参加经济活动并做好工作的积极性,这叫做非知识效应。

6. 教育深化

发展中国家劳动市场供过于求,为了在劳动市场拥有竞争优势,人们去接受教育,进行人力资本投资。但是,人们毕业后发现,原以为具有学历竞争优势的工作,已经被高一级文凭获得者占据了,不得已继续接受教育,再进行人力资本投资以图取得下一轮竞争优势,可是,毕业后所面对的还是与此前相似的情形。发展经济学家把这种由于劳动市场竞争而被动升级接受教育的现象,称为教育深化。

7. 教育过度

1976年,美国经济学家弗里曼(Richard B. Freeman)在其著作《过度教育的美国人》中正式提出"教育过度"(over-education)的概念。他把

20世纪70年代以来教育收益率下降的原因归结为"教育过度",即教育供给超过社会对教育的需求。教育过度有三种表现形式:一是受教育者失业;二是技能低效,即受教育者所学的科学文化知识和专业技能超过他们工作的要求;三是受教育者相对于历史上接受相同教育水平的人,收入水平和经济地位下降。

8. 知识失业

知识失业(educated unemployment)是教育深化的伴生现象,或者说,是教育深化问题的一个侧面。由于受教育者供过于求,用人单位越级雇佣受教育层次的毕业生,原本小学毕业生可以胜任的工作岗位,现在雇佣中学毕业生;原本中学毕业生可以胜任的工作岗位,现在雇佣大学毕业生;以此类推。

9. 智力外流

在发展中国家完成学业后的高级专门人才,如工程师、科学家、医生、教授等,迁移到其他国家特别是发达国家的一种国际移民现象,称为发展中国家的智力外流。

10. 人力资本

以各种方式提高了的人的素质、智力和劳动技能,被称为人力资本。人力资本的投资可以采取各种形式,包括正规学校教育、电视教育、职前训练、在职训练、农业技术推广、成人识字、基本技能短期培训、职业市场信息传播、职业研究,以及营养卫生、人口流动等方面的投资。与物质资本不同,人力资本不能脱离人身而独立存在。舒尔茨认为,第二次世界大战后,一些国家经济增长的主要原因是人力资本的增加。

11. 健康人力资本

1960年,舒尔茨在《论人力资本投资》中首次提到,寿命的延长即意味着人们健康水平的提高,其收益就是一种追加的人力资本存量。后来,研究者们将"健康人力资本"等同于"健康资本",它具备与教育等其他人力资本共同的特点。健康资本不仅是人力资本的一种重要形式,而且是其他形式人力资本存在和发挥效能的基础和前提。

二、资本形成

1. 资本形成

根据发展经济学家纳克斯（Ragnar Nurkse）的定义，资本形成是指社会不把它的全部现行生产活动用于满足当前消费的需要和愿望，而是以其一部分用于生产资本品——工具和仪器、机器和交通设施、工厂和设备，即各式各样可以用来大大增加生产效能的真实资本（Real Capital）。资本形成来源于生产超过当前消费的"剩余"即储蓄。这种生产"剩余"或储蓄，通过投资和生产便转化为资本。资本形成不限于物质资本，也包括人力资本，即在技能、教育及健康等方面的投资。

2. 贫困恶性循环

1953年，纳克斯在《不发达国家的资本形成问题》一书中提出关于发展中国家的贫困恶性循环理论。他认为，阻碍发展中国家经济增长与发展的关键因素是资本稀缺，这是因为其宏观经济存在两个恶性循环：在供给方面，低收入意味着储蓄能力低，由此引起资本形成不足，资本形成不足导致低生产率，而低生产率造成进一步的低收入，周而复始形成恶性循环；在需求方面，低收入意味着低购买力，由此引起投资引诱不足，进而导致低生产率，低生产率又造成低收入，又形成一个恶性循环。两个恶性循环互相影响，使经济状况无法好转，难以实现经济增长。第一个循环说明了资本存量、收入与储蓄三个主要环节的关系，第二个循环则说明了市场容量、收入与投资三者的关系。两个循环相互影响，使得投资引诱与储蓄无法互相配合与协调，因而很难打破两个循环。资本缺乏是造成两个恶性循环的关键，因而资本形成在消除经济停滞、促进经济增长中起着决定性作用。

3. 低水平均衡陷阱

美国经济学家纳尔逊（Richard R. Nelson）于1956年提出"低水平均衡陷阱"概念。他认为，人口增长率对于人均国民收入水平很敏感。生活贫困，死亡率必然较高，从而抑制了人口的增长。一旦人均收入的增长率高于人口的增长率，人民生活将有所改善，从而降低死亡率并提高生育率，加快人口增长速度；然而，快速上升的人口增长率又将使人均收入回到原来的水平，这样就出现了一个低水平均衡陷阱。要从这个陷阱跳出来，必须做出最低限度的努力，或所谓"临界最小努力"，即通过大规模的投资促使提高人均收入的力量超过降低人均收入的力量，从而使国民收入的增长速度快于人口的增长速度。但是，由于边际收益递减规律，在技术、自然资源不变的条件下，资本和劳动的边际生产率将逐渐下降，以致国民收入增长率将逐渐下降，直至国民收入增长率与人口增长率相等为止。此时，出现了新的均衡，但不是低水平的均衡，而是高水平的均衡。如果其他条件不变，它将是稳定的均衡。

4. 大推进理论

罗森斯坦-罗丹（Paul Rosenstein-Rodan）1943年提出了"大推进"理论。该理论主张在发展中国家或地区对国民经济的各个部门同时进行大规模投资，以促进这些部门的平均增长，从而推动整个国民经济的高速增长和全面发展。之所以要实施"大推进"战略，原因在于经济活动存在不可分性。第一，生产函数的不可分性。基础设施投资是很多其他投资产生效益的前提条件，因此必须进行大规模的投资才能产生收益。第二，需求的不可分性，各产业之间的产品互为需求，因此需要通过各个部门同时发展才能拉动整体需求的增长。第三，储蓄的不可分性。当收入增长到某一个限度之前，为了保证一定的生活水平，相对压低消费以提高储蓄的幅度是有限的，只有当收入的增长超过那个限度之后，储蓄才能急剧地、大规模地增长，才会使大规模的投资成为可能。

5. 两缺口模式

钱纳里（Hollis B. Chenery）1966年提出发展中国家利用外资的两缺口模型。所谓两缺口，是指储蓄缺口（即投资与储蓄之差）和外汇缺口（即进口与出口之差）。该理论指出，当国内出现投资大于储蓄的储蓄缺口时，必须用进口大于出口的外汇缺口来平衡。

6. 临界最小努力理论

莱宾斯坦（Harvey Leibenstein）于1957年提出"临界最小努力"理论。莱宾斯坦认为，要打破恶性循环，跳出陷阱，发展中国家必须首先使投资率大到足以使国民收入的增长超过人口的增长,从而人均收入得到明显提高,即以"临界最小努力"使国民经济摆脱贫穷的困境。发展中国家之所以必须做到这一点,是因为发展中国家增长过程中存在着两种对立的力量,即提高收入的力量和压低收入的力量。提高收入的力量决定于上一期的收入水平和投资水平,压低收入的力量决定于上一期的投资规模和人口增长速度。当后一力量大于前一力量时,人均收入的增长被人口过快增长的力量所抵消,并退回到原来的低水平均衡陷阱中去;只有前一力量大于后一力量时,人均收入才会较快地提高,从而打破低收入稳定均衡。

7. 外国援助

外国援助一般是指发达国家向发展中国家提供的赠予、贷款或投资,一般具有两个特征:第一,不以商业回报为目的;第二,具有优惠条款性质,相较于商业贷款,外国援助的利率更低且偿还期限更长。

8. 官方发展援助

官方发展援助是一些国家的政府为促进发展中国家经济发展、提高福利水平,向发展中国家和多边机构提供的赠款或赠予成分不低于25%的优惠贷款。分为双边援助和多边援助两类。双边援助有赠款和贷款两类,赠款包括技术援助、粮食援助、债务减免和其他赠款;贷款包括开发贷款、粮食援助贷款、债务调整等。多边援助是向联合国及其他多边机构提供的用于援助活动的捐款,以及对国际开发协会、各区域开发银行和其他国际金融机构认缴的资本等。

9. 受援国吸收能力

受援国吸收能力是指受援国有效率地运用援助资金的能力。很多发展中国家在接受外国援助之后并没有取得预期的发展目标,反而越来越依赖外国援助。为此,援助机构在向发展中国家提供援助时,越来越注重提高受援国的吸收能力,包括培训政府官员、完善基础设施、培养技术人才等。

三、社会资本与文化

1. 社会资本

美国政治学家帕特南（Robert D. Putnam）认为，社会资本是能促进协调与合作、增进共同利益的社会网络、规范和信任。根据其功能和表现形式，社会资本可分为结构型社会资本和认知型社会资本：结构型社会资本主要是指任务和规则、网络和其他人际关系、程序和先例等；认知型社会资本主要是指规范、价值、态度、信仰等内化于人们精神世界的观念。社会资本能够促进物质资本和人力资本的投资，在发展中国家经济发展中具有独特的重要价值。

2. 信任

信任作为社会资本的一种形式，是指经济主体之间的一种信用担保，包括：对社会关系和社会网络的信任；对陌生人的信任；对管理机构的信任（包括规则的公平性、官方程度、争议解决以及资源分配方面）；等等。

3. 社会网络

社会网络作为社会资本的一种形式，主要是指经济主体之间形成的实现某种功能的组织形态，还包括组织的结构、成员及其运作的方式。衡量社会网络的指标主要包括网络中会员的密度、会员的多样性、民主运作的程度、与其他组织的关系等。

4. 社会规范

社会规范主要是指社会成员共有的行为规则和标准。社会规范是被个体内化了的社会群体意识，即便没有惩罚和激励也会遵从的行为规则。

5. 制度

制度是指一系列被制定出来的规则、服从程序和道德、伦理等行为规范。制度包括正式制度和非正式制度：正式制度是指有意识地设计和供给的一系列规则，包括政治规则、经济规则和契约，以及由这一系列规则构成的等级结构等；非正式制度是人们在长期交往中无意识形成的，由价值信念、伦理规范、道德观念、风俗习惯和意识形态等因素组成。意识形态和习惯处于非正式制度的核心。

6. 路径依赖

路径依赖类似于物理学中的惯性，是指事物一旦进入某一路径，由于规模经济、学习效应、协调效应、适应性预期以及既得利益约束等因素，会沿着既定的方向不断自我强化，对这种路径产生依赖。

第四节　关于发展动力

一、技术进步与技术创新

1. 创新

熊彼特（Joseph Alois Schumpeter）认为，创新就是建立一种新的生产函数，把一种从来没有过的关于生产要素和生产条件的"新组合"引入到生产体系中去。

2. 技术进步

技术进步是指在生产中运用改进的新方法，提高生产效率，促进经济增长。广义的技术进步指生产活动中积累与增进各种形式的知识以提高全要素生产率；狭义的技术进步是指一定时期内社会经济主体所生产的产品或生产工艺的变化。

3. 适宜技术

适宜技术主要是指适合于发展中国家具体情况的技术水平和生产方法。一般有两层涵义：第一，介于发达国家高水平技术和发展中国家低水平技术之间的中等水平技术；第二，既能增加产出又能增加就业的"中性技术"。一些发展经济学家认为，发展中国家一般具有资源（主要是指劳动力）丰富、技术落后等特点，因此，盲目地引进、照搬发达国家劳动节约型的高水平技术是不现实的，应当根据本国资源的特有条件，有选择地引进和使用适宜于本国国情、既能增加生产又能增加就业的中性技术。

4. 中性技术

中性技术是指不影响生产要素投入组合比例或不改变生产要素相对收

入的生产技术。经济学一般把生产要素分为资本和劳动两大类,把生产技术分为"要素偏向性"和"中性"两种。"要素偏向性"技术又分为"节约资本"型技术和"节约劳动"型技术。介于节约资本和节约劳动之间的技术称为中性技术。

5. 绿色革命

绿色革命是发达国家在第三世界国家开展的农业生产技术改革活动,主要包括培育和推广高产粮食品种,增加化肥施用量,加强灌溉和管理,使用农药和农业机械,以提高单位面积产量,增加粮食总产量。

二、制度创新与制度变迁

1. 制度变迁

制度变迁是指新制度(或新制度结构)产生、替代或改变旧制度的动态过程。

2. 诱致性制度变迁

诱致性制度变迁是指由个人或一群人受新制度获利机会的引诱,自发倡导、组织和实现的制度变迁,又称为"自下而上"的制度变迁。

3. 制度创新

制度创新是指能够使创新者获得追加或额外利益的对现存制度的变革。

4. 制度环境

制度环境是一系列用来建立生产、交换、分配基础的政治、社会和法律基本规则,是具体制度演变和发展的制度背景。

5. 适宜制度

适宜制度主要是指能够适应一国的资源禀赋和制度禀赋,与一国的生产力水平、社会文化、外部环境和社会承受力等条件相匹配,并且能够较好地促进经济和社会发展的制度。

三、开放与发展

1. 外向型经济

外向型经济,又称为"出口导向型经济",即经济发展主要依赖于国际市场的一种经济形态。在经济发展的起步阶段，由于国内市场需求较小、资本积累较少、技术水平较低，很多发展中国家需要依赖国际市场来弥补上述发展要素的不足。

2. 赫克歇尔-俄林模型

赫克歇尔-俄林模型是瑞典经济学家赫克歇尔（Eli Heckscher）和俄林（Bertil Ohlin）在20世纪二三十年代共同提出的一种国际贸易理论，简称H-O模型。该理论以生产要素的丰缺来解释国际贸易的产生和一国的进出口贸易类型。根据资源禀赋学说，在各国生产同一种产品的技术水平相同的情况下，两国生产同一产品的价格差别来自产品的成本差别。这种成本差别来自生产过程中所使用的生产要素的价格差别，而生产要素的价格差别则取决于各国各种生产要素的相对丰裕程度。相对禀赋差异产生的价格差异导致了国际贸易和国际分工。

3. 普雷维什-辛格假说

普雷维什-辛格假说是由阿根廷经济学家普雷维什（Raúl Prebisch）和德国经济学家辛格（Hans W. Singer）两位发展经济学家提出的关于发展中国家参与国际贸易后果的一种假设。他们认为，发展中国家与发达国家之间的贸易条件不断恶化，即发展中国家出口产品与发达国家出口产品之间的相对价格不断下降，使得发展中国家在与发达国家的贸易中，利益损失不断扩大。因此，发展中国家应采用进口替代策略，通过建立自主的工业体系减少对发达国家进口工业品的依赖。

4. 保护幼稚工业论

保护幼稚工业论是德国经济学家李斯特（Friedrich List）于1841年提出来的一种工业发展理论。该理论认为，后发国家不能与先发国家在国际市场上同台竞争，为了扶持国内工业的发展需要实施强有力的政府保护政策。这些政策主要包括提高进口商品的关税，限制国外工业品进入本国市场；加大对本国工业的支持，实施有重点的产业政策，以提高本国工业产品的竞争力。

5. 剩余出路理论

20世纪50年代缅甸发展经济学家明特（Hla Myint）提出的一种国际

贸易理论。该理论首先假定一国在开展国际贸易之前，存在着闲置的土地和劳动力。这些多余的资源可以用来生产剩余产品以供出口，从而为该国提供充分利用土地和劳动力的机会，即为本国的剩余产品提供了"出路"。由于一国出口的是剩余物或者由闲置资源生产的产品，不需要从其他部门转移资源，也不必减少其他国内经济活动，因而出口所带来的收益或由此而增加的进口也没有机会成本，因而必然促进该国的经济增长。

第五节　关于发展机制与路径

一、市场和政府

1. 市场扭曲

市场扭曲是指某种因素妨碍市场有效配置资源，导致经济偏离原本可能实现的高水平均衡。

2. 资源错配

资源错配是指生产要素的边际产出在不同地区、行业、企业之间不相等的现象。由于市场发育不完善或存在某些不合理的干预，生产要素不能充分自由流动，因而无法消弭生产要素边际产出的差异。

3. 市场不完全

市场不完全是指由于存在诸如垄断、要素移动的高成本以及缺乏可信的制度体系等，市场功能存在某些缺陷，不能有效地分配资源。

4. 市场分割

市场分割是指各个小市场相互独立地运行，限制了统一大市场发挥劳动分工和专业化的优势。

5. 寻租

寻租是指在一个高度规制化的经济中，为寻求由政府创造的稀缺性导致的垄断利润所产生的经济活动。

6. 政府失灵

当政府不能有效地配置资源、实现预期的经济目标时，称为政府失灵。

7. 政府干预

许多发展经济学家从发展中国家市场发育不全、市场机制失灵的现实出发，强调政府在经济发展过程中的特殊作用，主张政府干预和调节经济活动。

8. 华盛顿共识

华盛顿共识是指一整套因循新古典主义自由市场思想以治理发展中国家债务危机的改革方案。这套政策要求积极推行经济自由化和私有化，并执行一套严格的经济稳定方案。

二、发展阶段

1. 罗雪尔经济发展阶段论

类比生物的生命过程，德国经济学家罗雪尔（Wilhelm Rosche）将国民经济发展划分为幼年期、青年期（开花期）、成年期（成熟期）和老年期（衰老期），其中，成年期被认为是最为完善的形态。在国民经济发展四个阶段背后，有三个要素起支配作用：外部资源、劳动和资本。随着四个阶段的依次嬗递，这三个要素依次在国民经济中占据优势的支配地位。

2. 罗斯托经济发展阶段论

1960 年，罗斯托（Walt Whitman Rostow）在《经济增长的阶段》中将一个国家的经济发展过程分为 5 个阶段，1971 年在《政治和增长阶段》中增加了第 6 阶段。经济发展的 6 个阶段依次是：传统社会阶段、准备起飞阶段、起飞阶段、走向成熟阶段、大众消费阶段和超越大众消费阶段。

3. 中等收入国家

根据人均国民生产总值的高低，世界银行将发展中国家分为低收入国家、中等偏下收入国家、中等偏上收入国家。按世界银行公布的数据，2018 年的最新收入分组标准为：人均国民总收入低于 995 美元为低收入国家，在 996 至 3895 美元之间为中等偏下收入国家，在 3896 至 12055 美元之间为中等偏上收入国家，高于 12055 美元为高收入国家。2018 年世界银行所统计的 218 个经济体中，中等偏上收入国家 56 个，中等偏下收入国家

47个，低收入国家34个。

4. 中等收入陷阱

当代世界经济史表明，由中等收入水平向高收入水平发展的过程中，存在着分化现象：只有少量的经济体成功进入了高收入行列，许多经济体长期徘徊于中等收入阶段。世界银行将一些经济体达到中等收入阶段后陷入增长停滞的状态称为中等收入陷阱。其基本涵义是，一个经济体从中等收入向高收入迈进的过程中，既不能重复又难以摆脱以往从低收入阶段进入中等收入阶段的发展模式，导致经济增长动力不足、社会矛盾加剧等问题，很容易出现经济增长的停滞。

5. 后发优势

后发优势是后发国家在推动经济发展过程中具有先发国家不具备的、与其经济相对落后共生的特殊有利条件。比如，可以借鉴和学习先发国家的经验，承接或模仿先发国家的生产技术，引进先发国家的资本，利用先发国家市场开展国际贸易，减少试错成本，少走弯路，等等。这些都是后发国家在经济发展过程中可以利用的优势。

6. 蛙跳模型

1993年，经济学家伯利兹（Elise S. Brezis）、克鲁格曼（Paul R. Krugman）和齐东（Daniel Tsiddon）提出了后发国家基于后发优势的技术发展"蛙跳模型"。内生增长理论表明，技术变革往往会加强先发国的领先地位。然而，这种领先地位有时会发生转移，比如，18世纪英国超过荷兰，19世纪末美国和德国超过英国。"蛙跳模型"解释了后发国家超常规发展而赶超先进国家的现象：由于技术变迁的特点，先发国家的技术水平可能会因为技术惯性被锁定在某一范围内小幅度地变化，而后发国家由于劳动力成本较低会选择新技术，从而在未来取得技术优势，像青蛙跳跃一样超过先发国家。

三、结构变迁与劳动力转移

1. 工业化

钱纳里认为，工业化是国民经济中制造业份额的增加和农业份额的下降，一般可以用国内生产总值中制造业份额的增加来度量工业化。张培刚认为，工业化是国民经济中一系列基要的生产函数（或生产要素组合方式）连续发生由低级到高级的突破性变化（或变革）的过程。

2. 城市化

狭义的城市化概念就是指人口城市化，即农村人口迁移到城市，或农村地区转变为城市地区，从而使城市人口规模增大、比重提高的过程。其中，农村人口迁移到城市的人口城市化称为迁移城市化，农村地区转变为城市地区的人口城市化称为就地城市化。一般情况下，前者是人口城市化的主流，后者是发展到一定阶段因城区扩大或新设城市而产生的人口城市化现象。广义的城市化除包括人口城市化以外，还包括土地城市化、生活方式城市化等。人口城市化是基础，城市化的丰富内涵都是从人口城市化衍生出来的。

3. 现代化

现代化是指人类社会从工业革命以来所经历的社会变革，是以工业化为推动力，促使传统农业社会向现代工业社会转变的全球性过程。

4. 结构转型理论

该理论认为，一个国家的经济发展过程是其产业结构不断从低级向高级转换的过程。德国经济学家霍夫曼（W. G. Hoffmann）1931年研究了工业内部各产业之间的关系，发现消费资料工业的净产值与资本资料工业的净产值之间的比例会随着工业化的进程而不断下降，从而得出消费资料工业的比重逐渐减少而资本资料工业的比重逐步上升的结论，即"霍夫曼定理"。英国经济学家克拉克（Colin Clark）1940年运用多个国家的经济统计资料，揭示了劳动力在三次产业之间分布与转移的规律性，被称为"第一克拉克定理"；美国经济学家库兹涅茨（Simon Smith Kuznets）深入考察了国民收入在三次产业间分布结构的演变趋势，提出了经济增长中的"库兹涅茨事实"。

5. 刘易斯模型

著名发展经济学家、诺贝尔经济学奖获得者刘易斯（William Arthur Lewis）1954年首次提出了二元经济发展模型。在他看来，发展中国家经济存在着传统与现代两个部门，它们的再生产过程以及劳动生产率存在显著差异，呈现出鲜明的二元经济结构。经济发展过程就是传统部门的剩余劳动力不断向现代部门转移的过程。当一国剩余劳动力都转移到现代部门之时，经济的二元性质就消失了，该国就实现了工业化。

6. 拉尼斯-费模型

美国经济学家拉尼斯（Gustav Ranis）和费景汉（John C. H. Fei）在1961年发表的一篇论文中，指出刘易斯模型的两点不足：第一，没有足够重视农业在促进工业增长中的重要性；第二，没有注意到农业由于生产率提高而出现剩余产品应该是农业中的劳动力向工业流动的先决条件。他们对这两个问题作了分析，从而发展了刘易斯模型，被称为拉尼斯-费模型。

7. 托达罗模型

与刘易斯、拉尼斯和费景汉忽略失业问题不同，美国经济学家托达罗（Michael P. Todaro）和哈里斯（John R. Harris）从发展中国家普遍存在着城市失业的事实出发，以农村劳动者基于城乡预期收入差距所做出的理性迁移行为决策为核心，构造了一个微观分析模型，称为"托达罗模型"。这一模型解释了尽管城市失业现象非常严重但仍然有大量农村劳动力涌入城市这一矛盾现象，并站在维持城市劳动市场动态均衡的立场上，提出了一些有积极意义的政策措施。

第六节　关于发展战略

一、平衡与不平衡增长

1. 平衡增长

早期的一些发展经济学家主张，发展中国家应该在整个工业或整个国民经济各部门中同时进行大规模投资，使工业或国民经济各部门按相同或不同的比率全面发展，以平衡增长的方式彻底摆脱贫穷落后面貌，实现工业化或经济发展。

2. 不平衡增长

不平衡增长理论认为，由于发展中国家普遍存在资源和发展能力的约束，以"大推进理论"为代表的平衡发展理论不适合发展中国家的现实情况，经济发展的起点不是全面推进，而应该从某种不平衡发展起步，通过联系效应使经济发展逐步实现平衡。不平衡增长战略强调以短期的不平衡增长，去实现长期的平衡发展目标。

3. 联系效应

发展经济学先驱人物之一赫希曼（Albert Otto Hirschman）认为，发展中国家应当根据部门或投资项目联系效应，优先发展某些部门，由它们来带动其他部门的发展，以实现不平衡发展。联系效应分为"前向联系"和"后向联系"。前向联系指一部门或投资项目与购买其产出的部门或投资项目之间的联系；后向联系指一部门或投资项目与供给其投入品的部门或投资项目之间的联系。例如，钢铁工业与汽车工业之间的联系，属于钢铁工业的前向联系；钢铁工业与煤炭工业、冶金工业之间的联系属于后向联系。一般来说，初级产业部门联系效应小，制造业部门联系效应大。

4. 发展极

发展极是指由于不平衡发展所形成的某些主导部门和企业聚集的地区。法国经济学家弗朗索瓦·佩鲁（Francois Perroux）认为，由于地区或部门经济发展不平衡而导致某些主导部门和有创新能力的行业聚集在某一地区或大城市，从而形成发展极。发展极的作用在于，中心城市（发展极）对其他地区发挥扩散效应，形成互相联系、互相贯通的经济网络，产生外部经济效益，以带动整个经济的发展。

5. 集聚效应

集聚效应是指各种产业和经济活动在空间上集中而产生的经济效果，以及吸引经济活动向特定地区靠近的向心力。对集聚区的企业而言，集聚效应表现为促进分工与合作、规模经济与范围经济效应带来成本优势、享有区域与品牌优势等。

二、开放经济

1. 外向型经济政策

外向型经济政策是一国或地区以国际市场需求为导向,以扩大出口为中心,积极参与国际分工和国际竞争而制定的经济发展政策。

2. 内向型经济政策

内向型经济政策指实行进口替代的经济政策,比如,国家通过进口限额、提高关税来扶植本国新兴工业,摆脱对进口的依赖,等等。这种政策主张发展中国家应优先发展本国制成品生产,用本国产品替代原进口商品,以带动其他经济部门的发展。

3. 进口替代

进口替代是发展中国家采取关税、配额和外汇管制等严格限制进口的措施,扶植和保护国内有关工业部门发展的倾向;选择那些进口需求大的产品作为发展民族工业的重点,逐步以国内生产来代替进口,从而带动经济增长,实现工业化,纠正贸易逆差,平衡国际收支。

4. 出口鼓励

出口鼓励是指一国为鼓励出口而采取的各种积极和主动的政策措施,比如出口信贷、出口信贷国家担保、出口补贴、商品倾销、外汇倾销,以及建立自由港、保税区等。

三、经济政策

1. 财政公平

一般以税收和支出政策对经济福利分配的影响来定义。在累进税制下富裕的公民比贫穷的家庭承担更重的税收,以及把好处集中于地位最不利的人身上的财政支出政策,被认为比累退的税收和支出更为公平。

2. 中性税收

中性税收是指不扭曲市场机制、不会导致私人激励结构发生实质性变化而影响资源配置状况的税收。在市场对资源配置起决定性作用的前提下,有效地发挥税收的调节作用,使市场机制和税收机制达到最优结合。

3. 拉姆齐法则

拉姆齐法则是关于制定税率的准则：为了使税收的超额负担最小，税率的制定应能够使得每种商品需求量减少的百分比相等。这一准则并不要求对不同的商品课征统一的税率，而是对不同商品以不同税率课税：对需求富有弹性的商品采取比较低的税率，对需求缺乏弹性的商品采取较高的税率。

4. 金融自由化

放松对金融机构和金融市场的限制，减少对金融体系和金融市场过分的行政干预，放开利率和汇率，让其充分反映资金和外汇的实际供求情况，充分发挥市场机制的调节作用。

5. 金融深化

改革金融制度，放松对金融机构和金融市场的限制，消除政府对金融的过度干预，增加由货币等金融工具进行经济交易的比例，以市场方式发挥金融对经济的促进作用。

6. 金融抑制

在金融体系不完善、金融市场机制不健全的情况下，一些发展中国家的政府对金融活动的过度干预抑制了金融体系的发展，降低了由货币等金融工具进行经济交易的比例，而金融体系发展滞后又阻碍了经济的发展，从而造成了金融抑制和经济落后的恶性循环。

7. 产业政策

产业政策是政府为了实现一定的经济和社会目标而对产业的形成和发展进行干预的各种政策措施。其主要功能包括：弥补市场缺陷，有效配置资源；保护幼小民族产业成长；优化产业结构，调节供求总量与结构的平衡，促进经济的长期发展。

第二章

发展经济学学科基本理论

发展中国家经济发展涉及众多领域,研究这一综合性问题的发展经济学理论较为宽泛,甚至略显庞杂。不同的发展经济学教材,特别是国外编著的发展经济学教材,其理论体系各有侧重。依据发展经济学的一般分析路径,本章着重介绍较为经典的基本理论,如贫困与反贫困理论、贫困陷阱理论、微观主体行为理论、结构变迁理论、金融发展理论、国际贸易与外资利用理论、经济互补性与协调失灵理论等。在介绍理论时,我们主要关注理论产生的背景、主要假设与结论、政策含义,以及理论对发展经济学的贡献。

第一节 贫困与反贫困理论

自20世纪40年代发展经济学产生以来,许多发展经济学家就把注意力投向了对贫困问题的研究,致力于探索发展中国家摆脱贫困、实现持续发展的道路。经济学家们用"贫困陷阱"一词,形象地比喻一个经济体长期处于贫困落后、难以自拔的僵滞状态。在发展经济学中,比较有代表性的贫困陷阱理论主要有:纳克斯的贫困恶性循环理论,纳尔逊的低水平均衡陷阱理论，缪尔达尔的循环累积因果理论，以及中等收入陷阱理论等。新生代的发展经济学家开始从高度概括的模型转向分散的微观研究，对贫困问题的分析深度也由宏观层面推进到微观层面，关注贫困人口自身陷入贫困状态的维持机制以及其摆脱贫困状态的实现路径。本节介绍贫困概念的演进、各类贫困陷阱理论，以及可行能力发展、亲贫增长、包容性增长等反贫困理论。

一、贫困概念的演进

随着对贫困问题研究的不断发展，对贫困概念的理解也不断深入，早期对贫困的认识主要是"收入或消费水平不能满足基本生存需要"，随后更多的学者从能力贫困、权利贫困等角度重新定义了贫困，使得贫困的概念得到进一步的丰富。大体来说，当前对贫困的定义主要包括以下几个方面。

1. 绝对贫困（收入贫困和消费贫困）。贫困的定义随着扶贫实践的开展以及研究者认识的深化而逐渐演变。早在20世纪初期，英国学者朗特里（B. S. Rowntree）对英国约克郡工人家庭的贫困问题进行了家庭生计调查，在此基础上，他将贫困定义为"总收入水平不足以购买维持身体正常功能所需的最低生活必需品"，第一次定义了"收入贫困"这一可以量化的贫困概念，随后，收入贫困的概念得到了广泛的应用。[1] 20世纪60年代，美国学者欧桑斯基（M. Orshansky）根据在最低生存需求和绝对经济意义上建立的"食品篮子"，开始用收入来定义美国的贫困。[2] 收入贫困的概念也可以扩展到消费贫困，消费贫困通过"最低生存所需支出以及满足衣食等基本生存需要"来衡量。相对于收入贫困，使用消费贫困的定义能够更加直接地体现家户的福利水平。

2. 相对贫困。美国经济学家加尔布雷思（John Kenneth Galbraith）将绝对收入贫困扩展到相对贫困的概念，他指出一个人是否贫困不仅取决于

---

[1] ROWNTREE B S. Poverty: A Study of Town Life [M]. London: Macmillan. 1901.
[2] ORSHANSKY M. Children of the Poor [J]. Social Security Bulletin, 1963, 26 (7): 3-13.

他拥有多少收入,还取决于其他人的收入水平①。相对贫困是一个更高层次的概念,它避免采用基本需求的概念,而是考虑了收入不平等和社会底层民众相对于社会整体的发展问题,因而往往在已经摆脱基本需求约束的发达国家所采用。英国经济学家彼特(T. Peter)在此基础上提出了"相对贫困线"的方法来测量相对贫困,其基本思路是:如果某一个个体或家户的收入比社会平均收入水平低很多,那么这个个体或家户就不能充分地参与到社会生活中来②。在实践中,相对贫困线通常采用收入比例法来确定,即采用一国或一个地区人均收入或中位收入的一定比例(例如50%)作为相对贫困线。

3. 多维贫困。在贫困研究中过多关注收入和消费,往往使公共政策偏离了改善人们的生活质量这一真正目的。因此,20世纪80年代以来,发展经济学家开始重新思考发展中国家的贫困与发展问题。阿马蒂亚·森在《以自由看待发展》中提出"可行能力"概念,即一个人有可能实现的、各种可能的功能性活动(个人认为值得去做,或去达到的各种事情或状态)组合。他把贫困看作是对基本可行能力的剥夺,而不仅仅是收入低下。因而可行能力是一种自由,是实现各种可能的功能性活动组合的实质自由。对基本可行能力的剥夺主要表现为饥饿、营养不良、可避免的疾病、过早死亡等。阿马蒂亚·森对贫困的重新阐述也使贫困的概念从一维视野走向多维视野。多维贫困是指人的贫困不仅仅限于收入贫困,还包括缺乏可接入基础设施所提供的服务(如自来水、道路、卫生设施)、获得的社会福利及保障等,以及对这些福利的主观感受的贫困。③

多维贫困理论提出后,理论界面临的最大挑战是如何对多维贫困进行测量。因此,多维贫困的具体度量已经成为近年来贫困问题研究的一个焦点。阿尔基尔(S. Alkire)和福斯特(J. Foster)提出了计算多维贫困指

---

① GALBRAITH J K. The Affluent Society [M]. Boston: HoughtonMifflin, 1958.

② PETER T. Poverty in the United Kingdom [M]. Berkeley: Los Angeles University of California Press, 1979.

③ 阿马蒂亚·森. 以自由看待发展 [M]. 任赜, 于真, 译. 北京: 中国人民大学出版社, 2012.

数（MPI）的"阿尔基尔-福斯特"方法。① 2010 年，联合国开发计划署《人类发展报告》第一次公布了基于阿尔基尔等人测量的多维贫困指数（MPI）的测算结果。②

4. 权利贫困。20 世纪 90 年代开始，社会排斥、无发言权等现象被引入贫困概念中，从而将贫困概念扩展到权利贫困。1996 年联合国开发计划署指出贫困远不止是收入低下，贫困的实质在于人类发展所必需的最基本的机会和选择权被排斥。③ 这里，一个重要观念的变化是，穷人作为贫困的主体，不是经济福利的被动接受者，而应该是能动地获取机会、争取权利进而享有充分经济自由的经济单位。

5. 脆弱性贫困。默多克（J. Morduch）早在研究风险对贫困的影响时就涉及了脆弱性，这里的脆弱性可以理解为家户在面对收入冲击时缺乏平滑消费机制。就如把健康和营养的剥夺作为贫困概念的维度，默多克将脆弱性融入扩展的贫困概念，建议在实践中，以一定时期内消费均值和方差的形式来测量贫困。④ 贾兰（J. Jalan）和拉瓦雷（M. Ravallion）也把中国农村贫困家户在遭受收入风险时无法对消费实现完全保险称作脆弱性。⑤ 世界银行在其《2000/2001 年世界发展报告》中正式提出了"脆弱性"的概念。该报告指出不安全和脆弱性动态地描述了随时间推移的响应：不安全是指暴露于风险，而脆弱性是指风险所导致的福利水平下降的可能性。

这几种贫困概念反映了学术界对贫困内涵认识的深化和完善，它们相互补充、相互影响、相互作用，使得我们对贫困的理解更加全面和深化。

---

① ALKIRE S, FOSTER J. Counting and Multidimensional Poverty Measurement [J]. Journal of Public Economics, 2011, 95 (7): 476-487.

② UNDP. Human Development Report 2010: The Real Wealth of Nations—Pathways to Human Development. [EB/OL]. (2013-09-11) [2020-12-10]. http://hdr.undp.org/en/content/human-development-report-2010.

③ UNDP. Human Development Report 1996: Economic Growth and Human Development [EB/OL]. (2013-09-11) [2020-12-10]. http://hdr.undp.org/en/content/human-development-report-1996.

④ MORDUCH J. Poverty and Vulnerability [J]. American Economic Review, 1994, 84 (2): 221-225.

⑤ JALAN J, RAVALLION M. Are the Poor Less Well Insured? Evidence on Vulnerability to Income Risk in Rural China [J]. Journal of Development Economics, 1999, 58 (1): 61-81.

尽管以能力贫困、权力贫困的概念来研究贫困问题更能体现贫困的实质，但是在研究广大发展中国家贫困问题时，考虑实践中测度贫困的可行性，以及进行国际比较的便利性，以收入贫困或者消费贫困的概念来研究和度量贫困仍然广为流行。

二、贫困恶性循环理论

1953年，纳克斯（R. Nurkse）在《不发达国家的资本形成问题》一书中提出了"贫困恶性循环"理论，并在《市场规模和投资引诱》一文中进一步加以完善。这一理论认为，贫穷国家之所以陷于长期贫困，不是因为国内资源不足，而是因为这些国家经济存在着使穷国维持贫困状态的"多种力量循环集"。在这些循环集中，最重要的是国家资本积累循环集。简言之，贫困恶性循环理论认为，"一国穷是因为它穷"。①

资本积累不足的恶性循环主要表现为两个方面：一方面是资本供给的恶性循环，主要由储蓄能力和储蓄意愿决定；另一方面是资本需求的恶性循环，主要由投资需求决定。资本供给的恶性循环是：发展中国家人均收入水平低，大部分收入要用于当前消费，因而储蓄能力低；低储蓄能力导致资本稀缺，资本形成不足；资本形成不足导致生产规模难以扩大，生产率难以提高；低生产率导致经济增长率低下，进而导致收入难以增长。资本需求的恶性循环是：低收入使得社会整体购买力不足；消费者购买力不足，导致生产者投资不足；投资不足又带来资本形成不足；资本形成不足造成生产规模难以扩大以及生产率难以提高；低生产率又带来低水平收入。可见，纳克斯的贫困恶性循环理论将低水平收入以及与之相伴的资本形成不足，作为解释发展中国家不发展的关键。因而，他提出的发展中国家经济发展政策也是显而易见的，即通过政府的力量大规模增加储蓄和资本积累，以促进投资。并且，资本投资应在各个部门各个行业齐头并进，唯有如此才能扩大市场容量，使各个行业之间相互形成消费需求，进而拉

---

① NURKSE R. Problems of Capital Formation in Underdeveloped Countries [M]. Oxford: Basil Blackwell, 1953.

动投资需求。

由于对经济发展的理解过于简单，贫困恶性循环理论受到很多批评。有学者认为，纳克斯没有考虑储蓄率，而只考虑储蓄的绝对水平；低收入国家的储蓄率低并不一定是事实；储蓄率高也不一定会带来投资的大规模增长；等等。尽管如此，贫困恶性循环理论对于当时的经济发展政策还是产生了很大的影响，很多发展中国家采用了纳克斯提出的大规模增加国内储蓄、促进投资的建议。该理论强调资本积累对经济发展的极端重要性，在一定程度上影响了后续的低水平均衡陷阱理论、二元经济理论等。

三、低水平均衡陷阱理论

低水平均衡陷阱理论是美国经济学家纳尔逊（R. R. Nelson）1956 年在其著作《不发达国家的一种低水平均衡陷阱理论》中提出。[①] 这一理论与纳克斯的贫困恶性循环理论的基本观点高度一致，都强调发展中国家经济不发展的主要原因是人均收入水平低以及资本积累不足之间的循环往复。低水平均衡陷阱理论对贫困恶性循环理论的发展主要体现在两个方面：一是把人口增长因素引入模型；二是通过数学模型对理论进行了抽象化概括。

这一理论有几个关键的假设前提。一是人均资本增长与人均收入增长的关系。当人均收入低于维持生存水平时，消费超过收入，储蓄为负数，人均资本为零且没有增长；当人均收入超过维持生存水平时，收入大于消费，有正储蓄，人均资本大于零，且随着收入的增长而增长。二是人口增长与人均收入的关系。人口增长速度与人均收入之间是一个正相关关系，且到了一定阶段以后会保持在某个稳定的水平。三是国民收入增长与人均收入的关系。假定国民收入是资本与劳动力的齐次函数，当人均收入低于生存水平时，人口（劳动力）以及人均资本增长都为负数，国民收入增长也为负。当人均收入水平超过生存水平时，人口与人均资本都会有正增

---

① NELSON R R. A Theory of the Low-level Equilibrium Trap in Underdeveloped Economies [J]. American Economic Review, 1956, 46 (5): 894-908.

长，国民收入也有正增长。由于要素的边际收益递减规律，国民收入并不会随着人均收入的增长而无限增长下去，而是呈现一个先增长后下降的倒U型曲线关系。

在上述假设的基础上，可以推导出低水平均衡陷阱模型（如图3-1所示）。当人均收入处在OA与OS之间时，虽然国民收入增长率为正，但人口增长速度会超过国民收入增长的速度，从而使得人均收入降低，并使得国民收入增长率下降，直到人均收入下降至维持生存水平（OS）时，形成均衡点。此时，人口增长率与国民收入增长率都为零。图3-1中的S点就是低水平均衡点，纳尔逊认为，人均收入水平太低（低于OA）会使得经济处于长期停滞的低水平均衡。要打破低水平均衡，就需要通过大规模的投资来提高人均资本水平，使得人均收入水平达到或超过OA水平。此后，国民收入增长率高于人口增长率，使人均收入持续增长，直到达到新的均衡点（图中为两条曲线的交点，对应的人均收入水平为OB），这一点就是高水平均衡点。

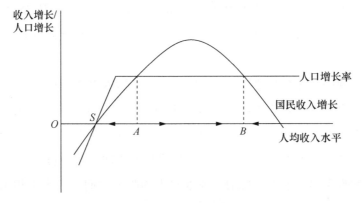

图3-1 低水平均衡陷阱

与贫困恶性循环理论相同，低水平均衡陷阱理论认为，要通过政府的大规模投资来摆脱发展陷阱。同时，这一理论提醒人们注意发展中国家发展初期过快的人口增长对经济发展的影响。

四、循环累积因果理论

循环累积因果理论是由缪尔达尔最早提出，在 1957 年出版的著作《经济理论与不发达地区》中进行了系统的论述。① 与前述两种理论的相似之处在于，这一理论也将发展中国家的经济不发展现象描述为贫困的自我强化与循环状态。不同的是，缪尔达尔并没有把不发展的原因单一地归结为某一个要素，而是看成技术进步、社会、经济、政治、文化、传统等多种经济和非经济因素共同作用的结果。他把发展描述为一个动态的社会经济活动过程，在这一过程中各种因素相互联系、相互影响、互为因果，形成"循环累积发展"的态势，即一个因素的变化，会引起另一个因素相应发生变化，并产生强化原先变化的"第二级变化"，导致经济发展过程沿着原先发展的方向进一步发展。比如，在发展中国家，人均收入低导致人口健康水平和受教育水平低，从而导致人口质量下降，劳动力素质不高；劳动力素质不高又使得劳动生产率难以增长，导致低收入，而低收入又进一步强化这一过程。

缪尔达尔认为，市场的力量倾向于累积地加剧国家间的不平等，并不会导致生产要素报酬和收入的平等。他指出，贫国与富国之间的自由贸易会产生"回波效应"，即会让富国得到越来越多的好处，而穷国则越来越穷。国际经济中的"回波效应"主要体现在如下方面：从工业国进口廉价商品对本地手工业和小规模工业的破坏、发展中国家熟练劳动力的外流、对生产初级出口产品"飞地经济"的偏重。因此，缪尔达尔并不赞同通过自由贸易的方式来解决发展中国家的发展问题。

缪尔达尔认为，欠发达国家要打破这种低收入陷阱，需要加快资本形成。不过，他的政策重点并不只是单一地通过政府的力量来提高储蓄，而是强调制度变革的重要性。他主张通过权利关系、土地关系、教育、收入分配等方面的改革，提高低收入人群的收入水平，改善他们的健康状况与受教育水平，从而促进消费，进而提高劳动生产率和人均收入水平，促进

---

① MYRDAL G. Economic Theory and Underdeveloped Regions [M]. London: Duckworth, 1957.

经济走向正的"循环累积运动"。

此外,缪尔达尔依据其理论还推导出"地区不平衡发展"的政策主张,提出让发达地区优先发展,再利用其"扩散效应"带动其他地区的发展。

循环累积因果理论的主要贡献在于,较早地提出了发展中国家会因参与国际贸易分工获益不均而导致贫困陷阱,并指出发展中国家应该通过结构性变革改变这一地位,跳出贫困陷阱。同时,循环累积因果理论对于一国之内的区域发展战略也具有重要的指导意义,即让一部分地区先发展起来,然后通过扩散效应带动其他地区发展。

五、中等收入陷阱理论

中等收入陷阱理论是由世界银行在其 2007 年研究东亚的年度报告《东亚复兴:关于经济增长的观点》中提出来的,后被经济学家广泛讨论。从理论发展来看,中等收入陷阱这一研究问题,一般认为是由经济学家格雷特(G. Garrett)提出来的。他指出中等收入国家由于工资上涨而无法与低收入国家低廉的劳动力成本相竞争,又因创新能力不足无法与处于技术前沿的高收入国家竞争,从而丧失了比较优势。[①] 从实践来看,中等收入陷阱指的是,在经济由中等收入向高收入水平发展的过程中,只有少量的经济体成功地实现了跨越,大量经济体长期停留于中等收入的发展水平。

关于中等收入的标准,人们主要参照世界银行标准,而这一标准是动态调整的。根据经济发展数据,除部分中东石油出口国以外,目前成功实现由中等收入向高收入转变的经济体仅有日本、韩国、新加坡以及中国香港、中国台湾等国家或地区,大多数拉美国家和东南亚国家都没有成功跨越到高收入国家行列。中等收入陷阱与处于绝对贫困状态的"低水平均衡"不同,经济发展的主要任务不再是解决大多数人的生存问题,但在发展机制上有类似之处,就是处于难以进一步发展的"僵滞"状态。

从发展经济学视角来看,对于中等收入陷阱形成的解释主要是基于结

---

① GARRETT G. Globalization's Missing Middle [J]. Foreign Affaires, 2004, 83 (6): 84-96.

构转变困难的视角。汉森（G. D. Hansen）和普雷斯科特（E. C. Prescott）认为，发展中国家经济发展经历了几个明显不同的阶段。一开始是二元经济增长模式，持续地增加资本积累，能够让发展中经济体摆脱低水平均衡。当这一模式达到"刘易斯拐点"之后，也就是劳动力无限供给结束之后，经济增长将面临新的阶段，单一的资本积累过程不能带来新的增长，就可能陷入中等收入陷阱。[1] 日本经济学家青木昌彦（Aoki Masahiko）也从结构转型的思路，描述了中等收入陷阱存在的可能。他认为经济发展存在几个阶段：贫困陷阱阶段、政府主导经济发展阶段、库兹涅茨的结构变迁发展阶段、依靠人力资本发展阶段和后人口红利阶段，每一个阶段的跨越都面临着重大的发展动力与机制的转变。中等收入陷阱就是指经济体在经历了第三阶段以后，不能成功地转变到第四和第五阶段。[2] 另有学者通过实证分析验证了中等收入国家与低收入国家有着完全不同的动力机制：对于低收入国家而言，资本积累、对外贸易等要素是最重要的，而对于中等收入国家而言，制度和原创性技术进步更为重要。[3]

中等收入经济体之所以未能实现模式与发展动力的转变，有着多方面的原因。一是人力资源的专用性。在中等收入向高收入阶段迈进的过程中，需要高端劳动力，而不是初级劳动力，而发展中国家在长期工业化过程中并没有培育起高素质的劳动力队伍。二是创新能力不足。发展中国家缺乏创新的企业家精神、研发投入、知识产权保护体系等。三是市场扭曲导致资源错配。由于长期的市场发育不良、政府干预，资源不能按照其市场的稀缺性进行配置，产业结构升级不畅。四是较高的制度性交易成本。发展中国家通常有较高的经济管制，限制资源的自由流动，同时政府直接经营或控制重要领域的企业，导致不公平的市场竞争，要素价格不能够得

---

[1] HANSEN G D, PRESCOTT E C. Malthus to Solow [J]. American Economic Review, 2002, 92 (4): 1205-1217.

[2] AOKI M. The Five-phases of Economic Development and Institutional Evolution in China and Japan [R]. Manila: Asian Development Bank Institute, 2012.

[3] 张德荣. "中等收入陷阱"发生机理与中国经济增长的阶段性动力 [J]. 经济研究, 2013, 48 (09): 17-29.

到真实反映。①

中等收入陷阱的出现,对发展经济学研究提出了新的任务,也提出了新的挑战。不管是以结构分析为主的早期发展经济学,还是以发达国家为主要研究对象的新古典经济学,都难以对中等收入陷阱问题提出有效的应对之策。面对中等收入陷阱问题,发展经济学需要重新审视发展中国家的发展约束、发展动力机制、发展战略选择等重大问题。世界银行报告认为,要避免陷入中等收入陷阱,应该进行三个方面的重大改变:生产结构从多样化向专业化转变;投资驱动向创新驱动转变;教育系统从培养工人技能,向培养工人自己设计新产品、新工艺转变。② 对于大多数中等收入国家而言,要向高收入阶段迈进,其发展政策远远不止如此。

六、微观层面的贫困陷阱理论

对于贫困陷阱的研究,大多是从经济发展的宏观视角来展开的。进入 21 世纪以来,一些学者从个体行为选择的微观视角探究贫困陷阱形成的原因。其中,有代表性的理论有资产贫困陷阱理论、营养贫困陷阱理论、行为贫困陷阱理论、地理贫困陷阱理论等。

资产贫困陷阱理论以卡特(M. R. Carter)和巴雷特(C. B. Barrett)所著论文《贫困陷阱和长期贫困的经济学:基于资产的视角》为主要代表。其主要思想可由图 3-2 来表达。图中 L_1,L_2 分别代表低水平的生产技术和高水平的生产技术。两种技术都是边际收益递减的,不过高水平技术在超过一定水平时产出要高于低水平技术。高水平的生产技术需要有一定的资产门槛,且在其产出达到一定水平时才具有更高的产出。如果将效用表达为资产的函数,那么就可能会有两种均衡:一种是低水平均衡,在资产水平为 A_1^* 时达到,实现的是低水平的效用 U_L^*;另一个是高水平的均衡,在资产水平为 A_2^* 时达到,实现的是高水平的效用 U_H^*。决定不同均

---

① 叶初升. 中等收入阶段的发展问题与发展经济学理论创新:基于当代中国经济实践的一种理论建构性探索 [J]. 经济研究,2019,54(08):167-182.

② WORLD BANK. World Bank East Asia and Pacific Economic Update 2010: Robust Recovery, Rising Risks [R]. Washington, D. C.,2010.

衡水平的关键就在于个体的初始资产水平。如果资产水平在 A_S 以下，则理性的经济主体会选择技术 L_1，从而实现低水平均衡。如果资产水平在 A_S 以上，则理性的经济主体会选择技术 L_2，从而实现高水平均衡。①

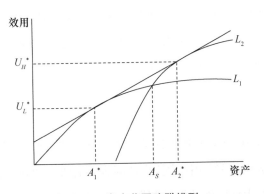

图 3-2　资产贫困陷阱模型

营养贫困陷阱理论由达斯古普塔（P. Dasgupta）和瑞（D. Ray）于 1986 年提出。② 他们认为，一个贫困的个体由于缺乏足够的营养摄入量而无法从事生产率更高的劳动，导致他没有足够的收入购买食物来获得足够的营养，从而形成了"低收入—低营养摄入—低生产率—低收入"自我强化的个体贫困陷阱。不过，随着经济发展水平的提高，多数学者认为营养贫困陷阱存在的可能性不高。从现实来看，即便是在最贫困的国家或地区，人们也基本能够支付得起（或者政府有能力保障）身体所必须的营养。不过，虽然现实中出现营养贫困陷阱的可能性很低，但营养和贫困之间的关系却仍然得到了很多的关注。其中，以 2019 年诺贝尔经济学奖获得者班纳吉和迪弗洛为主要代表。他们认为，基于营养的"贫困陷阱"对于成人并不适用，但对于婴幼儿非常重要。如果在孩子成长的早期阶段没有良好的营养投资，则会导致孩子未来收入永久性地下降，父母收入和孩子收入之间会出现 S 型曲线（即下一代收入向低水平收敛）。如果能够使贫

---

① 具体内容参考：CARTER M R, BARRETT C B. The Economics of Poverty Traps and Persistent Poverty: An Asset-based Approach [J]. Journal of Development Studies, 2006, 42 (2): 178-199.
② DASGUPTA P, RAY D. Inequality as a Determinant of Malnutrition and Unemployment: Theory [J]. Economic Journal (London), 1986, 96 (384): 1011-1034.

困人口在孩子发育的早期阶段进行营养投资，则可以使子女收入在未来得到较大的提升。这些研究发现为贫困地区的反贫困政策提供了重要的启示，那就是要将更多的公共资金投入儿童发育早期的营养。①

行为贫困陷阱指的是个体在进行资源配置时，由于短视而忽略对未来的投资，从而使贫困状况不断强化。这一领域的代表性研究有两项。一是班纳吉和莫莱纳森（S. Mullainathan）关于贫困人口消费行为的研究，认为穷人会将收入更多地用于"诱惑性消费"（如烟、酒等），从而缺乏更高回报的生产性投资②。二是沙阿（A. K. Shah）、莫莱纳森和沙菲尔（E. Shafir）关于发展中国家微观主体的"精力配置"问题的研究。他们的研究发现，由于贫困，发展中国家的贫困人口用更多的时间思考每天的生计，而不是考虑生计以外的发展问题，如投资。迫于生计，他们缺乏足够的"自我控制能力"进行未来投资。③

地理贫困陷阱是指，由于外在的地理条件限制，个体的生产技术选择受到约束，其生产活动很难产生足够的回报来改善生活，从而使消费处于较低的水平。这一领域的主要代表是贾兰和拉瓦雷关于中国农村贫困的研究。基于中国贫困地区农村的实证研究，他们认为，由于贫困地区缺乏足够的"地理资本"，如道路稀缺，这些地区的农户投资产出效率要显著低于其他地区，从而陷于地理贫困陷阱。④ 这项研究也说明近年来中国交通基础设施的改善，特别是高铁和高速公路的发展，对于扶贫开发发挥了重要作用。

---

① 班纳吉，迪弗洛. 贫穷的本质：我们为什么摆脱不了贫穷［M］. 景芳，译. 北京：中信出版集团股份有限公司，2018.
② BANERJEE A, MULLAINATHAN S. The Shape of Temptation: Implications for the Economic Lives of the Poor［R］. NBER Working Paper, No. 15973.
③ SHAH A K, MULLAINATHAN S, SHAFIR E. Some Consequences of Having too Little［J］. Science, 2012, 338 (6107): 682-685.
④ JALAN J, RAVALLION M. Geographic Poverty Traps? A Micro Model of Consumption Growth in Rural China［J］. Journal of Applied Econometrics, 2002, 17 (4): 329-346.

七、反贫困理论

在特定的历史时期,发展经济学家们从不同的角度认识和把握发展中国家的贫困问题,形成了不同的发展理念,这些发展理念指导了发展中国家的反贫困斗争,也促成了不同的反贫困政策的实施。

(一)可行能力发展

20世纪80年代,阿马蒂亚·森开创性地认识到收入贫困和人力贫困只是现象,只是结果,而权利贫困和能力贫困才是实质,才是原因。因此,要减少贫困,一方面,必须保证穷人拥有一定的物质资源和社会资源;另一方面,穷人要有能力,即社会赋予的选择权利和自由,利用其拥有的资源来实现自己的生活目标。因此,发展的最大障碍就在于缺乏有效的制度安排。① 基于对贫困实质的这种理解,阿马蒂亚·森把发展看作是一个与"个人自由和社会承诺"紧密联系的过程。发展不仅是指个人的选择权利和能力,还是社会制度为此而提供的承诺和保障;发展意味着经济主体各种权利和能力的扩大。在这个意义上,制度也不再是游离于发展之外的既定因素,而是赋予并保障个人的选择权利,进而促进经济发展的内在动力。这种新贫困观和新发展观对发展经济学的理论研究,对发展中国家的发展战略和世界银行等国际组织的减贫战略,都产生了重要影响。

基于上述研究基础,阿马蒂亚·森在其著作《以自由看待发展》中系统论述了可行能力理论。可行能力是指"一个人有可能实现的、各种可能的功能性活动组合",功能性活动是指一个人认为值得去做或达到的多种多样的事情或状态,如有足够的食物、参与社区活动、拥有自尊等。森认为可行能力是一种实质性自由:能过有价值的生活的实质自由。因而,这样的自由观意味着个人享有的"机会",又涉及个人选择的"过程"。

阿马蒂亚·森认为自由在发展中首先具有建构性作用,也就是说自由本身就是发展的目的,其价值不需要通过与另外的有价值的事物联系起来

---

① 阿马蒂亚·森. 以自由看待发展[M]. 任赜,于真,译. 北京:中国人民大学出版社,2012.

才能体现其价值。森同时认为自由对于发展具有工具性价值，即扩展人的自由能够带来发展。

森提出了五种重要的工具性自由内容。第一是政治自由。他用政治自由防止饥荒的作用来说明其对发展的作用，认为"饥荒从来不会发生在民主国家"。因为威权主义统治者自己绝不会受到饥荒，民主政府则需要赢得选举并面对公共批评，从而有强烈的激励因素来防止饥荒的发生。第二是经济条件，指的是个人享有的将其资源用于消费、生产或交换的机会。其他发展经济学家也曾提出市场机制对于提高资源配置效率的作用，但森的不同之处在于强调自由是发展的核心手段，如他认为农业之所以落后是因为在很多传统农业社会中存在的对劳动者的束缚和强制。他强调以公共行动来创造条件使得市场发挥良好的作用，如教育、医疗保健、土地改革等。第三是社会机会，指的是在教育、健康等方面的社会安排，它们影响个人享受更好生活的实质自由。他认为亚洲"四小龙"的高速发展得益于教育的普及。知识不足也会影响个人其他自由的实现，如难以参与政治活动、很难从事严格管理的经济活动。第四是透明性担保，指人们在社会交往中需要的信用，取决于交往过程的公开性、对信息发布及信息准确性的保证。这种透明性担保不仅是个人之间，更重要的是政府能够提供透明性担保，能够向社会中的个人传递符合公共利益的、公平的信息。他用亚洲金融危机的案例来说明政府缺乏透明性担保的制度安排所带来的灾难性后果。第五是防护性保障，指的是政府为遭受突发性灾难、收入在贫困线以下的人以及老人、残疾人提供扶持的社会安全网。防护性保障的重要意义在于，当经济发生重大危机时，政府有足够的激励为需要帮助的人提供最低的生活保障，让他们的基本可行能力免于受损。

（二）亲贫增长

根据新古典主义的理论，由于存在"涓滴效应"（纵向）和"扩散效应"（横向），经济增长的成果会自动惠及所有人群；在市场机制的驱动下，经济增长会自然而然地实现发展。然而，自20世纪40年代大批殖民地独立成为发展中国家以来，收入分配差距的扩大始终伴随着经济增长的整个过程，发展中国家依然面临着普遍而持续的贫困。显然，在发展中国家，经济增长到目前为止似乎并没有如主流经济学所预言的那样自然地实现经济发展。

大多数发展经济学家已经意识到，虽然要实现贫困减少、经济发展的前提是经济增长，但经济增长绝不必然带来发展。到了20世纪90年代，许多发展中国家在经济快速增长的同时，收入分配不平等也在恶化，甚至一些发展中国家出现了贫困化增长。世界银行于1990年提出了普惠式增长的概念，这一概念强调经济增长应该使社会基层民众能够广泛参与其中并惠及社会基层民众，成为亲贫增长概念的雏形。

随后，亲贫增长的概念频频见诸世界银行、亚洲开发银行等国际发展机构和非政府组织的发展文献。亚洲开发银行认为，如果经济增长能创造就业机会，有益于妇女以及其他长期被排除在增长及其成果分享之外的群体，能增加穷人收入，有助于缓解不平等状况，那么，这种经济增长是亲贫式的增长，这是最早的关于亲贫增长的明确定义。①

亲贫增长的内涵包含三个重要因素——经济增长、收入不平等和贫困。从这三个因素出发，亲贫增长也分为三种：一是弱亲贫增长，只关注经济增长和贫困水平的变化，忽略收入不平等问题；二是强亲贫增长，强调了收入不平等问题，忽视社会整体的经济效率及福利水平的提高，认为只有当经济增长给穷人带来的绝对收入增长超过全社会的平均水平时，经济增长才是亲贫的；三是一般性亲贫增长，介于弱亲贫增长与强亲贫增长之间，这一定义将缓解贫困与改善收入不平等很好地结合起来，但是在一定程度上还是忽略了讨论亲贫增长的前提，没有把经济增长及其社会经济绩效融入内涵，可能导致一个次优的社会经济局面。

（三）包容性增长

亚洲开发银行于2007年提交的报告《新亚洲、新亚洲开发银行》中提出亚行关注的重点要从应对严重的贫困挑战转向支持更高和更为包容性

---

① Asian Development Bank. Fighting Poverty in Asia and the Pacific: The Poverty Reduction Strategy [R]. Manila: Asian Development Bank Institute, 1999.

的增长等重要建议,成为亚行各项"包容性增长"文件和政策出台的渊源。① 2008年,世界银行增长与发展委员会进一步明确提出要维持长期及"包容性增长"。以"包容性增长"为中心的发展战略包括三个相辅相成的支柱:一个是通过高速、有效以及可持续的经济增长最大限度地创造就业与发展机会;二是确保人们能够平等地获得机会,提倡公平参与;三是确保人们能得到最低限度的经济福利。②

包容性增长是在亲贫增长理念基础上的丰富和发展。与亲贫增长相比,包容性增长更强调经济增长带来的发展绩效,而亲贫增长仅侧重于经济增长的减贫效果。阿里(I. Ali)和宋(H. H. Son)将包容性增长看作是亲贫增长在非收入维度的扩展,强调包容性增长应该是能够改善穷人在教育、健康等方面机会的经济增长③;阿里和庄(J. Zhuang)将包容性增长定义为促进平等的经济机会并且增加获得这些机会的途径的增长,也就是说保证社会中的所有成员能够平等参与到经济增长当中。④⑤ 世界银行指出,包容性增长允许人们广泛参与经济增长并从中获益,而且从长期的角度出发,把生产性就业而不是直接的收入分配作为增加被排斥群体收入的重点。⑥ 克拉森(S. Klasen)认为包容性增长应该满足以下两个条件:一是允许社会所有成员能够参与到经济增长中,尤其是穷人和弱势群体;二是伴随着福利的其他非收入维度上的不平等降低。⑦

---

① Asian Development Bank. Toward a New Asian Development Bank in a New Asia: Report of the Eminent Persons Group [R]. Manila: Asian Development Bank, 2007.
② 世界银行增长与发展委员会. 增长报告:可持续增长和包容性发展的战略 [M]. 孙芙蓉,等,译. 北京:中国金融出版社,2008.
③ ALI I, SON H H. Measuring Inclusive Growth [J]. Asian Development Review, 2007, 24 (1): 11-31.
④ ALI I, ZHUANG J. Inclusive Growth Toward a Prosperous Asia: Policy Implications [R]. ERD Working Paper, 2007, No. 97.
⑤ ZHUANG J, ALI I. Inequality and Inclusive Growth in Developing Asia: Introduction to a Book Publication [R]. Manila: Asian Development Bank, 2009.
⑥ WORLD BANK. What is Inclusive Growth? PRMED Knowledge Brief [R]. Washington, D. C.: Economic Policy and Debt Department, 2009.
⑦ KLASEN S. Measuring and Monitoring Inclusive Growth: Multiple Definitions, Open Questions, and Some Constructive Proposals [R]. Asian Development Bank Sustainable Development Working Paper, 2010, No. 12.

尽管关于包容性增长的具体内涵和外延，学术界和国际社会并未达成一致意见，但在以下几个方面基本形成共识：（1）改善不平等状态；（2）经济增长应该基础广泛，即能够创造更多的就业机会，让社会各阶层广泛参与其中；（3）强调经济增长过程中非收入维度福利的改善，比如教育、医疗，以扩展社会各阶层获得发展的机会；（4）保障社会各阶层尤其是弱势群体公平参与经济增长成果的分享。

近年来，包容性增长不仅是发展经济学中理论层面的一个新概念，而且成为现实中指导发展中国家制定经济发展政策的理论依据。包容性增长不仅是印度政府第十一个五年计划（2007—2012）的主题，而且是亚洲开发银行2020年发展战略的三个目标之一，联合国开发计划署的"国际贫困问题研究中心"更是直接更名为"国际包容性增长政策研究中心"。在中国，包容性增长也是十二五、十三五规划的核心问题之一，成为中国经济发展的长期战略。

第二节　农户经济行为理论

在经济发展的早期，经济结构中的传统农业比重很高，绝大多数劳动者从事生产率水平较低的农业，因而，有很多发展经济学家关注农业，特别是农民行为的分析。在发展中国家的农业生产中，家庭劳动是主要的投入，个人需要同时做出生产和消费的选择：生产选择涉及产出水平、要素需求、投资比例等；消费选择涉及劳动力供给（以获取收入）和消费品需求等。这种企业和消费者行为的混合是发展中国家大多数农户的共同特点。理性农民假说认为，农户与企业一样是理性人，是追求自身利益最大化的经济行为主体。基于这一认识，经济学家提出了发展中国家的农户经济行为模型，又称"农业家庭模型"（AHM）。此外，还有学者进一步研究了发展中国家农户在风险分担、时间偏好等方面的微观行为特征。

一、理性农民假说

一些发展经济学家认为，发展中国家的小农是非理性的，主要表现是，由于极度的风险厌恶而不采用更好的技术，很少通过借贷来扩大生产，不是基于利润最大化的动机来优化生产结构（更多地生产满足生存需求的主粮），等等。非理性的小农被一些学者称为"道义小农"[1]，即其行为主要是基于道义而非效用或利润最大化。但是，舒尔茨、波普金（S. Popkin）等学者认为，道义小农并不符合发展中国家的现实，小农也是理性人，其经济行为决策是理性且有效率的。

舒尔茨是理性农民假说最具代表性的发展经济学家。早期结构主义理论认为，农业是低效率的，农村的市场也是不存在的，以世代使用的要素和经验来从事农业生产的农民是懒散和不思进取的，不具备进行理性决策的能力。因而，发展中国家的农村和城市存在着巨大的鸿沟和反差。舒尔茨并不认同这种观点。他认为，发展中国家的农民也是理性的，农民并不是对市场的变化毫无反应，他们所做的决策一定是在现有条件下最优的。农民能够实现对现有生产要素的良好组合，一旦有了投资机会和有效的刺激，农民将会点石成金[2]。他通过大量的实证研究表明，发展中国家的农业产出虽然很低，但仍然是有效率的。因而，更好的资源配置以及使用现有技术不能提高农业产出水平，需要寻找新的、更廉价的农业生产要素，也就是要对传统农业进行改造。其中的重要方向，就是要对农民的人力资本进行投资。值得注意的是，舒尔茨仅仅是将理性农民作为一个基本的理论假设，其理论所针对的主要是二元结构理论对于农民的描述，而非道义小农理论（参见本章第三节关于"农业转型理论"的介绍）。

理性小农理论最具代表性的是波普金1979年所著的《理性的小农》，该书出版时间晚于舒尔茨的《改造传统农业》，但首次明确提出并较为完整地论述了理性小农理论。波普金在该书中从经验和理论上批驳了"道义

---

[1] 詹姆斯·C. 斯科特. 农民的道义经济学：东南亚的反叛与生存[M]. 程立显，刘建，等，译. 南京：译林出版社，2001.

[2] 西奥多·W. 舒尔茨. 改造传统农业[M]. 梁小民，译. 北京：商务印书馆，2006.

小农"的观点。他认为,农民的行为是理性的,主要受个人利益最大化动机的驱动。小农并非没有理性,其行为也可以像企业一样精于计算之后做出决策,因而完全可以用"看不见的手"的市场机制来促进农业发展[①]。波普金是政治学者,其主要关注点在于小农的政治行为分析,并没有深入讨论发展中国家的小农发展与农业转型问题。不过,波普金的这一理论在发展经济学领域内引起了广泛的关注。因为,是道义小农还是理性小农,其假设不仅直接关系到对农户行为的解释,也关系到许多农业发展政策的制定,例如,到底是先从制度上改造农村社会,还是按照市场化原则促进农业生产率的提升。理性小农理论也引起了大量的跨学科研究,包括经济学、政治学、社会学等方面的研究。

二、恰亚诺夫模型

农业家庭模型(AHM)的一个典型代表是恰亚诺夫模型。该模型由苏联经济学家恰亚诺夫(A. V. Chayanov)在其《农民经济理论》中提出,是最早的农业家庭模型。[②] 后来,阿马蒂亚·森、卡特(M. R. Carter)和米丘达(A. Michuda)等学者对该模型做了改进和完善。恰亚诺夫模型主要讨论了禀赋对于农户经济行为及其福利的影响,其主要内容如下。

给定一个最大化农户总效用的目标函数

$$\max_{(c,l)} \{\beta u(c) - \alpha v(l)\} \quad (3-1)$$

其中 β 是农户总人数,α 是农户劳动力人数,c 和 l 分别代表消费和劳动供给数量。$u(c)$ 代表消费带来的正效用,$v(l)$ 代表劳动的负效用。

约束条件:

$$c = [pF(L_f, K, T_f) - wL_h + wL_w - K + rT_r]/\beta \quad (3-2)$$

其中 p 是产出的价格,$F(L_f, K, T_f)$ 是农产品的生产函数,它是劳动投入 L_f、资本投入 K 和土地 T_f 的函数。L_h 是雇佣劳动数量,L_w 是农户向市场提供劳动的数量,T_r 是土地出租量。在一个简化的情形中,假设没有劳

---

① POPKIN S. The Rational Peasant [M]. California: University of California Press, 1979.
② CHAYANOV A V. The Theory of Peasant Economy [M]. Madison: University of Wisconsin Press, 1986.

动力交易和土地出租交易，也没有资本投入，即 L_h，K，T_r 都等于 0。此时效用最大化的一阶条件是：

$$pf'u' = v' \qquad (3\text{-}3)$$

式（3-3）的含义是，边际产出所带来的边际效用增加量 $pf'u'$ 等于劳动所带来的边际负效用 v'。将此式进行变换可得到：

$$pf' = \frac{v'}{u'}$$

$\frac{v'}{u'}$ 的含义是闲暇与消费的边际替代率，它是劳动所带来的效用成本，同时也是劳动的影子价格（$\tilde{w}$）。式（3-3）的一阶条件可改为：

$$pf' = \tilde{w}(\bar{T}, \bar{L}, \beta/\alpha)$$

其中，影子价格是农户土地禀赋、劳动禀赋和农户结构的函数。

该模型有一个重要推论：当农户结构和劳动力既定时，农户的土地数量低于某个水平 $\bar{T}^p$ 时，会陷入贫困。贫困农户有较高的边际效用 u' 和较低的影子工资 $\tilde{w}$，这样它们会更加集约地投入劳动力，从而使得劳动的边际产出趋近于零。因而，该模型认为，禀赋状况对于农户的效用和收入至关重要。依据这一推论，对土地资源的重新分配，即从占有土地更多的农户转移一部分土地给那些土地较少的农户，可以带来双赢的结果：既可以改善贫困农户的福利，也可以提升农业总体的劳动生产率。

三、辛格-斯奎尔-斯特劳斯模型

AHM 模型的另一个典型代表是辛格-斯奎尔-斯特劳斯模型（Singh-Squire-Strauss Model）。该模型是辛格（I. Singh）等人在 1986 年出版的著作《农业家庭模型：扩展、应用和政策》中系统论述的。[①] 这一模型主要讨论一个生产和消费不可分的代表性农户，如何实现资源的最优配置。该模型对于农户经济行为的基本描述如下。

农户的总效用函数是：

---

① 关于这一模型的具体内容可参考：SINGH I, SQUIRE L, STRAUSS J. Agricultural Household Models: Extensions, Applications, and Policy [M]. Baltimore: Johns Hopkins University Press. 1986.

$$U = U(X_a, X_m, X_l) \tag{3-4}$$

农户的总效用函数由三个变量决定，分别是农产品的消费量 X_a、市场购买商品消费量 X_m 和闲暇时间决定 X_l。预算约束是：

$$p_m X_m = p_a(Q - X_a) - w(L - F) \tag{3-5}$$

其中 Q 是农户生产的农产品的数量。该约束式表明，市场购买支出应等于农产品市场销售收入减去雇佣工人（以 L 表示）的支出。农户的时间禀赋 T 等于闲暇时间和农业生产时间 F 之和，即：

$$X_l + F = T \tag{3-6}$$

农业生产函数为：

$$Q = Q(L, A) \tag{3-7}$$

将式（3-6）与式（3-7）代入式（3-5）之后，可以得到一个新的约束条件：

$$p_m X_m + p_a X_a + w X_l = wT + \pi \tag{3-8}$$

其中 $\pi = p_a Q(L, A) - wL$，代表农业生产的利润。

首先，可以得到利润最大化的条件是：

$$p_a \frac{\partial Q}{\partial L} = w \tag{3-9}$$

通过式 3-6 可以反解出最优的雇佣劳动数量 L^*，它是关于工资水平、农产品价格以及土地数量的函数：

$$L^* = L^*(w, p_a, A) \tag{3-10}$$

将最优的劳动雇佣量代入式（3-5）后，可以得到一个农户的最大预算约束 Y^*。

$$p_m X_m + p_a X_a + w X_l = Y^* \tag{3-11}$$

进而可得到效用最大化的一阶条件：

$$\frac{\partial U}{\partial X_m} = \lambda p_m$$

$$\frac{\partial U}{\partial X_a} = \lambda p_a \tag{3-12}$$

$$\frac{\partial U}{\partial X_l} = \lambda w$$

式（3-11）与式（3-12）联合在一起，可解出最优的消费量：

$$X_i = X_i(p_m, p_a, w, Y^*), \quad 其中 i = m, a, l \tag{3-13}$$

从式（3-10）可见，农户的消费决策不仅与消费的价格相关，还与生产行为有关。因为生产行为会影响最大化收入水平 Y^*，进而影响消费。价格变化对于农户的消费有两种效应——替代效应和利润效应：

$$\frac{dX_a}{dp_a} = \frac{\partial X_a}{\partial p_a} + \frac{\partial X_a}{\partial Y^*} \frac{\partial Y^*}{\partial p_a} \tag{3-14}$$

在式（3-11）右端，第一项就是价格上升带来的替代效应，一般为负，第二项是利润效应，一般为正。可见，对于生产与消费不可分离的农户而言，价格上升带来的消费变化的效应与一般的需求理论有所不同，由于替代效应与利润效应的符号不同，即便在一般的情形下，其净效应既可能为正也有可能为负。

基于这一模型的思想，一些学者尝试估计不同要素价格变化对农户生产与消费行为的影响。其中代表性的研究包括：劳伦斯（J. L. Lawrence）等人对台湾农户的研究；[①] 黑田东彦（Y. Kuroda）和约托普洛斯（P. A. YOTOPOULOS）对日本农户的研究；[②] 阿杜拉维亚（K. Adulavidhaya）等人对泰国的研究等。[③][④] 这些实证分析表明，价格对于消费的需求弹性显著地不同于标准经济学模型的预测，并验证了农产品价格变动会带来利润效应。

与这一农户决策模型直接相关的政策问题包括：如何在农业政策与贸易政策之间进行匹配，即价格补贴政策如何平衡不同类型农户的利益；如何在农产品与非农产品之间进行税收调节，尽可能增进社会福利；等等。

[①] LAWRENCE J L, LIN W-L, YOTOPOULOS P A. The Linear Logarithmic Expenditure System: An Application to Consumption-leisure Choice [J]. Econometrica, 1978, 46 (4): 843-868.

[②] KURODA Y, YOTOPOULOS P A. A Microeconomic Analysis of Production Behavior of the Farm Household in Japan: A Profit Function Approach [J]. Economic Review, 1978, 29: 115-129.

[③] ADULAVIDHAYA K, KURODA Y, LAU L J, ET AL. A Microeconomic Analysis of the Agriculture of Thailand. [J]. Food Research Institute Studies, 1979, 17: 79-86.

[④] ADULAVIDHAYA K, KURODA Y, LAWRENCE J L, YOTOPOULOS P A. The Comparative Studies of the Behavior of Agricultural Households in Thailand [J]. Singapore Economic Review, 1984, 29 (1): 67-96.

这些政策的制定需要实证地测算产品的价格弹性，以及不同类型农户的禀赋状况，因而很难有单一化的政策。

四、农户风险偏好与时间偏好

在发展中国家，由于农业的劳动生产率较低，大部分农户处在维持生计的阶段，一旦遭遇风险，将面临巨大的生存风险。在这一约束条件下，农户的风险偏好与时间偏好也与标准经济学的假设有所区别。

在风险偏好方面，托达罗（Michael P. Todaro）和史密斯（Stephen C. Smith）在其著作《发展经济学》中对发展中国家的农户行为作了描述。[①] 他们认为，发展中国家的农业生产有几个重要特征：生产结构以主粮为主，生产效率低下，资本投资很少，劳动和土地是主要的要素投入；大部分为自我雇佣劳动；大多数为小农生产者，单位家庭的土地较少，因而全年大部分时间劳动力利用不足。在这种环境下，小农生产者一般都愿意选择长期以来熟悉的生产技术，而不愿选择可能带来更高产出的新生产技术。因为，相较于利用传统生产技术而产出较低，他们更难承受使用新生产技术带来的产出下降的风险。换言之，对于发展中国家的小农而言，"理性"的做法是，选择那些平均产出低但不确定性风险也较低的技术，不选择平均产出高而风险较大的技术。由于贫穷，小农生产者的风险承受能力极低，因而，他们对于风险是极端厌恶的。

因为贫穷，以及小农生产者的风险厌恶程度极高，商业保险难以进入发展中国家的小农经济。在发展中国家，更为普遍的风险分摊机制是通过非正式借贷方式，包括向亲友借款、送礼或赠送等，来进行风险分担。这一领域的代表性研究有：法夫尚（M. Fafchamps）和兰德（S. Lund）发现，朋友和亲人间的社会网络能够帮助穷人应对收入冲击[②]；吉尔斯（J. Giles）等人发现，在中国，外出务工可以扩大社会网络，从而增强抵御风

[①] 托达罗，史密斯. 发展经济学 [M]. 聂巧平，程晶蓉，汪小雯，等，译. 北京：机械工业出版社，2014.

[②] FAFCHAMPS M, LUND S. Risk-sharing Networks in Rural Philippines [J]. Journal of Development Economics, 2003, 71 (2): 261-271.

险的能力。① 学者们同时也发现，非正式的风险分担效果在不同人群之间存在着较大的差异，对于那些最穷的（缺乏土地、缺乏资产）的农户，非正式的风险分担很难发挥作用。

与风险承担能力非常低相联系，发展中国家的农户对未来的时间偏好也呈现出显著的特征。霍尔登（S. Holden）等人认为，发展中国家的贫困主体有着较高的时间偏好率，即更偏好于当前消费。② 较高的时间偏好率不利于储蓄，不利于资本形成，从而难以提高产出、摆脱贫困。另一方面，也有研究发现，为了应对较高的生存风险，也可能导致更低的时间偏好率。比如，莫斯利（W. Moseley）发现，有的贫困主体预期"未来可能更坏"，不得不将过多的收入存储起来用于未来消费，呈现出一个较低的时间偏好率。③

第三节 结构变迁理论

结构变迁是经济发展的重要内涵，也是发展经济学研究的核心内容之一。本节介绍经典的结构变迁理论。21 世纪以来发展经济学关于结构变迁问题研究的新进展，请参见第一章和第五章的相关介绍。

一、库兹涅茨事实

发展中国家经济发展的一个重要目标，就是在收入增长的同时，实现结构变迁，最终走上发达国家经济发展的轨道。对于结构问题的重视，是

---

① GILES J, KYEONGWON Y. Precautionary Behavior, Migrant Networks, and Household Consumption Decisions: An Empirical Analysis Using Household Panel Data from Rural China [J]. Review of Economics and Statistics, 2007, 89 (3): 534-551.

② HOLDEN S, SHIFERAW B, WIK M. Poverty, Market Imperfections and Time Preferences: Of Relevance for Environmental Policy? [J]. Environment and Development Economics, 1998, 3 (1): 105-130.

③ MOSELEY W. African Evidence on the Relation of Poverty, Time Preference and the Environment [J]. Ecological Economics, 2001, 38 (3): 317-326.

发展经济学不同于新古典经济学的重要特征。对经济发展过程中结构变迁最具有代表性的描述，由库兹涅茨在其1966年出版的著作《现代经济增长：速度、结构与扩展》中提出，在1973年又进一步阐释。后来的研究者将库兹涅茨描述的结构变迁事实称为"库兹涅茨事实"。

库兹涅茨分析了已经完成工业化的13个国家，包括美国、英国、法国、瑞典、日本等国家，从19世纪中后期到20世纪中期近百年的经济发展史，发现经济结构变迁具有某些一般性特征。在三大产业结构中，第一产业的就业比重和增加值比重持续地下降，第二产业的就业比重和增加值比重先上升后下降，第三产业的就业比重和增加值比重呈持续上升趋势。这说明，在经济增长过程中，劳动力要素在总体上先从第一产业流向第二产业，再流向第三产业。第一产业部门持续收缩，第二产业部门先扩张后收缩，而第三产业部门则是持续扩张。

库兹涅茨认为，导致三大产业产出结构变化的主要原因是不同产品的需求收入弹性不同。食品的需求收入弹性较低，而工业品的需求收入弹性较高，因而，随着收入增长，食品需求增长的速度会低于工业品需求的增长速度。除了需求因素以外，他认为产业结构的变化还来自供给端的技术结构变化。工业革命以后的技术进步，主要发生在工业制造领域，使得工业品的成本和相对价格不断下降，即便在需求不变的情况下，也会带来这些部门产品需求的大量增长。同时，技术进步带来了城市化以及生活方式的变化，诱致了新的需求，如汽车、家电、娱乐业等，这些需求的增长都将引起产业结构中工业占比和服务业占比的变化。[1]

在库兹涅茨看来，三大产业就业结构变化的主要原因在于不同部门的劳动生产率增长速度的差异：农业和服务业的劳动生产率低于经济整体的劳动生产率增速，工业的劳动生产率增速则要高于经济整体的劳动生产率增速。不过，农业劳动生产率的绝对量是在增长的。农产品较低的收入弹性，使得农业部门就业以及农业产出占比不断下降。

---

[1] 库兹涅茨. 现代经济增长：速度、结构与扩展 [M]. 戴睿, 易诚, 译. 北京：北京经济学院出版社, 1989.

二、农业国的工业化理论

农业国的工业化理论由张培刚在其著作《农业与工业化》中提出。该理论的核心观点是：一个国家要摆脱落后，实现经济发展，就必须实现全面的工业化，全面的工业化既包括城市的工业化，也包括农村的工业化。① 由于这一理论的提出时间为1949年（英文版），较刘易斯模型提出的时间要早，所提出的农业国的工业化问题也成为发展经济学研究的核心问题，学术界特别是中国经济学界将张培刚称为发展经济学的先驱者之一，将《农业与工业化》视为发展经济学的奠基作之一。

农业国工业化理论从历史的角度系统地探讨一个国家从落后的农业国转向工业化国家的一般规律，内容较为丰富。其核心内容包括三个方面：重新定义"工业化"、农业与工业化关系、工业化的基本路径。就工业化定义而言，在张培刚看来，既有理论对工业化的理解是狭隘和片面的，即假定工业化只是城市的工业化，甚至只是强调了重工业化，而忽视了农业和农村的发展。他认为，工业化是国民经济中一系列基要生产函数或生产要素组合方式，连续发生由低级到高级的突破性变化的过程。② 在这一定义中，"工业化"并没有局限于某个行业或部门，而是涉及国民经济整体。因此，工业化不仅包括了工业本身的机械化和现代化，还包括了农业的机械化和现代化。根据这一定义，完成工业化的国家并不是以工业占国民经济的比重来确定，而应依据国民经济总体的生产率水平而定，一些农业比重较高的国家仍可称为工业化国家，如丹麦。农业与工业化的关系包括两个方面。一是农业对于工业的五大贡献，分别是原料、粮食、劳动力、市场和资金。因此，工业化的发展有赖于农业先行发展，而农业的发展则需要制度改革和技术进步，实现从传统农业向现代农业转变。二是工业对农业的影响。张培刚认为，工业的发展能够为农业提供更先进的工具特别是

---

① ZHANG P-K. Agriculture and Industrialization [J]. American Journal of Sociology, 1949, 39 (396): 541-570.

② 张培刚. 发展经济学通论（第一卷）：农业国工业化问题 [M]. 长沙：湖南出版社，1991.

机械化生产工具,改变农业的生产方式,实现规模化生产;同时,工业化发展使得收入水平提升,人们对于粮食等农产品的需求满足以后,会产生新的食品需求,如肉蛋奶的消费需求,为农业部门带来新的市场,从而使得农业生产范围扩大。此外,工业部门的扩张还可以吸纳农村的剩余劳动力。张培刚认为,这一转移的过程既有城市发展的拉力,也有农村发展的推力。他的这些思想被后来的城乡二元结构模型所沿袭和发展。在工业化的路径方面,他强调基础设施和基础工业的"先行官"作用,认为交通、电力、通信等基础设施对工业化的早期发展具有十分重要的作用,应优先发展。张培刚特别指出,与农业相关的基础设施要优先发展,因为这不仅涉及农业的现代化,同时也是为工业部门的发展提供条件。

从经济学说发展史看,张培刚最早提出并论述了落后的发展中国家寻求经济发展的战略和方法,开启了结构变迁发展理论的先河。其农业与工业化理论的重要贡献如下。

第一,启动了发展经济学关于结构变迁问题的研究。虽然张培刚没有明确提出结构模型,但他对农业与工业的关系,特别是关于农村剩余劳动力的论述,已经涵盖了后来的二元结构模型的基本思想。

第二,对工业化有全新的理解,特别强调工业化过程中不能忽视农业发展,较为系统地论述了农业发展对工业发展的五大贡献,这些理论观点被库兹涅茨、乔根森等学者所引用和发展。

第三,特别强调工业化过程中市场机制的作用,不主张通过计划的方式来实现工业化,这种理论远见甚至超越了稍后流行的结构主义发展理论。

三、刘易斯模型

1954年,刘易斯在其论文《劳动无限供给下的经济发展》中提出一个二元经济模型,被称为"刘易斯模型"。[①] 刘易斯模型的结构分析思路及

---

① LEWIS W A. Economic Development with Unlimited Supplies of Labour [J]. Manchester School, 1954, 22 (2): 139-191.

其理论观点,对发展经济学理论体系的建构与发展产生了极为深远的影响。

刘易斯认为,发展中国家经济区别于已经完成工业化的发达国家经济的一个典型特征在于,发展中国家经济是典型的二元经济,即数量庞大的生产率极低的传统经济部门与少量生产率较高的现代经济部门并存,前者以农业部门为代表,后者以工业部门为代表。相应地,二元结构也表现为发达的城市与落后的农村并存。基于发展中国家的二元结构特征,刘易斯提出了发展中国家经济发展的模式。

由于农业部门的劳动生产率极低,且发展中国家大部分劳动力主要从事农业活动,农业部门劳动力的边际产出仅能维持生存水平,有很大一部分劳动力的产出接近于零,也就是农业劳动力过剩。因此,只要城市工业部门能够提供略高于农村维持生存水平的收入,就会有"无限的劳动力供给"。这里的无限劳动力供给是指农村劳动力对工资的弹性无限大,劳动力供给接近于一条水平线。此时,劳动力从农业部门转移到工业部门,在增加工业部门产出的同时,并不会降低农业部门的产出。工业部门对劳动力的吸收能力,取决于资本积累的数量。因此,加快资本积累是发展中国家转移农村剩余劳动力、推进工业化进程、实现经济发展的根本出路。

我们可以通过图3-3更为直观地理解刘易斯模型。在图3-3中,横轴为劳动力数量,纵轴为实际工资。劳动力需求(D)取决于工业部门的资本积累,资本积累越多,给定工资水平下对劳动力的需求也就越大。劳动力的供给一开始是一条水平线,只要工业部门能够提供略高于农业部门生存水平的工资,就会有无限的劳动力供给。经济发展的过程表现为资本的不断积累(图中K_1到K_2再到K_3),以及经济结构的持续变化(工业比重不断增长,城市人口比重不断增加)。当转移劳动力的数量达到一定水平时(图中L_s点),劳动力从农村向城市转移并不一定会带来产出增长,因为此时农村剩余劳动力为零,转移农村劳动力将使得农业产出减少。农村剩余劳动力消失的这个点被称为"刘易斯拐点"。

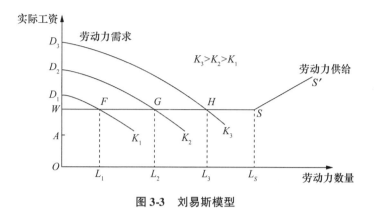

图 3-3 刘易斯模型

刘易斯开创了结构分析方法，其理论贡献是显而易见的。他认为，由于发展中国家独特的结构性特征，经济发展不可能完全参照新古典经济学的模式。新古典经济学认为，在市场力量的作用下，经济会自动地实现均衡。此时，要素的边际产出等于其价格，要素在部门间流动不会带来产出的增长。刘易斯则认为，对于发展中国家而言，经济不均衡是常态。由于资本积累不足，工业部门并不能完全吸纳足够的劳动力使得其工资等于农业部门的生存工资，因此增加资本积累能够带来经济增长。这一理论对发展中国家的经济政策产生了重大影响，政府将不遗余力地增加工业部门的资本积累。当然，一个新理论也不可避免地存在着一些缺陷：它没有考虑农业部门本身的生产率进步，并且在政策上过于重视工业部门而忽视农业部门发展；资本积累与劳动力需求扩张之间的关系几乎是线性的，而实际上工业部门在发展过程中可能使用劳动力节约型技术，因而不一定会带来劳动力需求的增长；模型假定城市充分就业，只有农村有剩余劳动力，与现实明显不符。

刘易斯模型提出来以后，一些经济学家在其基础上不断地修改完善，使模型越来越接近经济发展的现实。

四、拉尼斯-费模型

1961 年，美国经济学家拉尼斯（G. Ranis）和美国华裔经济学家费景汉（J. C. H. Fei）在其论文《经济发展理论》中对刘易斯模型做了进一步拓展，形成一个新的模型——拉尼斯-费模型。该模型弥补了刘易斯模型中只有工业部门扩张而没有农业部门发展的缺陷，刻画了经济结构变迁过程中农业部门与工业部门之间的动态变化关系。[①]

拉尼斯-费模型中有一个关键概念，就是"不变制度工资"，是指当存在农业剩余劳动力时农业部门的平均收入。这个收入是维持基本生存所需的收入。在农业部门剩余劳动力消失之前，农业部门的平均收入就维持这个"不变制度工资"。据此，他们把农业剩余劳动力的转移分为三个不同的阶段：第一阶段，是农业部门边际劳动生产率为零的区域，在此阶段劳动力转移不会带来农业总产出的减少；第二阶段是农业劳动力边际产出大于零但小于"不变制度工资"的阶段；第三阶段是农业劳动力的边际产出大于"不变制度工资"阶段。在第一和第二阶段，农业转移劳动力的工资水平等于"不变制度工资"；在第三阶段，农业转移劳动力的工资由劳动力的边际产出决定。劳动力从农业部门向工业部门转移的过程中，还有一个非常关键的因素，就是农业剩余。这个剩余是指农业产出中扣除农业部门消费之后的剩余产品，或者说，提供给转移到工业部门劳动力的农产品。在第一阶段，由于农业劳动力边际产出为零，劳动力转出而农业总产出不变，农业剩余将以固定比例增长。在第二阶段，农业劳动力的边际产出大于零，劳动力转出会导致农业剩余减少，提供给工业部门的粮食不足以按不变制度工资满足工人的需要，出现粮食短缺。于是，粮食价格上涨，工业工资随之提高。在第三阶段，劳动力转出将更大幅度地减少农业剩余，农产品价格也将以更快的速度增长。工业部门要吸引更多的农业劳动力，就必须把工资提高到至少等于农业劳动边际产品的价值，劳动力供给曲线迅速向右上方升起。第二阶段和第三阶段的交界处称为商业化点。

模型预测，从第二阶段开始，农业劳动力的流出开始受阻，工业部门的扩张可能会停止下来。因为，农业劳动力流出越多，粮食价格越高，工业部门工资越上涨。

---

① RANIS G, FEI J C. H. A Theory of Economic Development. [J]. American Economic Review, 1961, 51 (4): 533-565.

拉尼斯-费模型认为，实现发展中国家工业化的关键就在于消除农业劳动力转移的第二个阶段，在农业剩余开始下降的时候就进入"商业化"阶段。这样，当农业剩余劳动力消失时，工农业部门的工资都将等于劳动力的边际产出，工农业产品之间形成由市场决定的稳定的贸易条件。消除第二个阶段的关键，就是要让农业部门的生产率不断提高。模型假定农业劳动生产率的提高不会改变"不变制度工资"，因此农业剩余下降之前能够"容忍"更多的劳动力转出。与此同时，农业劳动生产率的提高，也将使第二阶段和第三阶段的转折点（商业化点）更早到来，于是第二阶段的范围将越来越短。最终，随着农业部门劳动生产率的不断增长，农业剩余开始下降的点与商业化点重合，第二阶段消失。

拉尼斯-费模型对刘易斯模型有重要的发展。该模型认为，农业剩余劳动力的转移并不唯一地取决于工业部门的资本积累，还取决于农业部门的生产率提高。拉尼斯-费模型提出了发展中国家在经济发展中的一个关键问题，就是工农业平衡发展问题。如果农业生产率长期停滞不前，就不能为工业提供足够的剩余，最终也会阻滞工业化的进程。因而，发展中国家在工业化的过程中，还要充分重视农业生产率的提高。①

五、乔根森模型

美国经济学家乔根森（D. W. Jorgenson）在 1961 年的论文《二元经济的发展》和 1967 年的论文《剩余农业劳动力与二元经济发展理论》中，对刘易斯模型和拉尼斯-费模型做了进一步的发展与深化，提出了"乔根森模型"。乔根森模型采取新古典主义分析范式研究结构变迁问题，是一种新古典主义的结构变迁理论。②③

与前面的两个模型一样，乔根森模型假定，经济中存在两个部门，即

---

① RANIS G, FEI J C. A Theory of Economic Development. [J]. American Economic Review, 1961, 51（4）：533-565.

② JORGENSON D W. The Development of a Dual Economy [J]. Economic Journal, 1961, 71（282）309-334.

③ JORGENSON D W. Surplus Agricultural Labour and the Development of a Dual Economy [J]. Oxford Economic Papers, 1967, 19（3）：288-312.

落后的农业部门与发达的工业部门。与刘易斯模型不同，乔根森认为，劳动力转移的起点并不是源自无限劳动力供给以及工业部门的资本积累，而是农业部门的剩余。因而，与拉尼斯-费模型类似，乔根森模型分析的起点是农业部门的剩余。他认为，农业部门不存在边际产出为零的剩余劳动力。农业人均产出的增长与人口增长之间存在着这样的关系：当农业人均产出增长在人口增长达到生理极限之前，人均产出的增长将被人口增长所抵消，经济陷入低水平均衡陷阱；当农业人均产出达到人口增长生理最大量的最低值时，农业产出增长率就会超过人口增长率，从而产生农业剩余。只要农业部门出现剩余，就能够为工业部门提供劳动力。

乔根森建立的工业部门与农业部门产出增长的动态模型，给定农业剩余存在的条件（即农业人均产出达到人口增长生理最大量的最低值），总人口增长速度将快于农业人口增长速度，从而使得工业人口以较快速度增长。最后，工业产出的增长将达到一个由工业技术进步率与人口增长生理最大水平决定的均衡点上。该模型认为，工业部门的工资不会是一个固定不变的水平，而是等于工业部门劳动力的边际产出；工资增长率由劳动在产出中的份额与工业部门技术进步率所决定。

乔根森模型对拉尼斯-费模型进行了多方面的发展。

第一，将人口增长内生化，定义为农业产出增长的函数，使其更为接近于现实。

第二，认为农业剩余并不是剩余劳动力的结果，而是农业技术进步达到了人口增长生理极限的结果，强调了农业技术本身的进步。

第三，强调农村剩余劳动力转移到工业部门，是人们消费结构变化的必然结果。人们对农业产品的需求是有限的，而对工业产品的需求是无限的。当农业生产率达到一定水平时，农业部门的发展会受到限制，农业人口转向工业部门生产工业品以满足对人们工业产品的需求。

第四，乔根森模型首次在二元经济分析中引入了时间，并使用了均衡分析方法，从而能够观测到经济结构随时间动态变化的结果。乔根森模型重视市场的作用和均衡分析，对发展经济学研究的新古典主义转向产生了重要影响。

六、托达罗模型

1970年，托达罗与哈里斯在其合作的论文《人口流动、失业和发展：两部门分析》中提出城乡人口流动模型，被称为哈里斯-托达罗模型，常常简称为托达罗模型。刘易斯模型和拉尼斯-费模型中只有农村存在"隐蔽失业"，而城市不存在失业。托达罗和哈里斯认为，发展中国家的城市和农村都存在着大量失业。他们构建了一个农村劳动力转移到城市的迁移决策模型，分析劳动力城乡流动的均衡条件。[①]

与其他二元模型不同，托达罗模型认为，城乡劳动力流动不仅取决于城乡工资差异，还取决于在城市能找到工作的概率。城乡的工资差异越大，迁移的概率就越大；城市的就业概率越高，迁移的概率也就越高。此外，模型还引入了从农村转移到城市的固定成本。他们认为，城市就业概率与城市现代部门就业创造的速率成正比，与城市失业人数成反比。现代部门创造就业的速率被设定为工业产出增长率减去劳动生产率增长率，这又是与此前的二元结构模型的不同之处。在他们看来，工业部门扩张与劳动需求之间的关系并不是简单的线性关系，劳动生产率的提高有可能降低对劳动力的需求。模型给出的均衡失业率是由现代部门就业增长率、城市劳动力增长率、城乡收入差异三个参数共同决定的一个值。这一均衡失业率可以解释发展中国家为什么会存在大量的城市失业者。

托达罗和哈里斯认为，城市现代部门的扩张并不一定能够持续地吸纳更多的农村人口就业，因为，现代部门扩张会提高城乡预期收入差异，吸引更多的农村劳动力进入城市，使新增的劳动力供给超过新增的劳动力需求，从而导致城市失业增加。因此，托达罗模型解决城市失业问题的政策思路是：一方面，对城市部门的劳动力需求方提供一定的补贴，使其扩大劳动力需求；另一方面，通过一定的政策减少农村劳动力向城市的流动。

托达罗模型将发展中国家的劳动力流动纳入到标准的供给需求分析，

[①] HARRIS J R, TODARO M P. Migration, Unemployment and Development: A Two-sector Analysis [J] American Economic Review, 1970, 60 (1): 126-142.

对劳动力的供给决策进行了更为微观的刻画,并通过劳动力市场的均衡分析解释了发展中国家城市部门的失业问题。该模型颠覆了以往二元结构模型中城市不存在失业的假定,开拓了解决发展中国家城市失业问题的思路。模型还给出了不同的经济发展政策思路,即减少人为导致的城乡实际收入差异,以缓解城市就业压力;同时,要注重农村的收入增长,因为仅仅依靠城市部门的增长不可能解决发展中国家的经济发展问题。

七、农业转型理论

上述结构变迁模型的主题都是发展中国家从农业国向工业国转型的问题。舒尔茨在其著作《改造传统农业》中,首次将分析发展中国家经济发展问题聚焦于改造发展中国家的传统农业上。①

舒尔茨认为,发展中国家不能一味地重视工业而忽视农业,也不能指望工业发展会自动地带动落后农业的发展。发展中国家农业虽然生产率极低,但仍然是有效的。他认为发展中国家不存在边际产出为零的剩余劳动力。在《改造传统农业》一书中,他通过大量的历史事实说明发展中国家农业生产的资源配置是有效的,减少农业劳动力会使农业总产出下降。因而,舒尔茨认为"农民是理性的",他们知道如何对资源进行有效的配置。

在舒尔茨看来,发展中国家农业落后的根本原因在于,它是传统农业,世世代代耕种同样的土地、使用同样的技术、种植同样的作物,没有任何新的投资。传统农业之所以长期存在,主要原因有:缺乏适宜的替代技术,农民对技术知识缺乏了解,农民承担风险能力弱,缺乏新的资本投资,传统制度的障碍等。② 要在发展中国家改造传统农业,舒尔茨认为主要有以下几个政策思路:政府向农民提供新的农业技术信息,承担农民获取这些信息的成本;对农民进行投资,提升农民的人力资本水平;通过制度变革形成全国统一的农产品市场等。

在《改造传统农业》一书中,舒尔茨从传统农业的基本特征是什么、

---

① 西奥多·W. 舒尔茨. 改造传统农业 [M]. 梁小民,译. 北京:商务印书馆,2006.
② 加塔克,英格森特. 农业与经济发展 [M]. 吴伟东,韩俊,李发荣,译. 北京:华夏出版社,1987.

传统农业为什么不能成为经济增长的源泉、如何改造传统农业三个方面，具体分析了如何把弱小的传统农业改造成为一个高生产率的经济部门。他还系统地分析了教育投资对农业生产率以及经济发展的影响，并提出了人力资本投资理论，认为人力资本投资是促进经济增长的关键因素。由于在发展经济学研究中开创性的理论贡献，舒尔茨获得1979年诺贝尔经济学奖。在颁奖典礼上，他作了题为《贫穷经济学》的演说。他指出，"世界上大多数人是贫穷的，所以如果我们懂得了穷人的经济学，也就懂得了许多真正重要的经济学原理。世界上大多数穷人以农业为生，因而，如果我们懂得了农业，也就懂得了穷人的经济学。"

第四节　金融发展理论

发展经济学一直都非常关注发展中国家的资本积累问题。贫困恶性循环理论、二元经济模型等均把资本积累作为摆脱贫困、实现发展的一个根本出路。早期的发展理论没有很好地研究发展中国家如何进行资本积累的问题，而寄希望于通过政府干预、提高储蓄率来增加资本积累，也就是实施"金融抑制"政策。以麦金农和肖为主要代表的发展经济学家，分析了"金融抑制"对发展中国家经济发展的危害，研究了金融深化问题，开创了发展经济学的金融发展理论，探讨发展中国家如何更好地进行资本积累。

一、金融抑制

早期发展经济学家的政策主张强调资本积累，通过资本积累来扩张工业部门，吸引农村劳动力转移，促进经济发展。他们提出的发展政策的相似之处在于，通过政府干预降低工业部门使用资本的成本。麦金农将这种政策称为"金融抑制"。金融抑制政策有着很广泛的影响，很多发展中国家，包括中国在内都实行了长期的金融抑制政策。麦金农和肖认为，政府对金融活动和金融体系的过多干预抑制了金融体系的发展，而金融体系的发展滞后又阻碍了经济的发展。[1][2]

金融抑制政策的主要内容如下。

第一，对利率实行严格的管制，政府规定较低的存款利率与贷款利率，在保证银行部门有盈余的同时，使企业部门的贷款成本较低。

第二，政府规定较高的银行存款准备金。由于发展中国家政府通常有较高的赤字，为了不带来严重的通货膨胀，政府不是通过增发货币而是向商业银行贷款来弥补赤字，但政府从银行贷款不支付利息，这就导致银行需要有很高的存款准备金，同时支付给公众很低的存款利率。

第三，政府引导资金流向重点产业。政府可以指令的方式引导银行部门向重点产业的企业贷款，并规定很低的贷款利率，通过这一方式来促进特定产业的发展。

第四，资本配给制。由于资本的使用利率低于市场均衡利率，对资金的需求量会高于供给量，市场无法实现对资本的配置，这样资本的供给实际上就是由政府来进行配给。

金融抑制之所以被很多发展中国家奉为圭臬，是因为它们相信，对于资本严重短缺的经济来说，人为降低资本价格能够促进经济发展。这一逻辑可用图3-4予以简要的说明。在图3-4中，横轴是资金的数量（M），纵轴是利率（r），也就是资本的价格。D为企业对资金的需求曲线，S为银行的资金供给曲线。如果没有政府的金融抑制政策，那么市场的均衡资金数量为M_0，均衡利率水平为r_0。政府为了鼓励资本投资，规定一个低于市场均衡利率的贷款利率r_1，在这一利率水平下，市场实际的资金供给量为M_1，企业本来应支付的利率为r_2，但实际只支付了r_1。这样，企业因为这一低利率而产生盈余，从而实现扩张，经济发展又会带来收入的增长和储蓄的增加，从而促进资金的供给曲线向右移动，实际利率水平会逐渐趋于市场的均衡利率。

---

[1] 麦金农. 经济发展中的货币与资本 [M]. 卢骢, 译. 上海：三联书店上海分店, 1988.
[2] 肖. 经济发展中的金融深化 [M]. 邵伏军, 等, 译. 上海：三联书店上海分店, 1988.

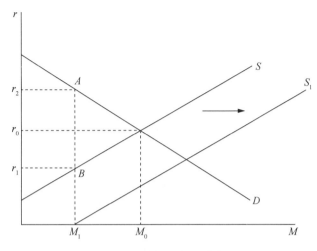

图 3-4　金融抑制与经济发展

从实践来看，金融抑制政策的效果并不理想。其主要原因在于，一方面，过低的或负的实际存款利率，抑制了社会的储蓄能力；另一方面，过低的贷款利率造成旺盛的资金需求，整个经济呈现"投资饥渴症"，只能通过政府计划的方式来配置资本，从而导致极大的资源浪费。即便这种金融抑制政策在短期内对工业部门发展有积极作用，从长期来看也会产生很大的结构性问题。由于大量生产效率低的企业能够以低于市场价格的管制利率获得资本，大量的无效投资往往形成过剩产能，而维持这些过剩产能又需要不断地注入新的投资，形成恶性循环。银行体系也会因此出现大量的坏账，使整个银行体系的运转出现问题。

二、金融深化

在麦金农和肖看来，金融抑制政策并没有解决发展中国家资金供给的问题，反而使发展中国家陷入投资不足的困境。他们认为，发展中国家要想使经济得到发展，就应重视金融对国民经济的影响，发挥金融对经济增长的促进作用，放弃"金融抑制"政策，实行"金融深化"或"金融自由化"。金融深化理论又称为金融自由化理论，其基本观点是要培育健全的资本市场，国家放弃对金融体系和金融市场过分的行政干预，取消人为压低市场利率的政策，让市场机制在资本配置中起决定性作用，使利率能够真实地反映资本使用的价格，并甄选出真正有效率的企业。

金融深化理论认为，发展中国家之所以难以较快地实现资本积累，主要原因在于发展中国家大部分的经济主体是依靠自身积累的"内源性融资"，由于金融市场不完善，货币转化为资本的速度极为缓慢，从而陷入低水平均衡陷阱。解决这一问题并不能依靠政府提供廉价的外源性融资，而需要建立起有效的货币市场和资本市场。发展中国家的资本市场发育不良，主要原因又在于政府对市场特别是金融市场过多干预。只要取消政府干预，建立运行良好的金融市场，金融就能有效地动员和配置社会资金以促进经济发展，而经济的蓬勃发展又会进一步加大金融需求并刺激金融业发展。金融发展和经济发展形成互相促进和互相推动的良性循环状态，这种状态可称为金融深化。衡量金融深化的一个重要指标，就是金融资产的增长速度要快于国民收入的增长。

麦金农假设，发展中国家的资本积累主要来自"内源性融资"，因而企业和居民需要在持有货币还是资本之间进行选择。这样，货币政策对于发展中国家的资本积累就会有重要的作用，由此，麦金农提出了货币与资本的互补性观点。肖认为，金融深化可通过储蓄效应、投资效应、就业效应、收入分配效应，促进经济发展。

根据麦金农和肖的观点，金融深化有四个具体目标：一是增加金融储蓄在国内生产总值中的比例；二是提高国内各类投资者对储蓄的可得性，消除各种贷款歧视；三是保证投资更有效地配置；四是通过更多的金融储蓄减少对财政储蓄、外援和通货膨胀的依赖。为此，金融深化理论的政策主张主要如下。第一，确定一个合理的实际利率水平。考虑到大多数发展中国家存在较高的通货膨胀率，因此需要提高银行存款利率的名义水平，使实际收益率为正，这样才能增加公众持有货币形式储蓄的收益，从而增加对实际货币的需求。第二，进行财政体制的改革，合理地规划财政税收，进而鼓励储蓄，减少不合理的财政补贴和配给，取消"信贷分配"中的特权。第三，放松对金融业务和金融机构的限制，发展多种金融工具和金融市场。第四，放松对汇率的管制，纠正高估本币的现象，改固定汇率制为浮动汇率制,让市场供求决定本币汇率水平,通过本币的适度贬值刺激本国出口,改善国际收支状况。

以金融自由化为特征的金融深化政策主张使一些国家实现了经济发展,但也使很多国家出现了通货膨胀、金融危机等问题。最为典型的就是1997年发生的亚洲金融危机。在这场危机中,大量国际游资从亚洲国家撤出,导致这些国家货币快速贬值,银行出现兑付危机,整个金融体系几近崩溃。可见,金融深化看似完美的理论设计,在发展中国家并不一定能取得预想的结果。这也警示后来的研究者与政策制定者,在实施金融自由化政策时需要谨慎地评估本国宏观经济发展环境的稳定性、监管制度的完善性以及对外资开放的程度等。

斯蒂格利茨等人认为,发展中国家不能完全实行金融自由化,而应实施温和的金融约束。在他们看来,利率的高低实际上反映了贷款企业的风险承担能力,那些能够支付更高利率的企业往往也处于更高风险的行业。企业存在风险逆向选择的可能,银行因此而面临较高的经营风险。为此,他们主张,政府仍然要控制利率,但这一利率水平不应太低,以使银行有一定的盈余。[1]

三、金融发展

从广义上说,金融深化就属于金融发展。在发展经济学中,狭义的金融发展理论最早由戈德史密斯(R. W. Goldsmith)1969年在其著作《金融结构与金融发展》中提出。金融发展理论聚焦于金融本身的结构和发展水平,由此研究金融与经济发展之间的关系。

金融发展理论关注的主要问题并不在政策层面,即应该实施金融深化还是金融抑制的政策,而是探究一国金融部门的结构和发展水平与经济发展绩效之间存在何种关系,以及在何种条件下金融部门的发展能够更好地促进经济发展。戈德史密斯提出的衡量一国金融结构的核心指标,是金融

---

[1] STIGLITZ J E, WEISS A. Credit Rationing in Markets with Imperfect Information [J]. American Economic Review. 1981, 71 (3): 393-410.

资产与实物资产的比例,称为金融相关率(FIR)。他把金融发展定义为金融结构的变化过程。他基于国家层面、行业层面、企业层面的大量数据分析,得出关于金融发展的主要结论:在经济增长的过程中,金融相关率指标会增长,但这一增长并不是无限的,到达一定阶段以后会趋于稳定;金融部门中的直接融资比例相对于间接融资比例在增长,但他强调这是经济发展的结果,而不是原因,并不能反过来说直接融资方式更有利于经济发展;提升金融发展水平,通过促进企业设立、便利企业获得外部融资等途径而促进经济发展;保护金融市场发展的制度,包括保护外部投资人产权、保障合同实施等方面,能够显著地提升金融发展对于经济发展的作用。戈德史密斯同时也指出,金融结构对于经济发展的影响并不明显,很难证明直接融资还是间接融资对于经济发展来说更好。因而,金融发展政策的重点在于,政府要着力于构建良好的金融发展环境,特别是在保护投资人、营造信息透明的市场环境、保障合同实施等方面发挥作用,提升整体的金融发展水平。至于应该更多地发展直接融资,还是更多地发展间接融资,并不是最重要的。[1]

金融发展理论对于发展中国家经济发展的重要意义在于,不是简单而外在地讨论政府是否要对金融市场的价格进行控制,而是证明金融发展在经济发展过程中具有不可或缺的作用。根据戈德史密斯的金融发展理论,对于发展中国家来说,做大金融市场可能比如何配置金融资源更为重要,健全的制度与法律环境是金融发展的重要前提。同时,金融发展理论主张,发展中国家可以向发达国家吸收金融资源,学习先进的金融业管理经验与方法,以促进本国金融的发展,但各国的金融结构以及金融发展模式还是应该根据本国的基本经济条件来决定。

---

[1] GOLDSMITH R W. Financial Structure and Development [M]. New Haven, CT: Yale University Press, 1969.

第五节　国际贸易与外资利用理论

发展中国家的经济发展不能孤立于世界。国际贸易与国际投资一直以来都是发展经济学所关注的重要议题。本节主要介绍五个方面的理论：一是中心-外围理论，又称为贸易条件恶化论；二是贸易对于发展中国家经济发展作用的一般性讨论；三是两缺口模型，即发展中国家如何利用外资来完成资本积累进而实现工业化目标的理论；四是国际资本流动与债务危机理论，主要讨论发展中国家在利用外资的过程中存在的问题与风险；五是剩余出路理论。

一、中心-外围理论

中心-外围理论又称为贸易条件恶化论，由普雷维什等学者提出，最早出现于普雷维什 1950 年出版的著作《拉丁美洲的经济发展及其主要问题》，并在其《外围资本主义：危机与改造》中得到了更为系统的论述。[①]

所谓"中心"和"外围"是一种形象的比喻。该理论把全球各经济体比喻为"星座"，处在中心地位的是发达国家，而处在外围的是发展中国家。由于中心与外围的力量不平等，两者之间的贸易使得中心越来越好，而外围越来越差。因而，中心-外围理论是从国际经济关系（特别是国际贸易）的角度解释发展中国家陷入贫困不可自拔状态的原因。

普雷维什基于长期的历史观察发现，发展中国家与发达国家之间的贸易条件不断恶化，即从发展中国家出口产品与从发达国家进口产品之间的相对价格不断下降。贸易条件持续恶化，使得发展中国家在与发达国家的贸易中，利益损失不断扩大。在普雷维什等人看来，贸易条件之所以会恶

---

① 普雷维什. 外围资本主义：危机与改造 [M]. 苏振兴，袁兴昌，译. 北京：商务印书馆，2015.

化，主要原因在于发达国家的企业在国际贸易中具有垄断地位，同时发达国家工人通常拥有工会，因此技术进步带来的生产率提高并不会表现为价格的下降，而是工资与利润的增长。与之相反，发展中国家的企业缺乏垄断力量，工人组织化程度低，任何技术进步带来的生产率提高，都表现为产品价格的下降。这样一来，发达国家的工业产品与发展中国家的初级产品之间的价格差距持续扩大。此外，普雷维什等人认为发达国家在发展中国家投资的初级产品加工企业也不能为发展中国家带来实际的利益。因为，这些企业实际上是发达国家在发展中国家的"飞地"，产生的利润并不会转化为所在地的投资，而是回流到输出资本的发达国家。之所以导致这一结果，根本原因是"中心"和"外围"之间力量不均等，从而带来贸易的不平等。

以贸易条件恶化论为依据，普雷维什等人主张发展中国家采用进口替代策略，通过建立自主的工业体系减少对发达国家进口工业品的依赖，从而跳出"中心-外围"的圈子。同时，要重构国际经济秩序，让外围的发展中国家在国际贸易中拥有更多的话语权。有的学者甚至提出发展中国家要与发达国家"脱钩"，自主发展。

另一位经济学家辛格（Hans W. Singer）几乎与普雷维什同时提出贸易条件恶化论，因此这一理论又被称为"普雷维什-辛格假说"。还有其他一些学者提出了类似的理论，对以拉丁美洲为主的发展中国家政策实践产生了较大的影响，这些理论包括弗兰克（Andre Gunder Frank）的依附性积累与不发达理论、桑托斯（Theotonio dos Santos）的新依附理论、伊曼纽尔（Arghiri Emmanuel）的不平等交换理论等。

二、贸易与发展

由于历史的原因，发展中国家大多是落后的农业国，且曾是发达国家的殖民地或半殖民地，在国际经济、国际政治上均处于相对弱势的地位。关于贸易与发展中国家经济发展的关系，主要有两派观点，一派认为贸易是增长的发动机，发展中国家的经济发展离不开与发达国家的贸易；另一派则认为贸易危害发展中国家的经济发展。

二元结构理论的提出者刘易斯认为"贸易是增长的发动机"。他的主要理由是，与发达的工业化国家进行贸易，能够对发展中国家的初级产品形成巨大的需求，从而能够提供大量的资本积累，加快发展中国家的工业化进程。纳克斯也持类似观点。此外，国际贸易还有供给启动效应，包括：替代效应，即投资消费比的上升，加快资本积累；收入分配效应，即使得收入向生产中密集使用的要素转移，进而影响储蓄和资本积累。

以普雷维什为代表的另一些经济学家则认为，贸易会危害发展中国家的经济发展。主要理由如下。第一，自由贸易会加剧发展中国家的贸易条件恶化。发达国家技术进步快，生产率提高促进制造业收益递增；发展中国家技术进步慢，加之发达国家企业垄断性更强，价格下降空间小，而初级产品的需求弹性低，价格下降空间更大。两类国家之间进行贸易，随着时间的推移，发展中国家的贸易条件将不断恶化。第二，自由贸易会扩大发展中国家的国际收支逆差。发展中国家出口比重小，外贸增长率低，且对资本品、工业制成品的进口需求大于初级产品的出口需求。第三，自由贸易不利于发展中国家的资源利用。由于贸易条件恶化和国际收支逆差压力，发展中国家不得不扩大初级产品部门的生产。第四，不利于发展中国家的产业发展。由于初级产品的前向联系、后向联系很少，长期发展初级产品产业不利于工业体系的建立。第五，自由贸易会加剧国际不平等。循环累积因果理论的提出者缪尔达尔支持这一论点。他认为，市场扩大会强化发达国家既有的经济主体地位，使发展中国家的工业企业遭受强烈的国际竞争而难以发展。[1]

在肯定和否定国际贸易的两种观点之间，还有一些学者提出了中间观点。有学者认为，贸易在一定条件下可以使一些国家成功地实现产业结构升级并实现高水平的发展，而在另一些条件下可能并不能带来经济发展。比如，克拉维斯发表了题为《贸易作为增长的婢女》的论文。他认为，经济增长应该主要依赖国内因素。在把国内资源转化为既能用于投资又能用

---

[1] MYDRAL G, EGYPT N B O. Development and Under-development: A Note on the Mechanism of National and International Economic Inequality [M]. Cairo: National Bank of Egypt, 1956.

于消费的商品或劳务的过程中,国际贸易只是国内机会的延伸。①

发展经济学关于国际贸易的分析,有着多维的视角,其观点也较为复杂。与一般的国际贸易理论不同,发展经济学家更多地是按照发展的条件与制度环境,提出发展中国家可行的贸易发展政策与路径。

三、两缺口模型

两缺口模型是关于发展中国家利用外资的理论模型,由钱纳里等人于1966年提出。所谓两缺口,是指储蓄缺口(即投资与储蓄之差)和外汇缺口(即进口与出口之差)。该理论指出,当国内出现投资大于储蓄的储蓄缺口时,必须用进口大于出口的外汇缺口来平衡。②

两缺口模式强调储蓄和外汇是经济增长的两个约束条件,国内储蓄短缺意味着投资大于储蓄,会限制资本形成;外汇短缺意味着出口小于进口,限制了进口能力。当经济增长要依靠国内不能提供的资源时,外汇储备就是一个重大约束。若经济发展需要的国内储蓄小于可获得的储蓄,或者需要的外汇小于可获得的外汇,可以利用国外借款或者外援来解决。两缺口的平衡是一种事后平衡,而不是事前决定的,因而需要政府调节来实现平衡。平衡两缺口的政策既有消极的,也有积极的。所谓消极的政策,就是不利用外资,而减少国内投资或减少进口;积极的政策,就是通过引进外资来促进经济增长率提高,从而实现平衡。如果从国外引进资本进行投资,一方面不会占用外汇资源,能够减轻外汇不足的压力,另一方面又能够在不增加国内储蓄的情况下增长投资,使得储蓄缺口与外汇缺口趋于平衡。

两缺口模型以极为简洁的理论阐释了外资利用对于缓解发展中国家资本不足问题的重要意义。其政策含义是:发展中国家要以开放的心态,积极地利用来自发达国家的资本输入,而不应该封闭自己;政府要发挥调节

---

① KRAVIS I B. Trade as a Handmaiden of Growth: Similarities Between the Nineteenth and Twentieth Centuries [J]. Economic Journal (London), 1970, 80 (320): 850-872.

② CHENERY H B, STROUT A M. Foreign Assistance and Economic Development [J]. American Economic Review, 1966, 56 (4): 679-733.

作用，有计划地将国外投资引导到相关产业和行业，促进本国工业体系的快速发展。同时，还要进行相应的制度改革，使经济发展到一定阶段以后能够摆脱对外资的依赖。否则，可能会带来债务危机、国际收支不平衡等问题。

在两缺口模型基础上，赫希曼、托达罗等学者发展出了"三缺口模型"和"四缺口模型"，使模型更接近于发展中国家经济发展的现实。所谓三缺口，是指发展中国家在储蓄缺口和外汇缺口之外，还面临着技术、管理和企业家才能方面的缺口。由于这一缺口的存在，发展中国家即使资本缺口得以弥补，也无法充分吸收并有效地使用各种资源，从而影响生产率的提高和经济发展。因此，三缺口模型认为，发展中国家在引进外资时，要实行"一揽子"的资源进口计划，注重对国外的适宜技术、管理知识和人才的配套引进。所谓四缺口，是指在上述三个缺口之外，发展中国家还存在着税收缺口。在经济发展过程中，发展中国家常常采取积极的经济干预政策，由此所产生的财政支出需求，往往远高于税收收入水平，从而形成税收缺口。因此，四缺口模型的一个推论是，政府要顺利地实现经济发展计划，需要向跨国公司征税，并通过多种形式为政府筹集公共金融资源。[①]

四、国际资本流动与债务危机

发展中国家利用外资弥补国内储蓄缺口来实现发展的道路，并不是一帆风顺的。一些国家由于借贷的外资过多，超过了偿还能力，而陷入债务危机，严重影响了经济发展的进程。最为典型的债务危机是发生于20世纪80年代的拉美债务危机。

债务问题的严峻程度主要用偿债比率来衡量，即债务与国民生产总值的比率。一般认为这一比率不应超过20%。1970年拉美国家的平均偿债率为4.52%，而在1982年这一比率到了34.58%，到了1985年则普遍超过

---

① HISCHAMAN A O. Exit, Voice and Loyalty: Responses to Decline in Firms, Organizations and States [M]. Cambridge: Harvard University Press, 2004.

了 50%。拉美债务危机产生的直接原因是，作为债权人的发达国家在 20 世纪 70 年代末由于石油危机的冲击出现了经济增长乏力问题，普遍实施贸易保护主义，减少了对发展中国家的进口，导致发展中国家出现严重的贸易赤字。与此同时，发达国家实行货币紧缩政策使得外资流出发展中国家，加剧了偿债压力。根本的原因在于，发展中国家单一的产业结构，对发达国家的市场产生了较大的依赖。同时，发展中国家出口产品的附加值不高，在与发达国家的贸易中长期处于劣势地位。债务危机对于发展中国家的经济发展产生了多方面的负面影响：引起国际收支严重逆差，影响从发达国家的进口，从而阻碍了国内进口替代工业的发展；造成国内储蓄不足，投资减少；减少政府公共支出，从而降低了社会的总体福利。

债务危机的发生，让人们不得不重新思考外资与发展中国家经济发展的关系。在两缺口模型中，外资是与国内资本积累同质的，可以用于发展国内任何一种工业。但是，外资又是"超越主权的"，往往是发展中国家政府所不能控制的，它既可能在发展中国家面临储蓄缺口时流入，也可能在其面临储蓄缺口时大量地流出，对外资的过度依赖可能使发展中国家陷入债务危机而不可自拔。

五、剩余出路理论

剩余出路概念是缅甸发展经济学家明特在 20 世纪 50 年代提出来的。① 经典的国际贸易理论认为，一国按照其资源禀赋的比较优势来进行国际分工和专业化生产，能够实现资源配置效率的最大化。在此前提下，一国不可能再增加出口量，也不能变更生产种类和专业化。剩余出路理论认为，发展中国家并不能完全通过比较优势来进行国际贸易。该理论首先假定一国在开展国际贸易之前，存在着闲置的土地和劳动力。这些多余的资源可以用来生产剩余产品以供出口，这样对外贸易为一个国家提供了利用过去未能充分利用的土地和劳动力的机会，为本国的剩

---

① 明特. 国际贸易的"古典理论"与不发达国家 [C] // 郭熙保. 发展经济学经典论著选 [M]. 北京：中国经济出版社，1998：468-491.

余产品提供了"出路"。由于一国出口的是剩余物或者由闲置资源生产的产品，不需要从其他部门转移资源，也不必减少其他国内经济活动，因而出口所带来的收益或由此而增加的进口也没有机会成本，因而必然促进该国的经济增长。

剩余出路理论不仅适用于地广人稀、土地资源丰富的发展中国家，也适用于土地资源稀缺而劳动力资源丰富的发展中国家。拥有大量剩余劳动力的国家可以利用剩余劳动力生产劳动密集型产品以供出口，不花费多少成本就可以促进经济增长。剩余出路理论在政策主张上与比较优势理论一样，都支持自由贸易。剩余出路理论的价值在于，重视发展中国家普遍存在的人口压力和劳动力剩余状况，强调要更多地通过国际贸易使这些资源能够得到充分利用，让经济接近生产可能性边界，而不仅仅是按比较优势国际分工来生产和出口产品。

第六节　经济互补性与协调理论

发展中国家不仅收入水平低，而且面临着结构失衡、发展不协调的问题。因而，一些发展经济学家认为，由于不同的要素之间、不同的部门之间存在着互补性，发展中国家要摆脱贫困，不仅要进行资本积累，还必须关注协调行为、协调发展问题。

一、大推进理论

大推进理论是由罗森斯坦-罗丹于1943年提出。罗森斯坦-罗丹认为，发展中国家要从根本上摆脱贫困，需要克服资本投资不足的问题。但是，由于资本供给、储蓄和市场需求的"不可分性"，小规模的、个别部门的投资不可能取得成效。必须在各个工业部门全面地进行大规模的投资，才能互相形成需求、互为市场，以适应"不可分性"。他还指出，各个工业部门必须按同一投资率进行投资，才可能防止部分工业产品的过剩。因此,大推进理论也称为平衡增长理论。①

提出贫困恶性循环理论的纳克斯也支持平衡增长的发展模式。② 他提出平衡增长的主要原因在于,发展中国家经济发展的主要限制条件是市场容量狭小,因而需要大规模地投资来提升需求。各部门平衡增长可以扩大市场规模,带来规模收益。纳克斯主张发展所有部门,但不同意按同一比率对各个部门同时进行投资,而是根据价格与收入弹性来确定各个部门的投资率。罗森斯坦-罗丹与纳克斯的平衡增长有一个共同的政策思路,那就是通过国家计划的方式,来实现平衡增长目标。

平衡增长理论强调了经济的互补性,其思想后来被发展为规模报酬递增理论,在经济发展理论与政策实践中产生了广泛的影响。墨菲、施莱弗和威士利在1989年首次将大推进理论模型化③,克鲁格曼等人在1995年进一步将大推进理论进行了发展。④

二、不平衡增长理论

不平衡增长理论由赫希曼在其著作《经济发展战略》中提出。⑤ 赫希曼批评了平衡增长和大推进理论,认为发展中国家应集中有限的资源优先发展一部分产业,然后带动其他产业的发展。不平衡增长理论仍然强调经济部门之间存在着互补性,只不过认为利用这种互补性实现发展的策略并不是平衡增长,而是不平衡增长。

赫希曼通过两个理论来论证不平衡增长战略。第一个是"引致投资最大化"原理。对于发展中国家而言,投资的总成本往往超过了可获得的资源,因而需要对项目的投资顺序进行排序。为了解决这一问题,他提出了

---

① ROSENSTEIN-RODAN P N. Problems of Industrialization of Eastern and South-eastern Europe [J]. Economic Journal, 1943, 53: 202-211.

② NURKSE R. Problems of Capital Formation in Underdeveloped Countries [M]. Oxford: Basil Blackwell, 1953.

③ MURPHY K M, SHLEIFER A, VISHNY R W. Industrialization and the Big Push [J]. Journal of Political Economy, 1989, 97 (5): 1003-1026.

④ KRUGMAN P, DOMEIJ D. Development, Geography, and Economic Theory [M]. Cambridge, MA: The MIT Press, 1995.

⑤ 赫希曼. 经济发展战略 [M]. 曹征海, 潘照东, 译. 北京: 经济科学出版社, 1991.

两类选择：一是替代选择，即投什么项目、不投什么项目；二是延迟选择，先投什么项目，再投什么项目。他认为，这两个选择都要遵循一个基本的原则，即"引致决策最大化"，也就是要让那些能够带动其他项目最快发展的项目先获得投资。什么是引致最大化的项目呢？为了说明这一问题，他对投资项目做了两类区分：一类是社会分摊资本（SC），主要是建设周期长、收益较慢且不能进口的投资，如基础设施、教育等；另一类是直接生产性活动，即那些直接投资于工业、农业等生产部门，见效较快的投资（PDA）。他把 SC 优先于 PDA 的投资模式称为"超能力的发展"，而 PDA 优于 SC 的模式称为"短缺的发展"。他认为"超能力的发展"不符合引致最大化原则，而"短缺的发展"能够持续地带来产出增长和资本积累。因而，他倾向于优先投资那些短期内能带来收益的部门，而暂时延迟交通基础设施、教育等部门的投资。

赫希曼进一步指出，即使是在 PDA 部门的投资，也不能是平衡发展战略，而应优先投资那些引致能力最大的部门。为此，他又提出第二个理论，即"联系效应"理论。联系效应是指国民经济各部门的供给和需求联系。联系效应包括两个方面：一是投入供给、派生需求或后向联系效应；二是前向联系效应。发展中国家在选择优先发展的产业时，应重点选择那些前向联系效应和后向联系效应都很大的产业。根据这一原则，赫希曼认为，发展中国家应优先投资进口替代工业。因为，它一方面能够对本国的资源和原材料产业产生后向联系，另一方面也能对满足国内需求的相关行业产生前向联系。发展早期可侧重于发展进口替代的消费品工业，后期则应转向资本品工业。

不平衡增长理论强调了发展中国家在资源面临较强约束的条件下如何进行资源优化配置的问题，提出了引致最大化、联系效应等操作性较强的理论观点，因而更符合大多数发展中国家的实际。这一理论强调，发展中国家要实现发展，政府计划与尊重市场规律都很重要。不平衡增长理论是产业政策的雏形，影响了许多关于产业政策的理论研究与政策实践。

三、互补性与多重均衡理论

早期的发展经济学家主要侧重于从宏观层面构建发展中国家的发展理论和发展战略，而忽视了微观机制的构建。20 世纪 90 年代以来，发展经济学家已经从高度概括的模型转向分散的微观研究，尝试从微观的视角来探寻发展中国家长期处于贫困的原因，并提出有效的解决办法。其中，最具代表性的理论之一是互补性与多重均衡理论。①

互补性是一种特殊的外部性。外部性一般地强调，某个参与人选择某种行为的收益水平要受到其他参与人行为的影响；而互补性则进一步强调，某个参与人选择某种行为的边际收益要受到其他参与人行为的影响，即存在着诱使特定参与人选择或改变某种行为的激励。在通常情况下，互补性意味着当其他参与人采取了特定战略时，自己也采取相同战略的激励相应提高。胡弗和斯蒂格利茨构建一个互补性行为模型，描述了发展中国家的研发创新行为：给定其他人行动，每一个参与人都会做出使自己利益最大化的行为选择，在这种情况下，该参与人不可能通过自己行动的边际变化来获得更多的支付。但是，当其他参与人选择更高水平的行动时，会增加每一个参与人选择更高水平行动的边际收益。② 瑞认为，虽然资本主义发展会带来很多负外部性，如污染、贪婪等，但是，它会在投资过程中创造出很强的互补性。③ 例如，一个以高质量产品和实行公平交易为荣的企业，会促使竞争者采取相同的行动来维持市场竞争力，引发一场提高产品质量、降低产品价格和积极技术创新的竞赛。此外，经济的互补性还表现为，一些企业的投资行为会增加其他企业投资的动机；企业间的联合行动会降低基础设施建设成本，相互创造产品需求，还有利于促进新产品的

---

① 叶初升，赵宇. 发展经济学微观理论研究新进展：经济互补性与发展中的协调失灵 [J]. 经济学动态，2005（07）：83-88.

② HOFF K, STIGLITZ J E. Modern Economic Theory and Development [C] // MEIER G M, STIGLITZ J E. Frontiers of Development Economics: The Future in Perspective [M]. New York: World Bank and Oxford University Press, 2001.

③ RAY D. Notes for a Course in Development Economics [M]. Princeton: Princeton University Press, 2002.

产生；等等。

经济互补性涉及不同主体的策略性行为互动，因而大量使用博弈论方法进行研究。行为互补性使得多重均衡存在可能。考虑图3-5中两个博弈（以支付矩阵简洁表示）。

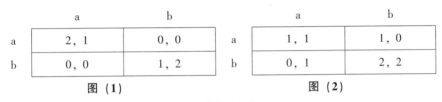

图3-5 博弈支付矩阵

显然，在这两个博弈中，每个参与人的战略或行为选择所产生的收益都是自己的行为选择和其他参与人行为选择的函数，因而都存在外部性，也都存在两个纯战略纳什均衡，即{a, a}和{b, b}。在帕累托意义上，图（1）博弈的两种均衡是无法比较的。而图（2）博弈的两种均衡则是可以比较的：{b, b}均衡比{a, a}均衡更具有帕累托优势，因为相对于收益{a, a}，收益{b, b}在不改变另一主体收益的前提下，能让其中一个主体的收益更高。问题是，在图（2）博弈中，帕累托最优的均衡战略组合却更具风险性，而帕累托劣势的均衡却是一种风险占优均衡。库帕（R. Cooper）等人的实验研究表明，在现实中，经济主体往往倾向于风险占优的均衡。① 在存在互补性而出现多重均衡并能够对其进行帕累托排序的情况下，由于每个行为主体单独行动而不能协调所有行为主体的活动，经济可能处于帕累托劣势的均衡状态而无法取得"合意"的均衡，即困于低水平均衡陷阱而不能自拔。

瑞认为，多重均衡的出现，主要是与发展中国家的历史和规模经济联系在一起。例如，由于特定历史原因，发展中国家的某个市场已经被一个企业占领，其平均生产成本因生产规模大而较低。当资本市场不完善时，新企业即使技术水平更先进也很难进入这个市场。因此，在规模经济条件

---

① COOPER R, DEJONG D V, ROSS F T W. Communication in Coordination Games [J]. Quarterly Journal of Economics, 1992, 107 (2): 739-771.

下，谁先占领市场，谁就将一直占领这个市场，新技术无法在经济中得到充分利用，生产会停滞在低效率水平上。预期也可能导致低水平均衡。经济主体的不同预期导致不同的策略，会产生不同的均衡，而这些不同的均衡又会反过来强化之前的预期。如果经济主体预期会出现某种坏的结果，就会采取某项策略，并促使坏的结果真的发生。反之，如果经济主体预期会出现某种好的结果，就会采取另一种行动，最后实现好的结果。

要摆脱这种由于行为互补性所带来的低水平均衡，走向高水平均衡，就需要有公共政策促进主体之间协调行动。比如，政府对某些有利于高水平均衡的行为给予临时性补贴，对企业提高人力资本水平和采用新技术进行补贴，提升信息的透明度，等等。

四、协调失灵理论

与经济互补性、多重均衡密切相关的另一个理论是协调失灵理论。库帕和约翰最早提出了协调失灵理论。他们对于协调失灵的描述是：在存在互补性而出现多重均衡并且能够对其进行帕累托排序的情况下，由于每个行为主体单独行动而不能协调所有行为主体的活动，经济可能处于帕累托劣势的均衡而无法取得"合意"的均衡。[①]

协调失灵理论应用于发展中国家的技术进步迟缓以及好的制度难以实现等问题。在技术进步这一问题上，一些发展经济学家基于协调失灵理论，从技术创新和技术扩散两个方面，对发展中国家技术进步缓慢的现象做了较为深入的解释。萨赫和斯蒂格利茨的研究表明，个人在选择"墨守成规"和"创新"问题上存在着多重均衡，而经济收敛在哪一种均衡则取决于历史；长期"墨守成规"的历史会进一步阻碍一个经济体技术创新的速率，而一个历史事件也可能成为经济从一个"坏"的均衡（"墨守成规"）走向另一个"好"的均衡（"创新"）的契机。[②] 就技术扩散而言，

[①] COOPER R, JOHN A. Coordinating Coordination Failures in Keynesian Model [J]. Quarterly Journal of Economics, 1988, 103 (8): 441-463.

[②] SAH R K, STIGLITZ J E. Sources of Technological Divergence between Developed and Less Developed Economies [C]. //CALVO G, FINDLAY R, KOURI P, ET AL. Debt, Stabilization and Development: Essays in Memory of Carlos Diaz-Alejandro. Oxford: Basil Blackwell, 1989.

巴丹和乌迪指出，技术所具有的内在的"缄默性"和对环境的"敏感性"，在一定程度上影响了新技术从富国向穷国的转移和传播。新技术的使用往往要求有一个适宜的经济环境，要求东道国也要进行技术方面的投资。不过，当发展中国家劳动力市场不完善时，人力资本投资过少与技术更新停滞是相互强化的，一个经济体可能落入陷阱而无法采用新技术：不能采用新技术是因为劳动力没有得到相应的培训，而该经济体之所以无法对劳动力进行足够的培训，又恰恰是因为现有的生产技术制约。[①] 在制度问题上，一些发展经济学家把信贷合作社、扩展式家庭等很多非正式制度看成是市场失灵而正式制度低效的一种自然反应。当采取某种特定形式的制度存在收益递增时，最初采用者基于自身利益选择的路径，会使整个系统长期被锁定，使新的更适合的制度无法立足。而且，这一过程存在多种结果（多重均衡），历史上起初的"小事件"也可能决定较大范围的结构变化。因此，制度变迁并非总是使社会必然走向最佳的制度安排。这是一种制度演化的路径依赖或自我强化。发展中国家可能陷于一种内生的制度恶性循环之中：市场发展的低水平加大了信息不完善程度，而信息不完善本身又催生了妨碍市场发展的制度。

由于互补性与协调失灵问题的复杂性，对于如何促进主体行为协调以实现更好的均衡，并无统一的政策结论。一般而言，根据协调失灵理论，政府的一些政策干预可以改善协调失灵的状况。这些政策包括：通过政府的某种不平衡发展政策，促进某些关键部门的发展，等这些部门所创造的产业联系出现后，带动整体投资的增长；实施教育补贴和增加高技能工人移民，促进实现改善福利的高技术均衡；通过政府的收入激励计划阻止协调失灵出现；提供更高透明度的信息；等等。当然，这些政策的有效性取决于发展中国家复杂的发展环境。协调失灵理论本身就是多元化的，只能根据某个具体的发展问题和环境约束，提出可行的解决办法和政策建议。

---

① BARDHAN P, UDRY C. Development Microeconomics [M]. Oxford：Oxford University Press，1999.

第四章

发展经济学学科研究方法

经济学的工具箱是相同的，不同的分支学科因其研究对象和研究方式的差异，会选择不同的方法工具。在这个意义上，一个学科的方法组合被赋予了该学科的某些特征，被烙上了该学科的印记。发展经济学有着不同于一般经济学（general economics）的研究对象、研究旨趣和研究范式，但它的研究方法本身并不特殊，特殊之处在于它的方法组合所体现出来的方法偏好。本章着重介绍发展经济学几种重要的研究方法，如历史的跨期比较分析、多重均衡的结构分析、长期的动态非均衡分析、超边际分析与微观实证分析等方法及其应用，以增进我们对发展经济学这门学科的认识。

第一节 跨期的历史比较分析

经济发展是经济体由传统的农业经济向现代经济转型的全球性的历史过程，不同的经济体处于该转型发展进程的不同阶段，从而使世界经济呈现出差异化的经济发展格局。发展经济学要研究经济体由传统的农业经济转型为现代经济社会的发展规律，就应该以世界上处于不同发展阶段的经济体为样本，其中，既包括已经完成了这个过程并实现了经济发达的经济体，也包括正在经历这个过程的经济体，对它们的经济发展过程进行历时性的跨期比较分析。这种分析是历史的，因为，每个经济体在发展进程中的每一次重大选择，都离不开具体的历史条件和社会环境；这种历史分析是比较性的，不是分析某一个经济体自身发展的历史，而是比较不同类型、处于不同发展阶段的经济体的发展进程，"异"中求"同"，"同"中求"异"；这种比较分析是跨期的，是立足当今发展中国家所处的发展阶段，对不同时期经历过大致相同发展阶段的经济体进行不同时点的比较。

一、方法目标

历史比较分析方法最早的运用可以追溯到中世纪。有"近代社会科学和文化史学始祖"之称的伊本·卡尔顿（Ibn Khaldun）是"第一位阐明人类生活中一切社会现象都应当是历史写作的对象这个主张的人"[①]。他运用历史分析方法研究了14世纪的世界史，并在其著作《世界史》的绪论中，阐述了发现历史真相的方法论问题。启蒙运动之后，孟德斯鸠、亚当·斯密等学者将该方法用于社会问题的研究，影响了人文、社会科学领域一大批学者。历史比较分析成为这一时期人文、社会科学研究的主流模式。

古典政治经济学、统计学创始人威廉·配第在历史分析方法的基础上，首先提出用数量来科学地研究社会经济现象的方法——政治算术，并对英、法、荷等国家的国情、经济实力进行了比较分析。随后，亚当·斯密结合了历史分析方法和科学抽象法建立了古典经济学。李嘉图则走向了抽象方法的极端，直接用高度抽象的经济模型分析复杂的现实世界，中断了对历史方法的运用。19世纪40年代，诞生了反对古典经济学抽象方法、推崇历史分析方法的德国历史学派。该学派强调经济发展的历史性和国别经济的特殊性，提倡以历史研究方法、生物进化观念、比较分析方法相结合的方式来研究经济问题。应该强调的是，德国历史学派的理论是经济学

[①] 汤普森. 历史著作史：上卷第1分册[M]. 谢德风，译. 北京：商务印书馆，2011；521.

中最早系统研究欠发达国家向发达国家转变的经济学说，对美国和德国的崛起产生了重大影响，是发展经济学的重要思想渊源。此后，尽管德国历史学派走向衰落，但历史分析方法始终贯穿于经济学的发展过程。

20 世纪 60 年代后期，随着可获取的历史数据日渐增多和统计技术不断发展，一些学者开始对战后社会科学研究中出现的非时序性与过度抽象问题进行反思，重新审视历史分析在学科研究中的作用和地位，强调因果关系、重视历史顺序和时间过程的历史比较分析再次受到重视，并被广泛地应用于社会科学研究中。20 世纪 80 年代至 21 世纪初是历史比较分析的兴盛时期，该方法重新成为社会科学研究的主流分析模式。2003 年，马奥尼（J. Mahoney）和鲁施迈耶（D. Rueschemeyer）合编的《社会科学中的比较历史分析》一书正式出版，标志着历史比较分析步入成熟阶段。传统历史比较分析主要是对现象进行静态描述，无法实现对社会变化的洞察与控制。研究者们逐渐意识到，要想揭示社会现象之间的因果关系，就必须将其置于广阔的社会背景以及时间过程之中，因而，历史重建与规律揭示成为现代历史比较分析研究的要旨。不同学科的研究者对历史比较分析方法的深耕与创新，使得历史比较分析成为与统计分析、文化分析、理性选择分析并肩的研究方法。

作为一种研究方法，历史比较分析通过对较少数量的案例进行历时性分析、比较，来验证假设、解释社会现象之间的因果关系。历史比较分析主要采用比较法和案例内分析法，通过对案例相同点和不同点的比较来凸显因果关系，通过时间性的案例内分析来获取特定现象的洞察力。

根据研究目的和思路的不同，可将历史比较分析分为三种类型。① 第一类历史比较分析可作为理论说明，即通过反复使用一个既定的理论或假设解释案例中的待解释项，以说明理论的适用性。这一类型的历史比较分析重在阐述一种理论或假设，比较历史只起辅助作用。用以证明理论有效性的是案例，而非历史分析本身。第二类历史比较分析可作为背景对比，

---

① SKOCPOL T, SOMERS M. The Uses of Comparative History in Macrosocial Inquiry [J]. Comparative Studies in Society And History, 1980, 22 (2): 174-197.

其目的正好与第一类相反，通过具有独特性的案例限制一般化的理论，以此强调单个案例的历史完整性。这一类型的历史比较分析强调每个案例的独特性，难免带有"决定论"的色彩。第三类历史比较分析可作为宏观分析，通过运用求同法、求异法及二者的结合，对宏观现象进行因果推理的论证。这一类的历史比较分析运用归纳方法对较少的案例进行分析，如何将理论解释一般化是其所面临的难题。

作为社会科学的重要研究方法之一，历史比较分析注重探究重大社会问题的因果关系。它以重大问题为研究对象，以发现因果关系、解释长期存在的重大实质性后果为主要目标，通过对较少数量的样本进行分析，实现对重大社会问题的剖解，以发现其中蕴含的因果关系。

二、方法特征

历史比较分析并非历史和比较的简单叠加。如果一项研究只要涵盖了历史梳理和比较分析就可称为历史比较分析，那么所有的研究都可以纳入历史比较分析的范畴。因为，它们都可以参考已经发生的事件，从而分析是历史的；它们也常常进行并置观察和比较，从而分析是比较性的。这样一来，历史比较分析的范畴过于宽泛，就失去了其特色。只有基于时间进程，对社会现象展开系统性的、背景约束式的比较，以洞察社会现象因果关系的研究，才是真正的历史比较分析。

作为探讨社会现象因果关系的一种研究方法，历史比较分析具有鲜明的问题导向、深入的小样本分析、关注时间进程、注重因果联系、可持续拓展等几个方面的特征。这些特征赋予了历史比较分析不同于历史社会学、历史制度主义的鲜明色彩，使其在对重大社会问题因果关系的剖析及实质性后果解释方面，作出了重要贡献。

第一，鲜明的问题导向。历史比较分析将实际问题作为研究的出发点，聚焦于重大社会问题，以期获取解释重大问题背后因果联系机制的洞察力。运用历史比较分析方法的学者们宣称他们所研究的是那些从一开始就吸引人们去探讨的与社会生活紧密相关的问题①。这些问题对人们的生活产生深刻影响，从而具有重要的研究意义。比如，为什么有些国家实行民主，而另一些国家走向专制，等等。

第二，深入的小样本分析。历史比较分析往往聚焦重大社会问题与社会宏观现象，因此，符合条件、进入其理论视野的研究对象数量较少。相对于一般的实证分析而言，历史比较分析的样本集是由较少案例构成的小样本集。依据小样本无法概括出具有普适性的一般结论，这似乎限制了历史比较分析在一些社会科学领域的应用和推广。事实上，小样本也为研究者对案例进行全面系统而深入的研究提供了便利，使其能将所考察的变量置于案例的整体背景下，结合案例所具有的其他特征对主要变量逐一进行深入且较为全面的讨论。研究者深入分析为数不多的案例，展开事件的时间进程，并在同质性和异质性案例之间进行系统化和情境化的分析比较，通过迭代分析，不断检验假设，形成新的判断、解释或理论。近年来，信息技术的发展大大改善了历史事件的数据可得性，因而，历史比较分析的样本集有扩展的趋势，但是，总体而言，重大社会问题的历史比较分析仍然是小样本分析。

第三，关注时间进程。历史比较分析关注重大社会问题，研究具有一定历史影响的社会现象，决定了其研究的对象不是静止的状态，而是具有时间限制的历时性事件。事件发生的先后顺序和时间结构都应被纳入到解释中，以反映其对实际结果的影响。因此，在历史比较分析的研究中必须重视历史顺序和时间进程，对相关联的历史过程进行追踪，考察相关统计资料或历史观察资料，进行系统完整的探究，从而形成正确的因果逻辑解释。此外，由于事件本身仍处于更多更大的事件之中，因此，在进行历史比较分析时就必须考虑事件出现的时间和事件持续的长短对于事件的影响。实际分析中形成的非线性过程、不对称过程、路径依赖过程等多种探究时间对因果影响的方法，为分析社会问题、揭示其因果联系提供了帮助。

---

① RULE J B. Theory and Progress in Social Science [M]. Cambridge University Press, 1997.

第四，注重因果联系。挖掘社会现象之间原因与结果之间的内在机制，对重大社会问题做出因果逻辑的推断，是历史比较分析的基本目的。如果只是涉及了历史事实，但没有因果关系论证就得出结论的研究，比如，从解释学角度出发揭示人类行为的意义，不能视为历史比较分析。研究者在实际分析中更多地注重宏观现象的成因，而非大量的微观描述。获取对社会重大问题的洞察力是历史比较分析的重要研究任务，而对重大社会问题的因果关系进行研究和探讨，以此验证有关因果逻辑的假设是历史比较分析的核心内容。

第五，可持续拓展。历史比较分析所关注的重大社会问题往往是长期存在、影响深远、社会普遍关心的宏大问题，因而也是不同时期的研究者孜孜探求的问题。研究者从案例事件的时间进程中整理出历史数据和比较数据，对自身提出的概念、假设进行检验和发展。这一工作可以由不同研究者特别是不同时期的研究者接续推进，不断修改完善理论，创造出富有累积性优势的、更为真实可信的知识成果，同时也为理论检验提供更多数量的研究案例。以经济结构研究为例，库兹涅茨在研究产业结构变迁问题时，使用了跨国比较分析的方法，对大量历史经济资料进行研究，总结了产业结构变迁的特征事实，即"库兹涅茨事实"。后来，钱纳里进一步扩展了截面分析的国家样本数与时间范围，建立了具有一般均衡性质的结构变化模型，描述国民经济结构各个部分之间的相互依存关系，从而总结出经济发展演进的一般规律，为理解经济发展进程中的结构变迁提供了重要参考，同时也为经济变迁问题的研究提供了新的案例与解释变量。

三、方法应用实例

罗斯托的经济增长阶段理论、库兹涅茨的历史统计分析和钱纳里的跨国比较分析，是历史比较分析方法在发展经济学中的具体运用，为一国选择发展模式、制定发展战略提供了重要参考依据和理论支撑。

（一）罗斯托和库兹涅茨关于经济增长的历史比较分析

作为一名经济史学家，罗斯托一直致力于运用经济理论解释经济发展的历史进程，并试图提供一种能够归纳现代经济史的研究方法。他在考察各国经济发展历程的基础上,提出了关于经济增长阶段的理论,对各国从欠发达走向发达的阶段性特征做出一致性的描述。罗斯托将所有国家的经济发展过程划分为五个阶段:传统阶段、为起飞创造前提的阶段(即过渡阶段)、起飞阶段、成熟阶段和大众高消费阶段。在《政治和增长阶段》中,罗斯托又提出了第六个阶段——追求生活质量阶段。经济增长阶段理论刻画了经济发展路径的阶段特征,揭示了经济发展的次序和所需条件,为发展中国家的经济发展指引道路。其不足之处则在于,线性的经济增长阶段理论忽视了多种经济发展模式存在的可能性,也忽视了发展中国家可能受某些因素影响而发生经济转折或倒退的情况。

一般而言,现代经济增长多指发达国家自工业革命以来出现的经济持续的快速增长。库兹涅茨以制度经济学、比较经济学等经济学理论为基础,运用历史统计方法分析了18世纪以来资本主义经济增长过程,深入探讨了经济增长过程中总量、速度、结构和传播扩展机制等方面发生的变化,并将处于不同发展水平的国家在国民产值、产业结构、收入分配等方面存在的差异进行历史比较研究,以揭示经济变量的变化特征和现代经济增长的根本动力。

在库兹涅茨看来,经济增长表现为一国为其居民提供种类日益丰富的经济产品的能力不断提升,且这种持续增长的能力是建立在先进技术及其所需的制度和意识形态的相应调整的基础之上。这包含了三方面内容:一是经济增长以国民生产总值不断扩大、产品种类日益丰富为表征;二是经济增长以技术进步为动力和源泉;三是技术进步及其所带来的经济增长以制度、观念和意识形态的相应调整为基础和条件。

库兹涅茨发现,在现代经济增长进程中,就收入分配而言,个人或家庭之间收入分配的差距在二战后显著缩小,直接劳务报酬在收入分配中所占比重有所下降,财产收入占国民收入比重开始回落;从消费储蓄角度看,政府消费和储蓄所占比重呈上升趋势,私人消费支出和储蓄份额则有所下降;从产业结构看,第一产业的就业比重和增加值比重持续下降,第二产业的就业比重和增加值比重先上升后下降,第三产业的就业比重和增加值比重呈持续上升趋势。库兹涅茨认为,导致三次产业产出结构变化的主要原因是不同产品的需求收入弹性不同,以及供给端的技术结构变化;导致三次产业就业结构变化的主要原因在于,不同部门的劳动生产率增长速度有差异。库兹涅茨发现的现代经济增长过程中产业结构演进的这些特征,被称为"库兹涅茨事实"。

库兹涅茨运用历史比较分析方法较为全面地分析了现代经济增长的内容、条件、方式和规律,对当今发展中国家经济增长具有重要的借鉴意义。

(二)钱纳里等人关于结构变迁的历史比较分析

钱纳里在库兹涅茨关于现代经济增长历史比较分析的基础上,进一步扩展了经济截面分析的国家样本数与时间范围,通过构建结构变迁模型来描述国民经济结构各部分之间的依存关系,总结经济发展的一般规律。

1975 年,钱纳里和塞尔奎因比较分析了 1950—1970 年间 101 个国家或地区经济结构转变的全过程,归纳出了关于经济发展的标准型式的理论。他们认为,投资和储蓄只是经济发展的必要条件,而非充分条件,对经济发展真正起重要影响的是结构的变化。他们特别注重分析制约结构变迁的各种因素,从收入水平、资源禀赋、人口规模、政府政策和发展目标、国际资本、国际先进技术、国际贸易环境等方面分析经济结构转变与经济增长之间的关系,揭示了"经济发展标准型式"。

1986 年,钱纳里、鲁宾逊和塞尔奎因在《工业化和经济增长的比较研究》一书中,运用历史比较分析方法研究了二战后发展中国家特别是准工业化国家的发展历程,得出了需求结构随收入水平的调整必然促使产业结构发生变化的结论,从而进一步完善了"经济发展标准型式"的理论内容和研究方法。他们建构多国模型,把不发达经济向发达经济发展的过程划分为三个时期、六个阶段。钱纳里等人认为,从任何一个发展阶段向更高阶段的跨越都是由产业结构转变所推动的。此外,钱纳里还考察了结构变化对于经济增长的重要影响。这种影响不仅表现在不同收入水平下经济结构有所差异,还体现为经济结构的转变可以加速经济增长。随着发展水平的提升,结构转变对于经济增长的影响程度在发生变化,不同生产部门、不同生产要素对于经济增长贡献的相对重要性也不尽相同。发展中国家可以凭借其较大的结构转变空间实现更快速的经济增长。

通过运用历史比较分析方法，钱纳里等人深入分析了工业化进程和经济增长的影响因素，详细讨论了国家的发展战略和政策，为各国的经济发展提供了有益的历史经验。

第二节 多重均衡与结构分析

一、多重均衡分析

从方法论的角度看，多重均衡是指系统模型均衡解的非唯一性，它产生于描述系统的行为方程、约束方程或者定义方程的非线性或不确定性。在20世纪70年代之前，经济学主要关注的是经济均衡状态的存在性或唯一性问题。阿罗（Kenneth Arrow）与德布鲁（Gerard Debreu）在1954年证明了线性系统模型中经济均衡的唯一性，并因此先后获得诺贝尔经济学奖。当时，经济均衡的多重性问题并没有引起经济学家的高度重视。最先提出多重均衡问题的是布莱克（F. Black）[1]和泰勒（J. B. Taylor），他们在改进具有理性预期的新古典货币模型时发现了多重均衡的存在。[2]

（一）方法目标

大体而言，经济系统之所以存在多重均衡，至少有四个方面的原因。第一，经济体是一个离散的时变系统，需要用不同的方程刻画系统行为。因此，系统模型求解时，会出现多重均衡。第二，经济体是复杂的系统，刻画经济体的行为方程是非线性的，而不是线性的（不具备叠加性和齐次性）。此时，在系统模型求解时，也会出现多重均衡，甚至会出现无穷均衡的混沌情形。第三，由于经济存在不确定性，在刻画经济体的行为方程

---

[1] BLACK F. Uniqueness of the Price Level in Monetary Growth Models with Rational Expectations [J]. Journal of Economic Theory, 1974, 7（1）: 53-65.

[2] TAYLOR J B. Conditions for Unique Solutions in Stochastic Macroeconomic Models with Rational Expectations [J]. Econometrica: Journal of the Econometric Society, 1977: 1377-1385.

中会出现非确定性参数，因而在系统均衡解的表达式中也会存在待定参数，参数的不同取值对应着不同的均衡。第四，调节经济系统行为的经济政策也是导致多重均衡的重要原因。即使是调节宏观经济环境的政策，也会通过改变经济模型的参数而影响预期，进而通过影响预期，像直接作用于经济行为主体的微观政策一样，影响经济行为，最终影响经济的实际均衡状态。

由于市场发育不健全、不完善，发展中经济体不能像发达经济体那样趋向一般均衡，而是处于总体上的结构失衡状态。这种结构失衡的宏观格局是由不同经济部门局部性的多重均衡构成。从发展时序看，不同经济部门的局部均衡处于不同的发展水平，呈现出差异化发展的动态格局，比如，传统农业经济与现代工业经济并存。这是发展中经济体区别于发达经济体的一个重要特征。但是，从多重均衡的视角看，由于经济发展过程中受到某种机制的约束，某个经济系统可能一直处在某一个特定的低水平均衡，无法取得经济的质变；一旦结构变量突破某一范围时，经济体系冲破了原本所存在的约束机制，将会发生突变，从原有的低水平均衡过渡到高水平均衡状态。

多重均衡分析更接近于现实，特别适合于分析发展中国家经济发展问题。

第一，多重均衡分析为经济发展的非均衡过程提供了方法基础。经济发展过程是突破原有状态、从非均衡走向新均衡的过程。这个过程可看作是从低水平均衡向高水平均衡跃迁的过程。这种思维方式是以经济系统存在多重均衡为前提的。因为，只有存在多重均衡，经济才会存在动态调整，经济调整才会具有不同的鞍点路径。此时，分析经济发展道路、发展方式和发展政策，就是在多重均衡中取舍，选择不同的均衡收敛路径。

第二，多重均衡分析是刻画经济发展内在机制的一种重要方法。经济发展过程既然是打破原有均衡、从非均衡走向新均衡的过程，那么，就需要刻画经济运行如何接近局部均衡，描述各种经济变量之间的互动过程，了解经济的运行轨迹和经济政策的作用机制。这些研究任务都可以在多重均衡模型中实现。

第三，多重均衡分析为我们讨论不同国家经济发展的差异性与收敛性提供了方法。如果经济在长期中存在唯一均衡，那么，无论经济的初始资源禀赋条件和制度条件如何，经济均向唯一的均衡稳态收敛。这意味着初始状态落后的发展中国家有可能通过快速的经济增长追赶上发达国家。但是，现实世界存在着发展水平的差异，许多经济体仍然处于发展阶梯的低阶，一些发展中国家甚至长期处于停滞状态。多重均衡分析告诉我们，现实世界之所以是差异化发展而非收敛，原因在于经济运行中存在不同的稳态均衡，具有不同初始条件和制度特征的经济体向不同的稳态均衡收敛。因此，多重均衡分析是比较发展差异、讨论经济增长条件收敛性的重要思维方法。

第四，多重均衡分析为我们讨论发展政策及其有效性、比较社会福利状态提供了分析工具。由于经济存在多重均衡，政府可以干预经济向不同均衡收敛的过程。这为我们深入分析讨论政府干预机制、设计经济政策，讨论经济政策的有效性、评价政策的经济绩效，提供了理论依据和方法根据。

(二) 方法特征

多重均衡分析具有如下几个特征。

第一，分析经济系统的复杂性和不确定性，以非线性方程刻画经济主体的行为。一个经济系统出现多重均衡的原因是多方面的，但最根本的原因在于经济系统的复杂性和不确定性。经济体是在经济人的主导下，系统内各要素、各子系统之间相互作用而形成的复杂系统。首先，经济系统的任何经济活动都是在人的主导下展开的，它取决于人所具有的复杂的有限理性或非理性特征；其次，从空间上看，经济系统是一个多目标、多变量、多层次的综合体，因而，经济系统行为具有非常复杂的相互依赖和相互制约的关系；再次，从时间上看，经济主体的学习效应、协作效应和自适应预期等，会使经济系统产生自增强机制、收益递增、阈值效应以及各种正、负反馈过程；最后，在外在的偶然因素和内在的随机性作用下，系统的经济行为会出现不确定性。总之，现实的经济系统具有复杂性和不确定性，在建构系统模型时，需要用非线性方程刻画经济主体的行为。

第二，分析经济系统的约束条件，讨论不同条件对系统均衡产生的影响。在系统模型求解过程中，当经济行为受到多个条件共同约束时，如果信息结构不完全，或者某些约束条件出现松弛，则可能导致方程的实际数量不足以限制均衡解的唯一性，此时便会产生多重均衡。也就是说，信息的不完善和条件软约束，也是多重均衡存在的原因。因此，在分析经济系统时，可以讨论不同约束条件对均衡产生的影响，也可以根据理想的或合意的均衡状态推出所需的目标条件。

第三，在多重均衡中进行选择取舍，为制定经济政策和制度设计提供理论依据。现实经济总是具体的，在每个具体的现实时点上，经济系统只能实现一种均衡状态。因此，必须对每一种均衡的条件及其经济绩效有所预判，分析经济运行的基本趋势，并在此基础上选择理想的或合意的均衡；然后，根据合意均衡的条件和实现机制，进行机制设计。可见，经济行为方程具有多重解，经济系统存在多重均衡，正是经济决策和制度设计的前提。

第四，多重均衡分析也能为政策评价提供理论依据。经济政策可以影响经济模型的内生化参数，影响经济主体的预期等行为推断，从而影响经济的实际均衡状态，因此，不同的政府干预或经济政策会产生不同的经济绩效。在经济系统多重均衡模型中加进政策变量，可以清晰地揭示政策的作用机制及其达成的最终经济绩效，从而为实证分析和评价政策绩效提供依据。

(三) 方法应用实例

1957年，距阿罗与德布鲁证明经济均衡存在的唯一性的著名论文发表刚刚过去三年，美国经济学家莱宾斯坦在纳尔逊的"低水平均衡陷阱"理论、纳克斯的"贫困恶性循环"理论、马尔萨斯的"人口陷阱"理论的基础之上，提出了"临界最小努力"理论。该理论其实就是对发展中国家经济系统进行多重均衡分析，虽然当时一般均衡分析炙手可热。

"临界最小努力"理论认为，欠发达经济体中存在着一组相互制约的对立力量，即促进收入增长的力量与拉低收入水平的力量，使经济系统出现两种不同水平的均衡：如果后者大于前者，国民收入水平的增长会被人口的快速增长所抵消，从而使人均收入回到低水平均衡状态；如果前者大于后者，人均收入会实现大幅上升，从而促使国民经济突破原有均衡状态，达到一个新的均衡水平。因此，莱宾斯坦认为，欠发达经济体必须通过"临界最小努力"，即投资率必须突破某一临界值，以支撑国民收入的增长超过人口的增长幅度，才能突破"低水平均衡"，跳跃到高水平均衡，实现经济发展。所谓"临界最小努力"，就是努力使民收入增长超过人口增长的那个投资率临界值。

二、结构分析

（一）方法目标

结构是事物的一种存在方式。世界上万事万物都有空间上的结构性与时间上的过程性。社会经济系统是一个有机整体，构成整体的各部门、各要素都发挥一定的功能，并发生直接或间接的关联。经济结构是指一个经济体内部的要素之间、部门之间、经济单元之间直接或间接关联的有序形态。这种有序形态的结构一旦形成，便具有其组成部分及其叠加所不具备的新的性质和功能。

经济结构不是孤立的，而是处在一定的社会背景和物质环境下，并与其他社会经济文化要素相互作用；经济结构也不是静止的，而是随着外在环境和内在要素、部门和组成单元的变化而变化。如果一个经济体的结构变化缓慢甚至停滞，发展经济学将这种情形称为结构刚性；如果经济体中一些部门发生了变化，而与之相应的部门不变化或变化缓慢，使经济体处于结构断裂或结构错位状态，这种情形称为结构失衡。无论是结构刚性，还是结构失衡，都会阻碍经济体的发展。

对于发展中国家而言，一方面，结构刚性或结构失衡是其重要特征之一；另一方面，结构变迁是经济发展的核心内涵。因此，结构分析方法是发展经济学研究发展中国家经济发展问题的重要方法。不仅在结构主义盛行的早期，即使在以新古典主义为主导的20世纪60—80年代，结构分析方法仍然在发展经济学的研究中得到了广泛的应用。20世纪80年代之后，发展经济学的研究内容迅速扩充并且不断细化：既研究经济行为，又注重政治市场；既研究社会经济结构，又研究制度结构，使得结构分析方法有了进一步的发展。

在发展经济学领域，有学者认为，发展经济学的分析在本质上就是一种结构分析，虽然这种看法并未得到普遍的认同，但也足见结构分析方法在发展经济学研究中的重要地位。

首先，通过结构分析方法，可以深入解析发展中国家普遍存在的结构刚性、结构失衡问题。既然是结构问题，那就用结构分析方法来处理。结构变迁是通过经济资源、要素在不同部门之间、不同经济单元之间流动来实现的。结构刚性、结构失衡意味着资源要素流动受阻，或者资源要素对经济系统外部或内部发生的变化缺乏反应弹性，其根本原因在于发展中国家市场发育不良、不完善，或者因为干预、因为制度造成市场扭曲，从而出现资源错配。采用结构分析方法，可以清晰地显示结构刚性和结构失衡的"病灶"，探明"病理"机制，为设计矫正市场扭曲和资源错配的制度机制提供依据。

其次，通过结构分析方法，可以揭示经济现象的内在机制。除了结构刚性、结构失衡这样的结构性问题之外，在许多发展经济学家特别是结构主义者看来，结构是经济现象背后内在机制运动的载体，一个经济体众多经济变量的变化只是"表层现象"，这些经济现象背后是经济结构及其变动所形成的内在运动机制。因此，结构分析可以揭示经济现象背后的内在机制。比如，农村剩余劳动力转移中出现的"农民工"现象，可看成是劳动力市场分割的结果。劳动力市场分割即劳动力市场的结构性问题，其内在的形成机制又是结构性的：户籍制度形成的劳动力流动范围的结构性，传统经济与现代经济形成的劳动力需求的结构性、劳动力素质差异形成的劳动力供给的结构性，等等。

再次，通过结构分析方法，可以揭示经济发展的动态过程。正如塞尔奎因所言，"结构变迁居于现代经济增长的中心"[1]，经济发展的过程就是

---

[1] SYRQUIN M. Patterns of Structural Change [C]. //SCHULTZ T P, STRAUSS J. Handbook of Development Economics. vol. 1. London: North Holland, 1988.

在经济增长的基础上实现经济结构的变迁,并由此提高国民生活质量的过程。结构分析方法可以很方便地讨论在经济增长过程中经济资源或要素在不同部门之间的流动,分析促使经济结构变迁的动力与变迁机制。发展经济学自从诞生的那天起,不论是结构主义理论,还是新古典主义发展理论,甚至激进主义发展理论,一直致力于研究发展中国家经济体中传统经济部门与现代经济部门之间、农业与工业和服务业之间、城市与农村之间、低效率部门与高效率部门之间经济资源或生产要素的流动,以及由此所导致的经济结构变迁。最经典的就是刘易斯二元经济结构模型及其扩展。

最后,通过结构分析方法,可以设计结构性发展政策。经济结构变迁过程并不是一帆风顺的自然演化过程,为了解决发展中国家普遍存在的结构刚性、结构失衡问题,要设计和制定矫正市场扭曲和资源错配的制度机制;为了引领和促进经济结构朝高级化和合理化方向变迁,要设计和制定差异化的结构调整政策。这些发展政策,特别是处于低收入阶段的发展政策会呈现出一定的结构性。运用结构分析方法,可以研究政府介入结构性干预的过程,从而设计和制定加速结构变迁的各种有效途径和政策措施。

(二) 方法特征

结构分析方法的第一个特征是强调异质性。现代经济社会的一个基本趋势是专业分工与社会分化日益发达,以及由此带来整个经济社会的差异化。这种差异是构成现代社会内在结构的基础。结构分析虽然是宏观分析,但不是总量分析。结构分析注重部门之间、要素之间的关联与作用机制,一个重要的前提是,这些部门或要素是异质性的。在生产率水平、要素报酬等方面,甚至在运行机制上,不同部门之间存在着较大的差异,因此,不能以代表性的部门代替所有部门,不能以代表性的厂商或消费者代替所有的厂商或消费者。在一项研究中,如果所有的部门都被假定为同质的,那么,部门之间的关系就不是该项研究的重点。在发展经济学的理论视野中,发展中经济体内部的异质性首先表现为发展程度的差异,因此,发展中经济体最本质的结构是传统经济与现代经济的差异化格局。虽然发展经济学也研究产业结构等,但与一般的产业经济学研究有所区别的是,它更多的是从传统与现代的发展视角观察和分析产业结构及其变迁问题。

结构分析方法的第二个特征是多部门分析。既然有结构,就不可能是铁板一块,结构分析一定是多部门分析。如果仅从研究客体而言,无论是发展中经济体,还是发达经济体,都是由具有异质性的多部门组成。一般而言,发达经济体是相对比较成熟的经济体,市场体制比较完善,各个部门之间、产业之间、城乡之间、地区之间即使出现生产率和要素报酬上的差异,也会在市场机制作用下缩小差异(当然会存在摩擦性的自然差异),趋向经济一元化,经济体系呈现较强的整体性。因此,在分析发达经济体时,除非对于特定的研究问题或研究目的,可以把经济作为一个整体来分析。发展中经济体则不同,普遍存在结构刚性、结构失衡,因此,必须是针对不同部门特征进行多部门分析。只有分析多个部门,才可能揭示不同部门之间的关系与互动过程;也正是多部门分析,才可能揭示结构变迁过程,探寻驱动经济发展的动力机制。

在发展经济学的发展进程中,结构分析方法在不同时期呈现出不同的特点。

在20世纪40、50年代,发展经济学刚刚兴起。在这一时期,发展经济学家们利用结构分析方法揭示发展中国家存在的各种结构问题,试图由此找出推动经济快速增长的整体方案和关键环节。他们认为,要想推动经济发展,必须进行大量的资本积累,提高工业部门的投资率,以加速工业的发展,实现劳动力从农业部门向城市工业部门的转移。为此,他们主张以政府为主导,推动这个结构变迁过程的实现。

20世纪60—80年代的发展经济学虽然盛行新古典主义研究方式,但仍然重视结构分析方法。所不同的是,这一阶段的发展经济学家运用该方法,对前期结构主义的理论和政策主张进行修正。在工农矛盾方面,修正了前阶段注重工业轻视农业的思想;在城乡矛盾方面,对前阶段农业剩余劳动力应向城市的工业部门转移的观点进行了修正,提出了农村人口流动是基于现实和预期的理性行为;在人力资源与物质资本矛盾方面,修正了先前轻人力资源重物质资本的认识,提出了与物质资本相对应的能够体现在劳动者身上的"人力资本"相关理论;在计划与市场的矛盾方面,修正了前阶段所主张的采取国家干预、看轻市场机制作用的观点，提出要重视市场作用、认同市场机制；在国际贸易方面，提出了新自由贸易理论。

20世纪80年代以后，发展经济学进入到新古典政治经济学阶段。随着发展经济学的研究内容逐渐向微观方面转化，结构分析方法的应用又有新的突破：第一，分析了经济系统与制度结构对经济发展的重要影响以及相互关系；第二，对经济系统内部影响经济发展的非经济因素进行了具体分析；第三，在分析经济、社会与生态三者间结构关系的基础上，提出了可持续发展问题。

（三）方法应用举例

刘易斯二元经济结构模型是运用结构分析方法的经典案例。在刘易斯看来，在发展中国家经济存在着传统与现代两个部门，它们的再生产过程以及劳动生产率存在显著差异，呈现出鲜明的二元结构。经济发展过程意味着传统部门的剩余劳动力不断转移到现代部门，从而传统部门不断收缩、现代部门不断扩张，亦即传统与现代并行的二元经济逐渐转化为现代一元经济。刘易斯的二元经济结构理论剖析了经济发展的内在趋势，给经济落后的发展中国家描述了一幅通过工业化发展经济的蓝图。

随后，美国华裔经济学家费景汉和美国经济学家拉尼斯扩展刘易斯模型，把经济发展过程分为三个阶段——农业经济阶段、二元经济阶段、成熟经济阶段，形成了一个体系完整的二元经济理论模型——拉尼斯-费模型。首先，他们认为，二元经济中的农业部门不仅为现代工业部门提供所需要的劳动力，而且为工业部门提供农业剩余，从而纠正了刘易斯模型忽视农业部门发展和整个经济粮食供给问题的弱点。其次，该模型指出农业部门和工业部门之间的平衡发展是成功实现结构转变的关键之一。其理论蕴涵是，二元经济的发展不是用工业取代农业，而是在两部门的平衡增长过程中实现由传统经济向现代经济的转型。最后，拉尼斯-费模型的一个重要推论是，发展中国家应该鼓励劳动密集型方向的技术创新，以加快城市吸收农业剩余劳动的速度，迅速达到"商业化点"。

在刘易斯模型和拉尼斯-费模型中，农业部门存在大量隐蔽失业的劳动力，而城市工业部门不仅不存在失业，还可以源源不断地为来自农村的剩余劳动力提供就业岗位。然而，许多发展中国家工业化进程的现实表明，一方面，城市存在失业，而农村劳动力并没有因为城市存在失业而停止进入城市的步伐，致使城市失业问题越来越严重。另一方面，农业发展举步维艰，农民收入增长缓慢，一些发展中国家甚至是以损害农业为代价发展工业。美国经济学家托达罗和哈里斯从发展中国家普遍存在着城市失业的事实出发，以农村劳动者基于城乡预期收入差距做出理性的迁移行为决策为核心，构造了一个微观分析模型——托达罗模型，解释了尽管城市失业现象非常严重但仍然有大量农村劳动力涌入城市这一矛盾现象，并站在维持城市劳动市场动态均衡的立场上，提出了一些有积极意义的政策措施。

瑞典经济学家缪尔达尔提出的"地理性二元经济"是结构分析的另一典型理论。他提出了"扩散效应"和"回波效应"的概念，指出发达地区的优先发展会对欠发达地区产生负面影响，拉大地区间的经济差距，同时也强调发达地区要积极带动欠发达地区的发展，以缩小区域差距，最终达到平衡发展。

第三节　长期的动态非均衡分析

一方面，经济发展是一个长期的、动态的变化过程，发展经济学要探讨与长期变化有关的要素、制度、结构、战略、政策等问题，探讨这些因素的变化对长期经济增长和发展的影响；另一方面，发展过程是突破旧均衡趋向新均衡的非均衡过程，所以发展经济学研究更注重非均衡的经济分析。长期的动态非均衡分析方法是发展经济学研究的基本分析方法之一。

一、方法目标

新古典主义主导的一般经济学以成熟的市场经济为背景，更多关注市场机制的作用、充分就业、通货膨胀和经济周期之类的问题，属于中、短期经济分析。新古典增长理论探讨的是完全竞争条件下的稳态均衡，强调所有经济变量按照固定比率增长，经济体系可以自动趋向最佳的资源配置。尤其是以讨论价格、生产、交换以及收入分配为主要特征的微观经济学，从马歇尔的局部均衡到瓦尔拉斯的一般均衡理论，所使用的方法都是均衡分析方法。但是，新古典的均衡分析虽然可以分析发展中经济体的许多经济现象和经济问题，但与发展经济学研究的主题并不合拍。许多发展经济学家对新古典主义的静态均衡分析方法持否定态度，认为新古典主义的静态均衡分析只适用于具有单一均衡的经济体系，而经济发展本质上是一个动态的非均衡过程，传统的静态分析方法无法满足理论研究的更高要求。

在市场机制极度不完善的发展中国家，价格变动对资源配置的影响很小，商品和要素对价格变动反应迟滞，替代能力受到限制，经济体系难以自动达到均衡。发展中国家的经济失衡不仅仅是通货膨胀、储蓄不足、外汇短缺等数量问题，更多的是需求不足与供给过剩并存、收入分配不均、二元结构广泛存在等结构性问题，这些结构刚性问题很难在短时间内改变。经济发展是一个从传统走向现代的长期过程，涉及经济行为方式的转变、投入要素的开发与积累以及经济结构的转换与调整等长期问题的分析。因此，发展经济学需要运用长期的动态非均衡分析方法分析发展中国家经济发展的非均衡特征，研究发展中国家长期的经济表现和结构变化过程。

瑞典经济学家冈纳·缪尔达尔是运用动态非均衡分析研究经济发展问题的主要代表人物。他认为，传统新古典均衡理论是一种有关稳态均衡的假说，该假说把社会过程设想为朝向各种力量达到了均衡的状态推进。然而，实际情形往往并非如此。社会系统并没有朝着均衡状态推进，而是持续地朝着偏离该均衡的方向推进。缪尔达尔认为，在通常情况下，某次变动并没有引发起抵消作用的变动，而是相反，引发了起支持作用的变动，使得系统沿着第一次变动的相同方向推进，而且推得更远。他认为经济发展是"累积性的而不是均衡性的"，市场非但没有减少地区间的不平衡，反而增加了这种不平衡。如果一个地区起初发展较好，那么这种优势会使它继续保持较快的发展速度，反之亦然，这就是"循环累积因果原理"。①这种循环累积效应导致了不平等和非均衡的产生。

经济学家克洛尔（R. W. Clower）明确反对一般均衡理论，并提出了非均衡理论。1965 年，他发表的《凯恩斯的反革命：一种理论评价》一文被称为非均衡分析的经典之作②。在这篇文章中，克洛尔分析了非均衡情况下的家庭行为，对古典均衡理论产生了巨大冲击。20 世纪六七十年代，在巴罗和格罗斯曼等人的推动下，非均衡理论逐渐发展壮大。1971 年，巴罗和格罗斯曼在《收入和就业的一般非均衡模型》一文中，建立了一个包括商品市场和劳动市场的收入与就业动态调整的非均衡模型，很好地解释了古典失业均衡和抑制性通货膨胀均衡。③ 进入 20 世纪 80 年代，非均衡理论进一步发展，形成了一系列意义重大的研究成果。如贝纳西（J. P. Benassy）系统阐述了非均衡理论的基本原理及其在宏观经济中的运用，他以克洛尔开创的非均衡分析为工具，以克洛尔提出的强调货币交换媒介性质的货币经济体系为对象，逐渐建立起完善的包括微观分析和宏观分析的非均衡市场经济学。④ 科尔奈（J. Kornai）等经济学家将非均衡方法应用于社会主义计划经济的研究。⑤

二、方法特征

第一，动态非均衡分析方法注重长期分析。

在方法论意义上，在经济学分析方法中，时间是一个重要因素。即使面对同一个研究对象，在不同的时间滤镜下，经济学家们会发现和关注不同的经济现象和经济问题。在微观经济学分析中，长期与短期的区别在于

---

① MYRDAL G. Rich Lands and Poor: The Road to World Prosperity [M]. New York: Harper & Row, 1957.

② CLOWER R W. A Keynesian Counter Revolution: A Theoretical Appraisal [J]. The Theory of Interests, 1965.

③ BARRO R J. GROSSMAN H I. A General Disequilibrium Model of Income and Employment [J]. American Economic Review, 1971, 61 (1): 82-93.

④ BENASSY J P. The Economics of Market Disequilibrium [M]. New York: Academic Press, 1982.

⑤ KORNAI J. Economics of Shortage [M]. London: North Holland, 1980.

某些生产要素是否可变：短期内只有部分生产要素可以调整变化，长期内所有生产要素都是可以变化的。在宏观经济学分析中，长期与短期的区别在于价格和工资的"调整时滞"：短期内价格和工资呈粘性，长期内价格和工资趋于灵活。在宏观经济学中，经济增长与经济波动是两个问题。前者指经济长期生产能力的提高或潜在产出增长，后者指经济短期偏离自然率水平的变动。

不论是微观经济学还是宏观经济学，无论是长期分析还是短期分析，都有一个共同的前提，即经济制度和经济结构是既定的，所有经济变量都可以调整，但不涉及制度与结构。或者说，制度与结构都是外生变量。发达国家经济体制比较完善，经济结构不存在刚性，可以在市场机制的作用下自发调整，因而，一般经济学不关注或较少关注制度与结构或许可以视为理论上的合理抽象。然而，发展中国家则不同，经济发展不仅涉及既定制度结构和经济结构下的资源配置问题，还需要注重结构变迁和制度变迁，因此，发展经济学研究中不仅有一般经济学（微观经济学与宏观经济学，以及建立在此基础上的各个分支）的短期分析和长期分析，还有超出一般经济学的超长期分析。动态非均衡分析方法不仅仅关注影响经济发展的短期因素，如市场机制的作用、充分就业、通货膨胀和经济周期等问题，同时关注影响经济发展的长期因素，如人口、技术、产权和制度对经济发展的重要作用，以及经济行为方式的转变、经济结构的转换与调整等长期结构性问题。正如巴罗所言，如果我们能使政府的政策选择对长期经济增长哪怕只有很小的影响，那么，较之于逆周期政策和微调的宏观经济分析的全部历史，我们对提高生活水平的贡献也要大得多。

第二，动态非均衡分析方法注重动态过程。

与前一个特征相联系，既然是长期分析，就比较强调动态过程。静态分析不考虑时间因素，假定系统中不同因素之间的相互作用在一瞬间完成，并达到稳定不变的静止状态。因此，静态分析的主要任务是判断均衡是否存在并求均衡解，即寻找均衡条件、刻画均衡状态。然而，时间不会静止，系统会有变化，系统中可能产生新的要素，要素之间也会出现新的相互作用，正是这些新要素、要素之间的新的互动，以及由此产生的系统新特性、新结构、新功能，形成了系统的发展。可是，系统变化以及由此产生的新奇性无法为静态分析所捕捉。

在涉及系统状态变化或结构变迁的分析中，静态分析只是表明外生参数不同则均衡结果也不同。当外生参数超过临界点发生转变时，均衡会在一瞬间发生转变。至于这个转变过程是如何进行的，则为静态分析所忽略。动态分析克服了静态分析的不足，能够刻画经济系统的不同因素在时间连续变化中动态的相互作用与实现均衡的过程，使人们系统了解经济运动的全过程，较好地揭示了经济运动的规律。因此，对于发展经济学研究而言，动态分析对经济发展过程的分析更加贴近现实，过程更加明晰，能为实际政策的制定提供可靠的基础。

第三，动态非均衡分析方法承认经济体特别是发展中经济体非均衡的现实性。

均衡理论认为，由于价格能够迅速反映市场变化，经济主体总是能在价格信号下做出最优选择，在自己所希望的数量上进行生产、交换和消费，因此，市场总是能够及时出清，整个经济在理性原则和价格机制下总是会趋于均衡，达到帕累托最优状态。均衡的存在需要完善市场和完备信息，需要所有参与人都能做出最优选择。只要缺少其中一个条件，就意味着非均衡。凯恩斯打破了均衡观念。帕廷金、克洛尔等人在协调凯恩斯宏观失衡论与传统均衡理论之间的关系，为凯恩斯宏观理论寻求新的微观基础时，分析了非均衡状态下的生产与消费行为方式以及非均衡传导机制，提出了非均衡的市场结构理论，为现代的非均衡理论奠定了重要基础。

在现实中，由于各种各样的原因，非均衡是常态，均衡作为一种特殊状态，只是系统在静态环境中的一个暂时的不动点。当然，用稳定均衡（结果）代替趋向均衡的过程是描述系统的一种最简化的方式。对于发达国家来说，假定一个成熟的市场经济处于均衡或近均衡状态也许是一种合理的简化，因为成熟市场经济中的某些扰动会相应地引起经济系统某种内在的反应，在新的力量体系驱使下，系统会重新向合意的均衡逼近。因扰动偏离均衡并重新回归均衡的过程或许会影响某些均衡结果，但绝不会改变系统走向均衡的基本趋势。然而，发展中国家经济在总体上是远离均衡的，既不处于均衡状态也不在均衡附近。仅仅凭系统自身的内在力量，不发达经济很难甚至根本不可能在短期内自发地趋向合意的均衡。在发展经济学研究中，根据发展中经济体的非均衡特征，放松一般均衡理论的假定条件，把对经济的宏观分析与微观机制分析结合起来，运用非均衡分析方法可以研究发展中国家市场非均衡下的经济主体行为规则、价格调整、数量调节及其宏观效应等。

三、方法应用实例

冈纳·缪尔达尔是发展经济学的先驱之一，他的循环累积因果理论是利用长期的动态非均衡分析研究发展问题的经典理论。

循环累积因果理论认为，影响社会经济发展的各种因素间是相互联系、相互影响的，一种因素的变化会引起另一种因素发生变化，并且，后一因素的变化反过来会强化前一因素的变化，在反馈机制下产生放大效应，呈现出一种"循环累积"的变化态势，使经济发展过程表现出不均衡、不稳定的特征。循环累积因果效应可以分为上升循环、下降循环和不确定性循环。上升循环是指占据发展优势的个人、家庭、群体、区域等经济主体或部门的经济发展能够吸收更多有利于发展的要素集聚，从而推动新的发展。下降循环则相反，如贫困的恶性循环。不确定性循环是由于系统在持续运动中随时间推移而使循环累积因果关系变得复杂和不可预测。

循环累积因果理论既可以解释一个经济体内部社会阶层之间的不平等状况，也能解释地区之间、国家之间的经济不平等。在《经济理论与不发达地区》一书中，缪尔达尔指出，一国（地区）由于某种原因（如便利的交通或优惠政策）而产生的经济增长向周围地区扩散和辐射，从而带动周围地区经济增长，使区域发展差异缩小的效应，是"扩散效应"。如某一地区高效的交通网络，能降低运输成本，带动周边相关产业的发展。"回波效应"则相反，是指发达地区（增长极）会吸引周围落后地区的生产要素向增长极回流和聚集，使区域经济差异不断扩大的效应。如资本会流向具有更多投资机会的地区，高新技术企业会向基础设施完善的地区聚集，高素质的劳动力会流向经济更发达的区域，使这些原本就具有优势条件的区域经济不断增长，而使其他地区的经济发展相对停滞或衰退。在《亚洲的戏剧：南亚国家贫困问题研究》一书中，缪尔达尔还运用循环累积因果理论解释南亚国家的贫困问题。

长期的动态非均衡方法强调一段较长时间内经济活动的不稳定性和变化，循环累积因果理论对该方法的运用主要表现在三个方面：（1）长时间范畴内的因果变动；（2）动态的循环累积；（3）非均衡方向的变化。在当今的发展经济学研究中，循环累积因果理论得到了广泛应用。比如，拥有高技术水平的国家总能掌握技术变革的制高点，从而推动技术的持续快速进步，生产关键要素、快速增长的主导部门与其他部门之间的循环累积形成正反馈过程，人力资本积累—劳动生产率的提高—知识、教育投资加大之间的循环，发达地区吸引落后地区的高素质人口和资本流入，造成区域发展的不平衡，等等，都可以用循环累积因果理论进行解释。

第四节　超边际分析

超边际分析方法是杨小凯在边际分析方法的基础上提出的一种新方法。杨小凯运用超边际分析方法，将新古典经济学中未能数学化的分工及专业化问题用数学模型表示出来，将产品种类、厂商数量以及交易费用等都纳入分析框架中，重新解释了亚当·斯密关于分工的重要思想，从内生个人选择专业化的新视角重新整合了以新古典经济学为核心的多种互相独立的经济学理论。

一、方法目标

马歇尔倡导的新古典经济理论继承了古典经济学中自由主义的思想，用边际效用价值分析替代了古典经济学的劳动价值分析，以需求为核心的分析代替了古典经济学以供给为核心的分析。但是，新古典经济学分析框架存在一定的局限。

第一，新古典经济学将研究重心从专业化和经济组织问题转移到经济社会中的生产要素资源的配置问题。企业和市场是如何出现的？又是如何越来越复杂地发展？经济社会为什么会由最初的自给自足状态逐渐变得分工越来越明确？新古典经济学理论不能解释这些现象。在新古典经济学的思维中，消费者与生产者之间的专业化"分工"是提前假设好的，商业化社会也是事先给定的，新古典理论体系并没有告诉我们现代商业化社会是如何由自给自足的社会发展而来的。

第二，新古典经济学的边际分析不能解释古典经济学中的经济发展问题。比如，即使生产函数和资源禀赋不变，提高分工水平为什么能够提高综合生产力？看不见的手是如何进行协调分工，从而促进社会进步的？

第三，在新古典经济学分析框架中，消费者和生产者之间被设定为彼此独立的，因而分析专业化经济没有任何意义，专业化经济逐渐被规模经济所代替。然而，专业化经济与规模经济是相互关联但不尽相同的两个概念，经济社会专业化的逐渐增加与活动程度范围的缩小有关，但这并不代表企业规模一定会增加。

杨小凯等人用数学模型表达古典经济学关于社会成员之间分工和专业化经济的思想，提出新兴古典经济学理论，目的在于重新用科学的方法寻找经济增长的微观机制，建立宏观经济增长的微观基础，并分析技术与经济社会之间的互通关系及其发展演进过程。杨小凯用超边际分析把古典经济学中的分工和交易费用思想组织在一个严密的框架中，重新恢复了发展经济学在经济学中的地位。

新兴古典经济学在一个新的分析框架下，用超边际分析的方法重新组织了现代的经济学理论，去除了纯消费者与纯生产者完全隔绝的假定，用专业化经济代替规模经济。利用新兴古典经济学的超边际分析方法，很多新古典经济学解释不了的经济学问题，都可以用一个相同的分析框架来解释。比如，很多经济社会发展和贸易现象可以被解释为分工演进的不同维度，可以解释商业化社会中交易行为的出现以及企业内组织间平衡的意义。

超边际分析方法用数学形式完美地将分工及专业化的问题表达出来，使人们在做出资源配置的决策之前先选择专业和分工的水平。超边际分析方法重新讨论新古典经济学不能解释的分工及专业化问题,在很大程度上提高了经济学解释社会问题的能力。

二、方法特征

超边际分析方法的主要特征如下述。

首先,超边际分析方法特别关注分工与专业化问题。在文明社会的发展进程中,分工是人类社会最明显的特征。图4-1简洁地表示三种不同的生产与消费状态。第一幅图代表自给自足的生产模式,每个人生产四种产品,专业化程度极低,不同人之间没有生产活动的交流,不存在市场,不产生交易费用。在这种情况下,每个人从事多项生产劳动,不利于形成专业化的生产,生产效率低下。第二幅图代表局部分工,每个人消费四种产品,生产三种产品。这时,专业化程度提高,市场出现,人们之间出现交易行为,产生一定的交易费用。第三幅图表示完全分工,个人专业化程度相比局部分工阶段大幅度提高,每人固定专业化生产一种产品,所有的产品都卷入社会分工。

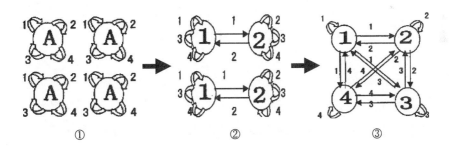

图4-1 新兴古典经济学分析框架

(来源:杨小凯,张永生. 新兴古典经济学与超边际分析[M]. 北京:社会科学文献出版社,2003,第15页。)

自给自足状态下,市场专业化程度低,生产效率低,但并不产生交易费用;在完全分工状态下,专业化程度提高了,社会生产率上升了,但相应的市场交易会产生交易费用。超边际分析方法通过比较不同结构的间接效用函数,使交易效率参数从较低到较高发生转变,全部均衡结构也从自给自足结构非连续地跳到分工结构。超边际分析方法将经济学中专业化与分工的重要思想用数学模型表达出来，能解释商业社会中发生的新现象。

其次，超边际分析方法强调用一个分析框架说明消费者与企业的角色分工与联系。新古典经济学的边际分析预设整个经济社会分为生产者和消费者两部分，二者之间是绝对分离的，因此，无法依靠个人策略最优解释企业出现的原因，无法回答专业化与经济组织发展演化的问题。在超边际分析方法的框架下，消费者与企业并不是完全分离的，可以由个人最优决策相互内生来解释企业出现的原因。

再次，与边际分析使用规模经济表征生产条件不同，超边际分析更多的是用专业化经济的概念表征生产条件。假设有两名工人 A 与 B，以两种方式受雇于两个企业：第一种方式是，两人分别以一半的时间受雇于两个企业；第二种方式是，两人分别全职受雇于不同的企业。按规模经济的思路来看，两种雇佣方式下，两个企业具有相同的规模，因此劳动生产率相同，但这并不符合常规结论。两种雇佣方式最大的区别在于是否引入了专业化经济的概念。只有用专业化经济的思路分析问题才能合理地区分两种雇佣方式。在这里，生产效率具有明显的差别，规模经济分析思路就失去了解释力。

最后，超边际分析方法更注重解释经济结构的形成与变迁这种发展现象。运用超边际分析可以解释市场、贸易、企业、专业化商人以及商业的出现；解释工业化及工业化程度的上升；解释产权结构、市场交易的出现及其趋于复杂的过程；解释有效率的景气循环与失业；解释货币的出现与货币制度区域复杂的原因。相比较而言，边际分析只能分析最优竞争结构与竞争程度，解释边际生产效率，解释单纯的景气循环与失业。总体来说，边际分析法能够解释的现象，超边际分析法均可以解释，甚至解释得更完美，但许多经济学结构变化与发展现象，运用超边际分析法可以找到清晰的解释框架，但却不能用边际分析法解释。运用超边际分析方法，发展经济学的解释能力进一步增强，解释范围进一步扩大。互相分离的各个经济学分支在超边际分析框架下内在一致地统一起来。

三、方法应用实例

本部分选择杨小凯在其著作《新兴古典经济学与超边际分析》[①] 中提及的斯密—杨格工业化模型作为案例，介绍超边际分析方法的具体应用。

斯密和杨格提出了最早的工业化理论。按照斯密的猜想，工业与农业在生产率上的差别源于这两个部门存在的专业化收益与专业化所引起的季节性调节成本之间的相对差别。这个理论是用分工经济与分工协调成本之间的两难冲突，而不是偏好、收入或者外生技术的改变，来解释经济结构。从这个视角看，农业部门收入份额减少是因为农业部门的分工具有更高的协调成本，而且必须通过进口越来越多的工业品来提高生产率。这些工业品是在制造业部门的高分工水平下生产出来的，在这些部门中，分工经济很可能大大超过交易成本。杨格认为，工业化是分工在迂回生产过程中的一个演进过程，而分工的演进又扩大了市场网络并且同时提高了生产力。工业化可由下述并发现象来刻画：分工演进；每个人的专业化水平增加；商业化程度和贸易依存度增加；新产品和相关技术从分工的演进中出现；经济结构的分散程度、内生比较优势的程度、市场一体化以及生产集中的程度同时上升；企业制度和劳动力市场在分工演进中出现并发展。更为重要的是，随着分工的不断演进，迂回生产链的链条种类不断增加的同时，结构中出现了一些新连接。

将一个现代发达经济体与不发达经济体进行比较。一个普通的美国农场，农场主可以用各种现代化的机器来耕种，用各种各样的卡车来搬运。这些机器都经历了很长的迂回生产过程而生产出来。一个有小块土地的印度农民家庭，耕种主要靠锄头，搬运则用人力，所使用的工具相对简单，依靠的生产链也相对较短。美国的迂回生产链必须依靠一个高交易效率的分工网络来支持；印度低水平的迂回生产则与低水平的商业化相关。

设想这样一个案例，有很多事前完全相同的消费者—生产者。他们每

[①] 杨小凯，张永生. 新兴古典经济学与超边际分析 [M]. 北京：社会科学文献出版社，2003.

个人可以生产四种产品：粮食、锄头、拖拉机和机床。生产机床需要劳动，生产拖拉机需要机床和劳动，生产锄头需要劳动。每个人生产粮食时可以用劳动，或用锄头和劳动，或用拖拉机和劳动，还可以一起使用锄头、拖拉机和劳动。如果使用拖拉机，一部分的劳动就必须被分配到机床的生产中去。因此，在提高粮食生产能力的过程中，拖拉机和机床起着互补的作用。

每种产品的生产中都存在着专业化经济。如果不生产拖拉机，生产中存在着两个链条：锄头的生产和粮食的生产。如果不生产锄头和拖拉机，生产中只存在一个链条：劳动被用于生产粮食。如果拖拉机和锄头被生产出来，那么在拖拉机生产中起着重要作用的机床也会被生产出来，这时迂回生产中会有三个链条：机床的生产、锄头和拖拉机的生产，以及生产过程中用到锄头和拖拉机的粮食的生产。

对这一案例进行简单的分析，便可得出以下结论：新产业的出现与新部门的出现有所不同，当迂回生产链中有一个新链条出现时，一个新产业就会出现，这可能包括几个新部门同时出现。如果迂回生产链上某个固定的链条上的产品种类增加时，则一个生产某种固定类型产品的新部门会出现。因此，新产业的出现是迂回生产链的链条种类的增加，而新部门的出现是迂回生产链上某个链条中间产品的种类的增加。这里，将链条定义为上游行业和下游行业之间的投入—产出关系。链条的个数称为迂回生产的程度。

第五节 微观实证分析

一、微观计量分析

进入 21 世纪以来，发展经济学研究的显著特征之一是研究内容和研究方法呈现出微观化趋势。其研究特征是将个人、家庭、企业、社区等作为经济主体，构建微观理论模型，并基于调查数据或实验数据进行实证分析。

在模型设计上,发展微观计量分析通常会放松新古典经济学的一些模型假设,转而根据发展中国家的实际重新设计约束条件,如价格刚性等。在计量分析方法上,一些基本的微观计量经济学方法,比如矩法估计、LM检验、条件矩检验、单位根检验、面板数据分析、变量偏误、离散变量模型、持续模型、分位数回归等,都被广泛运用于发展经济学的微观实证研究中。发展经济学研究主要使用的微观数据是发展中国家的家庭调查数据、面板数据和少量的实验数据,主要涉及教育与人力资本,家庭与个人的消费、储蓄行为与决策,性别、工资与经济增长的关系,等等。

近年来,一些发展中国家建成了大量的微观经济数据库。就中国来说,已有中国劳动力动态调查数据库(CLDS)、中国家庭收入调查数据库(CHIPS)、中国家庭追踪调查(CFPS)、中国健康与营养调查(CHNS)等近百种大型的微观经济数据库。下面我们简单介绍发展经济学的微观数据与微观实验设计。

1. 家庭调查数据。在发展微观计量分析中,家庭调查数据是重要的一类数据。经济发展的最终目的是增加民众的福利,家庭调查数据是测量与评价经济发展政策成功与否的重要依据。家庭调查数据提供了政策变化前后的微观信息,尤其是家庭收入与消费信息能反映社会福利分布状况的大致变化。家庭调查数据不仅可以用来评价政策,而且提供了建立模型的原始素材,可用于分析家庭行为。在许多国家,即使像GDP、人均GNP等宏观数据的测算也需要家庭调查数据。在多数情况下,家庭调查数据可以提供横截面检查,提升宏观数据的质量。同时,由于宏观数据几乎不涉及财富分配问题,因此当发展经济学家要研究发展中国家中的受益群体时,家庭调查数据就不能发挥作用。

2. 面板数据。面板数据也是发展微观计量分析的一类重要数据。面板数据可以考察个人行为在各个时期的变化,从而揭示出规律性,避免横截面数据中个人行为的同质性所影响。另外,如年龄与工资的关系,截面关系只是年龄与工资成倒U型,而年长的劳动力可能与年轻的劳动力有着系统性的区别,比如年长劳动力由于接受更少的教育、对于现代技术的运用不够熟练等原因造成了工资的下降。如果事实确实是如此的话，那么横截面数据所展现的将与面板数据结果有相当大的差异，因为面板数据能够比较个人行为的变化。另外，许多国家按照固定的基本对象、调查方式进行一段时间的家庭调查，从而使数据出现横截面的时间序列性质。这样的数据可以用于多种目标的面板数据测算，并在某些方面提供优质的数据库。

3. 微观实验设计。重复、随机化、局部控制是费雪（Ronald Aylmer Fisher）制定的实验设计三项原则。对于使用经济数据进行微观计量分析来说，控制是关键的一步。使用计量经济学分析方法考察的只是数据之间的相关性，而不是因果性。要找到变量之间的因果关系，就需要设法控制其他因素不变，只变动一个因素，观察它与因变量之间的关系。可以通过实验的方法对各种变量进行控制。实验室营造的环境是人为的，因而比起外部复杂的社会环境，更容易观察与解释个体经济行为。至于某项研究中具体控制什么因素，尽管有时只是基于生活常识，但更多地需要经济学理论支持。

二、随机对照实验

随机对照实验的基本方法是，将研究对象随机分组，对不同组实施不同的干预，以对照效果的不同。近二十年来，大量的随机对照实验被运用到发展经济学研究中，例如评估学校在学习方面投入的差异、分析新技术在农业方面的运用、研究消费者信用市场中的道德风险与逆向选择问题等[1]。随机对照实验既被经济学家们用来评价政策绩效，又被经济学家们用来检测其理论的正确性。

（一）随机对照实验概述

2019年诺贝尔经济学奖颁发给了班纳吉（Abhijit Banerjee）、迪弗洛（Esther Duflo）和克雷默（Michael Kremer），以表彰他们"在减轻全球贫

---

[1] DUFLO E, GLENNERSTER R, KREMER M. Using Randomization in Development Economics Research: A Toolkit [C]. //SCHULTZ T P, STRAUSS J. Handbook of Development Economics. vol. 4. London: North Holland, 2007.

困方面的实验性做法"。诺贝尔奖官方表示,他们的研究大大提高了我们应对全球贫困的能力。在短短的二十年中,他们基于实验的新方法改变了发展经济学,如今这已成为一个蓬勃发展的研究领域。

在20世纪90年代中期,克雷默和他的同事们通过随机对照实验来测试一系列改善肯尼亚西部学校成绩的干预措施,证明了这种方法的强大作用。班纳吉、迪弗洛则在印度等地进行随机实验,观察当地一些反贫困政策的有效性,并合著了《贫穷的本质:我们为什么摆脱不了贫穷》一书。班纳吉、迪弗洛掀起了实验革命,将随机对照实验引入贫困问题的研究,通过这种方法创造性地将贫困问题这一宏观问题细化与分解成组织甚至个体层面的微观问题,并围绕这些问题来研究相关干预政策的有效性。2014年,格雷威(P. Glewwe)等人在甘肃开展随机对照实验,向贫困地区视力不好的学生发放免费的眼镜,以观察这些学生的学业表现与视力之间的关系。[①] 他们发现佩戴眼镜对那些成绩较落后的学生作用更明显,而女生可能会拒绝佩戴眼镜并缺乏对视力的关心,说明实验样本存在性别差异。

不同于原先美国花费大量人力和物力进行的"社会实验",在发展中国家开展的随机实验通常只需要很小的预算,研究人员能够承担得起。对于那些通过实验设计来研究发展问题的学者来说,同当地人进行小规模的合作可以使实验更加灵活。总之,随机对照实验成本低廉、操作灵活。

根据研究对象的特点及不同的研究目的,随机对照实验有许多类型,比如两组平行随机对照实验、非等量随机对照实验、群组随机对照实验、析因设计随机对照实验、交叉设计随机对照实验等。向在校学生发放退烧药这种实验,既可以是个人层面的实验干预,也可以是群体层面的实验干预。从实施的角度看,在群体层面进行随机实验有时可能更简单,即使需要庞大的样本容量。

随机对照实验的设计遵循三个基本原则,即对研究对象进行随机化分组,设置对照组,以及应用双盲法。随机分组是双盲设计的前提条件,双

---

① GLEWWE P, PARK A, ZHAO M. A Better Vision for Development: Eyeglasses and Academic Performance in Rural Primary Schools in China [J]. Journal of Development Economics, 2016, 122: 170-182.

盲设计导致研究者和受试者双方均无法知晓分组结果，又保护了随机化不被破坏。随机对照实验的几个关键性问题如下述。

第一，随机化与选择偏差问题。随机对照实验设计的一个重要特征是随机性。样本是随机抽取，总体中的每一个观察单位都有同等机会被选入样本，从而使被选择的样本具有较好的代表性；样本分组是随机的，每个受试对象都有同等的机会被分组，接受不同的处理。通过随机设计，能够均衡干扰因素的影响，使实验组和对照组具有均衡的可比性，控制实验误差，避免主观处理带来的偏倚。一般来说，出现随机评价设计偏离完全随机化的情况有两种，一是随机选择的概率取决于层级，二是随机评估的不完全依从性。实验组与对照组出现任何结果上的差异，都可以归因于实验的冲击或原先就存在的差异。其中，原先就存在的差异也被称为选择偏差。如果没有对这种选择偏差程度的可靠估计，我们就不能将实验冲击产生的效应与选择偏差的效应分解开来。

第二，因果推断问题。任意给定一个时间点，一个个体是否包括在实验之中是确定的。当其他影响结果的因素在实验推进的过程中可能改变时，比较一段时间内的相同个体无法得到实验冲击的可靠估计。也就是说，对于一个给定的个体，我们无法获得实验冲击的估计。但是，我们可以比较一组参与实验的个体与另一组未参与实验的个体，从而估计实验中一些变量因素对他们的平均冲击。从原因到结果的推断依赖于这两组的比较：如果实验组经历实验冲击后的表现与未经历实验冲击的对照组相似，这就不能说明实验冲击可以导致某种特定的结果。因果推断的重要依据是实验组与对照组结果的显著差异。

第三，发表偏误问题。当研究者本人、评论者、期刊编辑或政策制定者对统计的显著性或某种结果具有偏好时，便可能产生发表偏误。研究结果报告通常会同时出现不确定性偏误与发表偏误。在大多数情况下，研究者对实证模型有多种可能的选择，而这种主观选择可能会造成遗漏变量偏误。比如，如何使分析达到最适合，应该使用哪种方法，应该引入哪个控制变量、哪个工具变量，不同的选择似乎总存在合理的解释。研究者希望花费的时间与精力最小，并能得到符合实验目的的统计显著性结果。统计学家们发展了检测统计推断是否对发表偏差敏感的分析框架，比如，赫奇斯提出了一个发表选择效应模型。①

（二）方法应用实例

我们选择班纳吉、班哈迪特、迪弗洛 2018 年的论文《含铁食盐是否能控制贫血？来自比哈农村的两组实验证据》② 作为实例。这篇文章将随机对照实验与微观计量分析方法结合在一起，通过随机对照实验获得微观数据，再进行微观面板数据的计量分析。

1. 研究问题

如今，人体内铁元素的缺乏被认为是最普遍的营养不良。世界卫生组织估计，全世界大约有 16 亿人贫血，其中一半是由于缺乏铁元素造成的。缺铁性贫血通常集中在摄入动物蛋白较少而水稻、小麦居多的人群，因此南亚地区的缺铁性贫血问题严重。托马斯等人在印度尼西亚进行过一次大型的补铁实验，他们使用基线调查方法，发现样本中 50% 的女性与 40% 的男性都是贫血患者。文章作者也发现样本中有 45% 的个体是贫血患者，但是没有国家层面或比哈地区层面关于缺铁性贫血的统计数据。一般说来，贫血有 4 种原因：基因、环境、传染病与寄生虫、营养。基因问题造成的贫血在比哈地区只有 3.4%，而传染病与寄生虫问题造成的贫血也只有 2.3%，而且，该地区的疟疾发病率不高，因此，直观来看，营养不良是比哈地区贫血问题的主要原因。在比哈的农村地区，31.8% 的妇女与 26.9% 的成年男子处于低营养水平状态，5 岁以下的孩童 49.3% 营养不良，44.6% 体重不达标。作者所要研究的是，造成比哈地区贫血问题的主要原因确实是营养不良，而不是基因、环境、传染病与寄生虫。

2. 随机对照实验

作者总结了先前的一些随机实验，认为它们虽然发现在食品添加成分中加入铁元素在规模上能产生显著影响，但并没有得出在食盐中添加铁元

---

① HEDGES L V. Modeling Publication Selection Effects in Meta-analysis [J]. Statistical Science, 1992, 7 (2): 246-255.

② BANERJEE A, BARNHARDT S, DUFLO E. Can Iron-fortified Salt Control Anemia? Evidence from Two Experiments in Rural Bihar [J]. Journal of Development Economics, 2018, 133: 127-146.

素也能在规模上产生显著影响的结论。而且,那些实验的样本总量都小于200,不具备很强的说服力。为了控制变量,作者选择同时含铁元素与含碘元素的食盐,称之为 DFS。

比哈的农村地区有近一千个乡村。为了简便实验,作者删除了少于 50 户家庭的村庄,在镇一级的行政单位下进行随机挑选,确定了 400 个村庄,并在每个村随机挑选 15 个家庭,最终确定 6000 个样本。

400 个村庄被随机划分为 2 组,一组 200 个村庄。作者在一组村庄出售 DFS,但另一组不出售 DFS。在出售 DFS 的村庄也被随机分为 2 组,其中 62 个村庄的一组免费发放 DFS,138 个村庄的另一组则对 DFS 进行收费。并且,在免费发放 DFS 的村庄的家庭再次随机分为 2 组,其中一组有 7 个家庭,这些家庭可以每 2.5—3 个月免费获得 DFS,持续 2 年,而另一组有 8 个家庭,这些家庭不提供 DFS。

3. 微观计量分析

作者构建了如下的基本计量模型:

$$y_{ik} = \alpha + \beta * \text{Sales}_k + X_{ik} * \gamma_s + \delta * \text{BaseHb}_{ik} + \mu_b + \varepsilon_{ik} \quad (4\text{-}1)$$

其中,y 表示任意一种结果,Sales 表示是否出售 DFS,X 表示各种变量,包括年龄、年龄的平方、在基线调查时是否贫血、是否接受过 5 年教育、是否接受过 BMI 检查等,i 表示个体,b 表示行政单位,k 表示村庄,α 表示截距项,μ 表示固定效应。

随后,根据是否接受免费的 DFS,模型改写为:

$$y_{ik} = \alpha + \beta * \text{FreeDFS}_k + X_{ik} * \gamma_f + \delta * \text{BaseHb}_{ik} + \mu_b + \varepsilon_{ik} \quad (4\text{-}2)$$

随后,将层级缩小为村庄,模型改写为:

$$y_{ik} = \alpha_F + \beta_F * \text{FreeDFS}_{ik} + X_{ik} * \gamma_f + \delta_F * \text{BaseHb}_{ik} + \mu_k + \varepsilon_{ik} \quad (4\text{-}3)$$

最后,作者根据上面两个模型,使用工具变量方法,将获得免费 DFS 的家庭与出售 DFS 的村庄划分为两个阶段,得到第一阶段模型如下:

$$\text{UseDFS}_{ik} = \pi_0 + \pi_1 * \text{FreeDFS}_{ik} + \pi_2 * \text{Sales}_k + \pi_3 * X_{ik}$$
$$+ \pi_4 * \text{BaseHb}_{ik} + \nu_{ik} \quad (4\text{-}4)$$

第二阶段模型如下:

$$y_{ik} = \alpha_U + \beta_U * \text{FreeDFS}_{ik} + X_{ik} * \gamma_U + \delta_U * \text{BaseHb}_{ik} + \nu_{ik} \quad (4\text{-}5)$$

根据两阶段最小二乘法，将 FreeDFS$_{ik}$ 与 Sales$_{ik}$ 作为 UseDFS$_{ik}$ 与其他变量的工具变量进行回归分析。其中，按性别、年龄等因素将样本总体划分为不同的面板。

4. 结论

计量结果显示，在某一环境下 DFS 能够降低贫血。尽管研究得出这个结论，但是他们并不鼓励将 DFS 作为农村地区对抗贫血问题的方式。首先，在贫困地区将增加食物成分作为预防贫血的方式，证据并不充分。回顾先前的实验，托马斯的实验虽然取得了成功，但是并没有看到印尼政府出台相应的政策；其他一些实验提高了进行补铁的青少年所占的比例，使得实验看起来是可重复的。作者认为，一种合理的解释是青少年对于实验具有很大的影响。因为在印尼的许多地方，青少年可以在学校里获得补铁的食物或者药物，从而不支持 DFS 作为缓解贫血问题的方式。

第五章

发展经济学学科前沿

21 世纪以来,发展中国家的发展实践推动着发展经济学理论不断演进,发展中国家所面临的新的社会和经济变革为发展经济学研究提供了丰富的现实土壤,在新的发展环境和局势下,一些新的议题受到发展经济学家的关注。本章首先介绍发展经济学家索贝克(Erik Thorbecke)提出的发展经济学 21 世纪以来的六个重要议题,继而选取近年来发展经济学者所关注的前沿议题,包括中等收入陷阱、新人力资本理论、数字经济、新结构经济学、全球化理论与逆全球化浪潮等,介绍发展经济学学科前沿。

第一节 21 世纪以来发展经济学的六大议题

索贝克在《发展学说的历史和演变(1950—2017)》中提到了 21 世纪以来的六大发展学说。[①] 他认为 21 世纪以来,对发展经济学最重要的贡献

---

① THORBECKE E. The History and Evolution of the Development Doctrine, 1950-2017 [C]. // NISSANKE M, OCAMPO J A. The Palgrave Handbook of Development Economics. Cham: Palgrave Macmillan, 2019.

是试图将它从一个基本公理化和演绎性的学科发展成更具实验性的学科。随机控制实验（RCTs）和自然实验、行为经济学等内容的引入，帮助发展经济学家开展项目评估，分析项目参与者在不同环境下的行为，这些研究内容往往与社会现实更加接近。

一、实验革命：随机控制实验

索贝克认为，主要基于 RCTs 的实地实验方法已成为研究人员偏爱的主要研究方法，这一方法被用来评估发展的效果。正如迪弗洛和克雷默所说："任何关于影响效果的评估都尝试回答一个反事实问题，即：如果没有参与这一项目的情况下，已经参与项目的个人会有何表现？"影响效果分析早期的例子之一是用于评估墨西哥的再分配方案的准实验设计，该方案选择目标村庄（参与项目）和参照组村庄（目前不参与项目，但在未来有资格参与项目），通过比较受治疗的个人或社区与参照组个人或社区来评估方案的效果。这一新方法为政策建议提供了更科学的基础，彻底改变了对社会方案的评价。《实地实验手册》提供了大量有用的证据，这些证据来源于各种发展问题的实验，例如在卫生方面如何激励供给者，在教育方面如何组织课堂和激励教师等。[1]

随机控制实验被部分学者给予很高的评价，认为是"黄金标准"、发展经济学中唯一有效的方法、占据了"证据等级体系中的特殊位置"。[2] 但是，这种方法的局限性也受到批评，因为给定的随机控制实验只能对很小的问题提供精确而有力的答案，即：在特定的环境中，特定项目在特定时间的影响是什么？根据定义，RCTs 无法解决一系列重要的动态宏观经济问题，如结构转型和气候变化等。

---

[1] DUFLO E, BANERJEE A. Handbook of Field Experiments [M]. London: North Holland, 2017.

[2] IMBENS G. Better Late than Nothing [J]. Journal of Economic Literature, 2010, 48 (2), 399-423.

二、制度的角色和发展的政治经济学

当前,关于发展问题研究的一个主要特点是,以前视野较为狭窄的经济问题被拓展到更广泛的学科中。发展研究者和实践者探索发展问题的视角越来越多地融入了其他学科的概念,如心理学、社会学和政治学。经济学家和政治学家之间卓有成效的合作有很好的例子,比如关于制度在发展中的作用,以及发展的政治经济学。

阿西莫格鲁、约翰逊和罗宾逊提出的发展取决于制度的观点,引起了广泛关注。[①] 他们以殖民地定居者死亡率作为工具变量,这一外生的工具变量影响制度,但不直接影响收入,能够解释国家间人均收益的差异。他们假设早期的欧洲殖民者在每个殖民地的死亡率决定了他们是在殖民地建立资源开采或掠夺性的制度,还是建立像欧洲那样的制度,特别是产权保护制度。

随后,阿西莫格鲁和罗宾逊根据大量的历史事件,来证明只有在包容性的政治、经济制度的支持下,增长(以及更普遍的发展)才能长期持续。他们理论的核心是将包容性制度与繁荣联系起来。实行产权保护,创造公平竞争的环境,鼓励投资新技术和新技能的包容性经济制度,比掠夺性的经济制度更有利于经济增长,掠夺性的经济制度是由少数人从多数人手中夺取资源,也未能保护产权或提供经济活动激励。[②]

制度和政策可能被视为将一个经济体从一个(坏的)均衡转移到另一个(好的)均衡的工具。在动态意义上,这个过程对应于一个阶段转型。如果把经济发展看作是一个阶段性的转型,政府的作用将产生深远的影响。必须建立制度,设计和实施有助于阶段转型的政策。如果一旦达到新的(好的)均衡,在新的体制和政策框架内,这种均衡大概率是可持续的。

[①] ACEMOGLU D, JOHNSON S, ROBINSON J A. The Colonial Origins of Comparative Development: An Empirical Investigation [J]. American Economic Review, 2001, 91 (5), 1369-1401.

[②] ACEMOGLU D, ROBINSON J A. Why Nations Fail: The Origins of Power, Prosperity, and Poverty [M]. New York: Crown Business. 2012.

20世纪90年代开始,哈佛大学一批经济学家的贡献极大地影响了政治经济学的发展。阿莱西纳和罗德里克的一个重要发现是,财富和收入的不平等程度越大,税率越高,随后的增长速度越慢。① 新的政治经济学理论将更大的不平等与降低的增长率联系起来,其运作途径如下:(1)减少财产安全的非生产性寻租活动;(2)政治和社会不稳定扩散导致更大的不确定性和更低的投资;(3)因收入不平等而鼓励实施的再分配政策,抑制富人投资和积累资源;(4)不完善的信贷市场导致人力资本投资不足;(5)中产阶级收入份额下降导致生育率上升,而上升的生育率又对经济增长有显著负面的影响。

三、贫困陷阱和多重均衡

贫困陷阱的概念源于20世纪60年代。贫困陷阱是导致贫困持续的自我增强机制。② 导致贫困陷阱的原因多种多样,例如:(1)营养不良导致体力或生产力低下;(2)在教育和技术方面低水平的投资;(3)偏远的地理位置;(4)社会排斥和边缘化;(5)缺乏资产使一些家庭无法进入资本市场。随着家庭生活水准数据测量更加多元化,可以获得更长时期的面板数据,区分长期性贫困和暂时性贫困成为可能。③

多重均衡是目前流行的理论,它在探索如何摆脱贫困陷阱等问题方面有着广阔的前景。如果一个经济体陷入了一个低水平的均衡(贫困陷阱),那么将它转移到一个高水平的均衡就能够逃脱这个陷阱。瑞提供了一个生动的例子,它来自罗森斯坦-罗丹的大推进概念和赫希曼的前向联系和后向联系概念。④ 这些发展经济学的先驱认为,经济发展会出现协调失灵现

---

① ALESINA A, RODRIK D. Distributive Politics and Economic Growth [J]. Quarterly Journal of Economics, 1994, 109 (2), 465-490.
② AZARIADIS C, STACHURSKI J. Poverty Traps [C]. //AGHION P, DURLAUF S N. Handbook of Economic Growth. London: North Holland, 2005.
③ CARTER M R, BARRETT C B. The Economics of Poverty Traps and Persistent Poverty: An Asset-based Approach [J]. Journal of Development Studies, 2006, 42 (2), 178-199.
④ RAY D. What is New in Development Economics? [J] American Economist, 2000, 44 (2), 3-16.

象，要打破这种贫困陷阱需要依靠外部力量，比如萨克斯认为，外国援助和分配上的"大推进"将结束发展中国家的贫困。①

四、增长、不平等和贫困之间的关系

研究表明，收入（财富）不平等和贫困减缓了经济增长。阿特金森认为效率的提高能够降低不平等水平。② 拉瓦雷发现一国发展初期较高的贫困发生率，会显著降低该国随后人均 GDP 的增长率。③

如果不平等和贫困水平都处于高位，不平等和贫困水平的降低都能够提高生产力，促进经济增长。这一新思路颠覆了古典主义的主流观点，即由于富人的储蓄率比穷人高得多，收入分配不均是经济增长的先决条件。对于给定的总水平收入，收入分配越不平等，储蓄水平越高，投资越多，越能产生更高的 GDP 增长率。从这个意义上说，收入分配不平等是可取的，能够在经济上有合理的解释。但如果减少不平等确实有利于增长，那么它就成为经济发展和减贫的手段，平等主义的道德目标（规范）与增长所需的经济条件之间的冲突也就消失了。④

有研究指出，最初的高度不平等和贫困对未来的增长产生负面影响，这与发展经济学中通常探讨增长如何影响不平等和贫困的传统因果关系背道而驰。这些发现是基于目前的概念性贡献，即增长—不平等—贫困的联系是一个本质上不可分割的过程。增长是发展的一个必要而不充分的条件。如果初始的收入和财富分布是不均匀的，那么增长可能更低，而且总的 GDP 增长率对减贫的影响将更小。

除了初始的收入分布，增长的类型和结构也对贫困有着基础性的影

---

① SACHS J D. The End of Poverty [M]. London: Penguin Books. 2005.
② ATKINSON A B. Inequality: What Can Be Done? [M] Cambridge: Harvard University Press. 2015.
③ RAVALLION M. Why Don't We See Poverty Convergence? [J] American Economic Review, 2012, 102 (1), 504-523.
④ THORBECKE E. Economic Development, Equality, Income Distribution and Ethics [C]. // ALTMANN M. Handbook of Contemporary Behavioral Economics: Foundations and Developments. Armonk: M. E. Sharpe, 2006.

响。增长和减贫之间没有取舍关系，关键的问题是识别有利于亲贫增长的制度和政策。

五、关于人的发展和包容性增长的复杂定义

21世纪以来，发展的定义相对以前已经变得更加复杂和多维。基于森的可行能力概念，人的发展已经占据了发展目标的中心位置。人的发展由健康、教育、营养、居所、信息接入、参与、政权形式、环境、可持续性等维度构成。

人的发展越来越被视为人类奋斗的最终目标。既然收入和财富分布越平等越有利于增长和发展，平等已经取代了减贫作为目标。联合国在2000年确定的8个千年发展目标已经在2015年扩展为17个可持续发展目标，提供了一个一般框架，来监测第三世界在提升福利水平方面的进步。实现这些目标的进展是不平衡的，提供了可行的奋斗目标。减少脆弱性也成为新的发展目标。在全球化时代，穷人在面对金融危机等外部冲击时更为脆弱，设计和实施能够减少其脆弱性的安全网和结构化的方法很重要。

包容性增长是一个新的范式，受到越来越多发展中国家的欢迎。包容性增长理论认为增长的类型和结构是包容性增长的关键因素，社会各阶层都会从中受益。

六、全球发展

很多学者认为全球化趋势不可阻挡，但全球范围内强烈的贸易保护主义行为使人们开始对全球化的必然性产生怀疑。制定发展战略必须在世界经济快速全球化的背景下来考虑——这一趋势很可能在未来减速。

一个关键问题是，目前的全球化形势是否有利于经济增长和结构转型的进程——这一进程能够产生和维持包容性的增长模式。与收入趋同理论相反，全球化有可能在国家和全球层面产生不利的分配后果，从而减缓目

前的减贫趋势。① 民族主义和保护主义趋势加剧，可能会导致贫困人口处境更糟糕。

因此，政策制定者需要设计和实施积极主动的发展战略，不仅要从全球化中受益，而且能够抵消全球化的负面影响。全球化不应被视为国内发展战略可靠的替代品。政府仅仅在贸易和资本流动自由化以及经济改革方面发挥积极作用，被动地等待"华盛顿共识"的果实和全球化的市场力量把它们拉上快速发展的轨道，这是不够的。但反自由贸易的政策可能会产生更糟糕的结果。

贸易自由化给那些积极投入全球化进程的国家提供了大量的潜在利益，但这些利益不是自动获得的。消极的自由化会导致边缘化。同时，那些仍然处于早期发展阶段的国家（例如撒哈拉以南的大部分非洲国家）需要在内部加强制度建设，发展农业，以便加快结构转型过程。此外，这些国家要在全球价值链中找到合适的位置，从而在全球化浪潮中受益。

第二节　中等收入阶段的经济发展

长期以来，发展经济学以广大发展中国家为研究对象，关注发展中国家如何摆脱贫困陷阱，实现持续发展。随着以东亚经济体为代表的国家和地区实现复兴，由中低收入经济体进入中高收入经济体的行列，经济发展也面临着新的挑战。特别是作为世界发展大国的中国，按人均收入自2010年已进入按世界银行标准划分的中等收入国家行列。但自2015年起，中国的GDP增速开始放缓，从改革开放以来的10%以上降至7%以内。中国进入中等收入阶段后经济增速的放缓，引起了学术界对中国经济是否落入"中等收入陷阱"的争论。进一步的探讨也关注当国家进入中等收入阶段后实现经济持续增长的驱动力。本节从"中等收入陷阱"命题及其争议、

---

① NISSANKE M, THORBECKE E. Channels and Policy Debate in the Globalization-inequality-poverty Nexus [J]. World Development, 2006, 34 (8), 1338-1360.

中等收入阶段的发展问题、跨越中等收入阶段等方面,对关于中等收入阶段经济发展的前沿研究进行系统梳理,并在发展经济学的视野下进行评述。

一、"中等收入陷阱"命题及其争议

(一)"中等收入陷阱"的概念和特征

世界银行在 2007 年发布了《东亚复兴:关于经济增长的观点》,提出了"中等收入陷阱"的概念,即当一个国家的人均收入达到中等水平后,由于不能顺利实现经济发展方式的转变,经济增长动力不足,最终出现经济停滞的状态。因此,"中等收入陷阱"的提出主要基于中等收入国家长期停留于中等收入阶段、难以转型进入高收入阶段的特定事实。基于这一理解,学者们进一步丰富了"中等收入陷阱"的概念。李培林将"中等收入陷阱"概括为:在世界经济格局中,后发国家的赶超和转型,只有极少数中等收入经济体能够成功晋为高收入经济体,绝大多数中等收入经济体会出现经济增长的长期停滞,既无法在工资成本方面与低收入国家竞争,又无法在高端技术创新方面与高收入国家竞争,不断积累的经济社会问题形成发展瓶颈,使得经济长期在中等收入阶段徘徊,无法真正实现转型和现代化。他进一步提出"双重中等收入陷阱"的命题,一方面指一个发展中经济体无法成功跨越中等收入发展阶段,进入高收入发展阶段如期实现现代化;另一方面意味着在发展中无法成功防止两极分化,建成一个中等收入群体占主体的橄榄型社会。①波斯(E. Paus)指出,中等收入陷阱的核心是在创新压力不断上升的全球背景下,生产能力发展不足。过去二十年,全球竞争大大加剧,产品周期缩短,技术变革加速,发达国家对此做出了积极的应对,更加强调促进研发和创新,而中等收入国家独立发展的压力却在增加。②欧诺(K. Ohno)从微观企业的角度对中等收入陷阱进行了解释,他指出,在追赶工业化的过程中,企业的学习要经过四个阶段

---

① 李培林.中国跨越"双重中等收入陷阱"的路径选择[J].劳动经济研究,2017,5(01):3-20.

② PAUS E. Latin America and the Middle-income Trap[R]. ECLAC-Financing for Development Series, 2014, No. 250.

来推进:第一阶段是国外指导下的简单制造;第二阶段是进口、技术许可、FDI技术溢出促进产业发展以及技术转移;第三阶段是国内企业掌握技术和管理,生产优质产品;第四阶段是企业转向创新和产品设计。他将中等收入陷阱定义为第二阶段和第三阶段之间的玻璃天花板。①

另有学者研究了中等收入陷阱发生的特征或触发条件。埃森格林(B. Eichengreen)等人分析了快速增长的中等收入国家增长放缓的发生率和相关性,发现中等收入国家的高增长可能会在多个时点减速。数据表明,中等收入国家在人均收入达到10000—11000美元和15000—16000美元两个区间的时候,都可能会发生增长放缓的现象,从而陷入中等收入陷阱。这意味着有更多的国家可能会面临增长放缓的风险。但对于那些中、高等教育人口比例更高以及出口产品中高科技产品份额更大的国家来说,经济放缓不太可能发生。② 郭熙保和朱兰发现中等收入经济体平均有38年的时间停留在中等收入阶段,而且在进入中等收入阶段的前25年有逐渐上升的概率实现向高收入阶段的转型,之后在25—40年期间转型概率下降,而在40年之后又提高。进一步分析,发现人力资本、技术进步和出口结构是中等收入经济体实现转型的重要因素。③

(二)"中等收入陷阱"命题的争议

中等收入陷阱问题引起了大量的学术争论,很多学者认为并不存在中等收入陷阱。布尔曼(D. Bulman)等人研究了不同收入水平国家的增长率,并没有发现任何特定收入水平的停滞不前,认为并不存在所谓的"中等收入陷阱"。④ 巴罗(R. J. Barro)也指出从中等收入向高收入阶段的转变是具有挑战的,但是并没有证据表明第二次转变要比第一次转变(从低

---

① OHNO K. The Middle-income Trap: Implications for Industrialization Strategies in East Asia and Africa [R]. Japan: GRIPS Development Forum, National Graduate Institute for Policy Studies, 2011.

② EICHENGREEN B, PARK D, SHIN K. Growth Slowdowns Redux: New Evidence on the Middle-income Trap [R]. NBER Working Paper, 2013, No. 18673.

③ 郭熙保,朱兰. 中等收入转型概率与动力因素:基于生存模型分析 [J]. 数量经济技术经济研究,2017,34(10):23-42.

④ BULMAN D, EDEN M, NGUYEN H. Transitioning from Low-income Growth to High-income Growth: Is There a Middle-income Trap? [R]. World Bank Policy Rearch Working Paper, 2014, No. 7104.

收入阶段向中等收入阶段）更困难。从这个意义上说，一个中等收入陷阱与低收入陷阱并没有什么区别。① 华生等人将学者们对"中等收入陷阱"的定义归纳为两类：一类是比较意义上的"中等收入陷阱"，援引世界银行报告中"比起较富或较穷的国家来说，中等收入国家的增长会相对较慢"的表述；另一类是赶超意义上的中等收入陷阱，使用追赶指数（Catch Up Index, CUI），即一国人均收入占美国人均收入的比重来划分发展阶段。若追赶指数低于20%，则为低收入国家，追赶指数在20%—55%之间，为中等收入国家，大于55%为高收入国家。当追赶指数上升时，意味着该国人均收入的增长速度超过美国。他们认为根据这两类定义，"中等收入陷阱"在比较意义上并不存在，在赶超意义上存在明显缺陷，而"中等收入陷阱"的定义已经在讨论中转化为对中等收入阶段的讨论，探讨发展中国家如何跨越"中等收入阶段"。②

也有学者认为，并不存在"无条件"的中等收入陷阱。韩雪辉和魏尚进指出并没有证据表明一个经济体在中等收入阶段的增长速度要显著地低于低收入阶段和高收入阶段③，不过进一步识别中等收入国家长期无法转变为高收入国家的因素是有意义的。贺大兴和姚洋基于世代交替模型考察了不平等在"中等收入陷阱"形成机制中的作用。他们认为不平等使穷人没有资本积累进行物质投资，导致发展中国家面临"第一类中等收入陷阱"，而即使成功跨越"第一类中等收入陷阱"，过高的收入不平等也会限制穷人的人力资本投资，先进生产部门无法替代落后的生产部门，最终形成"第二类中等收入陷阱"。只有穷人积累了人力资本后，经济才会收敛于高收入水平阶段。④ 姚枝仲认为中等收入陷阱源于中等收入经济体的经

---

① BARRO R J. Economic Growth and Convergence, Applied Especially to China [R]. NBER Working Paper, 2016, No. 21872.
② 华生，汲铮. 中等收入陷阱还是中等收入阶段 [J]. 经济学动态，2015（07）：4-13.
③ Han X H, WEI S J. Re-examing the Middle-income Trap Hypothesis (MITH): What to Reject and What to Revive? [R]. NBER Working Paper, 2017, No. 23126.
④ 贺大兴，姚洋. 不平等、经济增长和中等收入陷阱 [J]. 当代经济科学，2014，36（05）：1-9+124.

济不稳定，而经济不稳定源于频繁爆发的金融危机。[1]

在关于中等收入陷阱是否存在的实证研究中，采用较多的是转移矩阵的方法。例如埃姆（F. G. Im）和罗森布拉特（D. Rosenblatt）使用转移矩阵方法分析了麦迪森数据库中1950—2008年的数据，发现无论是绝对收入还是相对收入方面，都不支持"中等收入陷阱"的概念。[2] 郭熙保和朱兰比较了各国进入中等收入阶段的时间、人口转型和经济增长动力，认为这些国家在中等收入阶段的经济和人口特征方面，与统一增长理论中所描述的后马尔萨斯阶段大致吻合。而在统一增长模型中，后马尔萨斯阶段存在非稳定的均衡点，因此，他们认为中等收入阶段并不存在稳定的均衡点，否定了"中等收入陷阱"的存在。他们进一步通过计算1950—2008年期间139个国家的收入转移次数和转移概率矩阵，发现短期内经济体在中等收入阶段停留是一个大概率事件，但随着时间的延长，向上转移的概率逐渐增加。中等收入国家向上转移的概率始终大于低收入国家向上转移的概率，不存在中等收入国家向上转移更难的问题，否认"中等收入陷阱"的存在。[3] 类似地，韩雪辉和魏尚进基于转移矩阵的数据分析也否定了"中等收入陷阱"或"低收入陷阱"的概念，因为与低收入国家向中等收入国家转移相比，中等收入国家向高收入国家转移的速度并没有放缓。相反，他们发现中等收入国家的增长率更高，即上升的可能性更高。在数据中发现的唯一的陷阱是"高收入陷阱"，即一旦一个国家进入高收入俱乐部，它就总是会停留在那里。进一步地，他们使用非参数分类技术，构建了一个框架来解释低收入和中等收入国家在什么样的条件下会前进、落后或是停滞。他们发现工作年龄人口的增长率、性别比率、基础设施、宏观经济管理和金融发展对于经济的增长尤为重要，但它们与增长的关系并非线性，不同的基本面和政策选择集群会产生不同的增长表现。根据实证

---

[1] 姚枝仲. 金融危机与中等收入陷阱 [J]. 国际经济评论，2015（06）：33-42+5.

[2] IM F G, ROSENBLATT D. Middle-income Traps: A Conceptual and Empirical Survey [R]. WB Policy Research Working Paper, 2013, No. 6594.

[3] 郭熙保，朱兰. "中等收入陷阱"存在吗？：基于统一增长理论与转移概率矩阵的考察 [J]. 经济学动态，2016（10）：139-154.

结果，他们将所有的中等收入国家分为了三组：发展型国家、停滞型国家、倒退型国家。① 龚刚等人对上述基于转移概率矩阵和统一增长理论来判断是否存在中等收入陷阱的方法提出了质疑，认为不能以中等收入向高收入转移（第二个转移）不比低收入向中等收入转移（第一个转移）更困难为由，否认中等收入陷阱的存在，而应该通过这种转移是否是一个小概率事件来判断。②

（三）对中国是否能够跨越中等收入陷阱的讨论

中国是发展中大国，中国是否会遭遇中等收入陷阱，或者说能否成功跨越中等收入阶段成为高收入国家，也是当前发展经济学研究的一个前沿问题。对于这一问题的研究，学术界主要有两派观点。

一派认为中国很可能会陷入中等收入陷阱。持这种观点的学者大多是基于制度方面的考虑。如阿西莫格鲁和罗宾逊认为中国当前的制度与创新和可持续的增长并不相容。过去由追赶而推动的中国经济增长过程或许会持续一段时间，而考虑到当前的制度，一旦中国到达中等收入国家的生活水平，它就会停滞。同样，罗德里克等人认为中国的制度转型和人力资本明显落后于中国的工业进程，这通常意味着过去的增长是偶然的。③ 郑秉文指出在中国进入上中等收入阶段后，为了避免陷入"中等收入陷阱"，需要实现由"要素驱动"向"效率驱动"的转型，制定一套由"制度""政策"和"基础设施"构成的动力组合，抓住增长方式转变的历史机遇，实现"包容性增长"，保持社会制度与经济增长的同步发展。④

另一派认为，中国可以成功跨越中等收入陷阱。伊藤隆敏（Takatoshi Ito）在增长收敛的背景下定义中等收入陷阱，并利用面板数据研究

---

① Han X H, WEI S J. Re-examining the Middle-income Trap Hypothesis (MITH): What to Reject and What to Revive? [R]. NBER Working Paper, 2017, No. 23126.

② 龚刚，魏熙晔，杨先明，等. 建设中国特色国家创新体系 跨越中等收入陷阱 [J]. 中国社会科学，2017（08）：61-86+205.

③ MCMILLAN M, RODRIK D, SEPULVEDA C. Structural Change, Fundamentals, and Growth [R]. Washington, D. C.: International Food Policy Research Institute, 2017.

④ 郑秉文. "中等收入陷阱"与中国发展道路：基于国际经验教训的视角 [J]. 中国人口科学，2011（01）：2-15+111.

了东亚地区几个主要经济体的增长趋同问题，发现了分别收敛到低收入稳态、中等收入稳态、高收入稳态的三条路径。经济体通过实施能够产生创新的经济和政治改革，才能够从低收入经济跃升至中等收入经济，或从中等收入经济跃升至高收入经济。而如果没有改革，经济体就可能会陷入低收入或中等收入陷阱。他基于中国数据的分析发现，中国正在从中等收入向高收入趋同。① 格拉韦和瓦格纳也认为中国不会陷入中等收入陷阱：在大多数情况下，只有当增长率水平下降到3%—4%，中国才会陷入中等收入陷阱，而这是文献中最悲观的增长预测所预测的结果。他们强调了人力资本的关键作用，认为在人力资本积累和教育方面的进一步改善，以及缓解不断扩大的城乡收入差距是中国防止陷入中等收入陷阱的重要措施。②

二、中等收入阶段的经济发展问题

虽然对中等收入陷阱的存在与否有诸多争议，但中等收入阶段存在区别于低收入阶段的问题逻辑，因而有大量文献专注于中等收入阶段发展经济体的问题研究。我们归纳了几个较具代表性的重点问题，包括中等收入阶段的经济结构、人口转型、收入分配等。

（一）中等收入阶段的经济结构

第一，供给结构问题。产业结构的变化被视为中等收入国家增长的驱动力，工业升级在追赶阶段导致了更高的经济增长。林毅夫和王勇构建了一个结构变化与产业升级的多部门一般均衡模型，发现生产性服务在不同的发展层次上是不对称的。尽管在经济发展的早期阶段，一个欠发达的生产性部门并不会成为制约发展的障碍（有时甚至是有益的），但当进入中等收入阶段后，它却成为关键的瓶颈。因此，为了摆脱中等收入陷阱，需要政府进行干预以防止过早去工业化，促进有益的产业升级，提高其生产

---

① ITO T. Growth Convergence and the Middle-income Trap [J]. Asian Development Review, 2017, 34 (1): 1-27.

② GLAWE L. WAGNER H. China in the Middle-income Trap? [J]. China Economic Review, 2020, 60: 101264.

率。该分析也为政府战略性地利用工业政策来避免中等收入陷阱提供了理由。① 郭熙保和王筱茜比较了处于不同发展阶段经济体的产业结构，发现在经济体由低收入阶段进入中等收入阶段的过程中，工业对经济增长起着更大的推动作用，而在经济体由中等收入阶段向高收入阶段跨越的过程中，工业对经济增长的推动作用开始下降，而服务业对经济增长的推动作用更大。因而，一个经济体由中等收入阶段迈向高收入阶段的过程中，工业增长是前提条件，服务业增长是必要条件。② 供给结构中更为微观的问题是产品结构的升级。波斯指出，在成功的中等收入国家，当地的许多公司已经在技术许可、进口产品及跨国子公司的技术溢出中大大提升了自身的技术能力，在资源获取之外，这些跨国子公司已经开始从劳动密集型、低技术产品的组装转向生产中高科技产品，且中学入学人数已大大增加③。费利佩（J. Felipe）等人分析了1950—2010年间从中低收入国家向中高收入国家以及从中高收入国家向高收入国家的历史转变。他们分析了结构转变的八个指标，主要揭示相对比较优势、出口篮子复杂度以及结构转变的潜力。他们发现，在1950—2010年间成功实现阶段跃迁的国家，与中等收入组的国家相比，总体上在即将发生跳跃的时候，拥有更多样化、更复杂化、非标准化的出口篮子。④ 豪斯曼（R. Hausmann）等人的研究也发现出口复杂度与经济增长之间存在显著正向的关系，且这一效应在中等收入国家最为显著。⑤

第二，需求结构问题。对于中等收入经济体的需求结构变化的研究较少。瞿亦玮和张瑛使用世界投入产出数据库（WIOD），选择1995年后由

---

① LIN J Y, WANG Y. Structural Change, Industrial Upgrading, and Middle-income Trap [J]. Journal of Industry, Competition and Trade, 2020, 20（2）: 359-394.

② 郭熙保, 王筱茜. 产业结构与经济增长：基于中等收入国家的视角 [J]. 江汉论坛, 2017（06）: 5-13.

③ PAUS E. Latin America and the Middle-income Trap [R]. ECLAC-Financing for Development Series, 2014, No. 250.

④ FELIPE J, ABDON A, KUMAR U. Tracking the Middle-income Trap: What Is It? Who Is in It, and Why? [R]. Asian Development Bank Economics Working Paper, 2012, No. 306.

⑤ HAUSMANN R, HWANG J, RODRIK D. What You Export Matters [J]. Journal of Economic Growth, 2007, 12（1）: 1-25.

中等收入阶段成功跨入高收入阶段的后发成功追赶型经济体和目前尚未进入高收入阶段的中等收入经济体，比较它们之间在跨越低收入阶段和中低收入阶段时的需求结构变化。他们发现在跨越低收入阶段时，后发成功追赶型经济体的生存型需求（衣、食、住）占比和发展型需求（教育科研、公共服务）占比总体高于中等收入经济体，而享受型需求（出行、电子设备及邮政通讯、住宿餐饮、文化娱乐等）占比却远低于中等收入经济体。在跨越中低收入阶段时，两类经济体的需求结构发生了趋同。①

（二）中等收入阶段的人口转型

一些发展中国家进入中等收入阶段和国家的人口老龄化水平开始处于快速发展阶段几乎是同时的，中等收入经济体除了要应对经济增速的减缓，也要应对老龄化带来的不利影响。佩切尼诺（R. A. Pecchenino）等人指出老年人口比重增加和人口抚养比水平的上升会加剧社会养老负担，减少储蓄和物质资本积累，挤占年轻一代的教育资源，影响人力资本投资，进而导致劳动生产率下降，同时造成养老、医疗等公共支出过大，影响其他支出从而延缓经济增长。② 蔡昉基于中国人口红利下降和人口老龄化水平不断提高的事实，认为中国已经丧失劳动密集型成本优势，未来中国跨越中等收入陷阱需要转变为消费主导型经济发展模式，将劳动密集型产业转移到中西部地区，加快技术追赶速度等。③ 范洪敏和穆怀中研究了老龄化是否会阻碍中等收入阶段跨越，结果表明人口总抚养比水平的提高会显著降低一个国家或地区中等收入阶段向高收入阶段的跨越概率，而老年抚养比提高并不会显著降低向高收入阶段的跨越概率。④

---

① 瞿亦玮，张瑛. 经济发展进程中的需求结构变迁：中等收入阶段需求结构变化的跨经济体比较分析 [J]. 经济评论，2018（05）：160-170.

② PECCHENINO R A, POLLARD P S. Dependent Children and Aged Parents: Funding Education and Social Security in an Ageing Economy [J]. Journal of Macroeconomics, 2002, 24 (2): 145-169.

③ CAI F. The Coming Demographic Impact on China's Growth: The Age Factor in the Middle-income Trap [J]. Asian Economic Papers, 2012, 11 (1): 95-111.

④ 范洪敏，穆怀中. 人口老龄化会阻碍中等收入阶段跨越吗？[J]. 人口研究，2018，42（01）：31-43.

(三) 中等收入阶段的收入分配

根据库兹涅茨基于先发国家经验所提出的倒 U 型假说，中等收入阶段收入不平等程度最高。一些实证研究验证了这一假说，如黄河泉和林淑琴、奥尔蒂斯（I. Ortiz）和康明斯（M. Cummins）基于跨国面板数据的分析，得出收入差距呈倒 U 型的结论。①② 郭熙保和陈燕赟使用 161 个国家在 1981—2015 年的数据验证了库兹涅茨的倒 U 型假说，即中低收入阶段处于工业化初期，工业化和城市化加速发展，加剧了经济不平等程度，而在工业化中后期，工业化和城市化进程放缓，经济体进入中高收入阶段，收入分配恶化的趋势出现逆转，这一阶段收入差距总体好于中低收入阶段。③ 不过，也有部分研究并不支持这一假说，例如泰森（K. C. Theyson）和海勒（L. R. Heller）认为中等收入阶段的收入分配并没有出现恶化的一般趋势。④

有学者认为收入差距会在很大程度上影响经济增长，进而影响一个国家是否会陷入中等收入陷阱。江川晓夫（Akio Egawa）发现中国、马来西亚和泰国等发展中国家通过收入差距扩大的代价获得了经济高速增长，但当进入中等收入阶段后，若不缩小收入差距，经济增长下滑的可能性就较大，因此扩大中等收入群体是促进经济持续增长、跨越中等收入陷阱的重要措施之一。⑤ 程文和张建华从不同阶段收入差距和技术创新关系的角度，探讨了后发国家落入"中等收入陷阱"的机制。他们发现在中低收入阶段，收入差距的扩大不会对自主创新和经济增长产生抑制效应，而在中高

---

① HUANG H, LIN S. Semiparametric Bayesian Inference of the Kuznets Hypothesis [J]. Journal of Development Economics, 2007, 83 (2): 491-505.

② ORTIZ I, CUMMINS M. Global Inequality: Beyond the Bottom Billion—A Rapid Review of Income Distribution in 141 countries [R]. Unicef Social and Economic Policy Working Paper, 2011.

③ 郭熙保, 陈燕赟. 中等收入阶段的收入分配: 格局与机制的跨国比较 [J]. 财经科学, 2019 (04): 48-63.

④ THEYSON K C, HELLER L R. Development and Income Inequality: A New Specification of the Kuznets Hypothesis [J]. Journal of Developing Areas, 2015, 49 (3): 103-118.

⑤ EGAWA A. Will Income Inequality Cause a Middle-income Trap in Asia? [R]. Working Paper, 2013, No. 797.

收入阶段,过高的收入差距将会抑制自主创新,并使经济增长陷入停滞。[1] 这就解释了为什么后发国家在进入中等收入阶段后,如果无法实现创新驱动增长模式的转型,就会落入"中等收入陷阱"。

三、跨越中等收入阶段

（一）跨越中等收入阶段的发展模式

实现经济的持续发展、跨越中等收入阶段是中等收入国家的发展愿景。针对如何跨越中等收入阶段,学者们从发展模式和经济增长动力两个方面进行了讨论。布雷瑟-佩雷拉（L. C. Bresser-Pereira）将新发展主义定义为一套制度改革和经济政策的建议,以使中等收入阶段的发展中国家向上追赶发达国家的人均收入水平。这种追赶策略建立在采用出口导向型增长制度的基础之上,促进制成品出口会使得资本积累的步伐加快,并引入技术进步和结构变革。为了做到这一点,实际汇率就必须在中长期保持在竞争水平。进一步地,奥雷罗（J. L. Oreiro）等人提出了一个结构转变与经济增长的模型,该模型表明中等收入陷阱是在有"荷兰病"的经济体中采用外部储蓄增长模式的后果,这会导致过早的去工业化、劳动生产率增长放缓、实际产出水平和增长率的永久下降,产能利用率、投资和就业份额的下降。要想摆脱中等收入陷阱的政治经济问题,需要汇率大幅贬值和短期内实际工资的下降,根本问题便是说服工人和政治家以长期利益来补偿短期损失。[2]

一些学者强调转变经济发展模式、发展知识密集型产业、促进创新与技术进步的重要性。波斯指出经济结构的升级需要社会和企业在互动中共同发展。首先需要发展国家创新体系,包括增加高等教育学生的入学率,培育更加专业化的技术技能,增加在研发方面的公共支出,完善信息通信

---

[1] 程文,张建华. 收入水平、收入差距与自主创新:兼论"中等收入陷阱"的形成与跨越 [J]. 经济研究, 2018, 53（04）: 47-62.

[2] OREIRO J L, DA SILVA K M, DAVILA-FERNANDEZ M J. A New Developmentalist Model of Structural Change, Economic Growth and Middle-income Traps [J]. Structural Change and Economic Dynamics, 2020, 55: 26-38.

技术基础设施的建设。这些社会能力的提高将增加当地企业的研发活动，并转向一些更高附加值的生产活动。当社会和企业层面的能力共同提高并超过关键门槛时，知识密集型活动就会在生产部门占有越来越大的份额。① 黄群慧等人认为中国进入中等收入阶段后，制造业实际占比和生产效率增速同时出现下降趋势，可能出现"过早去工业化"现象，加大了因新旧动能转换失灵而陷入中等收入陷阱的风险。他们认为工业化的战略选择不是去工业化，而是抓住新一轮科技革命和产业变革的历史机遇，加快建设制造强国，加快发展先进制造业，推动互联网、大数据、人工智能和实体经济深度融合。② 黄先海和宋学印认为驱动经济增长的动力未能适时转换而陷入"技术追赶陷阱"是经济体陷入"中等收入陷阱"的深层机制。对于技术差距已处于准技术前沿阶段的发展中经济体，应加快由追赶导向型转为竞争导向型的新增长战略，即通过扩大市场和要素竞争、构建完善的知识产权保护制度、由引进资本到引进竞争的外资，以及实施竞争兼容型的创新补贴政策等，支撑较快的技术进步率及经济增长率，从而跨越陷阱，继续向国际前沿经济体逼近。③

也有学者关注到开放政策的重要性。邹静娴和张斌按照不同国家在中等收入阶段停留的时间长短，将国家分为前沿国家、赶超成功的国家和赶超失败的国家。赶超成功的经济体在对外贸易、外商直接投资、对外直接投资、资本项目管理等方面的开放程度持续提高，逼近前沿经济体；而赶超失败的经济体开放程度远低于赶超成功的经济体，且在有些开放政策领域陷入停滞。其中的影响机制是对外贸易、外商直接投资、对外直接投资等领域的开放政策促进了市场竞争，帮助企业在全球领域优化资源配置，促进了产业升级和经济结构转型。此外，他们还认为以政府鼓励重工业优

---

① PAUS E. Latin America and the Middle-income Trap [R]. ECLAC-Financing for Development Series, 2014, No. 250.
② 黄群慧，黄阳华，贺俊，等. 面向中上等收入阶段的中国工业化战略研究 [J]. 中国社会科学，2017 (12)：94-116+207.
③ 黄先海，宋学印. 中国跨越潜在"中等收入陷阱"的新增长战略：从追赶导向到竞争导向 [J]. 国际经济评论，2018 (01)：61-71+5.

先发展为代表的赶超战略是造成发展中经济体经济停滞的重要原因①。

(二) 跨越中等收入阶段的驱动力

跨越中等收入阶段的驱动力研究关注推动中等收入阶段国家跨越发展的内生动力,强调特定因素在推动中等收入国家实现持续发展的带动作用。学者们从金融发展、消费、技术进步、人力资本升级、产业发展、制度等方面考察了跨越中等收入阶段的驱动力。

在金融方面,阿格纳(P. R. Agénor)和卡努托(O. Canuto)分析了融资、产品创新与劳动力供应之间的相互作用如何产生多种稳定状态,其中一种状态便是中等收入陷阱,其特征是设计部门的工资低、从事创新活动的劳动力比例低、增长率低。作者指出,通过减轻创新者获得资金的限制,即通过资本市场的发展而非政府补贴来减轻金融限制,可以使一个国家通过促进创新和激励人力资本投资来摆脱这一陷阱。② 胡恒强等人也研究了中等收入国家跨越"中等收入陷阱"过程中金融发展所扮演的驱动力量。对于处于增长动力转换期的国家,应该由"促进模仿的策略"逐渐转向"促进创新的策略",而金融发展以及金融结构的内在调整对于经济收敛以及跨越"中等收入陷阱"具有重要的驱动作用。③

在消费方面,郑东雅研究了89个1980年处于中等收入的国家(地区)的消费模式,发现33个跨越"下中等收入陷阱"的国家(地区)和21个陷入"上中等收入陷阱"的国家(地区)的消费模式均呈现出先下降后上升的U型趋势,而那些成功跨越"上中等收入陷阱"的国家(地区)的消费占比则一直呈现缓慢下降的态势,说明降低消费占比是跨越"上中等收入陷阱"的前提条件。④

---

① 邹静娴,张斌. 后中等收入经济体的对外开放:国际经验对中国的启示 [J]. 国际经济评论, 2018 (02): 9-23 + 4.

② AGÉNOR P R, CANUTO O. Access to Finance, Product Innovation and Middle-income Traps [J]. Research in Economics, 2017, 71 (2): 337-355.

③ 胡恒强,范从来,孙德峰. 跨越"中等收入陷阱":金融发展的驱动力量 [J]. 财经问题研究, 2018 (07): 45-53.

④ 郑东雅. 扩大消费能跨越"上中等收入陷阱"吗? [J]. 浙江社会科学, 2016 (05): 4-13 + 155.

在技术进步方面，陈昌兵和张平构建了一个包含知识和通用技术的两部门均衡模型，来分析突破"中等收入陷阱"的机制。他们发现知识部门的人均产出水平处于高水平增长时，其外溢能力较强，会迫使通用技术部门不断进步，使得人均产出水平有较大的提高，从而突破"中等收入陷阱"。通过国际比较，他们分析了韩国和南非这两个分别为成功突破"中等收入陷阱"和仍然处于"中等收入陷阱"的典型国家的知识部门产出和消费，发现在突破"中等收入陷阱"期间，韩国知识部门的人均产出增长率均值为9.76%，知识部门消费占比达到26%左右；而南非处于中等收入期间，知识部门的人均产出增长率仅为1.21%，知识部门产品消费占比为20%。对于中国来讲，进入中等收入阶段以来，知识部门的人均产出增长率均值达到16.79%，知识部门消费占比仅为12.61%。他们主张以知识部门未达标的新生产力要素供给作为跨越"中等收入陷阱"的主导力量。[①] 徐永慧和李月探讨了全要素生产率对中等收入经济体跨越"中等收入陷阱"的重要作用。她们发现当经济体处于中、低收入发展阶段时，一方面，应该积极利用追赶效应对全要素生产率的积极影响，另一方面，应该通过贸易自由化、金融自由化等方式吸收国外的前沿技术，促进全要素生产率增长的技术进步效应。此外，在中等收入阶段，需要实现外界驱动向自主创新驱动的转型，实现全要素生产率提升路径的转型，才能保证经济进入高收入阶段。[②] 阿雷兹基（R. Arezki）等人基于中东和北非地区中等收入陷阱的研究也发现，关键部门缺少采用一般通用技术可能构成中等收入陷阱的一个重要传播渠道。[③]

在人力资本升级方面，张勇等人认为很多陷入"中等收入陷阱"的经济体缺乏与新兴产业和经济转型对应的创新型人力资本储备，因此，在中国由投资拉动转向人力资本拉动的经济转型中，需要进一步加大教育的公

[①] 陈昌兵，张平. 突破"中等收入陷阱"的新要素供给理论、事实及政策选择 [J]. 经济学动态，2016（03）：43-55.

[②] 徐永慧，李月. 跨越中等收入陷阱中全要素生产率的作用及比较 [J]. 世界经济研究，2017（02）：88-98+136-137.

[③] AREZKI R, FAN R Y, NGUYEN H. Technology Adoption and the Middle-income Trap: Lessons from the Middle East and East Asia [J]. Review of Development Economics, 2021, 25 (3): 1711-1740.

共投入，增强人力资本积累，提高高等教育竞争力和创新能力。① 埃森格林等人研究发现，高质量的人力资本、高科技产品的出口份额与经济放缓的可能性呈负相关，因而积极发展教育、培育高技能工人、积累高质量人力资本并转向高技术产品出口的国家，更有可能避免中等收入陷阱。②

在产业发展方面，徐强定量观察了各类经济体收入的产业构成、历史趋势和相互影响，认为制造业发展和深度工业化才是非特定禀赋经济体跨越中等收入陷阱的关键环节，强调制造业对服务业的带动作用。③

在制度方面，蔡昉认为进入中等收入阶段并不必然落入"中等收入陷阱"。要避免陷入"中等收入陷阱"，需要通过改革挖掘制度红利，进而依靠人力资本提升、资源配置优化和技术进步来提高全要素生产率。④

四、小结

发展中国家迈入中等收入阶段后如何实现持续发展的问题成为发展经济学研究的新议题，特别是中国在经历了长期高速经济增长后增速放缓，使得这一问题在中国引起了广泛的讨论。当前，关于"中等收入陷阱"存在与否的讨论尽管没有达成一致，但学者们已将注意力转移到像中国这样的中等收入阶段国家如何实现持续发展、进入高收入国家行列的研究中，以解决国家在中等收入阶段经济发展中面临的现实困境，为国家进入高收入阶段提供策略，进而推进发展经济学的新发展。

在中等收入阶段，外部发展环境、要素禀赋结构、社会需求都发生了明显变化，面临着不同于低收入阶段的发展问题与发展任务。曾经推动低收入阶段经济发展的动力也不再适合新阶段的经济发展道路。世界经济发

---

① 张勇，王慧炯，古明明. 通过发展教育规避"中等收入陷阱"：教育与增长、转型的分析[J]. 经济管理，2012，34（05）：174-182.

② EICHENGREEN B, PARK D, SHIN K. Growth Slowdowns Redux: New Evidence on the Middle-income Trap [R]. NBER Working Paper, 2013, No. 18673.

③ 徐强. 非特定禀赋经济体跨越"中等收入陷阱"的关键[J]. 统计研究，2017，34（05）：28-37.

④ 蔡昉. 通过改革避免"中等收入陷阱"[J]. 南京农业大学学报（社会科学版），2013，13（05）：1-8.

展史表明,中等收入阶段存在着发展分化问题,一些经济体可能长期停滞在中等收入阶段。然而,当代发展经济学理论是以低收入国家的经济发展问题为研究对象,既有的大部分理论与发展战略,已经不再适用于包括中国在内的中等收入国家经济实践的需要。新时代的实践呼唤新的发展理论。

第三节 新人力资本理论

传统的人力资本理论以教育作为核心,往往使用受教育年限等易于测量的指标作为人力资本的代理变量。而同样反映人力资本水平的能力由于不易测量,常被认为是先天给定的。许多实证研究发现认知能力是社会经济地位、教育、健康等结果变量的决定因素。新人力资本理论弥补了传统的人力资本理论对能力作用的忽视,强调能力在人力资本理论中的核心作用,形成了基于能力的人力资本概念,关注认知能力和非认知能力的形成及影响。其中认知能力指人脑加工、储存和提取信息的能力。[①] 而非认知能力是指与计算、阅读或背诵等认知能力不同但可以用个性特质进行衡量的能力,例如自尊、毅力、乐观主义和未来导向等信息。[②] 关于非认知能力的测度主要基于"大五人格"指标,包含严谨性(conscientiousness)、宜人性(agreeableness)、外向性(extraversion)、开放性(openness)和神经质(neuroticism)等五大维度。[③]

赫克曼(J. Heckman)和卡内洛(P. Carneiro)指出,非认知能力对于劳动力市场的成功和学业表现都非常重要,现行的有关能力形成的分析较多地关注了认知能力,对非认知能力在人力资本干预项目评价中的地位

[①] RUMELHART D E. Cognitive Psychology: Cognition and Reality. Principles and Implications of Cognitive Psychology [J]. Science, 1977, 198: 816-817.

[②] ROBERTS B W. Back to the Future: Personality and Assessment and Personality Development [J]. Journal of Research in Personality, 2009, 43 (2): 137-145.

[③] COSTA P, MCCRAE R. Four Ways Five Factors are Basic [J]. Personality and Individual Differences, 1992, 13 (6): 653-665.

和作用关注不足。① 近些年来,随着微观数据来源不断丰富,关于非认知能力的经验研究也不断涌现。本节将从新人力资本的形成和新人力资本对人的发展的影响两个方面,介绍该理论的概况,并进一步从发展经济学的视角,关注发展中国家典型的经济特征对非认知能力形成带来的影响。

一、新人力资本的形成

有关新人力资本形成的研究关注什么因素影响人,特别是青少年的认知能力和非认知能力发展。在发展中国家,认知能力和非认知能力的发展具有明显的城乡差异,研究者们从学前教育、农村寄宿制学校、家庭经济地位、人口流动等方面研究了这些因素对认知能力和非认知能力发展的影响。

(一) 学前教育

王慧敏等人使用"中国教育追踪调查"基线数据,发现儿童学前教育的获得与家庭经济地位相关,社会经济地位较高的家庭其子女更可能接受学前教育。从长期来看,接受过学前教育的学生在认知能力(认知测试得分和学业考试成绩)和非认知能力(自我效能和社会交往)方面均有更好的表现。因而,需要通过改革保障儿童接受学前教育的机会公平,从而缓解社会经济地位不平等。②

龚欣和李贞义同样使用"中国教育追踪调查"基线数据,发现由于身体状况、家庭经济条件和父母受教育水平的差异,儿童在接受学前教育的机会方面存在不平等,但是接受学前教育的经历对儿童进入初中后的非认知能力有显著的提升作用,包括提升了初中学生的思维开通性、自律性和朋友质量,并显著降低了他们的消极情绪。③

---

① HECKMAN J, CARNEIRO P. Human Capital Policy [Z]. NBER Working Paper No. 9495. 2003.
② 王慧敏,吴愈晓,黄超. 家庭社会经济地位、学前教育与青少年的认知—非认知能力 [J]. 青年研究, 2017 (06): 46-57+92.
③ 龚欣,李贞义. 学前教育经历对初中生非认知能力的影响:基于 CEPS 的实证研究 [J]. 教育与经济, 2018 (04): 37-45.

(二) 农村寄宿制学校

在中国西部,为了保证基本实施九年义务教育和基本扫除青壮年文盲,解决制约西部农村地区普及义务教育的"瓶颈"问题,中央及地方政府自 2004 年起实施了农村寄宿制学校建设工程。寄宿制学校在保证青少年接受义务教育和提高教育质量的同时,也使得儿童过早与家人分离,可能产生不利的影响。朱志胜等人发现贫困农村地区的寄宿制教育形式并不利于农村儿童的人力资本形成与积累,寄宿儿童的认知能力和非认知能力较之非寄宿儿童均处于不利地位。寄宿教育对农村儿童发展的负面冲击存在"精英俘获"现象,表现为寄宿对男孩、家庭经济水平较高、母亲受教育程度较高以及经济发展水平相对较好地区的农村儿童的负面影响更大。[①]

(三) 城乡迁移

城乡二元体制是发展中国家的重要特征,伴随着城市化的进程,越来越多的农村人口向城市转移,由于制度、照料时间和家庭经济状况的限制,大量儿童无法跟随父母进入城市,只能留在农村老家接受教育,成为"留守儿童"。一般而言,父母外出务工可以提高家庭收入,开阔眼界和见识,学习到先进的教育和抚养理念,从而增加对孩子教育的投入,提高子女的认知能力和非认知能力。而另一方面,父母陪伴的缺失,导致儿童缺乏照顾和关怀,缺乏父母的管教和监督,从身心上受到不利的影响。

拉艾(C. Lahaie)等人发现,在墨西哥,那些父母中有人移居到美国的留守儿童在学业、行为和情绪方面都要更糟,更容易出现怨恨、自卑、沮丧等不良情绪或发生暴力行为。[②]

吴贾和张俊森使用一组自报的行为能力来测度中国留守儿童的非认知能力,发现在儿童早期成长过程中,父母将子女留守导致子女行为能力更低。不过相对于影响认知能力时出现的性别差异,在研究对非认知能力的

---

① 朱志胜,李雅楠,宋映泉. 寄宿教育与儿童发展:来自贫困地区 137 所农村寄宿制学校的经验证据 [J]. 教育研究,2019,40 (08):79-91.

② LAHAIE C, HAYES J, PIPER T, HEYMANN J. Work and Family Divided across Borders: The Impact of Parental Migration on Mexican Children in Transnational Families [J]. Community Work & Family, 2009, 12 (3): 299-312.

影响时，并没有出现明显的性别差异。①

侯玉娜利用甘肃、宁夏、四川、云南、广西五省区农村地区数据，发现父母双方同时外出或长期外出提升了留守子女的学业成绩，但从留守儿童的非认知能力的发展来看，留守子女容易出现隐性的、较为严重的适应性问题，特别是对于那些母亲外出的儿童，更为严重。②

董志强和赵俊认为竞争态度是一种重要的非认知能力，对个人性格养成和人力资本积累起着重要的意义，但缺乏父母陪伴的留守儿童更加规避参与竞争，而且在儿童竞争偏好形成的过程中，父亲陪伴所起的作用更为重要。③

吴贾等人发现对于流动人口的子女，父母工作时间的增加提升了家庭对子女教育的支出，并提升了子女的成绩，但同时也减少了对子女的陪伴时间，降低了子女的自律能力。而父母工作时间对城市儿童教育投入的影响相对较小，对儿童自律也没有影响。这提醒流动人口除在物质方面增加对子女的教育投入外，也不应该忽视对子女的陪伴。④

（四）健康

孙旭和郑磊探讨了农村儿童的早期健康状况对认知能力的影响，认为父母倾向于将更多的家庭资源分配给健康状况更好的孩子，出生低体重儿童过多的医药费用挤占了教育支出，以及健康状况欠佳影响了学校教育产出。因此，出生体重对农村儿童认知能力的发展具有显著的正向影响，尤其是字词能力。⑤

沈纪考察城乡间的健康认知回报效应及家庭资源影响认知效应，发现

---

① WU J, ZHANG J. The Effect of Parental Absence on Child Development in Rural China [J]. Asian Economic Policy Review, 2017, 12（1）：135-136.
② 侯玉娜. 父母外出务工对农村留守儿童发展的影响：基于倾向得分匹配方法的实证分析 [J]. 教育与经济，2015（01）：59-65.
③ 董志强，赵俊. "留守"与儿童竞争偏好：一项实地实验研究 [J]. 经济学动态，2019（04）：33-48.
④ 吴贾，韩潇，林嘉达. 父母工作时间的代际影响：基于城市和流动人口子女认知和非认知能力的分析 [J]. 劳动经济研究，2019，7（03）：56-83.
⑤ 孙旭，郑磊. 农村儿童的早期健康对认知能力的影响：基于2010年CFPS数据的研究 [J]. 教育经济评论，2018，3（05）：54-69.

在语文认知能力上,虽然农村儿童的健康认知回报显著大于城市儿童,但无论城乡,健康对儿童语文认知能力的作用都可以被其他家庭资源所替代;在数学认知能力上,健康认知回报在两组儿童中差异不显著,但在农村儿童组中,其他家庭资源无法替代健康对认知的作用,城市儿童中则可以替代。据此,在促进农村儿童认知发展上,一方面要加大对农村公共健康和学前教育的投入,另一方面还应注重改善家庭养育策略,从而缩小健康和家庭资源上的城乡差异。①

(五) 其他

张青根和沈红探讨了早期流动求学经历对大学生批判性思维能力的影响,认为本科大学生入学时,有早期流动求学经历的大学生的批判性思维能力更强,表明早期流动求学经历对人的成长具有积极效用;早期流动求学经历显著影响大学生在本科教育阶段的批判性思维能力增值,表明上述的积极效用具有持续性;相比非农业户口出身的学生而言,早期流动求学经历的积极效用及其持续性在农业户口学生身上表现得更明显。②

陈雨露与秦雪征认为认知与非认知能力也是相貌影响个体劳动力市场表现的重要渠道之一。相貌出众的个体其表达能力、理解能力、人缘关系、自信程度、待人接物水平和受信任程度全部显著高于相貌较佳的个体,而后者则显著高于相貌一般的个体。在字词、数学测试方面,相貌较佳个体的得分显著高于相貌出众的个体,符合"高跟鞋曲线"效应。通过对各年龄段人群的进一步对比发现,与年轻个体相比,中老年样本中相貌出众的个体受到的"奖励"上升,相貌平平的个体受到的"惩罚"也在提高。此外,与城镇居民相比,相貌对于农村居民认知能力与非认知能力的影响更为显著。③

---

① 沈纪. 健康对儿童认知能力的影响:基于一项全国性调查的家庭和城乡比较分析 [J]. 青年研究, 2019(02): 14-26+94.

② 张青根, 沈红. 早期流动求学经历对大学生批判性思维能力及其增值的影响 [J]. 教育经济评论, 2018, 3(01): 100-119.

③ 陈雨露, 秦雪征. 相貌对个人认知能力与非认知能力的影响:基于中国家庭追踪调查(CFPS)数据的研究 [J]. 劳动经济研究, 2018, 6(04): 71-96.

二、新人力资本对人的发展的影响

诺贝尔经济学奖得主赫克曼（James Heckman）较早开始关注非认知能力对人的发展的影响，通过构建一个多维度的新人力资本理论框架，将非认知能力引入模型，发现非认知能力在解释个人成就时所起的作用不亚于认知能力。① 自此，非认知能力对人的发展影响的研究越来越丰富，学者们从学业表现、劳动收入、经济行为等多个方面研究了新人力资本形成的长期影响。

（一）劳动收入

非认知能力对劳动收入的影响在近年来受到学者的广泛关注，这方面的研究既有助于解释劳动力市场上存在的工资收入差距，也能够引起人们对非认知能力的重视，为制定人力资本提升政策提供参考。

鲍尔斯（S. Bowles）等人较早探讨了非认知能力影响劳动收入的机制。他们认为雇主在确定工人的工资时，关注生产技能、工作小时数和劳动者自身的努力程度等三个因素。其中，前两者是较容易观测的，而劳动者自身的努力程度却是难以准确观测的。此时，雇主就会通过考察劳动者身上具有的非认知能力来判断劳动者的努力程度。非认知能力影响收入的另一个渠道是较高的非认知能力会使个体积累更多的社会资本，扩大其职业选择空间，从而提升其获得工资较高的职业或者岗位的可能性。②

一些研究利用心理学的"大五人格"模型，实证检验非认知能力对劳动者工资收入的影响。乐君杰和胡博文发现非认知能力对中国劳动者的工资收入具有显著的促进作用，其重要性不亚于受教育年限。而且，非认知能力对工资收入的影响存在明显的性别差异。其中，神经质和宜人性对于女性劳动者更为重要，而严谨性则对男性劳动者影响更大。因此，他们认为未来学校在探索教育模式、政府在开展技能培训时应重视非认知能力的

---

① HECKMAN J, STIXRUD J, URZUA S. The Effects of Cognitive and Noncognitive Abilities on Labor Market Outcomes and Social Behavior [J]. Journal of Labor Economics, 2006, 24 (3): 411-482.

② BOWLES S, GINTIS H, OSBORNE M. The Determinants of Earnings: A Behavioral Approach [J]. Journal of Economic Literature, 2001, 39 (4): 1137-1176.

提升，而非一味强调认知能力。① 王春超和张承莎也发现非认知能力对劳动者工资性收入存在显著的正向影响。但随着收入分位数水平的提高，非认知能力对劳动者工资性收入的影响下降。男女两性的非认知能力收入回报存在明显差异，女性非认知能力对个体工资性收入的影响更高。他们发现非认知能力的提高有助于增加个体的社会资本，提高教育的边际效应，进而促进劳动者工资性收入的提升。②

一些研究比较了认知能力和非认知能力在决定劳动收入时的差异。朱红和张宇卿探讨了高等教育阶段非认知能力的提升程度对大学生第一份工作月薪的影响。他们发现，大学生个体非认知与认知发展均对收入产生显著影响，但在本科生群体中，非认知能力对收入的解释力度强于传统人力资本关注的认知发展指标，在专科生群体中则相反。③

也有一些研究发现非认知能力对个体收入并没有显著的影响。基于哥伦比亚家庭调查数据的研究表明，认知能力可以显著影响个体职业选择进而影响收入水平，而非认知能力对个体收入的影响并不显著，只会影响低技能劳动者的劳动参与率。④

黄国英和谢宇比较了认知能力和非认知能力在决定青年劳动收入上的差异。他们发现以字词、数学、记忆和数字推理测验等方式测量到的认知能力显著影响了劳动力的工资性收入，但在控制了受教育水平后，这一影响是显著但微弱的，说明认知能力对劳动收入的影响主要是通过教育的渠道来实现的。而以受访者的理解能力、调查配合程度、待人接物水平、可信程度、语言表达能力为代表的非认知能力能够显著解释劳动者的收入差

---

① 乐君杰，胡博文. 非认知能力对劳动者工资收入的影响 [J]. 中国人口科学，2017（04）：66-76 + 127.
② 王春超，张承莎. 非认知能力与工资性收入 [J]. 世界经济，2019. 42（03）：143-167.
③ 朱红，张宇卿. 非认知与认知发展对大学生初职月薪的影响 [J]. 华东师范大学学报（教育科学版），2018，36（05）：42-50 + 166.
④ ACOSTA P, MULLER N, SARZOSA M. Beyond Qualifications: Returns to Cognitive and Socio-emotional Skills in Colombia [Z]. Policy Research Working Paper Series 7430. Washington, D. C.: World Bank, 2015.

异,并且这种作用独立于认知能力的作用。①

盛卫燕和胡秋阳发现认知能力可以显著提高劳动收入,但对技能溢价的影响并不稳定且不显著;非认知能力不仅可以提高低技能劳动收入,还可以显著提升技能溢价水平。就非认知能力对技能溢价的影响机制进行检验,发现非认知能力可通过职业选择偏好效应影响技能溢价,社会资本效应并不显著。②

非认知能力对劳动收入的影响在中低技能群体中更为明显。李晓曼等人发现在中低技能群体中,以能力为核心的新人力资本具有较高的回报率,其中非认知能力(严谨性)的回报率最为突出。这也揭示了非认知能力在提升中低技能群体就业质量中的巨大价值。基于美国的数据也发现,非认知能力对于低技能劳动者工资和职业稳定性的影响超过了认知能力。③此外,库拉科娃(L. Kureková)等人也发现相比制造业部门,在服务业的中低技能岗位上,雇主更偏好有更高非认知能力的雇员。④

(二) 创业

王珣等人基于"大五人格"分类法,实证检验个体非认知能力对创业的影响及其作用机制。他们发现,非认知能力的14个细分维度中,条理性对创业决策具有显著的促进作用,审慎性对创业强度具有显著正影响,热情性则对创业强度具有显著负影响。而政府管制较强和政府效率低下都影响非认知能力对创业作用的发挥。⑤

魏下海等人认为人格特征对于个体的创业选择扮演着日益重要的角

---

① 黄国英,谢宇. 认知能力与非认知能力对青年劳动收入回报的影响 [J]. 中国青年研究,2017 (02):56-64+97.

② 盛卫燕,胡秋阳. 认知能力、非认知能力与技能溢价:基于CFPS 2010-2016年微观数据的实证研究 [J]. 上海经济研究,2019 (04):28-42.

③ 李晓曼,涂文嘉,彭诗杰. 中低技能劳动者因何获得了更高收入?:基于新人力资本的视角 [J]. 人口与经济,2019 (01):110-122.

④ KUREKOVÁ L, BEBLAVÝ M, HAITA C, THUM A. Employers' Skill Preferences across Europe: Between Cognitive and Non-cognitive Skills [J]. Journal of Education and Work, 2015, 29 (6): 662-687.

⑤ 王珣,岳园园,朱晨. 非认知能力与创业:来自中国家庭追踪调查的经验分析 [J]. 财经论丛,2018 (11):13-21.

色，外向性、开放性和严谨性都对流动人口的创业有显著且稳健的正向影响，而神经质对创业有显著的负向影响。进一步的研究发现相对机会型创业，严谨性和神经质对生存型创业的影响更显著，但是外向性和开放性对机会型创业的概率提升显著高于生存型创业；相较于女性，开放性、严谨性和神经质对男性的影响更显著，但外向性对女性创业的概率提升大于男性；外向性、严谨性使流动人口在郊区创业比在市区创业的概率更大，而开放性、神经质的影响则相反。①

李涛等人认为个人的综合认知能力对其是否创业不存在显著影响，表明中国的聪明人并没有更愿意创业。但这种影响会因行业管制水平不同而异，在管制水平较高的行业中，个人更高的综合认知能力会显著降低其创业概率，在管制水平较低的行业中却完全相反。他们建议政府应当更加积极有效地推进简政放权，减少各行各业中不必要和不合理的行政干预，这样才能将中国人的聪明才智更好地吸引到创业中。②

（三）家庭金融行为

孟亦佳发现在控制了受教育年限和金融知识水平之后，以字词识记能力和数学能力衡量的认知能力越高，其家庭参与金融市场及增加股票等风险资产投资的概率也越高。③

周洋等人发现认知能力对于家庭金融排斥具有显著的负向影响。具体而言，认知能力的提高可以显著缓解家庭对储蓄、股票投资和基金投资的排斥。进一步分析发现，字词识记能力、数字计算能力和记忆力的提高可以显著降低家庭金融排斥的概率。同时，认知能力的影响在城乡家庭中都显著存在，但是在城市家庭中更显著。机制分析表明，认知能力会通过社会资本效应和信息效应对金融排斥产生作用。④

---

① 魏下海，李博文，吴春秀. 人格的力量：非认知能力对流动人口创业选择的影响 [J]. 学术研究，2018（10）：93-101+177-178
② 李涛，朱俊兵，伏霖. 聪明人更愿意创业吗？：来自中国的经验发现 [J]. 经济研究，2017，52（03）：91-105.
③ 孟亦佳. 认知能力与家庭资产选择 [J]. 经济研究，2014，49（S1）：132-142.
④ 周洋，王维昊，刘雪瑾. 认知能力和中国家庭的金融排斥：基于 CFPS 数据的实证研究 [J]. 经济科学，2018（01）：96-112.

（四）学业表现

认知能力对学业表现的影响在早期受到了广泛关注，近年来学者们开始关注非认知能力对儿童及青少年学业成就的影响。王骏基于北京市城市功能拓展区 39 所学校小学四年级学生的调查数据，探讨了非认知能力发展与学业成绩分布和性别差异的关系。研究发现女生学业成绩存在明显的"地板砖效应"，非认知能力的特征效应和报酬效应能够在很大程度上解释学业成绩分布的性别差异，但二者的方向和相对大小因学科不同和学业成绩分布的位置不同而有所不同。因此，逐步提高男生的非认知能力，完善非认知能力对男生学业表现的影响机制，对缩小学业表现的性别差异具有重要意义。[1]

刘中华发现青少年非认知能力对学业表现的作用堪比认知能力，甚至更高。研究建议父母和学校应加强对青少年非认知能力的培养，促进其全面发展。[2]

随着微观数据的获得，以及微观计量研究方法的不断改进，关于新人力资本，特别是其中非认知能力对个体发展的影响的研究不断深入。在发展中国家，政府长期坚持的教育投入提升了国民的认知能力，而非认知能力的提升还没有被强调，特别是大量流动人口的存在影响了儿童的非认知能力，这一问题也需要在发展过程中予以重视。

第四节　数字经济与发展

以互联网、移动电话等以数字方式收集、存储、分析和共享信息的工具为代表的数字技术已经迅速普及。在发展中国家，拥有手机的家庭

---

[1] 王骏. 非认知能力发展能够解释学业成绩分布的性别差异吗？：来自北京市城市功能拓展区的经验证据 [J]. 世界经济文汇, 2018 (06): 49-69.

[2] 刘中华. 非认知能力对学业成就的影响：基于中国青少年数据的研究 [J]. 劳动经济研究, 2018, 6 (06): 69-94.

比拥有电力或清洁水的家庭多。① 经过近二十年的发展,全球互联网用户比已经从 2010 年的 6.73% 上升到 2017 年的 49.72%。中国互联网络信息中心(CNNIC)发布的第 44 次《中国互联网络发展状况统计报告》显示,截至 2019 年 6 月,我国网民规模达 8.54 亿,互联网普及率达 61.2%,手机网民规模达 8.47 亿,网民使用手机上网的比例达 99.1%。这意味着互联网正在全面渗透到经济社会的各个领域,影响着人们的生产和生活方式,而数字经济将成为继农业经济、工业经济等传统经济之后的新经济形态。

伴随着数字技术的快速发展与应用,以及人类社会对数字化的生产方式和生活方式的日趋依赖,数据逐渐发展为一种新的生产要素,成为一个国家和地区发展的战略资源,数字经济成为一种新的经济形态。中国、印度等发展中国家的数字经济发展迅速,出现了大量的超级平台公司,正在改变着社会的生产、生活和交易模式。即使在经济发展较为落后的撒哈拉以南非洲地区,也出现了许多大型平台公司。数字经济对人类社会的经济增长、社会发展将产生怎样的影响?发展中国家如何通过数字经济这种新发展途径实现跳跃式发展?在发展数字经济中又将面临哪些挑战?这些都是本节关注的核心问题。

一、数字经济的内涵与特征

"数字经济"(digital economy)一词最早可追溯到泰普斯科特(D. Tapscott),他认为在数字经济中,信息是以数字的方式呈现的,强调以数字形式存储创造的内容和知识,但并未对数字经济进行明确定义。② 从狭义上讲,国际货币基金组织将数字经济定义为在线平台及从这些平台产生的活动,但从更广义的角度来看,它可以包括使用、存在或关联数字数据

---

① WORLD BANK. World Development Report 2016: Digital Dividends [R]. Washington, D. C.: World Bank, 2016.

② TAPSCOTT D. The Digital Economy: Promise and Peril in the Age of Networked Intelligence [M]. New York: McGraw-Hill, 1996.

的所有活动。① 美国商务部经济分析局将数字经济视为三个相互关联部门的重要产出，即落实数字化举措所需的基础设施、数字交易以及用户创建和访问的内容。②

范里安（H. Varian）认为，数字技术至少在以下五个方面影响经济部门和活动：快速地收集和分析数据；个性化需求和定制化服务；实验和持续发展，特别是系统地、自动化地使用大数据来指导流程；在核实绩效方面的合约创新；使用移动技术改善协调和沟通。③ 随着移动互联网、大数据、云计算、区块链、人工智能等技术的深化应用，数字经济与传统经济的深度融合、跨产业融合成为数字经济发展应用的主要趋势。

云、网、端是数字经济的基础设施。互联网、智能手机、智能芯片在企业、人群和物体中的广泛安装，为数字经济的发展与应用奠定了坚实的基础。数字经济依赖的新基础设施可概括为"云、网、端"三部分。"云"是指云计算、大数据基础设施；"网"不仅包括原有的"互联网"，还拓展到"物联网"领域；"端"则是作为用户直接基础的个人电脑、移动设备、可穿戴设备、传感器，乃至以软件形式存在的应用。

在线连接成为数字经济发展的前提和基础。事实上，数字化的本质是传统产业的在线化、数据化。无论网络零售、在线批发、跨境电商、在线打车，所做的工作都是努力实现交易的在线化。只有商品、人和交易行为迁移到互联网上，才能实现"在线"，进而才能形成"活的"随时可供调用和挖掘的数据。阿里巴巴、苹果、脸谱网（Facebook）、腾讯、爱彼迎（Airbnb）、滴滴等平台公司扮演的都是"中间人"角色，其共同点是将一个群体中的商品或服务的需求成员与另一个群体中的商品和服务的供给成员连接起来。

数字化的知识和信息成为新的生产要素。与传统的土地、劳动力和资

---

① REINSDORF M, GABRIEL Q. Measuring the Digital Economy [R]. Staff Report. International Monetary Fund, 2018.

② BAREFOOT K, CURTIS D, JOLLIFF W, ET AL. Defining and Measuring the Digital Economy [R]. Working Paper, Bureau of Economic Analysis, U. S. Department of Commerce, 2018.

③ VARIAN H. Intelligent Technology [J]. Finance & Development, 2016 (53) 3: 6-9.

本生产要素不同，数字化的知识和信息具有"非独占性""非排他性"和"零边际成本"特征，这就使得"共享经济"成为一种新经济。数据还具有"流动性"，而且其流动速度比土地、劳动力和资本都要快得多，其成本之低几乎可以忽略。数据的强流动性，也意味着我们可以在全球更大的平台上快速配置数据资源。① 数据作为新的生产要素的出现，对发展中国家实现经济增长甚至跨越式的增长提供了可能性，另外，某种程度上可以减少人类社会对不可再生能源、资源的依赖，为人类社会提供一种可持续的生产和生活方式。

数字化平台为企业快速实现规模化提供了条件。随着互联网技术的快速发展与应用，大型平台公司在全球迅速崛起。中国大型平台公司阿里巴巴用了两年的时间就吸引了 100 万用户，用了十五年就积累了 900 多万在线商户，年销售收入达到 700 亿美元。② 平台型市场的兴起允许技术以前所未有的速度对更多的人口产生影响。卖方和买方通过平台进行互动、交易，其中共享信息或将数字产品从地球一端发送到另一端的成本几乎为零，可供选择的产品类型也无限丰富，最重要的成本不再是物理运输成本，而是评估销售什么产品、选择与谁做生意，以及相应的沟通成本。③ 个体和企业只需要宽带连接就可以在在线平台上交易商品和服务。这种无实体规模化的平台模式为生活在工业化国家之外的人口提供了发展机遇。平台企业通过在客户、生产者与提供商之间创建网络效应以及在多边模型中促进互动来创造价值。与传统企业相比，数字化平台能够以更快、更低的成本实现规模化。

---

① 王小林，张晓颖，冯贺霞，等．平台经济：数字技术与智能科技南南合作［C］．//南南合作金融中心，联合国南南合作办公室．数字世界中的南南合作．北京：社会科学文献出版社，2019．

② WORLD BANK. World Development Report 2019: The Changing Nature of Work [R]. Washington, D. C.: World Bank, 2019.

③ TIROLE J. Economics for the Common Good [M]. New Jersey: Princeton University Press, 2017.

二、数字经济与经济增长

世界银行的报告表明,数字技术在全世界的迅速普及正在推动经济增长。一方面,数字技术的使用加快了信息的流动,减少了不同交易方的信息不对称,减少了不同交易方之间的空间物理距离,进而有助于降低交易方之间的沟通成本和运输成本,提高经济运行效率。另一方面,互联网具有显著的网络性和正外部性,能够间接带动经济增长。[①]

世界银行数据显示,自20世纪90年代以来,随着网络用户规模的扩大,全球人均GDP同步呈上升趋势。全球互联网用户比从1993年的0.251%上升到2017年的49.723%,同时,全球人均GDP(2011年PPP美元)从1993年的8994.33美元上升到2017年的15543.34美元(图5-1)。

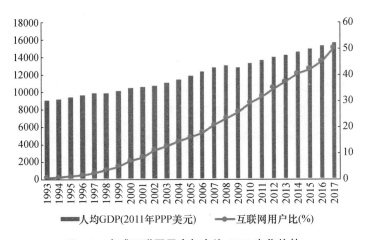

图5-1 全球互联网用户与人均GDP变化趋势
资料来源:作者根据历年世界银行数据计算整理。

根据世界银行的划分标准,全球国家根据经济发展水平可以分为低收入国家、中低等收入国家、中高等收入国家和高收入国家4大类。纵向来看,四类国家的互联网用户比都呈逐渐上升的趋势,但横向来看,互联网用户比越高的国家,其经济发展水平相应也越高(图5-2)。

---

① WORLD BANK. World Development Report 2016: Digital Dividends [R]. Washington, D.C.: World Bank, 2016.

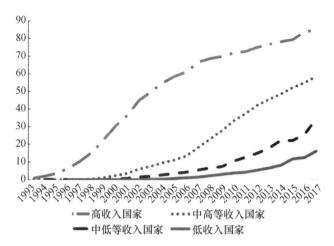

图 5-2 全球不同互联网用户与经济发展水平的比较
资料来源：作者根据历年世界银行数据计算整理。

图 5-3 是 2017 年全球不同国家人均 GDP 与互联网用户比的散点图。该图表明，一般而言，互联网用户比越高的国家，其人均 GDP 也相应越高。

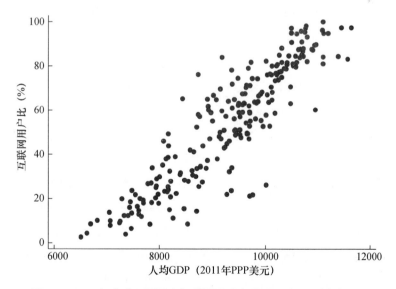

图 5-3 2017 年全球不同国家互联网用户与人均 GDP（对数标尺）
资料来源：作者根据世界银行数据计算整理。

三、数字经济与社会发展

社会数字化是 21 世纪经济与社会变革的核心，正如数字化改变了贸易、金融、媒体、旅游和酒店业一样，它将影响人类所有的活动。大数据、云计算、人工智能、5G、区块链等新一代数字技术普惠、便捷、开源、共享的特征有助于促使人们的衣、食、住、行等基本需要以及教育、健康、养老等公共服务更加便利化、均等化。随着新一代技术的变革和深化，人类社会将开启智慧生活。① 智慧生活的典型标志是人与人的连接无处不在，人的衣、食、住、行等基本需要以及教育、健康、养老等公共服务更加智能化、智慧化。物理空间的距离感将变得越来越不重要，虚拟现实、增强现实以及混合现实将提供更加丰富多彩的社会活动空间，以满足人们更高层次的精神需求。

（一）数字经济与教育

数字经济有助于提供更加平价的、覆盖面广的个性化学习。基于互联网特别是移动互联网的在线教育技术的发展、数字教育资源的开发，使得居住在边远地区的人们可以获得开放、共享的教育服务。人们也可以通过各种移动社交媒体，建立自己的社交群，加强社会交往。

数字经济为儿童提供了更多学习和教育的机会。过去关于儿童教育贫困、教育不平等的研究，主要集中于物质资本、人力资本、社会资本理论。在信息社会，信息、知识经济迅速发展，普遍地获得数字技术服务并且拥有数字资本正在成为一种基本能力。数字技术正在潜移默化地影响到儿童生命周期各个阶段的发展，例如数字技术会通过儿童、家庭、学校、社区（包括虚拟社区）对儿童的认知能力、社会情感产生正面影响。联合国儿童基金会的研究指出，18 岁以下的儿童和青少年约占全球互联网用户的三分之一。越来越多的证据表明，儿童在越来越年轻化的年龄段访问互联网。在一些国家，15 岁以下的儿童可能会像 25 岁以上的成年人一样使用互联网。连通性可以为世界上最边缘化的儿童提供认知世界、接触最新

---

① 张来武. 六次产业理论与创新驱动发展 [M]. 北京：人民出版社，2018.

教育的机会，帮助他们发挥潜能并打破代际循环的贫穷。

数字经济环境下，技术进步要求人们具备终身学习技能。数字化正在重塑工作及工作所要求具有的技能。机器人正在接手成千上万的重复性工作岗位，并将消除发达经济体和发展中国家中的许多低技能工作。社会对高级认知技能和社会行为技能的需求正在增加，对具体工种技能的需求正在持续下降。当前的许多工作，以及今后的更多工作将要求人具有集技术知识、问题解决能力和批判性思维于一体的组合，以及诸如毅力、协作和移情能力等软技能。在数字经济时代，工人在自己的职业生涯中将可能从事多种工作，这意味着他们将不得不终身学习。①

(二) 数字经济与健康

大数据，或者说超大型数据集的收集和分析，为医疗保健部门提供了一个宝贵的历史机遇。大数据可以处理海量的患者数据，并能够将这些数据与其他有类似特征和遗传背景的患者数据关联起来，这能够提高医生诊断的精准性。未来的医疗行业将与现有的医疗行业迥然不同，数字化将提高预防医学的预防能力，数字技术还将有助于解决受到治疗费用高企和公共财政薄弱威胁的医疗平等问题。②

互联网医疗、远程医疗已被用来克服距离障碍，以改善遥远农村地区的居民无法持续获得医疗服务的状况。它们也用于挽救危重病人。我国舟山市深入推进群岛网络医院建设，深化远程医疗协作，设立了5家市级远程医疗服务中心和3家区级远程医疗服务中心，下联52个远程医疗服务站点。全市的医疗单位实现临床信息共享，有效突破了城乡、区域等空间限制，以及偏远地区医疗服务的资源限制等，使海岛居民不出岛就能在线享受三级医院专家的优质服务，2017年上半年合计远程服务12.1万人次。

随着技术手段的不断成熟，人工智能和云计算加快推动医疗互联网化进程。用户互联网意识、付费意识都在不断增强，优势厂商通过用户端收

---

① WORLD BANK. World Development Report 2019: The Changing Nature of Work [R]. Washington, D. C.: World Bank, 2019.

② TIROLE J. Economics for the Common Good [M]. New Jersey: Princeton University Press, 2017.

费成为新的增长点。另外，国家政策鼓励"互联网+医疗健康"共同发展。这些因素都将会促进"互联网+医疗健康"迎来新的突破性增长。在数字经济时代，分析病人健康数据的不仅是医生，还有为维护病人健康所设计的第三方应用程序。

(三) 数字经济与金融服务

制定普惠金融发展战略已经成为全球性趋势：普惠金融联盟（AFI）、G20、世界银行和各区域性发展银行正在鼓励和推动其成员国在普惠金融发展战略方面做出实质性的进展。然而，发展中国家金融服务不足依然是全球普遍存在的事实：2017年，低收入国家每十万成年人商业银行分支机构数量是2.77，高收入国家是20.71，后者是前者的7.48倍；低收入国家每十万成年人自动取款机数量是3.38，高收入国家是67.89，后者是前者的20.08倍。

数字技术为金融的普遍获得提供了新机会。数字技术与金融行业融合发展催生了数字金融新业态。目前，包括手机在内的数字金融服务已在80多个国家推出，其中一些已达到相当规模。因此，数以百万计以前被排除在外、服务不足的贫困客户正从纯现金交易转向正式的金融服务——支付、转账、储蓄、信贷、保险，甚至证券，使用手机或其他数字技术访问这些服务。数字金融为被金融服务排除在外和获得金融服务不足的人群使用金融服务提供了数字渠道。

数字金融的核心是可以高效、低成本、精准地分析客户行为，满足客户的个性化需求、定制化服务。数字金融平台的用户扩展边际成本接近于零，且由于网络效应带来的消费者边际效益递增，有助于推动扶贫小额信贷等，带来金融机构平台上移、贷款用户下移的有利发展趋势，进而有助于推动普惠金融用户的"普遍性"和贷款利率的"实惠性"。

(四) 数字经济与就业

数字市场正在改变全球就业的性质。首先，数字经济改变了传统就业模式，服务业比重增加。2018年，服务业为一些国家提供了大多数就业岗位：在阿根廷、沙特阿拉伯和乌拉圭，服务业就业比例超过了70%；在以色列和约旦,服务业就业比例超过了80%。① 零工(GIG)平台将独立工作者与承包商连接起来以提供服务。例如,美团点评为200多万骑手提供了聚合点,对其进行数字化管理,从中可以测算出适合这类工作者的一系列服务。

其次,数字经济将改变传统的就业观念,提供新的就业机会。一些平台通过增加新的、灵活的工作类型来扩大劳动力的供应,这类工作是零工经济中传统就业形式的补充。工作者自行确定他们在大多数平台上的工作时间。同时,额外的收入来源可能减缓了收入波动。平台工作的内在灵活性也使更多的女性加入劳动力队伍。但是这些特征模糊了正规就业和临时就业的界限。尽管在某些情况下灵活性会给人们带来好处,但是灵活性也引起了人们对收入不稳定、与标准化雇主—雇员关系相关的保障问题的关注,如养老金计划、健康保险和带薪休假等方面。

四、数字经济下发展中国家面临的挑战

数字经济给发展中国家带来重大机遇的同时,也带来了新的挑战。互联网、手机等数字技术在发展中国家快速普及,更高增长、更多就业和更好公共服务等预期数字红利却没有如期而至,60%的世界人口仍被排斥在不断扩大的数字经济之外。② 不同国家在数字经济"鸿沟"上的位置取决于数字演化的四个驱动因素:供给条件,包括接入程度、交易和实现的基础设施;需求条件,即消费者参与的能力、数字支付普及率、设备普及率和密度;制度环境,包括政府和私营部门;以及推动创新和变革的机会。

基础设施建设方面的挑战。云、网、端等数字基础设施是"互联网+"跨界融合的基础和前提,但广大发展中国家的云、网、端基础设施建设相对比较薄弱。其一,发展中国家安全互联网服务器数量相对较少。2018年,低收入国家每百万人安全互联网服务器数是18.63台,而高收入国家

---

① WORLD BANK. World Development Report 2019: The Changing Nature of Work [R]. Washington, D. C. : World Bank, 2019.
② WORLD BANK. World Development Report 2016: Digital Dividends [R]. Washington, D. C. : World Bank, 2016.

每百万人安全互联网服务器数是34193.08台。其二，低收入国家互联网普及率相对较低。2017年，低收入国家互联网用户比是16.44%，而高收入国家互联网用户比是85.02%。另外，数字经济与工业、农业的跨界融合需要网络基础设施的改造，如工业互联网的发展与应用需要构建用于工业互联网的高可靠、广覆盖、大带宽、可定制的支持互联网协议第六版（IPv6）的企业外网络基础设施。

技术层面的挑战。物联网、AI、机器人、区块链等数字技术的发展，对技术转移和创新能力的要求更高。以AI为例，计算机视觉、自然语言处理、虚拟辅助、高级机器学习、自动规划、高级计算机博弈等技术隶属于一个科学、知识和技术密集型的产业体系，而目前这种技术变革和创新的能力还集中在少数国家。当互联网技术向不同产业延伸应用时，大数据、云计算、人工智能都不是单一的技术，是多种技术的叠加，任何一种技术的微小变化都会产生较大的改变。技术的组合创新也将迎来新的挑战，高端互联网技术人才不足也是制约数字技术创新和应用的关键因素之一。

安全建设方面的挑战。互联网交易平台建立在互联网基础之上，而影响互联网的不确定性因素较多。首先，个人隐私和信息保护是数字技术应用的一个重大挑战。数字化信息的保密性与医疗数据的保密性同等重要，但目前网络上的数据保护力度却要弱得多。其次，网络安全以及相应的支付安全等问题，也对数字技术应用构成不利影响。再者，数字技术应用过程中存在风险问题，如，网站一旦遭到黑客击破或者网络应用程序一旦发生故障，客户随时面临信息被泄露以及经济财产遭受损失的风险。

监管方面的挑战。数字技术在应用过程中面临的监管挑战既有技术本身带来的挑战，又有技术在应用过程中产生的挑战。就具体技术而言，区块链技术具有去中心化、点对点交易、匿名性等特征，其技术特征对中心化监管构成了挑战。再者，数字技术应用牵涉到各行各业，但操作技能建立在大量的程序基础之上，发生故障的可能性较大。而区块链、人工智能等新兴技术在应用过程中产生的一些"违法"行为可能难以追溯，这也加大了开发人员人为促成恶意行为的可能性，但在现有的法律和监管体系下，很难界定相应的社会责任问题。

标准化建设方面的挑战。对数字经济进行标准化建设，是数字经济能够规范、健康、安全应用的前提和保障。然而，数字技术在传统行业中的应用尚处于初级阶段，标准化建设更是处于起步阶段。数字技术跨界融合发展变化较快，不断形成新业态。技术应用迭代加速、新业务模式不断创新也将对已有标准化建设提出新挑战。

第五节 全球化理论与逆全球化浪潮

全球发展位列21世纪发展经济学的六项议题之一，受到了发展经济学家的广泛关注[①]。大多数经济学家认为全球化的趋势不可逆转，但近年来全球范围内强烈的贸易保护主义行为使人们开始质疑全球化的持续发展。基于尼桑克（M. Nissanke）和奥坎波（J. Ocampo）的论文《对全球化、发展和未来挑战的批判性思考》[②]，本节介绍全球化背景下发展中国家多样的发展经验，以及全球化背景下不平等的加剧，反思当今出现的逆全球化浪潮。

一、全球化背景下发展中国家的发展经验

全球化在发展中国家产生的影响和结果不尽相同。几乎所有的发展中国家都积极参与了全球化，希望从中受益。但是，仅仅采用开放贸易和外商投资制度并不能保证或促进发展中国家经济增长的收敛和趋同。

从历史上看，19世纪后期的全球化浪潮使发达国家通过工业化拉大了与发展中国家的收入差距，发展中国家则以去工业化为代价。而当前的全

---

① THORBECKE E. The History and Evolution of the Development Doctrine, 1950-2017 [C]. // NISSANKE M, OCAMPO J. The Palgrave Handbook of Development Economics. Cham: Palgrave Macmillan, 2019.
② NISSANKE M, OCAMPO J. Critical Reflections on Globalisation and Development and Challenges Ahead [C]. //NISSANKE M, OCAMPO J. The Palgrave Handbook of Development Economics. Cham: Palgrave Macmillan, 2019.

球化浪潮使得发展中国家逐渐实现工业化,发达国家则经历了去工业化。①此外,最近的全球化经验在发展中国家之间也是不同的,不同的发展中国家在发展道路上出现了明显的分歧,一些国家和地区过早地经历了去工业化历程②。

在发展中国家之间,不仅增长率出现了明显的差异,而且在经济增长的模式和质量上也存在显著差异。麦克米兰(M. McMillan)和罗德里克(D. Rodrik)将结构转型定义为部门之间和部门内部的资源从低生产率活动向高生产率活动的重新分配所导致的促进增长的结构变化,在此基础上研究了结构转型与生产力增长之间的关系。他们的比较分析表明,虽然1990年至2005年亚洲国家经历了提高生产率的结构性变化,但在非洲和拉丁美洲国家,使生产率降低的结构性变化已成为常态③。德弗里斯(G. De Vries)等人将时间扩展至1960年至2000年,揭示了非洲自20世纪80年代以来,各部门相对于全球技术前沿的相对生产率一直在稳步下降。而自20世纪90年代以来,非洲的结构变化以"静态收益"为特征,但随着劳动力从农业和制造业向边际产出较低的非正式部门的迁移,结构变化也伴随着"动态损失"④。

融入全球经济本身并不能保证提供增长动力或带来提高生产率的结构变化。在关于全球化对亚洲、非洲和拉丁美洲减贫影响的比较研究中,尼桑克和索贝克指出:首先,全球化对增长和减贫的影响不尽相同;其次,发展中国家和地区之间为了维持增长而进行的结构转型在性质上的差异,以及减贫进展速度的差异,可以由国内经济增长的独特模式和随后的整合形式来解释;最后,全球化的"增长"渠道对穷人最有效,因为全球化导

---

① BALDWIN R, MARTIN P. Two Waves of Globalisation: Superficial Similarities, Fundamental Differences [R]. NBER Working Papers, 1999.

② NISSANKE M, THORBECKE E. Globalization, Poverty, and Inequality in Latin America: Findings from Case Studies [J]. World Development, 2010, 38(6): 797-802.

③ MCMILLAN M, RODRIK D. Globalization, Structural Change and Productivity Growth [R]. NBER Working Papers 17143, National Bureau of Economic Research, Inc. 2011.

④ DE VRIES G, TIMMER M, DE VRIES K. Structural Transformation in Africa: Static Gains, Dynamic Losses [J]. Journal of Development Studies, 2015, 51(6): 674-688.

致的增长能够以平稳的速度提供更稳定的就业机会。①

从当前全球化浪潮的动态增长效应来看，亚洲是受益最大的地区。对于大多数亚洲国家而言，人们对于贸易和外国直接投资促进了经济增长这一事实没有太大分歧。特别是，大多数东亚经济体不仅比其他发展中经济体更早地参与了全球产业链分工体系，而且在其经济快速增长的年代改善了它们与全球经济的联系形式。在这种情况下，全球化促进了东亚快速增长经济体的结构转型过程。在经济增长的同时，这一地区的贫困也得到了缓解。

这种由增长促进的减贫是在比较优势再利用的背景下发生的。通过出口劳动密集型产品并吸引有利于贸易的外国直接投资进入廉价劳动力丰富的地区，非熟练和半熟练劳动力的需求得到刺激，从而促成了经济起飞；通过积极的技术获取和"干中学"来提升禀赋和知识积累的协同效应，发挥比较优势，形成了亚太地区"亚洲工厂"的密集生产网络。凭借快速发展的动态比较优势，该地区的经济体能够在地区市场不断扩大的背景下，将动态空间外部性所带来的利益最大化。随着时间的推移，它们在具有较大溢出效应和动态外部性的行业中越来越专业化，这有助于进一步加快整个区域的结构转型。

增长创造就业的效应在亚洲地区非常明显，随着就业机会迅速扩大，农村人口向城市迁移加速，不仅通过减少农业剩余劳动力，也通过迁移人口向家中汇款，促进了城市地区的经济增长，减轻了农村地区的贫困。减贫的过程伴随着为非熟练劳动力和穷人创造就业机会的浪潮，同时在不断加快的一体化进程中，区域内的相对优势也在演变和转移。

然而，非洲和拉丁美洲地区的大多数经济体却无法在当前的全球化背景中实现有助于减贫的动态结构转型。非洲和拉美地区的大多数经济体参与全球化时有两个共同特点。第一，它们在自然资源和初级商品出口方面都具有比较优势。由于未能成功实施与劳动生产率增长相适应的结构性转

---

① NISSANKE M, THORBECKE E. Globalization, Poverty, and Inequality in Latin America: Findings from Case Studies [J]. World Development, 2010, 38 (6): 797-802.

型，也未能进入具有动态外部性和溢出效应的行业，它们无法开启提高生产率的结构性变革。第二，它们显示出的比较优势在长期中总体保持不变，仍然处于资源密集型部门。

非洲和拉丁美洲对外贸易和投资体制的自由化未能带来创造就业的增长。相反，它导致了"失业"的增长、就业的随意性和经济的非正规化。因此，通过全球化引发的增长所实现的就业创造效应是全球化能够对贫困产生显著影响的最直接的渠道。

二、全球化与不平等问题

自 20 世纪 90 年代以来，日益加剧的不平等，以及全球化背景下贫困人口可能面临的伤害，引起了全球范围内的激烈讨论，以及部分国家强烈的反全球化运动。这些辩论使全球化的支持者和反对者出现分化。一方面，支持者将新自由主义政策体制下的全球化视为长期的"双赢过程"；另一方面，反对者将企业主导和以金融为中心的全球化视为"赢家通吃"的过程。[①]

然而，由于新兴经济体的迅速崛起，最近各国间的相对经济地位发生了显著的变化。随着全球化的加剧，这些变化在发达国家内部的弱势群体和贫困劳动者中引发了高度焦虑和工作不安全感。特别是，民粹主义和民族主义的兴起引发了这些群体越来越多的不满，这也是他们坚决坚持反全球化的原因，他们的言论基于发达国家中低收入工人阶级等受损者的不满。

尽管不平等趋势不能完全归因于"全球化"，但大量经验证据表明，在当代全球化背景下，不平等日益加剧。这些证据使人们一直担忧全球化进程对收入分配产生的不利影响。在这种背景下，尼桑克和索贝克研究了全球化—增长—贫困的各种传导机制，提出全球化通过两种不同的途径影

---

① KOZUL-WRIGHT R, RAYMENT P. The Resistible Rise of Market Fundamentalism: Rethinking Development Policy in an Unbalanced World [M]. London: Zed Books Ltd, 2007.

响贫困：对增长渠道和对分配渠道。① 这两个主要渠道随着时间的推移动态互动，形成增长—不平等—贫困的三角关系。全球化带来的增长可以使穷人受益，但最终的减贫效果将取决于全球化下的增长方式如何影响收入分配，因为不平等是增长与减贫之间的过滤器。

当前全球化浪潮的五个特征在全球范围内对劳动和资本间的收入分配产生了重要的影响。② 第一，技术变革的性质偏向于资本而非劳动，获得新技术和知识的机会不对称以及技术传播过程不均衡。第二，技术工人和非技术工人之间的国际移徙流动待遇不同，这导致更多的技术工人从发展中国家移徙到发达国家，而非技术工人的移徙往往受到严格控制，这阻止了通过劳动力迁移实现工资平等。第三，资本流动往往是从发展中国家或新兴市场经济体流向发达国家。私人跨境资本流动更多的是通过资产交换进行的分散化融资，而非开发融资。因此，这些资本流动具有高度的波动性和顺周期性，反映了全球投资者和金融机构面对全球流动性周期时迅速采取的投资组合再平衡行动。第四，不均衡、扭曲的外国直接投资流动，不一定保证发展中东道国能获得管理知识和知识转让方面的潜在利益。第五，随着公司内部贸易在国际贸易中所占的份额越来越大，贸易和投资流动已紧密地交织在一起，形成了全球价值链。全球价值链的治理旨在满足跨国公司的利益和要求。在全球价值链低端工作的穷人和非熟练工人以及参与全球商品链的小农户受制于与跨国公司相关的市场力量，且在获取信息、技术和营销方面受到不对称的影响，情况最为不利。

无论是在发达国家还是在发展中国家，全球化可能大大削弱了工人的谈判地位。其主要原因在于，劳动力流动是通过日益自由的跨境资本流动和跨国公司根据相对劳动力成本的变化重新定位生产地点的能力来实现的。而为了吸引外资，留住跨国公司，发展中国家政府不太可能颁布保护和加强劳工权利或保护当地环境的法规。此外，发展中国家也不愿或无法

---

① THORBECKE E, NISSANKE M. Introduction: The Impact of Globalization on the World's Poor [J]. World Development, 2006, 34 (8): 1333-1337.

② NISSANKE M, THORBECKE E. Globalization, Poverty, and Inequality in Latin America: Findings from Case Studies [J]. World Development, 2010, 38 (6): 797-802.

对国际流动资本征税,害怕资本外逃和资产迁移,这些都极大地削弱了政府为再分配目的筹集收入的能力。

三、小结

全球化并没有带来发展中国家普遍的经济增长,在全球化的进程中,发展中国家产生了多样化的发展结果。与此同时,在全球化过程中,不平等也在加剧,这也导致了反全球化情绪,继而出现了逆全球化浪潮。全球化进程在社会、经济、政治和生态上都面临着不可持续的前景。因此,接下来的努力是如何让全球化为包容性和可持续的发展服务,并遏制其负面影响。例如,实施更加理性的全球化,将市场深深地嵌入民族国家的治理和社会制度中;同时,全球化应基于制度多样性的认识,以便使民族国家享有更多的政策空间。这种尊重国家主权的原则对于设计和实施广泛的社会发展政策是至关重要的;此外,许多跨境经济政策也需要民族国家之间进行有效的协调与合作。

第六节 新结构经济学的研究进展

新结构经济学是林毅夫教授及其合作者在多年研究基础上提出并倡导的关于经济发展、转型和运行的理论,被称为"发展经济学3.0版"。本节主要从理论框架、前沿研究及实践应用等方面对新结构经济学进行介绍。

一、新结构经济学的理论框架与基本观点

第一代发展经济学是结构主义,第二代发展经济学是新自由主义。信奉这两代发展经济学理论主张和发展战略的大多数发展中国家,却未能实现工业化和现代化。新结构经济学借鉴了发展中国家成功和失败的经验,对发展中国家经济发展的性质和原因提出了新的认识,指出结构主义之所以失败,是因为它忽略了经济发展过程中结构的内生性;新自由主义之所

以失败,是因为它忽视了转型经济体扭曲的内生性。依照惯例,应当取名为"结构经济学",但为了区别于发展经济学的第一波"结构主义"思潮,故取名"新结构经济学"。①

(一)要素禀赋、比较优势与自生能力

新结构经济学的核心思想是:一个经济体在每个时点上的产业和技术结构内生于该经济体在该时点给定的要素禀赋结构,与产业、技术相适应的软硬基础设施也因此内生决定于该时点的要素禀赋结构。

新结构经济学的切入点是要素禀赋结构。从生产面的供给侧来看,一个经济体每个时点的要素禀赋决定了该时点可支配的资本、劳动和自然资源的总量,实际上要素禀赋也就决定了这个经济体该时点的总预算。对于不同发展程度的国家,其资本、劳动和自然资源的丰富程度不同,因此要素的相对价格也就不一样。但要素是可以变化的,随着时间推移,人口、资本都会发生变化,要素禀赋结构也随之改变。也就是说,一个经济体的要素禀赋及其结构在每一时间点上是给定的,并可随时间变化。

企业的自生能力则是新结构经济学的微观分析基础。企业自生能力,是指一个正常管理的企业在开放竞争的市场中获取社会上可接受的利润率的能力,其前提是企业所在行业符合要素禀赋结构所决定的比较优势。新结构经济学试图把不同发展程度的国家经济结构和相关的生产活动特性的差异引进现代经济学的理论分析,使没有结构(更准确地说是以发达国家的结构为其暗含的唯一结构)的现代主流经济学理论成为这个理论体系的一个特例。

(二)有效市场、有为政府与经济发展

在新结构经济学看来,遵循比较优势是经济快速发展的药方,其制度前提是有效的市场和有为的政府。新结构经济学强调经济发展是一个产业、技术、基础设施和制度结构不断变迁的过程,在这个过程中既要有"有效市场"(efficient market),也要有"有为政府"(facilitating state)。

---

① 林毅夫. 新结构经济学:重构发展经济学的框架[J]. 经济学(季刊),2010,10(01):1-32.

由于企业追求的是利润最大化,并基于生产要素之间的相对价格来选择进入哪种产业、采用何种技术,根据要素禀赋决定的比较优势选择产业和技术的前提是价格体系能反映经济体要素的相对丰裕程度,因此必须有充分竞争的市场[①]。在该市场各种要素的相对价格能够反映在每一时点上一国要素禀赋的结构,也就是要有"有效市场"。

有效市场是通过价格信号和机制使得资源配置能够达到帕累托有效的市场制度安排。有为政府在各个不同的经济发展阶段都能够因地制宜、因时制宜、因结构制宜地有效地培育、监督、保护、补充市场,纠正市场失灵,促进公平,增进全社会各阶层的长期福利水平。

在产业升级和经济发展过程中,政府扮演因势利导的角色。一方面,经济发展过程中,随着要素禀赋结构的改变,比较优势也不断变化。由于信息不对称和风险的原因,企业进入新的符合比较优势的产业面临两种结果,如果成功可能会吸引更多企业进入该产业进行竞争,先行者就不会有垄断利润,但若失败可能要自担后果。因此,如果没有对先行者的激励,理性的企业家可能就不会去探索新的符合比较优势的产业和技术。另一方面,不同的产业和技术所需的软硬基础设施是不完全一样的。不匹配的软硬基础设施会导致交易成本增高,即使生产成本低也可能导致总成本高,从而导致企业没有竞争力。实际上,要素禀赋结构决定的只是潜在比较优势,只有转变成竞争优势才能转化为显性的比较优势。因此,随着要素禀赋结构升级,软硬基础设施完善的协调问题,比如道路和电力等基础设施、金融制度、法律制度等,一般企业无法解决,需要政府来提供。总的来说,为了处理先行者的外部性和软硬基础设施完善的协调问题,必须要有因势利导的"有为政府"。新结构经济学认为处理好政府和市场的关系是经济发展的关键因素,并提出"市场有效以政府有为为前提,政府有为以市场有效为依归"的观点。

(三) 有为政府、产业结构与产业政策

新结构经济学强调要素禀赋结构驱动的产业升级与结构转型,倡导

---

① LIN J Y. Economic Development and Transition: Thought, Strategy, and Viability [M]. Cambridge: Cambridge University Press, 2009.

"有效市场"与"有为政府",主张"市场主导、政府因势利导"的产业政策。虽然许多国家的产业政策不成功,但是没有产业政策的国家,其经济发展必然不成功。① 因为市场失灵的存在,"市场有效以政府有为为前提",但是,政府也可能越界,所以,"政府有为以市场有效为依归"。如果存在市场失灵,政府不去克服,则是政府"不作为";如果政府的干预超过了"市场有效",则是成了"乱为"。

二、新结构经济学研究领域的具体进展

(一) 新结构经济学的理论研究进展

鞠建东(J. Ju)、林毅夫(J. Lin)和王勇(Y. Wang)为新结构经济学的理论发展构建了一个基础模型,称为 JLW 模型。② 该模型建立了宏观增长与微观产业结构之间通过要素禀赋结构的渠道所发生的动态内生的逻辑联系,提出了要素禀赋驱动的结构变迁的理论机制;基于产业动态的四个典型事实,提供了在封闭经济条件下无摩擦的理想状态中的禀赋结构推动的产业升级的理论参照系,刻画了要素禀赋结构决定产业结构的理论机制。模型中,总体经济仍然遵循卡尔多事实,但基础产业的组成随时间内生变化。每一个行业都具有一个驼峰型生命周期:当资本达到一定的门槛水平时,一个新的行业出现、繁荣,然后衰退,逐渐被一个资本密集度更高的行业所取代。另有学者将外生的 C-D 生产函数转换为内生的 AK 生产函数,推导了新结构经济学的基本定理,并拓展了结构变迁中的资本和劳动之间的收入分配问题研究,提出多维禀赋结构的专业化分工和统一增长理论。③

对于禀赋内涵的界定,是新结构经济学理论构建的重要前提。新结构

---

① 林毅夫.产业政策与我国经济的发展:新结构经济学的视角[J].复旦学报(社会科学版),2017,59(02):148-153.

② JU J, LIN J Y, WANG Y. Endowment Structures, Industrial Dynamics, and Economic Growth [J]. Journal of Monetary Economics, 2015(76): 244-263.

③ 付才辉.最优生产函数理论:从新古典经济学向新结构经济学的范式转换[J].经济评论,2018(01): 3-46.

经济学认为禀赋主要包括要素禀赋、制度禀赋和自然禀赋，同时也正式将数据作为生产要素引入新结构经济学。新结构经济学认为，人力资本是一个国家禀赋的组成部分。一个动态增长的经济体，应该提前做好人力资本投资以应对新产业新技术对新的劳动技能的要求，而且人力资本的提升必须与物质资本的积累和产业升级保持齐头并进。否则，人力资本要么因为投资不足而成为经济发展的瓶颈，要么因为教育训练投资过度而使一批高学历的劳动者无法找到相应工作。

（二）新结构宏观经济学

新结构宏观经济学是指用新结构经济学的理论研究经典的宏观经济学问题，目前主要在通货膨胀、技术进步等领域。新结构经济学基于存在信用约束的熊彼特重叠世代模型研究通货膨胀、经济增长和金融发展之间的关系。研究表明，在基准情况下，货币是超中性的。只有当金融发展超过某个临界水平，后发国家的经济才将赶上并收敛到世界技术前沿的增长率。否则，其经济将趋向贫困陷阱，增长率低于技术前沿国家的增长率，并且通货膨胀率随着金融发展水平的降低而降低。在这种情形下，货币和财政政策的有机结合可以使市场均衡达到有效分配。[1] 新结构经济学认为，资本是否流向发展中国家取决于该国的发展战略。如果劳动充足的国家采用比较优势发展战略来促进劳动密集型部门的发展，那么其经济表现将更好，资本回报率更高，从而该国将吸引资本流入。相反，如果政府在不适当的发展思潮影响下采取违背比较优势的发展战略，通过各种干预措施来促进资本密集型部门的发展，经济表现将很差。[2]

另有模型研究了在经济发展不同阶段最优的人力资本积累及其与技能溢价、产业升级之间的逻辑关系。研究表明，技能溢价决定于由禀赋结构内生出来的产业结构，且最优的人力资本投资应该与由禀赋结构所决定的

---

[1] LIN J Y, MIAO J, WANG P. Convergence, Financial Development, and Policy Analysis [J]. Economic Theory, 2019, 69 (3): 523-568.

[2] LIN J Y, WANG X. Development Strategy and International Capital Flows [Z]. NSE Working Paper. No. E2019003. 2019.

产业结构相匹配。①

（三）新结构金融学

新结构金融学是从新结构经济学的视角来研究金融结构与金融发展问题。

林毅夫、孙希芳和姜烨②对经济发展中的最优金融结构理论进行了探讨。一方面，处于一定发展阶段的经济体的要素禀赋结构决定了该经济体的最优产业结构、具有自生能力的企业的规模特征和风险特性，从而形成对金融服务的特定需求。另一方面，各种金融制度安排在动员储蓄、配置资金和分散风险方面各有优势和劣势。

龚强、张一林和林毅夫③从企业风险特性的角度，考察了银行和金融市场在不同经济发展阶段对产业发展的不同作用，认为随着产业结构不断升级，金融结构也必将随产业结构的变化而变迁。张一林、林毅夫和龚强④讨论了银行业结构与经济结构之间的内在关系，为最优银行业结构提供了理论基础。一国的最优银行业结构内生于该国的经济结构，且随经济发展阶段的变化而变化。林毅夫、张一林和朱永华⑤通过理论模型论证了发展战略与银行业结构的关系，指出政府对发展战略的选择会相应地决定一个国家的银行业结构。

开发性金融机构作为介于政府和市场之间的一种金融安排，既享有政府的扶持以实现公共政策目标，又可以采取市场化的运作方式实现机构的可持续发展。新结构经济学从政府与市场之间的关系和新结构经济学的视角出发，重新思考开发性金融机构的定位，认为除了纠正市场失灵外，开

---

① WANG Y, TANG X. Human Capital, Industrial Dynamics and Skill Premium [Z]. NSE Working Paper. No. E2019009. 2019.
② 林毅夫,孙希芳,姜烨. 经济发展中的最优金融结构理论初探 [J]. 经济研究, 2009, 44 (08): 4-17.
③ 龚强,张一林,林毅夫. 产业结构、风险特性与最优金融结构 [J]. 经济研究, 2014, 49 (04): 4-16.
④ 张一林,林毅夫,龚强. 企业规模、银行规模与最优银行业结构：基于新结构经济学的视角 [J]. 管理世界, 2019, 35 (03): 31-47+206.
⑤ 林毅夫,张一林,朱永华. 发展战略与银行业结构 [Z]. 新结构经济学研究院工作论文. No. C2019005. 2019.

发性金融机构可以发挥市场培育的作用，从早期发展阶段提供软硬基础设施，将潜在比较优势孵化成竞争优势实现产业升级，到后期发展阶段提供风投资金，孵化培育新的市场领域。①

（四）新结构环境经济学

新结构环境经济学是指用新结构经济学理论分析经济发展过程中的环境问题。该领域的代表性研究从新结构经济学视角研究了财政分权对环境污染的影响。在中国财政分权体制下，地区分权程度越高，则地方政府对经济发展的自主权将越大。根据地方政府掌握的信息情况，它们遵循比较优势发展战略的概率越高，发展战略越符合比较优势，地方的产业结构与其禀赋结构相匹配，其中的企业就越有自生能力。地区的资本积累速度将可以达到最快，经济发展水平也有可能实现长期最快增长，地区的财政收入越多，才能投入更多的财政支出用于治理环境，从而减少环境污染。反之，财政分权程度越低，造成的环境污染越严重。②

（五）新结构视角下的改革与发展

新结构经济学研究的一个重要领域就是对发展中国家的改革战略与发展绩效进行讨论。新结构经济学指出，从后发优势角度来看，落后国家的政府可以采用各种制度安排以调动资本发展先进的产业，从而比发达国家增长得更快，并利用这一潜力实现增长收敛。19 世纪末欧洲大陆和西欧国家的殖民地，以及二战后的东亚，有一小部分国家（地区）的确实现了"追赶"。然而，对大多数落后国家而言，20 世纪是它们与发达国家之间收入水平和生活水平继续加速"大分流"的时期。在现实世界中，似乎存在追赶的后发劣势而非后发优势。这一历史事实对经济学家重新思考工业化和经济增长收敛问题提出了挑战。③

---

① 徐佳君. 作为产业政策抓手的开发性金融：新结构经济学的视角 [J]. 经济评论, 2017 (03)：70-80.

② 郑洁, 付才辉, 张彩虹. 财政分权与环境污染：基于新结构经济学视角 [J]. 财政研究, 2018 (03)：57-70.

③ LIN J Y. The Latecomer Advantages and Disadvantages: A New Structural Economics Perspective [C] // ANDERSSON M, AXELSSON T. Diverse Development Paths and Structural Transformation in the Escape from Poverty. Oxford: Oxford University Press, 2016：43-67.

关于是否应该实行资本账户自由化，新结构经济学认为支持完全资本账户自由化的理由是不合理的。原因在于：第一，资本账户完全自由化并非经济增长的决定因素；第二，资本跨国流动的三个方面即 FDI、国内银行与外国银行之间的借贷或国内企业直接向国际社会借款、短期投资资本流动各有利弊；第三，资本账户自由化导致经济的频繁波动。[①]

另有学者研究了中国改革过程中国有企业与民营企业结构动态变化的特征。[②] 20 世纪 90 年代的国有企业改革，使得国有企业逐渐从直接面向消费者的制造业（比如服装、家电业等）与消费型服务业（比如酒店、餐饮、娱乐业等）这些下游产业中退出，而在能源、金融、电信等生产中间产品和中间服务的关键上游产业中依然处于主导甚至垄断的地位，从而形成了上游国有企业主导、下游民营企业主导并且更加开放的"垂直结构"。

三、新结构经济学的实践和智库研究进展

近年来，新结构经济学在应用研究方面取得了广泛的推进，覆盖了埃塞俄比亚、贝宁、尼日利亚等发展中国家，巴基斯坦、乌兹别克斯坦等"一带一路"沿线国家，波兰等发达国家，以及中国的经济结构转型升级、资源型地区转型升级、经济开发区建设、特定行业结构转型升级等问题。新结构经济学主张发展中国家或地区应从其自身要素禀赋结构出发，发展具有比较优势的产业，在"有效市场"和"有为政府"的共同作用下，推动经济结构的转型升级和经济社会的发展。

（一）"增长甄别与因势利导"模型

新结构经济学在产业结构内生于要素禀赋结构的认识基础上，提出了一个"增长甄别与因势利导"（GIFF）的产业政策制定框架，以帮助发展中国家在充满扭曲和瓶颈制约的软硬环境中推动产业升级和多样化。GIFF 模型的主要步骤如下。

---

① LIN J Y. Why I Do not Support Complete Capital Account Liberalization [J]. China Economic Journal, 2015, 8（1）：86-93.

② 王勇."垂直结构"下的国有企业改革 [J]. 国际经济评论, 2017（05）：9-28＋4.

第一步，找到那些高速增长、要素禀赋结构相似、人均 GDP 比该国高 1~2 倍，或者二十年前人均 GDP 与该国在同一个水平、高速增长的经济体，列出一份可贸易商品和服务清单。那些成熟的可贸易商品和服务很可能就是这个国家具有潜在比较优势的产业。

第二步，查看该清单列表中，有没有国内私人企业已经自发进入的产业，并设法确定：（1）这些企业提升其产品质量的障碍；或者（2）阻止其他私人企业进入该产业的障碍。如果是技术水平较低，可以帮助企业到海外并购有高技术的企业，或到海外设立研发中心雇佣具有高技术的人才开发新技术新产品；如果是交易费用太高，就应该分析为什么交易费用高，然后把造成交易费用高的一些软硬基础设施的瓶颈消除掉，帮助企业把交易费用降低下来。

第三步，对国内企业来说，清单上的某些产业可能是全新的产业或是很少有企业出口相关产品。在这种情况下，政府可以采取特定措施，积极招商引资，鼓励第一步中确定的高收入国家的企业来本国投资于这些产业，同时改善交通运输、营商环境等，把交易费用降下来。政府还可以设立孵化计划，扶持国内私人企业进入这些行业。

第四步，除了第一步中贸易商品和服务清单上的产业外，还应密切关注一些本国成功实现自我发展的其他私人企业，并为这些产业扩大规模提供帮助。每个国家可能还有一些特殊的禀赋，这些禀赋可能生产出作为参照系的国家没有但在市场上有需求的产品，例如一些中药和农副产品。另外，还有一些技术、产业二十年前根本不存在。如果国内的企业发现了新技术、新产业带来的机会，并且表现出获利的能力，政府应该帮助这些企业降低交易成本。

第五步，在基础设施落后、商业环境欠佳的发展中国家，政府可投资工业园区和出口加工区，并做出必要的改进，以吸引可能愿意投资于目标产业的国内私人企业或外国企业，进而发展成具有竞争优势的产业，并且用这种方式可以很快形成产业集群，进一步降低交易费用。

第六步，对先行企业的外部性进行补偿。政府可以为在第一步确定的产业清单中的国内先驱企业或国外投资者提供激励，以补偿它们的投资所创造的非竞争性公共知识。外部性补偿可以是一段时间的税收优惠，或是对合作投资的直接优惠，或是获取外汇（以进口关键设备）的优先权。激励不应该也不需要以垄断租金、高关税或者其他扭曲的形式出现，寻租和政治捕获的风险可因此避免。对于在第四步里通过自身努力成功发现新产业的企业，也可以采取措施以认可它们对国家经济发展的贡献。

（二）五类产业因势利导应用模型

新结构经济学进一步地将分析单元从国家层面细化到产业层面，并根据各个产业在国际与国内的前沿距离特征及其转型升级面临的不同约束，以及各级政府需要有针对性地采取各有差异的因势利导方式，提出了五类产业因势利导模型[1]。随后，五类产业的概念不断修正完善。

根据一个产业的技术与国际先进产业的技术前沿的差距、是否符合比较优势，以及产品与技术的研发周期长短，将发展中国家现有的产业分成五大类：（1）追赶型产业；（2）国际领先型产业；（3）转进型产业；（4）弯道超车型产业；（5）国家安全与战略型产业。不同的产业类别在转型升级中需要政府提供"协调"以消除瓶颈限制的内涵可能有所不同，政府需要对上述每一大类产业进行相应的增长甄别和因势利导。

各个地方的产业都可以分成这五种类型，各个地方政府如何在市场中发挥"有为政府"的作用来促进其发展？新结构经济学提出了两种不同的方法：一是"因势利导"，二是"倒弹琵琶"。"因势利导"主要针对的是具有比较优势的产业，包括追赶型、国际领先型和弯道超车型。"倒弹琵琶"主要针对关系到国防安全和经济安全的战略型产业。

对于追赶型产业，各地政府可以支持所在地的合适企业到国内外并购、设立研发中心，也可以筛选本国每年从发达国家大量进口的高端制造产品，根据其地区比较优势，创造这些产业所需的基础设施，改善营商环境，到海外招商引资，把那些高端制造产品的生产企业吸引到国内来设厂生产。

---

[1] 林毅夫等人提出的 GIFF 方法对应于"五类产业政策"中的追赶型产业政策，在国际上的国别研究中有较多运用。林毅夫教授最早在 2015 年《人民日报》上提出上述"五类产业政策"，较多运用在国内。

对于国际领先型产业，中央和地方政府可以合力通过设立国家实验室，省、地级的实验室，建立产学研合作，支持领先型产业新技术新产品开发所需的基础科研，帮助企业克服基础科研的瓶颈。在企业新技术和产品开发取得突破后，中央和地方政府也可以通过采购，帮助企业较快形成规模化生产，以降低单位生产成本，提高产品的国际竞争力；还需要给予海外扩张的企业在人才培训、资金、法律、领事保护上必要的支持。

对于失去比较优势的转进型产业，可以采取两种因势利导政策：一是提供设计、营销方面的人才培训、展销平台，鼓励一部分有能力的企业转向"微笑曲线"两端，对经营品牌的企业开发新产品给予一定的税收优惠；二是协助所在地加工企业抱团到内地或出海，提供信息、海外经营人才培训、资金支持，以及和承接地政府合作加工出口园区等，帮助企业利用当地廉价劳动力资源优势来提高竞争力，创造企业的第二春。

对于弯道超车型产业，可以根据企业发展需要，提供孵化基地、加强知识产权保护、鼓励风险投资、制定优惠的人才和税收政策，支持国内和国外的创新人才创业，利用我国人才多、国内市场大和硬件配套齐全的优势，推动弯道超车型产业在当地的发展。

对于关系到国防和经济安全的战略型产业，因为违反比较优势，在市场中没有办法实现盈利要求，总的来说需要有中央政府财政补贴。通常战略型产业人力资本和物质资本非常密集，超过一个地方的要素禀赋所决定的比较优势，地方政府很难以自己的力量来支持这种产业的进一步升级和发展，不过地方政府可以利用这种产业带来的技术力量和相关的产业链"倒弹琵琶"，根据当地的要素禀赋，进行军民结合，发展符合比较优势、有国内国际市场需求的新的民用产业。

（三）新结构经济学在转型升级上的应用

2011年起，新结构经济学在埃塞俄比亚、卢旺达、塞内加尔、尼日利亚等非洲国家试行一系列经济发展方案，取得了立竿见影的效果，在多个地区和行业推广应用，受到多个国家（地区）政府的高度重视。新结构经济学被作为"波兰长期发展规划"的理论基础，成为中国第一个被其他国家正式确认为该国经济发展规划的理论。

自 2005 年以来，新结构经济学研究院与吉林省、西藏自治区以及河北河间、广东中山、山西大同、浙江绍兴等地政府开展产业结构转型升级和案例研究项目，开展了"餐桌上的新结构经济学""新经济与产业政策的重新建构"等高端智库支持课题，从行业层面拓展新结构经济学的应用，探索"有效市场"和"有为政府"在产业转型升级中的重要作用。

其中，2017 年《吉林报告》的发布引起巨大的反响。不同于过去侧重"加长避短"（提升重工业忽略轻工业）的发展战略，报告认为解决东北问题的根本出路在于从"违背比较优势型发展战略"转轨到"遵循比较优势型发展战略"，扬长补短，以产业结构调整促进体制机制改革，才是发展的关键所在。①

---

① 林毅夫，付才辉. 基于新结构经济学视角的吉林振兴发展研究：《吉林报告》分析思路、工具方法与政策方案 [J]. 社会科学辑刊，2017（06）：5-20.

第六章

发展经济学学科代表人物

自 20 世纪 40 年代以来,发展经济学作为一个独立学科,经历了由盛而衰、由衰再兴、深度发展的过程,众多经济学家为这个学科的发展作出了重要贡献。本章从学者的人物生平、代表理论与见解、代表作三个方面介绍对发展经济学作出突出贡献的学者。

第一节 结构主义代表人物

一、保罗·罗森斯坦-罗丹

保罗·罗森斯坦-罗丹(Paul Rosenstein-Rodan,1902—1985),发展经济学的先驱者之一,出生于波兰克拉科夫;1925 年获维也纳大学博士学位;1930 年加入英国国籍,并在伦敦大学任教(1930—1947);1947 年开始担任世界银行经济学部副主任兼经济咨询组主任;1953—1968 年担任麻省理工学院经济学教授;1968—1972 年任得克萨斯大学经济学教授;自 1972 年起受聘于波士顿大学,任该校经济学教授兼拉丁美洲发展研究中心主任。

罗森斯坦-罗丹于1943年在《东欧与东南欧工业化问题》一文中提出的"大推进战略"是他最有影响力的理论。该理论认为，发展中国家收入水平低使得市场需求量很小，市场规模狭小限制了现代化大工业的建立，缺乏外部经济使有投资能力的企业家裹足不前，成为经济落后的原因。与其他早期发展经济学家一样，罗森斯坦-罗丹的基本思想属于"唯工业化主义"。他认为，要实现工业化，只有全面地、大规模地投入资本。"大推进战略"有效地克服了生产函数（尤其是社会间接资本的供给）、投资需求和储蓄供给三者的"不可分性"（indivisibility）给经济发展设置的障碍，有效地带来了外部经济。实施"大推进战略"要求投资在时间上同步，且数量上巨大，所以"大推进战略"必须（1）通过政府计划而非市场调节来组织实施；（2）不仅从国内融资，还要依赖大量的国际投资和资本引进。

罗森斯坦-罗丹的代表著作主要有：《边际效用》(1927，载《政治科学词典》)、《数理经济学中等量的时间要素》(1929，载《国民经济学杂志》)、《互补性：秘鲁经济理论三个发展阶段中的精华》(1933，载《社会改革》)、《经济理论中时间的作用》(1934，载《经济学》新丛刊)、《东欧与东南欧工业化问题》(1943，载《经济学杂志》)、《经济落后地区各国的发展》(1944，载《国际事务》)、《农业中的隐蔽失业和就业不足》(1956，麻省理工学院国际研究中心)、《对不发达国家的国际援助》(1961，载《经济学和统计学评论》)、《略论"大推进理论"》(1961)、《国内发展成就评价的标准》(1969，载《发展计划杂志》)。

二、拉格纳·纳克斯

拉格纳·纳克斯（Ragnar Nurkse，1907—1959），早期发展经济学奠基人之一；出生于苏联爱沙尼亚；1926年开始就读于塔尔图大学；1929—1932年就读于英国爱丁堡大学；接下来在维也纳和日内瓦学习，在此期间完成了他的第一篇也是最长的一篇专题论文《国际资本流动》；1934年开始在国际联盟金融部工作，发表了几篇杰出的国际货币方面的研究论文；

1945年后任美国哥伦比亚大学经济系助理教授、教授；1958—1959年在日内瓦大学任教，也正是在这段期间，纳克斯开始关注发展经济学。1959年5月6日，纳克斯因心脏病在日内瓦突然逝世①。

在发展经济学领域，纳克斯的主要贡献是在1953年出版的《不发达国家的资本形成问题》一书中提出著名的"贫困恶性循环理论"。在他看来，资本匮乏是阻碍发展中国家经济发展的关键因素。他认为，发展中国家的宏观经济存在供给和需求方面两个恶性循环：一个是"低收入—低储蓄能力—低资本形成—低生产率—低产出—低收入"的恶性循环；另一个是"低收入—低购买力—低投资引诱—低资本形成—低生产率—低产出—低收入"的恶性循环。第一个循环说明了资本存量、收入与储蓄三者间的关系，第二个循环说明了市场容量、收入与投资三者间的关系。资本匮乏是造成两个恶性循环的关键，资本形成在消除经济停滞、促进经济增长中起着决定性作用。因此，贫困恶性循环理论认为解决发展中国家经济问题的唯一出路是实行全面投资。②当然，纳克斯的贫困恶性循环理论也受到了一些学者的批评。比如，除了低收入这一因素之外，社会、政治等制度方面的因素都有可能对储蓄形成阻碍；除了个人储蓄之外，还有企业储蓄和政府储蓄，在开放经济下国外储蓄也可以变成国内投资的源泉；高储蓄率和充足的资本只是经济增长的必要条件而非充分条件。

纳克斯的主要著作有：《国际货币经验：两次世界大战期间的经验教训》(1944)、《国际货币均衡的条件》(1945)、《不发达国家的资本形成问题》(1953)、《贸易与发展模式》(1956)。代表论文有《经济发展问题的一些国际特征》(1952，载《美国经济评论》)。

三、哈维·莱宾斯坦

哈维·莱宾斯坦（Harvey Leibenstein，1922—1994）生于俄国，3岁移

---

① DRECHSLER W. Towards the Law and Economics of Development: Ragnar Nurkse (1907-1959) [J]. European Journal of Law and Economics, 2009, 28 (1): 19-37.

② 谭崇台. 发展经济学辞典 [M]. 太原：山西经济出版社，2002：284-285.

民到加拿大；1951年获普林斯顿大学博士学位；1949年任联合国人口处官员；1951年开始在伯克利加利福尼亚大学任教，1960年任教授；1968年任哈佛大学教授。他对经济学最重要的贡献是"X效率"的概念和发展经济学中的"临界最小努力理论"。莱宾斯坦还是一个人口经济学家，他的成本效用理论，即运用微观经济学成本效用分析来研究家庭生育决策的理论，在西方人口经济学界有广泛的影响。

莱宾斯坦关于落后经济的发展研究，主要体现在三个重要的假说或命题上：(1) 关于落后经济本质的假说；(2) 关于落后经济人口变动模式的假说；(3) 临界最小努力理论。

1957年，莱宾斯坦提出了经济发展的"临界最小努力理论"。这一理论的出发点是发展中国家存在"贫困恶性循环"或"低水平均衡陷阱"状况。莱宾斯坦认为，要打破恶性循环，跳出陷阱，发展中国家必须首先使投资率大到足以使国民收入的增长超过人口的增长，从而人均收入水平得到明显的提高，即以"临界最小努力"使国民经济摆脱极度贫困的困境。

莱宾斯坦的著书主要有：《经济人口发展理论》(1954)、《超经济的新基础》(1976)、《超越经济人》(1976)、《X效率通论和经济发展》(1978)。

莱宾斯坦的代表论文主要有：《分配效率与"X效率"的比较》(1966，载《美国经济评论》)、《创业与发展》(1968，载《美国经济评论》)、《组织或摩擦平衡》(1969，载《经济学季刊》)、《生育率下降的经济理论》(1975，载《经济学季刊》)、《看不见的手的囚徒困境：对公司内部生产率的分析》(1982，载《美国经济评论》)。

四、劳尔·普雷维什

劳尔·普雷维什（Raúl Prebisch，1901—1986），阿根廷著名经济学家，拉丁美洲经济学界的杰出代表，被誉为发展经济学的"十大先驱"之一。他的经济思想表达了拉丁美洲和发展中国家战后发展经济的要求，以及对旧的国际秩序的强烈不满，在学术界和国际社会具有广泛影响。

普雷维什1901年出生于阿根廷；1923年获布宜诺斯艾利斯大学博士学位；1925年任阿根廷统计局局长；1930—1932年任阿根廷财政部副部

长；从1935年阿根廷成立中央银行，此后至1943年，普雷维什一直担任中央银行行长；1949—1962年任联合国拉丁美洲经济委员会执行秘书。在此期间，普雷维什深入考察了国际经济关系中的种种不平等现象，提出了著名的"中心-外围理论"。1986年普雷维什溘然长逝，阿根廷举国哀悼①。

普雷维什的主要贡献是在《拉丁美洲的经济发展及其主要问题》中提出的"中心-外围"论。他认为，在国际经济格局中，少数经济发达国家处于"中心"，主要生产和出口工业产品；而大多数经济落后的发展中国家处于"外围"地带，主要生产和出口粮食与原材料。"中心"与"外围"的贸易，会让发达国家和发展中国家的发展差距越来越大。因此，他主张发展中国家要实行贸易保护政策，发展本国的工业。

普雷维什在20世纪50年代初与辛格同时提出了"贸易条件恶化论"，被称为"普雷维什—辛格命题"或"普雷维什—辛格假说"。普雷维什把发展中国家贸易条件恶化归因于初级产品和工业制成品因生产率提高而得到的利益在穷国与富国之间分配不平等。工业制成品的技术进步一般快于初级产品，所以工业制成品的价格下降速度理论上应快于初级产品。但事实上，由于发达国家的垄断企业和强有力的工会组织吸收了因生产率提高而带来的利益，所以工业制成品的价格没有表现为下降而是表现为工资和利润的增加；而发展中国家由于企业垄断性较低，工人缺少组织，以及企业之间的竞争和工人之间的竞争，生产率的提高表现为初级产品价格的下降。于是，发展中国家的贸易条件不断恶化。所以发展中国家必须建立起新的模式，把资源配置在满足国内消费、工业生产方面，实行进口替代的工业化②。

普雷维什的著书主要有：《拉丁美洲的经济发展及其主要问题》(1950)、《经济增长的理论与实际问题》(1950)、《发展的新贸易政策：联合国贸易

---

① 朱钟棣．劳尔·普雷维什的经济思想与政策主张［J］．世界经济，1987(10)：89-93．谭崇台．发展经济学辞典［M］．太原：山西经济出版社，2002：417-418．高铦．劳尔·普雷维什［J］．世界经济，1983(09)：77．

② 谭崇台．发展经济学辞典［M］．太原：山西经济出版社，2002：418-419．

和发展会议秘书长报告》(1964)、《变革与发展：拉美的重大任务》(1965)、《外围资本主义：危机与改造》(1981)。论文主要有《不发达国家的商业政策》(1959，载《美国经济评论》)。

五、汉斯·辛格

汉斯·辛格（Hans W. Singer，1910—2006），1910年出生于德国莱茵区。他在波恩大学开始研究经济学与社会问题。在那里，他的老师约瑟夫·熊彼特与阿瑟·斯皮索夫（Arthur Spitsov）对他影响很大。辛格1933年求学于英国剑桥大学，积极参与凯恩斯学说的分析与评价。1936年辛格在剑桥大学获得博士学位。辛格于1938—1943年任职于英国曼彻斯特大学；1944年以后在英国城乡计划部任职；1946年在格拉斯哥大学任职；1947年到联合国任职，此后，在联合国任职长达22年。1969年以后，他在苏塞克斯大学任经济学教授①。

辛格的代表理论是与普雷维什在20世纪50年代初同时提出的"贸易条件恶化论"，因此该理论又被称为"普雷维什—辛格命题"或"普雷维什—辛格假说"。他们认为，由于不平等的贸易关系，发展中国家出口的原料和初级产品相对于发达国家的工业产品价格会不断下降，也就是贸易条件不断恶化，不利于发展中国家的长期发展。辛格认为，发达国家投入发展中国家初级产品出口生产部门的外国资本，实际是为发达国家建立"飞地"或"前哨"，同发展中国家其他经济部门联系很少。而且，发达国家在发展中国家投资所得的利润和利息，往往回流到本国，并没有扩大对发展中国家的投资；与此同时，发展中国家因出口增长而引致的投资所需的机器设备，往往又只能从发达国家进口。输出资本的发达国家在国际贸易中是受益者。发展中国家必须建立起新的模式，把资源配置在满足国内消费、工业生产方面，实行进口替代的工业化②。

---

① 米耶，西尔斯. 经济发展理论的十位大师［M］. 刘鹤，梁钧平，杨焕昌，等，译. 北京：中国经济出版社，2013：269. 谭崇台. 发展经济学辞典［M］. 太原：山西经济出版社，2002：202.

② 谭崇台. 发展经济学辞典［M］. 太原：山西经济出版社，2002：418-419.

辛格的著书主要有：《失业与失业者》(1940)、《不发达国家的经济发展》(1950)、《巴西东北地区的经济发展》(1955)。与他人合著的有《国际发展：增长与变革》(1964)、《经济发展的前景》(1970)、《国际发展战略》(1975)、《适用于基本需求的技术》(1977)、《富国与穷国》(1979)、《国际经济和工业发展》(1982)。

辛格的部分代表性论文有：《不发达国家的经济进步》(1949，载《社会探索》)、《投资国与贷款国之间的利益分配》(1950，载《美国经济评论》)、《经济发展机制：定量模型方法》(1952，载《印度经济评论》)、《外援：应当用于计划还是用于项目？》(1965，载《经济学杂志》)、《再论二元结构：一种解决发展中国家二元社会问题的新方法》(1970，载《发展研究杂志》)。

六、威廉·阿瑟·刘易斯

威廉·阿瑟·刘易斯（William Arthur Lewis，1915—1991），圣卢西亚经济学家，诺贝尔经济学奖获得者（1979）。

刘易斯1915年出生于原英属西印度群岛的圣卢西亚岛（现为圣卢西亚共和国）。1932年，刘易斯到英国伦敦经济学院学习经济学，1937年获经济学学士学位，1940年获经济学博士学位并留校任教。1943年，刘易斯被英国政府任命为英国殖民地经济顾问委员会的负责人，对英国殖民地的经济问题进行过深入研究。1948年，他到曼彻斯特大学担任教授，开始系统研究发展经济学；此外，还致力于研究1870年以来的世界经济史。1963年，刘易斯应邀到美国普林斯顿大学任教，直到1986年从普林斯顿大学退休。此后他继续从事经济发展问题的研究；1991年去世。

刘易斯是研究发展中国家经济问题的先驱。他在《劳动无限供给下的经济发展》(1954) 一文中提出了用以解释发展中国家经济问题的著名的"二元经济"模式。其核心观点是，经济发展依赖现代工业部门的不断扩张，而现代工业部门的扩张需要农业部门提供丰富的廉价劳动力。"二元经济"理论在经济学界引起广泛争论，由此形成了对刘易斯模型的一系列发展和补充。这也是他获得1979年诺贝尔经济学奖的主要原因。1955年他出版了《经济增长理论》一书,对经济发展的相关问题进行了广泛而深入的分析。该书至今仍被认为是第一部简明扼要地论述经济发展问题的巨著。

刘易斯的主要著书有:《西印度的劳工》(1939)、《牙买加经济计划》(1944)、《1919—1939年经济概览》(1949)、《经济计划原理》(1949)、《加勒比地区工业发展》(1949)、《不发达国家经济发展的测定》(1951)、《工业化概况》(1953)、《经济增长理论》(1955)、《发展计划:经济政策的实质》(1966)、《经济发展的某些问题》(1969)、《国际经济秩序的演变》(1978)、《增长与波动:1870—1913》(1978) 等。[①]

刘易斯的代表性论文有"二元经济"系列:《劳动无限供给下的经济发展》(1954,载《曼彻斯特学报》)、《无限的劳动力:进一步的说明》(1958年,载《曼彻斯特学报》)、《对无限劳动力的反思》(1972,载《国际经济与发展》)、《再论二元经济》(1979,载《曼彻斯特学报》);其他论文有:《世界产品、价格与贸易:1870—1960》(1952,载《曼彻斯特学报》)、《公共收支模式》(1956,载《曼彻斯特学报》)、《经济发展回顾》(1965,载《美国经济评论》)、《增长动力的下降》(获诺贝尔奖演说词,1980年,载《美国经济评论》)、《发展理论状况》(1984,载《美国经济评论》)。

七、古斯塔夫·拉尼斯

古斯塔夫·拉尼斯(Gustav Ranis,1929—2013),耶鲁大学经济系教授。

拉尼斯1929年生于德国达姆斯塔特;1956年获耶鲁大学博士学位;从1964年起任耶鲁大学教授。其间,1965—1967年任职于美国国际开发署,1967—1975任耶鲁大学经济增长中心主任,1969年以来任美国对外关系委员会委员。

[①] LEVITT K P. W. Arthur Lewis: Pioneer of Development Economics [J]. UN Chronicle, 2013, 45(1): 45-46.

他作为发展经济学家的主要贡献是与费景汉合作研究,发展了刘易斯的二元经济发展模型,该模型被称为"拉尼斯-费模型"。

1964年,拉尼斯和费景汉在刘易斯模型的基础上,提出了"拉尼斯-费模型"。他们指出刘易斯模型有两个缺点:一是忽视了农业在工业化过程中的重要作用;二是忽视了农业部门生产率的提高。他们对这两个问题进行了分析,将二元经济结构的演变分为三个阶段。第一个阶段农业部门有剩余劳动力,因此劳动力供给弹性无限大。第二、第三阶段中,农业部门边际产出大于零,逐渐出现了生产剩余。这些生产剩余可以满足非农业部门的消费,从而有助于劳动力向工业部门移动,因此,农业对促进工业增长所起的作用,不只是消极地输送劳动力,还积极地为工业部门的扩大提供必不可少的农产品。

拉尼斯的主要著作有:《劳动剩余经济的发展:理论与政策》(与费景汉合著,1964)、《富国与穷国的差距》(1972)、《发展的分享:菲律宾就业、平等与增长规划》(1974)、《伴随公平的增长:台湾案例》(与费景汉等合著,1979)、《增长和发展:演进观点》(与费景汉合著,1997)等。

八、费景汉

费景汉(John C. H. Fei,1923—1996),1923年生于中国北京;1945年毕业于燕京大学;1952年获麻省理工学院博士学位。

费景汉博士毕业后就在麻省理工学院任讲师,同时在哈佛大学经济研究所担任研究员;1955—1962年,任教于俄亥俄州安迪欧学院;1960年任教于巴基斯坦卡拉奇经济发展研究所;1962—1965年,任耶鲁大学副教授;1965—1969年,任康奈尔大学教授;1968年起在耶鲁大学任经济学教授,直至1993年退休。

费景汉作为发展经济学家的主要贡献是与拉尼斯合作研究,发展了刘易斯的二元经济模型,被称为"拉尼斯-费模型"。

费景汉的主要著书有:《劳动剩余经济的发展:理论与政策》(与拉尼斯合著,1964)、《开放的二元经济的发展》(1972)、《中国地税负担分析》

(1977)、《增长与家庭收入分配》(1978)、《伴随公平的增长：台湾案例》（与拉尼斯等合著，1979）、《增长和发展：演进观点》（与拉尼斯合著，1997）等。

费景汉的代表论文有：《经济发展理论》(1961，载《美国经济评论》)、《创新、资本积累与经济发展》(1963，载《美国经济评论》)、《开放的二元经济增长与就业模型：韩国和台湾的案例》(1975，载《经济发展杂志》)、《按要素构成的增长与家庭收入分布》(1978，载《经济学季刊》)、《关于不平等的比较》(1978，载《计量经济学》) 等。

九、阿尔伯特·奥托·赫希曼

阿尔伯特·奥托·赫希曼（Albert Otto Hirschman，1915—2012），德裔著名经济学家，其研究横跨经济学、政治学、社会思想史等领域，在国际上有着巨大影响。他在经济学领域的贡献，包括"不平衡增长""隐蔽之手"等理论，还提出了"极化涓滴效应""隧道效应"以及"赫芬达尔—赫希曼指数"等概念。

赫希曼 1915 年 4 月 7 日出生于德国柏林；1938 年在意大利特瑞亚斯特大学获得经济学博士学位。翌年，二战爆发，赫希曼立刻赶回法国，以志愿者的身份加入陆军，抵抗德国入侵。在希特勒的军队占领巴黎后，他与瓦里安·弗莱合作，帮助许多欧洲艺术家和知识分子逃往美国。1941 年，因担心纳粹搜捕，赫希曼前往美国，并很快拿到了洛克菲勒基金会的一份奖学金，开始在伯克利加利福尼亚大学学习。1943 年至 1946 年，赫希曼应征入伍，为美国战略情报局工作。1946 年，赫希曼被任命为美联储西欧和英联邦区长，并参与欧洲战后复苏的"马歇尔计划"。1952 年，赫希曼应邀担任了哥伦比亚国家规划委员会的财政顾问，开始了发展经济学研究。从 1956 年开始他先后在耶鲁大学（1956—1958）、哥伦比亚大学（1958—1966）、哈佛大学（1966—1972）以及普林斯顿高等研究院（1972—2012）开展经济学研究。

赫希曼在发展经济学理论中最具影响力的理论是"不平衡增长理论"。

赫希曼认为，各部门均衡增长的"平衡发展"战略对于发展中国家来说难以实施且投资缺乏效率。他主张发展中国家应集中其有限的资源，采取不平衡的发展战略，最先发展那些前向联系和后向联系都很强的产业，通过这些产业的发展带动其他产业发展。这些产业主要集中在那些具有进口替代性质的工业品行业和重工业行业。①

赫希曼的代表著书有：《国家实力与外贸结构》(1945)、《经济发展战略》(1958)、《迈向进步之旅》(1963)、《发展项目之观察》(1967)、《退出、呼吁与忠诚：对企业、组织和国家衰退的回应》(1970)、《对希望的偏见：关于发展和拉丁美洲文集》(1971)、《欲望与利益：资本主义胜利之前的政治争论》(1977)、《僭越集：经济学到政治学及其他》(1981)、《改弦易辙：个人私利与公共行动》(1982)、《反动的修辞：悖谬论、无效论与危险论》(1991)。

赫希曼的代表论文有：《有限分布中离差的度量》(1943，载《美国统计协会杂志》)、《货币升值作为一种抗通胀手段：进一步评论》(1952，载《经济学季刊》)、《不发达国家中的投资政策与二元性》(1957，载《美国经济评论》)、《经济发展过程中不断变化收入不平等的容忍度》(1973，载《世界发展》)、《市场社会的竞争解释：开化、破坏或无力？》(1982，载《经济学文献杂志》)、《反对简约：使某些类型的经济话语复杂化的三种简便方法》(1984，载《美国经济评论》)。

十、冈纳·缪尔达尔

冈纳·缪尔达尔（Karl Gunnar Myrdal，1898—1987），瑞典经济学家，瑞典学派、新制度学派和发展经济学的主要代表人物之一，诺贝尔经济学奖获得者（1974）。

缪尔达尔1898年生于瑞典；1923年毕业于斯德哥尔摩大学法学院；毕业后从事律师业务，同时在该校继续研读，于1927年获得经济学博士学

---

① 谭崇台. 发展经济学辞典 [M]. 太原：山西经济出版社，2002：28.

位，并担任该校政治经济学讲师；1931—1932年任日内瓦国际研究生院副教授；1933—1939年任斯德哥尔摩大学教授；1961—1965年任斯德哥尔摩大学国际经济学教授。1974年，他同哈耶克一起获得诺贝尔经济学奖。

20世纪20—30年代，缪尔达尔着重研究新古典主义的纯理论问题。作为瑞典学派的主要代表人物之一，他对一般动态均衡理论的发展作出了重要贡献。在1931年的《货币均衡论》一书中，他修正、补充和发展了魏克塞尔的货币理论。早在20世纪30年代初，他就论证了国家运用财政政策调节干预经济对消除失业和经济波动的重要作用。自20世纪40年代起他转向制度经济学的研究，从结构上或制度上来研究社会经济问题。缪尔达尔是结构主义思路的发展经济学家，最具代表性的理论是在《经济理论与不发达地区》(1957)一书中提出的贫困循环累积因果理论。

缪尔达尔的代表作包括：《经济变动中的价格形成问题》(1927)、《经济理论发展中的政治因素》(1930)、《货币均衡论》(1931)、《1830—1930年间的瑞典生活费用》(1933)、《财政政策的经济后果》(1934)、《人口问题的危机》(1934)、《人口：一个民主问题》(1940)、《美国的两难处境：黑人问题和现代民主》(1944)、《走向经济计划化》(1951)、《国际经济：问题与前景》(1956)、《经济理论与不发达地区》(1957)、《富裕国家和贫困国家：通往世界繁荣之路》(1957)、《超越福利国家：经济计划及其国际影响》(1960)、《世界贫困的挑战：世界反贫困大纲》(1970)、《反潮流：经济学批判论文集》(1973)、《瑞典是如何治理的》(1980)等。其中，《美国的两难处境：黑人问题和现代民主》出版后数次重印，是研究美国种族问题的代表作和必备参考书。

十一、弗朗索瓦·佩鲁

弗朗索瓦·佩鲁（Francois Perroux，1903—1987），法国经济学家。1903年生于法国里昂；1932年获里昂大学经济学博士学位；1938—1955年任巴黎大学和巴黎高等研究学院教授；1975年起为法兰西学院名誉教授,巴黎数理经济应用科学研究所所长①。

在发展经济学领域,佩鲁以提出"增长极"理论而著名。该理论在20世纪六七十年代引起了发展经济学家和区域科学家的广泛兴趣,并被用作区域发展计划的理论基础。② 这一理论认为,经济发展在时间和空间上都不是均衡分布的。在一个国家的经济空间中,经济发展应当以非总量的方法来安排发展计划。经济增长是在不同的部门、行业或地区按不同速度增长,而不是以相同的速度平衡增长。一些主导部门和具有创新能力的行业聚集于一些地区,以较快的速度领先发展,形成"增长极",再通过其吸引力和扩散力不断增大自身规模,并对所在部门和地区产生支配作用,不仅使所在部门和地区迅速发展,也可以带动其他部门和地区的发展。

佩鲁在《新发展观》(1981)中全面阐述了以人为中心、以文化价值为尺度、整体的综合的内生的新发展观。该书是他受联合国教科文组织的委托而著,旨在总结以往发展观的利弊并提出有效指引未来发展的新型发展观。佩鲁把自己的发展观称为"新发展观",目的是与凯恩斯主义和新古典主义的发展观相区别。他认为,发展应该是整体的、综合的和内生的。所谓"整体的"就是不仅要考虑人类整体的各个方面,而且要承认和兼顾各个方面的不一致性。所谓"综合的"就是要把发展的各个方面和各种因素综合在一起,形成相互联系、紧密相存的结构。所谓"内生的"就是强调一个国家内部力量和资源的合理开发与利用。佩鲁指出,发展的目的、中心和根本动力是"为一切人的发展和人的全面发展"。

佩鲁的主要论著有:《利润问题》(1926)、《熊彼特的经济思想:资本主义动态的纯理论》(1935)、《略论增长极概念》(1955)、《经济发展的一般理论:经济发展的计量与进步经济概念》(1956)、《经济进步的一般理论》(1957)、《20世纪的经济》(1961)、《权利与经济》(1974)、《新发展观》(1981)等。

---

① 谭崇台. 发展经济学辞典 [M]. 太原:山西经济出版社,2002:279.
② 谭崇台. 发展经济学辞典 [M]. 太原:山西经济出版社,2002:279.

十二、科林·克拉克

科林·克拉克（Colin Clark，1905—1989），英国经济学家、统计学家。克拉克1905年出生于英国伦敦；1928年从牛津大学化学专业本科毕业，在校期间对经济学产生浓厚兴趣；1930年担任英国首相拉姆齐·麦克唐纳组建的经济顾问委员会研究助理；1931年经凯恩斯推荐，担任剑桥大学统计系讲师；1937年离开剑桥，在澳大利亚墨尔本大学和悉尼大学做访问学者；1938—1953年在澳大利亚昆士兰州政府任职，担任州财政部经济和财政顾问，监管一些大型公共工程，同时担任州统计学家；1953年返回英国，1953—1969年间担任牛津大学农业经济研究所所长；此后，他又回到澳大利亚，1969—1978年任莫纳什大学教授，1978—1989年任莫纳什大学经济系研究顾问。

克拉克开创了对国民生产总值（Gross National Product，GNP）的研究，被认为是国民收入研究的世界权威之一。克拉克在国民经济核算上的开创性工作与库兹涅茨的研究是同时但独立进行的，库兹涅茨提出了国民生产总值的概念，并因此获得了1971年诺贝尔经济学奖。

克拉克的研究领域很广泛，在国民收入、经济发展、人口增长、农业经济等方面都作出了重要贡献。他在发展经济学上的一大贡献是对"配第—克拉克定理"进行归纳并加以验证。17世纪法国经济学家威廉·配第提出，农业、工业和服务业三个部门在经济发展的过程中产值规模都会增长，但不同部门增长的速度不同，工业部门增速小于服务业部门，农业部门又小于工业和服务业，从而在结构上表现为工业部门占比先上升后下降，农业占比持续下降，服务业占比持续上升。克拉克在《经济进步的条件》一书中，通过大量统计经验数据证实了这一论断，后被称为"配第—克拉克定理"。克拉克认为，农业生产率提高是经济发展的先决条件，是经济发展的另一个必要条件。他还研究了人口与经济的关系，认为人口增长对推动一个国家的经济发展是必要的，人口压力会产生有益的反作用，并且可能导致经济起飞。

克拉克的主要著书有：《1924年—1931年国民收入》(1932)、《英国的经济地位》（与 A. C. 庇古合著，1936）、《国民收入与支出》(1937)、《经济进步的条件》(1940)、《生存农业经济学》（与 M. R. 黑斯维尔合著，1964）、《人口增长与土地利用》(1967、1977)、《灌溉经济学》(1967、1981)。代表论文有：《国民收入的国际比较》(1938，载《世界经济文献》)、《世界农产品的供给与需求》(1954，载《皇家统计学会月报》)。

十三、西蒙·史密斯·库兹涅茨

西蒙·史密斯·库兹涅茨（Simon Smith Kuznets，1901—1985），美国经济学家，被称为"美国的 GNP 之父"；因为在国民生产总值和经济增长方面的贡献，1971 年获诺贝尔经济学奖。

库兹涅茨 1901 年生于俄国哈尔科夫城；1922 年从苏联移居美国；1923 年毕业于美国哥伦比亚大学；1924 年和 1926 年先后在该校获硕士和博士学位。毕业后他在美国经济研究局做研究工作，1930—1954 年在宾夕法尼亚大学任教，并晋升为教授；1954—1960 年在约翰斯·霍普金斯大学担任教授；1960—1971 年在哈佛大学任教授。第二次世界大战后，他在 1944—1946 年担任美国战时生产委员会计划与统计局副局长、研究和计划委员会主任、战时生产局局长；1949—1968 年任社会科学研究委员会经济增长委员会主席；1961—1970 年任该会中国经济委员会主席；1949 年兼任美国统计学会会长；1954 年担任美国经济学会会长。

库兹涅茨对发展经济学最重要的贡献是以经验数据为依据对国民经济增长进行了比较研究。经济学中很多定律与库兹涅茨的名字相联系，如"库兹涅茨周期""库兹涅茨倒 U 型曲线"等。库兹涅茨很重视经验统计资料的整理研究工作，认为统计学是经济理论研究的基础。库兹涅茨根据美国经济增长的经验统计资料，发现一国的经济增长会引起收入分配均等程度的变化：在经济增长开始之前，收入分配是比较均等的；在经济增长的初始阶段，经济活动由一个部门转向其他部门，此时，尽管人们的收入都不减少，社会收入分配却变得不均；随着经济增长，收入分配不均的状况逐渐减弱，到了经济增长达到更高的水平之后，社会收入分配又变得比较均等。把这种变化绘在以横轴代表经济增长率、以纵轴代表收入分配均等程度的坐标图上，就可得到一条"倒 U 形曲线"，即"库兹涅茨曲线"。库兹涅茨早期的研究主要是关于经济周期和国民收入核算理论，20 世纪 50 年代初开始逐步转向研究经济增长和经济发展问题。

他的主要著作有：《美国零售和批发贸易的周期波动》(1926)、《生产和价格的长期趋势》(1930)、《工业和贸易的季节性波动》(1933)、《商品流量与资本形成》(1938)、《国民收入及其构成》(1941)、《1869 年以来的国民产值》(1946)、《国民收入：研究的总结》(1946)、《高收入阶层在收入和储蓄中所占的份额》(1953)、《关于经济增长的六篇演讲》(1959)、《美国经济中的资本》(1961)、《现代经济增长：速度、结构与扩展》(1966)、《各国的经济增长》(1971) 等。

十四、霍利斯·钱纳里

霍利斯·钱纳里 (Hollis B. Chenery, 1918—1994)，美国著名发展经济学家。钱纳里 1918 年生于美国弗吉尼亚州；1950 年获哈佛大学经济学博士学位；1952 年开始在斯坦福大学执教；1961—1965 年任美国国际开发署副署长；1965—1970 年在哈佛大学任经济学教授；1970—1972 年任世界银行行长麦克纳马拉的经济顾问；1972—1982 年任世界银行负责发展政策的副行长；退休之后，回到斯坦福大学任教授。

钱纳里是发展经济学结构主义的重要代表人物之一。他对发展中国家工业化过程中部门结构的变化进行了卓有成效的计量模型分析和比较分析，从经验研究中得出经济发展过程中结构变化的一般规律性特征。他与斯特劳特在 1966 年提出了著名的"两缺口"模型，该模型已成为发展经济学外资利用经典理论与政策的主要依据。两缺口模型阐释了发展中国家利用外资和争取外援的重要性与必要性，为发展中国家对外开放、对内进行结构改革以调节经济活动提供了依据。在 20 世纪 80 年代，钱纳里等人提出"发展型式"理论，认为经济发展最重要的是结构转变，因而强调对结构变动的各种制约因素——如收入水平、资源禀赋、人口规模等方面的分析。

钱纳里的主要著书有：《部门间经济学》（合著，1959）、《产业联系经济学》（合著，1959）、《工业化进程》(1969)、《发展计划研究》(1971)、《增长中的再分配》（合著，1974）、《1950—1970年的发展模式》（合著，1975)、《结构变化与发展政策》(1979)、《发展经济学手册》（合编，1988，1989）等。

钱纳里的代表性论文有：《产能过剩与加速原理》（1952，载《计量经济学》)、《生产结构的国际比较》(1958，载《计量经济学》)、《工业增长模式》(1960，载《美国经济评论》)、《资本劳动替代与经济效率》(1961，载《经济学与统计评论》)、《比较优势与发展政策》(1961，载《美国经济评论》)、《开放经济中的发展选择：以以色列为例》(1962，载《经济学杂志》)、《发展模式：国别动态变化》(1968，载《经济与统计评论》)、《发展中国家的增长与贫困》(1979，载《发展经济学》) 等。

十五、华尔特·惠特曼·罗斯托

华尔特·惠特曼·罗斯托（Walt Whitman Rostow，1916—2003），美国经济史学家，发展经济学先驱之一。

罗斯托1916年出生于美国纽约；1939年获耶鲁大学博士学位；1940年开始在哥伦比亚大学讲授经济学和历史；1946—1947年在牛津大学任教；1947—1949年任欧洲经济共同体执行秘书助理；1949年在剑桥大学执教；1950—1961年，担任麻省理工学院经济史教授，并于1951—1961年在麻省理工学院国际研究中心兼职。1958年当他第二次到剑桥大学讲学时，曾就凯恩斯及其追随者所忽略的经济发展问题，做了一系列讲演，形成了他的成名作《经济增长的阶段》(1960) 的基础。1969—2003年他担任得克萨斯大学奥斯汀分校经济学和历史学教授。

罗斯托在学术上的重要贡献是提出了经济增长阶段论。他认为，现代化是从农业社会向工业社会转变的过程，这个过程包含一系列深刻的变化，呈现出阶段性。在《经济增长的阶段》一书中，他提出了经济发展要经历的五个阶段：传统社会阶段、起飞准备阶段、起飞阶段、向成熟推进阶段、大规模高消费阶段，后来又补充了追求生活质量阶段。《经济增长的阶段》一出版就轰动一时，被视为经济现代化经典理论的代表作。经济增长阶段论着重论述经济起飞阶段对完成现代化的关键作用，强调了资本积累的重要性、主导产业部门的带动作用、基础结构（设施）的重要性等，对于发展中国家经济发展具有重要意义。

罗斯托的著书主要有：《19世纪英国经济论文集》(1948)、《经济增长过程》(1952)、《经济增长的阶段》(1960)、《由起飞进入持续增长的经济学》(主编，1963)、《政治和增长阶段》(1971)、《这一切是怎么开始的：现代经济的起源》(1975)、《世界经济：历史与展望》(1978)、《为什么穷国变富而富国增长放慢：有关马歇尔长期的论文集》(1980)、《1868—1896年英国贸易的波动》(1981)等。

罗斯托的论文主要有：《从起飞进入持续增长》(1956，载《经济学杂志》)、《经济增长的阶段》(1959，载《经济史评论》)、《康德拉季耶夫、熊彼特和库兹涅茨：趋势周期再探》(1975，载《经济史杂志》)等。

第二节　新古典主义代表人物

一、西奥多·舒尔茨

西奥多·舒尔茨（Theodore W. Schultz，1902—1998），美国著名经济学家，诺尔贝尔经济学奖获得者（1979）。

舒尔茨1902年生于美国南达科他州阿林顿一个小农场主家庭；1930年毕业于威斯康星大学，获博士学位；1943年起任芝加哥大学经济学教授，1946—1961年兼经济系主任；1952年到1972年，担任芝加哥大学查尔斯·哈钦逊特殊贡献教授；1960年担任美国经济学会会长；1979年获诺贝尔经济学奖。

舒尔茨认为，由教育、保健、人口流动等投资所形成的人的能力提高和生命周期的延长,也是资本的一种形式。他认为人力资本是经济和社会发展的重要源泉,人的知识、能力、健康等人力资本的增加对经济增长的贡献远比物质资本、劳动力数量的增加重要。如果没有大量的人力资本投资,发展中国家不可能实现农业现代化和工业化。

舒尔茨长期专注农业经济和以农业为基础的经济发展问题,对农业经济学和发展经济学的发展作出了杰出贡献。他认为,发展中国家绝不能以牺牲农业为代价去发展工业,也不应牺牲农村人口的需求和食物的生产来保证城市居民的消费需要。他提出了"传统农业贫穷但有效率"的观点,认为要想改变传统农业,就必须通过教育的方式提高农民的人力资本水平,主张发展和引进新技术,发展现代农业。

舒尔茨的代表著书有:《重新制定农业政策》(1943)、《不稳定经济条件下的农业》(1945)、《农业生产和福利》(1949)、《农业经济组织》(1953)、《教育的经济价值》(1963)、《改造传统农业》(1964)、《经济增长与农业》(1968)、《人力资本投资:教育和研究的作用》(1971)、《人力资源:政策问题和研究机会》(1972)、《对人进行投资:人口质量经济学》(1982)。

舒尔茨发表了各类文章二百多篇,其中高引用率的论文有:《对人的投资:经济学家的观点》(1959,载《社会服务评论》)、《教育的资本形成》(1960,载《政治经济学杂志》)、《人力资本投资》(1961,载《美国经济评论》)、《对人的投资的思考》(1962,载《政治经济学杂志》)、《处理不平衡能力的价值》(1975,载《经济学文献杂志》)、《诺贝尔讲座:穷人的经济学》(1980,载《政治经济学杂志》)等。

二、戴尔·乔根森

戴尔·乔根森(Dale W. Jorgenson 1933—2022),美国著名经济学家,哈佛大学教授,发展经济学新古典学派代表人物之一。

乔根森1933年出生于美国蒙大拿州博斯曼;1959年获哈佛大学经济学博士学位;1959年在伯克利加利福尼亚大学任教,1967年升任经济学教授;从1969年起在哈佛大学任教;1971年获约翰·贝茨·克拉克奖;

2000 年担任美国经济学会主席。

乔根森的研究领域广泛，在信息技术与经济增长、能源与环境、税收政策与投资行为以及计量经济学等领域开展了一系列开创性的研究。乔根森在经济发展理论中的贡献，主要集中在投资与资本理论、生产力与经济增长的关系、新古典二元经济理论三个方面。他提出了一个新古典二元经济模型，被称为"乔根森模型"，是继刘易斯模型和拉尼斯-费模型之后二元经济理论发展史上第三个里程碑。乔根森模型认为，农业是经济发展的基础，农业剩余和人口规模是工业发展的基础，在二元结构转变中发挥着重要的作用。实现工农业的平衡发展，必须存在农业剩余，农业部门才会出现剩余劳动力，剩余劳动力向工业部门的转移才会实现。同时，他还指出，农业产出与人口增长相一致时，农业部门才会出现剩余劳动力。不过该模型仍然忽视了对农业物质投资的重要性和城市失业等问题。

乔根森的代表性著书有：《二元经济发展的各种理论检验》(1966)、《美国能源政策的计量经济学研究》(1976)、《生产率与美国经济增长》(1987)、《投资》(1996)、《计量经济学》(2000)、《生产率：信息技术与美国经济复苏》(2005)、《提高信息时代的增长率增长》(2007) 等。

他的代表性论文有：《二元经济的发展》(1961，载《经济学杂志》)、《资本理论与投资行为》(1963，载《美国经济评论》)、《具体化假设》(1966，载《政治经济学杂志》)、《剩余农业劳动力与二元经济发展理论》(1967，载《牛津经济论文》)、《生产率变化的解释》(1967，载《经济研究评论》)、《税收政策与投资行为》(1967，载《美国经济评论》)、《投资行为的经济计量学研究》(1971，载《经济文献杂志》)、《超越对数生产前沿》(1973，载《经济学与统计评论》)、《美国能源政策与经济增长：1975—2000》(1974，载《贝尔经济与管理科学杂志》)、《超越对数效用函数》(1975，载《美国经济评论》)、《提高限速：信息时代的美国经济增长》(2000，载《布鲁金斯经济活动报告》)、《信息技术与美国经济》(2001，载《美国经济评论》)。

三、尼古拉斯·卡尔多

尼古拉斯·卡尔多（Nicholas Kaldor，1908—1986），新剑桥学派的主要代表人物之一。

卡尔多1908年生于匈牙利布达佩斯一个犹太律师家庭；1925年到柏林大学学习，1927年转到英国伦敦经济学院学习，1930年毕业并留校任教；1932年任助理讲师，1942年任高级讲师；1949年到剑桥大学国王学院任教，1966年升任教授；1964—1968年和1974—1976年两次担任英国工党政府财政大臣的特别顾问；1976年被选为英国皇家经济学学会会长。

20世纪30年代末，卡尔多达到了职业生涯的顶峰。他在均衡理论、福利经济学、商业周期、增长理论等方面的著作都极具创意。1949年，卡尔多赴剑桥任职，成为后凯恩斯主义增长和分配理论的设计师之一。20世纪70年代，玛格丽特·撒切尔夫人的保守党政府诞生后，卡尔多对撒切尔的政策进行批判，辑录成书，名为《撒切尔夫人的经济后果》。20世纪80年代，卡尔多是货币主义最强劲的反对者，而且他的论证在经济学领域内外都有大量受众。

卡尔多深受哈耶克、凯恩斯等人的影响。他从1930年起着手翻译哈耶克的《货币理论与经济活动周期》。他是具有代表性的凯恩斯主义者之一，利用凯恩斯乘数论，提出了代替新古典派的边际生产力理论的分配理论，并以"凯恩斯的分配理论"闻名于世。他与琼·罗宾逊等人提出的新剑桥经济增长模型，强调收入分配对资本积累的决定性作用。

1961年，卡尔多考察西方工业化国家的经济增长过程，发现了总量平衡增长的"卡尔多事实"：（1）产出和劳动生产率以稳定的速率持续增长；（2）人均资本以稳定的速率持续增长；（3）利润率长期看是稳定的；（4）资本产出比从长期看是稳定的；（5）资本和劳动在国民收入中所占的份额是稳定的；（6）劳动生产率和总产出的增长率在国家间呈现差异。1966年，卡尔多还提出了经济增长过程中关于制造业发展的三大规律：第一，制造业产出的增长与总产出的增长之间存在着很强的相关性，即制造业是增长的发动机；第二，制造业产出的增长作为自变量与制造业生产率的增长存在着很强的相关性；第三，制造业增长得越快，劳动力向制造业的转移速度也越快，从而，总量生产率增长与制造业产出与就业增长成正比关系。卡尔多认为，发达国家有着同发展中国家类似的二元经济结构：一方面是劳动生产率极低、有着大量剩余劳动力的农业部门；另一方面则是技术飞速发展、报酬递增的资本密集型工业部门。因此，把农业中的劳动力资源转移到具有更高效率的工业部门中去，其决定性因素是看工业部门对劳动力引致需求的增长情况。从这个意义上说，工业部门，尤其是工业中的制造业部门，是经济增长的发动机。因此，卡尔多认为，经济增长与经济中的工业部门具有特别重要的联系。

卡尔多著述甚丰，包括：《价值和分配论文集》（1960）、《经济稳定与增长论文集》（1960）、《经济政策论文集》（两卷，1964）、《经济理论论文续集》（1978）、《税收报告》（两卷，1979）、《货币主义的灾难》（1982）、《撒切尔夫人的经济后果》（1983）等。

四、赫拉·明特

赫拉·明特（Hla Myint，1920—2017），生于缅甸勃生，发展经济学的先驱之一，并对福利经济学做出了贡献。

明特1939年获仰光大学文学学士学位；1939年赴英国，1943年在伦敦政治经济学院获得经济学博士学位。他于1945年至1952年在仰光大学担任经济学教授。1958年至1961年，他还担任该大学的校长。1950—1965年他任牛津大学经济学讲师。1966年明特开始在伦敦政治经济学院担任经济学名誉教授，教授发展经济学。明特于2017年3月9日在泰国曼谷去世，享年97岁。

20世纪50年代，他曾担任独立后的缅甸政府国家规划部和国家农业银行委员会的经济顾问。明特在起草外向型经济发展计划中发挥了重要作用，但该计划最终由于内向型的发展计划而遭到拒绝。20世纪60年代，明特引入了"剩余产品出路"的概念，用以解释某些发展中国家国际贸易的发展。1972年,他在亚洲开发银行的支持下撰写了一份重要的研究报告《东南亚经济:20世纪70年代的发展政策》。他认为,随着工业制成品出口的增加,东南亚当时普遍采用的进口替代政策应被新的工业化政策所取代。明特强调了出口导向型战略的重要性。

明特的主要贡献是发展了亚当·斯密提出的"剩余产品出路论"。该理论解释了发展中国家利用剩余资源发展出口生产,为剩余资源寻找出路,通过对外贸易来促进发展中国家经济发展。① 传统贸易理论认为,各国根据要素禀赋来进行国际分工和生产,通过国际贸易来促进经济增长,因而各国的资源可以得到充分利用,劳动力可以充分就业。但发展中国家存在着大量失业等闲置资源,说明这种理论不符合事实。为此,明特提出一种理论,认为发展中国家可以利用闲置的人力资源,不花很大的实际成本就可以扩大生产能力,并将国内剩余的产品出口,换回进口商品,提高消费水平,实现经济增长和充分就业。

明特的主要著书有:《福利经济学理论》(1948)、《发展中国家经济学》(1964)、《经济理论与欠发达国家》(1971)、《东南亚经济:20世纪70年代的发展政策》(1972)。代表论文有:《一个经济落后的解释》(1954,载《牛津经济论文》)、《来自国际贸易的收益和落后国家》(1954,载《经济研究评论》)、《国际贸易的"古典理论"与不发达国家》(1958,载《经济学杂志》)、《经济发展视角下的亚当·斯密的国际贸易理论》(1977,载《经济学报》)。

五、安格斯·迪顿

安格斯·迪顿(Angus Stewart Deaton,1945—),美国著名经济学家,诺贝尔经济学奖获得者(2015)。

迪顿1945年10月19日出生于苏格兰爱丁堡;1975年获得剑桥大学博士学位;1976—1983年,在布里斯托大学任计量经济学教授;1983年至

---

① 谭崇台. 发展经济学辞典 [M]. 太原:山西经济出版社,2002:232.

今一直在普林斯顿大学经济系任教；2015 年，因为对消费、贫穷与福利的杰出研究获得 2015 年诺贝尔经济学奖。

迪顿在发展经济学领域的主要贡献在于探索和建立了发展经济学的微观分析方法。很多学者认为，与经济学其他分支相比，发展经济学理论缺乏严谨性。由于缺少数据和恰当的分析方法，如何衡量贫困家庭的福利和解决贫困问题，无法得到可信的答案。迪顿的工作在很大程度上解决了这一难题，将基于高质量微观数据的实证分析引入发展经济学。在贫困的测量方面，迪顿解决了家庭层面上贫困度量的问题，解决了在衡量福利时如何处理不同价格和不同质量商品的问题；在贫困的多维视角方面，迪顿在穷国和富国积极收集收入不平等和健康之间关系的经验证据，并探讨其理论上的联系机制；在经济发展机制方面，迪顿对储蓄与增长、贫困与增长、商品价格与贫困等方面的机制进行了大量卓有成效的研究。

迪顿的代表著书主要有：《经济学与消费者行为》(1980)、《理解消费》(1992)、《家庭调查分析：发展政策的微观经济方法》(1997)、《印度贫困大辩论》(2005)、《逃离不平等：健康、财富及不平等的起源》(2013)。

迪顿的部分代表论文有：《几乎理想的需求系统》(合著，1980，载《美国经济评论》)、《储蓄和流动性限制》(1989，国家经济研究局工作论文)、《健康，不平等与经济发展》(2003，载《经济文献杂志》)、《工具、随机化和学习发展》(2010，载《经济文献杂志》)。

六、爱尔玛·阿德尔曼

爱尔玛·阿德尔曼（Irma Adelman，1930—2017），美国经济学家，伯克利加利福尼亚大学农业与资源经济学系教授。

阿德尔曼 1930 年出生于罗马尼亚切尔诺夫策；1955 年获得伯克利加利福尼亚大学经济学博士学位；1955 年在伯克利任讲师；1961 年进入斯坦福大学，获得助理教授职位。虽然学术成果丰硕，但由于当时歧视职业女性，她长期未能获得终身教职，直到后来移居华盛顿，在约翰斯·霍普金斯大学成为终身副教授。1966 年她移居芝加哥，在西北大学任教授。1973

年，她加入世界银行，并在马里兰大学担任经济学教授。1977—1978年间，她在荷兰人文科学与社会科学高级研究院任研究员。1979年，她回到伯克利任农业资源经济学教授，直到1995年退休。

阿德尔曼的贡献主要是对发展过程中因果关系的定量分析。她强调对经济发展采取系统整体的分析方法，率先提出将市场、机构、文化等定性因素结合在一起的一般均衡方法论。她在《社会、政治与经济发展：数量分析》中选择了41种分别代表经济、社会和政治的变量，运用43个发展中国家的数据，使用联合主成分模型来整合有关发展过程特征和性质的大量定量和定性数据，以确定影响各个国家不同级别的关键因素，对发展的概念进行了数量分析。这一分析对发展的度量研究作出了重要贡献。在发展经济学强调量化经济绩效与增长率时，她对收入分配影响增长进行了定量分析。阿德尔曼认为，发展政策不应追求经济增长本身，而应追求"为所有人实现潜力创造社会和物质条件"。阿德尔曼在方法论上最重要的贡献是建立了具有开创性的可计算一般均衡模型（CGE模型）。她曾使用CGE模型帮助韩国政府制定了经济增长计划，其成果为《发展中国家的收入分配政策：韩国案例研究》。

阿德尔曼的代表著书包括：《经济增长与发展理论》(1961)、《经济发展的理论设计》(合著，1966)、《社会、政治与经济发展：数量分析》(合著，1967)、《发展中国家的经济增长与社会平等》(合著，1973)、《发展中国家的收入分配政策：韩国案例研究》(1978)、《经济发展的比较模式：1850—1914年》(合著，1988) 等。

阿德尔曼的代表论文有：《克莱因-戈德伯格模型的动态属性》(1959，载《计量经济学》)、《论质量变化指标》(1961，载《美国统计学会杂志》)、《论发展经济学》(1974，载《发展经济学杂志》)、《发展经济学：目标重估》(1975，载《美国经济评论》)、《超越出口导向的增长》(1984，载《世界银行》) 等。

第三节 新古典政治经济学代表人物

一、弗农·拉坦

弗农·拉坦（Vernon Rutton，1924—　），美国经济学家。

拉坦于1924年生于美国弗吉尼亚州布坎南；1952年获芝加哥大学博士学位；1951—1953年在田纳西流域管理局任经济学家，1954年开始担任总经理；1961—1963年任美国总统经济顾问委员会执行局局长和专职经济学家；1963—1965年任菲律宾国际水稻研究所农业经济学家；1967—1977年先后担任农业发展委员会理事、主席。其间，他还担任教职：1955年在普渡大学农业经济系任教，1957—1960年任副教授，1960年升任教授；1965—1970年在明尼苏达大学任教授兼农业经济系主任；现为该校农业与应用经济系教授。

拉坦的主要贡献在农业发展理论方面。他与日本农业经济学家速水佑次郎长期合作，提出了一个著名的农业发展模型——"诱致性技术与制度发展模型"。该模型把技术和制度的变革看作是由要素禀赋的相对稀缺性诱致的；变迁是内生的，是市场机制作用的结果，而不是外生给定的。诱致性技术变迁和诱致性制度变迁假说在经济学界影响甚广，改变了结构主义发展经济学突出工业化而轻视农业进步、突出计划管理而轻视市场机制的倾向。1985年，速水佑次郎和拉坦进一步提出了一个完整的农业发展模型，即在任何一个经济中，农业的发展都要依赖于资源禀赋、文化禀赋、技术和制度的相互作用。

拉坦的主要著作有：《种植科学：世界作物导论》（合著）（1969）、《农业发展的国际分析》（与速水佑次郎合著，1971）、《农业研究政策》（1982）、《供求在技术变迁产生和扩散中的作用》（1987）、《技术、增长与发展：诱致性创新视角》（2000）等。

拉坦的代表性论文有：《国家间的农业生产率差异》（1970，载《美国经济评论》)、《农业发展中的要素价格与技术变迁：美国和日本（1880—1960）》(1970，载《政治经济学杂志》)、《诱致性创新：技术、制度与发展》(1978，载《经济学杂志》)、《论诱致性制度创新》(1984，载《发展研究杂志》)、《诱致性创新、进化理论与路径依赖：技术变革之源》(1997，载《经济学杂志》)、《世界农业生产率的增长：来源与制约因素》(2002，载《经济视角杂志》)等。

二、速水佑次郎

速水佑次郎（Yujiro Hayami，1932—2012），日本农业与发展经济学家，美国农业经济学会名誉会员、国际农业经济学会名誉会员。

速水佑次郎1932年生于日本东京；1956年毕业于东京大学；1960年获美国爱荷华州立大学农业经济学博士。此后，他在日本和美国多个大学和研究机构任职：1966—1986年，任日本京都大学经济学教授；1968—1970年任明尼苏达大学客座教授；1974—1976年任教于菲律宾国际水稻研究所；1986—2000年，任日本青山大学国际经济学教授；1995—1996年，任美国康奈尔大学国际事务讲席教授；2000年任国际开发高等教育机构（FASID）研究院项目负责人。

速水佑次郎的学术成就包括技术变迁和农业国工业化方面的研究。他在20世纪70年代初与美国农业发展经济学家弗农·拉坦提出了一个新的农业发展理论，即诱致性技术变迁和诱致性制度变迁假说。另外，他从理论上探讨了贫困落后农业国家或发展中国家的工业化问题，为扩充发展经济学的研究视野和理论框架提供了有益思路。速水佑次郎还根据日本经济发展的实践，于1988年提出"农业发展三阶段论"：以增加生产和市场粮食供给为特征的发展阶段，提高农产品产量的政策在该阶段居于主要地位；以着重解决农村贫困为特征的发展阶段，通过农产品价格支持政策提高农民的收入水平是该阶段的主要政策；以调整和优化农业结构为特征的发展阶段，农业结构调整是该阶段的主要目标。

速水佑次郎的代表著书有：《农业发展的国际分析》（与拉坦合著，

1971)、《日本农业的成长过程》(1973)、《农业经济论》(1986)、《农业保护的政治经济学：国际透视中的东亚经验》(1985)、《合约选择的经济学：农业视角》(1993)、《发展经济学：从贫困到富裕》(1998)等。

速水佑次郎的代表性论文有:《国家间的农业生产率差异》(1970，载《美国经济评论》)、《农业发展中的要素价格与技术变迁：美国和日本(1880—1960)》(1970，载《政治经济学杂志》)、《公共研究中的效率与公平：日本经济发展中的水稻育种》(1975，载《美国农业经济学杂志》)、《论诱致性制度创新》(1984，载《发展研究杂志》)、《农业经济中的土地与劳动合同：理论与事实》(1992，载《经济文献杂志》)。

三、迈克尔·P. 托达罗

迈克尔·P. 托达罗（Michael P. Todaro 1942— ），美国经济学家。

托达罗1942年出生于美国纽约市；1967年在耶鲁大学获经济学博士学位；1972—1974年间任夏威夷东西方中心人口研究所国际顾问委员会委员；1977年以来任《人口与发展评论》编委会委员；1979年任《巴勒斯坦发展评论》编委会委员。

托达罗对经济发展理论的主要贡献是提出了托达罗模型。该模型解释了在城市失业上升和城市工资刚性的情况下人口流动的问题。托达罗认为，发展中国家城市高失业率与农业人口大量流入城市并存的矛盾现象，根本原因在于城乡经济发展的不平衡和经济机会的不均等。因此，如果一味注重城市化和工业化问题，而忽视了农村和农业发展的必要性，则城乡收入差距会越来越大，过量的农业劳动力流入城市，一方面使城市失业率居高不下，新就业机会的创造反而使失业和就业不足现象进一步扩大，从而引发诸多社会经济问题；另一方面农村劳动力出现不足，又会进一步阻碍农业和农村的发展。与其他二元经济发展的模型不同，托达罗更强调农业自身发展和缩小城乡经济机会不平衡的必要性。如果说以刘易斯模型、拉尼斯-费模型为代表的二元经济模式着眼于加速农业劳动力向城市部门的流动，托达罗模型的着眼点则在于放慢这种流动过程，使农村人口流入城市这一"不可避免的历史趋势"顺利进行。

托达罗的主要著书有：《经济理论》（合著，1969）、《发展计划：模式与方法》(1972)、《发展中国家的内部人口流动》(1976)、《发展中世界的经济学：发展的原则、问题与政策导论》(1977)、《第三世界的经济发展》(1977)。

托达罗的代表论文有：《欠发达国家劳动迁移与城市失业模型》(1969，载《美国经济评论》)、《人口流动、失业和发展：两部门分析》(1970，载《美国经济评论》)、《非洲的收入预期、城乡移民与就业》(1971，载《国际劳工评论》)、《非法移民与美国移民改革：基本概念》(1987，载《人口与发展评论》)、《非洲的城市化、失业与移民：理论与政策》(1997，政策研究部工作论文)。

四、阿马蒂亚·森

阿马蒂亚·森（Amartya Kumar Sen, 1933—   ），印度经济学家，诺贝尔经济学奖获得者（1998）。

阿马蒂亚·森出生于印度孟加拉邦桑蒂尼克坦，早年求学于加尔各答大学总统学院；1955 年毕业于剑桥大学，获得文学学士学位；1959 年获博士学位；1963—1971 年担任印度德里大学经济学院经济学教授；1971—1977 年担任伦敦经济学院经济学教授；1977—1980 年担任牛津大学经济学教授；1980—1987 年担任牛津大学万灵学院政治经济学教授；1988 年起担任美国哈佛大学经济学与哲学教授；1998—2004 年任英国剑桥大学三一学院院长；后返回哈佛大学任教授。森于 1998 年获诺贝尔经济学奖。

森的代表理论主要集中于对福利、公平、贫困与饥荒等方面的分析。在福利分析方面，森在其《商品与能力》《生活质量》等著作中对正统的福利经济学理论提出了挑战。他对以西托夫斯基、赫希曼等为代表的"福利主义"，以伯格森、萨缪尔森为代表的社会福利函数理论进行了深刻的批评，提出了"可行能力"中心观以取代幸福的效用观。在对公平的分析中，森为经济分配不平等的测量提供了与现实较为一致的福利思想基础，提出了"森不平等指数",从而将福利经济学的规范分析和实证分析有机地结合起来,开创了福利经济学进行实证分析、引入国民经济客观指标的先河。在对贫困的分析中,森提出了"森贫困指数"的测量公式,将贫困研究的重点从单一的收入指标拓展到免于饥饿、住房、接受教育等人类生存和发展的基本权利方面,为贫困研究作出了开创性工作。在对饥荒的分析中,森对发展中国家饥荒问题的成因与对策进行了深入细致的研究,并对饥荒是由粮食供应减少造成的传统观点提出了挑战。

森的主要著述有《技术选择》(1960)、《集体选择与社会福利》(1970)、《论经济不平等:不平等之再考察》(1973)、《就业、技术与发展》(1975)、《贫困的水平》(1980)、《贫困与饥荒》(1981)、《选择、福利和量度》(1982)、《资源、价值和发展》(1984)、《商品与能力》(1985)、《伦理学与经济学》(1987)、《生活质量》(1987)、《饥饿与公共行为》(1989)、《以自由看待发展》(1999)、《理性与自由》(2002)、《正义的理念》(2009)。

五、考希克·巴苏

考希克·巴苏(Kaushik Basu,1952—),印度经济学家,美国康奈尔大学经济学教授。

巴苏出生于印度加尔各答。1974年至1976年,他在伦敦政治经济学院攻读博士学位,在阿马蒂亚·森的指导下获得了博士学位。他1977年返回印度,任印度德里经济学院经济学教授。1992年,巴苏在德里经济学院成立了发展经济学中心,并一直担任该中心的执行主任到1996年。

2009年12月巴苏出任印度财政部首席经济顾问,任期三年。2012—2016年,巴苏出任世界银行首席经济学家兼高级副行长,成为继林毅夫之后第二位获任该职的发展中国家人士。

多年来,巴苏一直致力于研究贫困和社会不平等问题,是发展经济学、福利经济学等研究领域的著名经济学家。巴苏关注童工问题。他建立了一个劳动力市场的多重均衡模型,讨论了童工现象的发生。巴苏分析了童工现象发生的微观经济学基础,指出了研究童工现象的新方向。在担任世界银行首席经济学家第二年，巴苏根据他在印度的从政经历完成了《政策制定的艺术》一书，强调发展的非经济驱动因素（例如社会规范、国民经济状态和制度基础）的重要性。

巴苏的代表著书如下：《农村市场中孤立和相互联系的出现》（1983）、《欠发达经济体：对当代理论的批判》（1984）、《政治经济学的前奏：经济学的社会和政治基础研究》（2000）、《分析发展经济学：重新审视欠发达经济体》（2003）、《政策制定的艺术》（2016）。

巴苏的代表论文如下：《童工经济学》（1998，载《美国经济评论》）、《童工：成因、后果和解决，以及对国际劳工标准的评注》（1999，载《经济学文献杂志》）、《全球童工问题：我们知道什么？我们可以做什么?》（2003，载《世界银行经济评论》）、《性别与话语：一个权利平衡内生决定的家庭行为模型》（2006，载《经济学杂志》）。

六、德布拉吉·瑞

德布拉吉·瑞（Debraj Ray，1957— ），印度发展经济学家；1983年在美国康奈尔大学获得经济学博士学位；现为纽约大学经济学教授；曾任职于斯坦福大学、哈佛大学、麻省理工学院、波士顿大学。

瑞的研究领域涉及宏观经济学、博弈论和发展经济学，在发展经济学领域的重要贡献是在1998年出版的《发展经济学》教材。该书运用现代经济学的统一分析框架，一改传统发展经济学脱离主流经济学理论的形象。尤其是在研究方法论上，该书结合经济学理论在不完全信息、契约理论、博弈论、新增长理论等方面的最新进展，用主流的经济学理论框架，分析发展中国家的经济发展问题，具有很强的思辨性。该书所涉及的问题，对于处于经济发展和体制转轨阶段的经济体具有重大的理论和现实意义。

瑞倡导在发展经济学中要重视微观研究，他认为发展经济学一直从宏观层面进行研究，但宏观的理论在进行跨国应用时会遇到很大的问题。对于发展中经济主体的微观分析，将能够更好地揭开宏观发展问题的面纱，找到不发展更深层的原因，并使研究结论更好地反映不同发展中国家的差异。

瑞在发展经济学领域的研究兴趣主要集中在社会冲突的解释，一个重要贡献在于提出了社会极化的理论和测度方法。他认为理解发展中国家产生冲突的原因，对于制定发展政策至关重要。他对冲突产生原因的主要解释是，贫困降低了冲突产生的机会成本，从而使得冲突可能性增大。在一个贫困的社会，通过有组织的资源掠夺，比和平进行资本积累更加有利可图。冲突会带来极大的资源损失，要解决冲突，涉及社会不同群体的行为协调问题。而要解决协调问题，就要探讨不同冲突群体的分化（或极化）。他定义的分化概念是指一群个体分化为不同利益群体的现象。群体分化的原因包括种姓、宗教信仰、地理、伦理等。分化不仅导致更低的人均收入、GDP 增长率、治理能力，还导致资源配置的低效率，从而阻碍了发展中国家的经济发展与市场发育。瑞及其合作者通过计量经济学、实验经济学等方法探讨了冲突产生的原因，提出了相应的政策建议。

瑞主要的代表性论文包括：《愿望、贫困和经济转型》(1986)、《极化的衡量》(1994)、《冲突和收入分配》(1999)、《极化：概念、衡量和估计》(2004)。

七、普兰纳布·巴德汉

普兰纳布·巴德汉（Pranab Bardhan, 1939—　），印度著名发展经济学家，美国伯克利加利福尼亚大学经济学教授。

巴德汉曾就读于印度加尔各答总统学院和英国剑桥大学。在加入伯克利之前，他曾在麻省理工学院、印度统计学院和德里经济学院任教。他曾任著名的《发展经济学》期刊主编（1985—2003）。

巴德汉的研究工作涉及经济学、政治学和社会人类学的跨学科领域，在发展中国家农村制度研究、发展政策的政治经济分析、国际贸易等领域都作出了突出贡献。在《市场社会主义》(1993) 和《社会主义的未来》(1994) 中，巴德汉阐述了市场社会主义的新构想：将社会主义公有制与市场机制结合起来，创造一种既有经济效益又使全体公民享有更多社会平等的经济制度。在《觉醒的泥足巨人：中印经济崛起评估》（2012）中，巴德汉剖析了中印两国的经济改革和经济增长模式，指出了两国在农业、工业、基础设施和金融部门中面临的诸多结构性和制度性问题；考察了两国的贫困状况、收入不平等和环境问题；探讨政治因素如何影响两国正在兴起的市场经济模式，认为巨大的减贫成就主要归因于国内因素，而非大多数人认为的全球一体化。

巴德汉的著书主要有：《印度发展的政治经济学》（1984）、《土地、劳动力和农村贫困：发展经济学论文》（1984）、《市场社会主义》（1993）、《社会主义的未来》（1994）、《发展微观经济学》（1999）、《稀缺、冲突与合作》（2005）、《觉醒的泥足巨人：中印经济崛起评估》（2012）。

巴德汉的代表性论文主要有：《腐败与发展：问题回顾》（1997，载《经济文献杂志》）、《地方和国家层面的捕获和治理》（2000，载《美国经济评论》）、《权力下放与发展》（2002，载《经济展望杂志》）、《发展中国家基础设施交付中的权力下放和问责制》（2006，载《经济学杂志》）。

八、约瑟夫·斯蒂格利茨

约瑟夫·斯蒂格利茨（Joseph E. Stiglitz，1943— ），美国经济学家，哥伦比亚大学教授，诺贝尔经济学奖获得者（2001）。

斯蒂格利茨1943年出生于美国印第安纳州加里；1967年在麻省理工学院获博士学位；1967—1974年在耶鲁大学任教；1974—1976年、1988—2001年在斯坦福大学任教；1976—1979年在牛津大学任教；1979—1988年在普林斯顿大学任教；1995—1996年，担任美国总统经济顾问委员会主席；1997—2000年，任世界银行副行长兼首席经济学家；2001年至今在哥伦比亚大学任教。他2001年获得诺贝尔经济学奖；2007年，作为联合国政府间气候变化委员会（IPCC）专家小组成员，获得诺贝尔和平奖。

斯蒂格利茨在经济学各个领域均有研究，其中最为突出的成就是信息经济学，他提出的逆向选择和道德风险被广泛地应用于市场不完善的分析。他在宏观经济学和货币理论、发展经济学和贸易理论、公共部门经济与公司金融、产业组织与农村组织理论、福利经济学、收入与财富理论等方面作出了重要贡献。斯蒂格利茨非常注重发展中国家的状况，常立足于发展中国家的角度阐述问题。他认为市场功能是不完善的，提倡突出政府在宏观调控中的作用，认为获得持续增长和长期效率的最佳方法是找到政府与市场之间的适当平衡。在《信息有效市场的不可能性》一文中，他与桑福德·格罗斯曼分析了金融市场的效率问题，证明了由于存在信息成本，市场效率和竞争均衡是不相容的，价格不可能是充分显示的，这被称为"格罗斯曼–斯蒂格利茨悖论"。

斯蒂格利茨的代表著书有：《公共经济学讲义》（合著，1980）、《商品价格稳定理论》（合著，1981）、《经济学》（1993）、《全球化及其不满》（2002）、《自由市场的坠落》（2010）、《不平等的代价》（2012）、《重构美国经济规则》（2015）。其中，《经济学》在1993年首次出版后，多次再版，是全球公认的经典的经济学教材之一。

斯蒂格利茨的主要论文有：《信息经济学》（1961，载《政治经济学杂志》）、《递增风险：定义》（1970，载《经济理论杂志》）、《筛选理论、教育与收入分配》（1975，载《美国经济评论》）、《竞争性保险市场中的均衡：一篇关于不完善信息经济学的论文》（1976，载《经济学中的不确定性》）、《垄断竞争与最佳产品多样性》（1977，载《美国经济评论》）、《信息有效市场的不可能性》（1980，载《美国经济评论》）、《不完备信息市场中的信贷配给》（1981，载《美国经济评论》）、《作为工人纪律手段的均衡失业》（1984，载《美国经济评论》）、《金融市场中政府的作用》（1993，载《世界银行经济评论》）、《自由化、银行业道德风险与审慎监管：资本要求管用吗？》（2000，载《美国经济评论》）。

九、阿比吉特·班纳吉

阿比吉特·班纳吉（Abhijit V. Banerjee，1961—　），美国著名经济学家，麻省理工学院国际经济学教授，阿卜杜勒·拉蒂夫·贾米尔贫困行动实验室（Abdul Latif Jameel Poverty Action Lab）主任；诺贝尔经济学奖获得者（2019）。

班纳吉 1961 年出生于印度孟买；1988 年在哈佛大学获得博士学位；1988—1992 年担任普林斯顿大学助理教授；1992—1993 年担任哈佛大学助理教授；1993—1996 年担任麻省理工学院助理教授；1996 年以来，担任麻省理工学院教授。班纳吉是阿卜杜勒·拉蒂夫·贾米尔贫困行动实验室创建者之一，并为该实验室提供指导。由于在减轻全球贫困方面的实验性做法方面的贡献，班纳吉、埃斯特·迪弗洛（Esther Duflo）和迈克尔·克雷默（Michael Kremer）共同获得了 2019 年诺贝尔经济学奖。班纳吉也是第二位印度裔诺贝尔经济学奖获得者。

为了弄清人类贫穷的本质，班纳吉和他的妻子、麻省理工学院同事迪弗洛一共花费了 15 年，深入多个国家，特别是贫困人群最集中的 18 个国家进行田野调查，共同撰写了专著《贫穷的本质：我们为什么摆脱不了贫穷》。班纳吉、迪弗洛和莫莱纳森（Sendhil Mullainathan）在 2003 年创立了阿卜杜勒·拉蒂夫·贾米尔贫困行动实验室，致力于用大规模的随机实地实验的方法运行和评估各类扶贫项目，并为政策制定提供科学证据。诺贝尔奖官方授奖辞指出："2019 年经济学奖获得者进行的研究大大提高了我们应对全球贫困的能力。在短短的二十年中，他们基于实验的新方法改变了发展经济学，如今这已成为一个蓬勃发展的研究领域。"

班纳吉的主要著书有：《波动和经济增长》（与阿吉翁合著，2005）、《制定援助工作》（2007）、《贫穷的本质：我们为什么摆脱不了贫穷》（与迪弗洛合著，2011）、《实地实验手册》（与迪弗洛合著，2017）、《艰难时期的良好经济》（与迪弗洛合著，2019）。

班纳吉的代表性论文包括：《群体行为的简单模型》（1992，载《经济学季刊》）、《职业选择和发展过程》（1993，载《政治经济学杂志》）、《不平等与增长：数据能说明什么?》（2003，载《经济增长杂志》）、《历史、制度和经济表现：印度殖民地土地所有权制度的遗产》（2005，载《美国经济评论》）、《通过发展经济学的视角看增长理论》（2005，载《经济增长手册》第一卷)、《穷人的经济生活》(2007，载《经济展望杂志》)、《补救教育：来自印度两个随机实验的证据》(2007，载《经济学季刊》)、《小额信贷的奇迹？随机评估的证据》(2015，载《美国经济杂志：应用经济学》)。

十、埃斯特·迪弗洛

埃斯特·迪弗洛（Esther Duflo，1972—   ），1972年生于法国巴黎；美国麻省理工学院发展经济学教授；阿卜杜勒·拉蒂夫·贾米尔贫困行动实验室联合创始人；2019年获诺贝尔经济学奖。

迪弗洛高中毕业后考入巴黎高等师范学校，主修历史，后在老师启发下开始涉足经济学。1994年，迪弗洛从巴黎高等师范学校毕业，获得历史和经济学本科学位；1995年，进入麻省理工学院就读，研究发展经济学；1999年，在阿比吉特·班纳吉和约书亚·安格瑞斯特（Joshua Angrist）的联合指导下，获得经济学博士学位。迪弗洛毕业后打破了美国大学不留本校学生的惯例，留在麻省理工学院经济系工作，并在2002年29岁时被提升为副教授，成为麻省理工学院历史上最年轻的终身教授。2019年，她与阿比吉特·班纳吉和迈克尔·克雷默共同获得了诺贝尔经济学奖。迪弗洛是获此殊荣的最年轻的经济学家，也是迄今为止获得诺贝尔经济学奖的第二名女性。

迪弗洛在理论研究和政策实践方面都有杰出贡献。她的大部分论文都建立在实验基础之上。迪弗洛以发展中国家穷人的微观行为为观察对象，采用大规模的随机实地实验方法来评估各种减贫政策，涉及农村地区的各种问题，包括健康问题、教育问题、个体金融、小额信贷以及社会组织结构与土地问题等。迪弗洛和班纳吉等人的研究方式突破了刘易斯、罗森斯坦-罗丹的逻辑推理、历史演绎方法下的发展经济学框架，使发展经济学从理论演绎进入了微观实证分析。

2011年，迪弗洛与班纳吉合作撰写的《贫穷的本质：我们为什么摆脱不了贫穷》一书在全球广受好评。迪弗洛、班纳吉和莫莱纳森在2003年创立了阿卜杜勒·拉蒂夫·贾米尔贫困行动实验室，致力于用大规模的随机实地实验的方法运行和评估各类扶贫项目，并为政策制定提供科学证据。该实验室的研究成果赢得了广泛的国际认可。

迪弗洛的著书主要有：《经验、科学和消除贫困》(2009)、《自治政策》(2010)、《人类发展》(2010)、《贫穷的本质：我们为什么摆脱不了贫穷》(与班纳吉合著，2011)、《实地实验手册》(与班纳吉合著，2017)、《艰难时期的良好经济》(与班纳吉合著，2019)。

迪弗洛的代表论文主要有：《印度尼西亚学校建设对学校和劳动力市场的影响：来自不寻常政策实验的证据》(2001，载《美国经济评论》)、《祖母与孙女：南非的养老金和家庭内部分配》(2003，载《世界银行评论》)、《信息和社会互动在退休计划决策中的作用：来自随机实验的证据》(2003，载《经济学季刊》)、《助推农民使用化肥：来自肯尼亚的理论和实验证据》(2011，载《美国经济评论》)、《妇女赋权与经济发展》(2012，载《经济文献杂志》)。

十一、迈克尔·克雷默

迈克尔·克雷默（Michael Kremer，1964—　），美国经济学家；哈佛大学经济系教授；2019年获诺贝尔经济学奖。

克雷默1964年生于美国纽约；1992年从哈佛大学获得博士学位；1992—1993年在麻省理工学院从事博士后研究工作；1998—2003年任麻省理工学院经济系教授；2003年至今担任经济系发展中社会盖茨讲席教授；1998—2009年任布鲁金斯学会高级研究员；2010年至今任美国国际开发署创新发展风险投资部科学总监。

克雷默的主要贡献是从微观视角探索贫穷产生的原因。他与班纳吉、迪弗洛一起荣获2019年诺贝尔经济学奖。他们通过大量的研究，认为贫穷可能是由一些很小的问题造成的，在对应的问题上增加或者减少一些激励，就有可能帮助穷人摆脱贫困。借助于随机实验，他们还对一些扶贫政策进行了反思。

克雷默的代表论文有：《经济发展的O环理论》(1993，载《经济学季刊》)、《人口增长与技术变革：公元前一百万年至1990年》(1993，载《经济学季刊》)、《政策好还是运气好？国家增长绩效与暂时冲击》(1993，载《货币经济学杂志》)、《无组织》(1997，载《经济学季刊》)、《哥伦比亚私立学校的代金券：来自随机实验的证据》(2002，载《美国经济评论》)、《蠕虫：识别治疗对教育和健康的外部性》(2004，载《计量经济学》)、《行动缺失：发展中国家教师与医卫人员的缺席》(2006，载《经济展望杂志》)、《可持续的幻想》(2007，载《经济学季刊》)、《助推农民使用化肥：来自肯尼亚的理论和实验证据》(2011，载《美国经济评论》)、《同伴效应和跟踪的影响：来自肯尼亚的随机评估证据》(2011，载《美国经济评论》)。

十二、马丁·瑞沃林

马丁·瑞沃林（Martin Ravallion，1952—2022），美国经济学家，乔治城大学经济学教授。

瑞沃林在悉尼大学取得理学学士，在伦敦政治经济学院获得经济学硕士和博士学位；曾在伦敦政治经济学院、牛津大学、普林斯顿大学和巴黎经济学院教授经济学。1988年，他以经济学家的身份加入世界银行。2007年他开始担任世界银行研究部主任，2012年6月任世界银行首席经济学家和高级副总裁。

瑞沃林的主要研究领域是发展经济学、贫困衡量、反贫困政策评估。1990年，他提出了"每天一美元"的贫困线标准。他为许多国家和国际机构提供过关于消除贫困的政策方面的建议，并撰写了大量文章。在《贫困的比较》一书中，瑞沃林从理论上和实践上介绍了贫困的计量，讨论了以前的研究方法，给出了一系列方法论上的新建议。瑞沃林曾提出测度亲贫增长（pro-poor growth）的方法，并测度了中国的亲贫增长情况。

瑞沃林的著书主要有：《贫困的比较》(1992)、《贫困经济学：历史、衡量和政策》(2016)。瑞沃林的代表论文有：《新的调查数据可以告诉我们哪些有关收入分配和贫困的最新变化？》(1999，世界银行)、《童工会取代上学吗？来自入学补贴的行为反应的证据》(2000，载《经济杂志》)、《增长、不平等与贫困：超越平均水平》（2001，载《世界发展》）、《衡量亲贫增长》（2003，载《经济学快报》）、《重新考虑一天一美元》（2008，世界银行）、《中国在消除贫困方面的进展》（2009，载《了解中国的快速增长》）。

十三、丹尼·罗德里克

丹尼·罗德里克（Dani Rodrik，1957— ），土耳其经济学家，哈佛大学肯尼迪政府学院福特基金会讲席教授。

罗德里克1985年获普林斯顿大学经济学博士学位。罗德里克曾任哈佛大学肯尼迪政府学院公共政策助理教授（1985—1989）和副教授（1989—1992）、哥伦比亚大学经济与国际事务教授（1992—1996）、哈佛大学肯尼迪政府学院国际政治经济学教授（1996—2013）、普林斯顿大学教授（2013—2015）。他的主要研究领域为国际经济学、发展经济学和政治经济学。他对全球化的研究尤为出色，被斯蒂格利茨誉为"全球化方面的世界级专家之一"。

罗德里克在经济发展和增长、全球化以及政治经济学领域著作颇丰，是当今世界上最富于批判性的经济学家之一。在三十多年的学术生涯中，他曾提出过很多著名的理论，其中的"全球化的不可能三角""经济增长的诊断"等理论具有较大的影响力。（1）全球化的不可能三角，即任何一个国家，在深度参与全球化、民主政治、国家主权三者之间最多只能选两个。（2）增长诊断法，即构建一个分析增长战略的统一框架，用于决定政策优先顺序的策略。该策略的目标是识别约束经济的最关键的因素，针对这些硬约束制定一组政策，使改革投入获得最大的成效。（3）关于全球化对不平等的影响。罗德里克认为，国际贸易和发展中经济体尤其是中国的出口导向型工业化，显著缩小了全球不平等，但是这些经济体内部的不平等并没有缩小，有加剧的趋势。从全球来看，虽然出口导向型工业化导致了快速和持续的发展，但其力量正在减弱，可替代的新发展模式仍未出现，因此全球不平等反而有可能扩大，而不是缩小。

罗德里克的代表著书有：《全球化走得太远了吗？》（1997）、《新全球经济与发展中国家：让开放起作用》（1999）、《探索经济繁荣：关于经济增长的描述性分析》（2003）、《一种经济学多种药方：全球化制度建设和经济增长》（2008）、《全球化矛盾：民主与世界经济的未来》（2011）、《经济学规则》（2015）、《贸易的真相：如何构建理性的世界经济》（2017）。

罗德里克的代表论文有：《了解经济政策改革》（1996，载《经济文献杂志》）、《为什么更多的开放经济体拥有更大的政府？》（1998，载《政治经济学杂志》）、《所有的增长都去了哪里？外部冲击、社会冲突和增长崩溃》（1999，载《经济增长杂志》）、《高质量增长的机制：它们是什么以及如何获得它们》（2000，载《国际比较发展研究》）、《制度规则：在经济发展中制度优于地理和一体化》（2004，载《经济增长杂志》）、《中国的出口有何特别之处？》（2006，载《中国与世界经济》）。

第四节　致力于构建新发展经济学的中国学者

一、张培刚

张培刚（1913—2011），湖北黄安（今红安）人，著名经济学家，发展经济学奠基人之一。

张培刚1934年毕业于武汉大学经济学系，获学士学位，随即被选送到中央研究院社会科学研究所从事农业经济研究；1941年考取清华大学第五届留美公费生；1945年获美国哈佛大学哲学博士学位；1946年，回国担任武汉大学经济系教授兼系主任；1948年，任联合国亚洲及远东经济委员会高级顾问及研究员；1949年辞去联合国职务，回到武汉大学，担任经济学系主任、教授；1950年，被中央人民政府任命为武汉市人民政府委员、武汉市人民政府财政经济委员会委员；1951年秋至1952年夏在北京中央马列学院学习；1952年底，调至正在组建的华中工学院（现华中科技大学），任建院筹备委员会委员兼基建办公室主任,负责建校的基建工作;1957年任政治经济学教研室主任;1979年任社会科学部主任、经济研究所所长;1985年起先后任经济管理学院和经济学院名誉院长;1988年后兼任经济发展研究中心主任;2011年在武汉辞世。

张培刚研究领域涉及发展经济学、西方经济学、农业经济学、工商管理学,对发展经济学的创立和发展作出了卓越的贡献,对现代经济学在中国传播发挥了重要的先导作用。他对我国乃至世界的经济学发展作出了杰出贡献:(1)创立了系统的农业国工业化理论,为发展经济学的诞生奠定了理论基础;(2)提出了建立新型发展经济学的理论构想,为发展经济学在当代的新发展指明了方向;(3)率先倡导并推动现代市场经济学在我国引进和普及,为提出社会主义市场经济理论起到了重要的倡导作用。

早在20世纪30年代,张培刚在中央研究院社会科学研究所工作期间,从事农村经济调查研究工作达6年之久,足迹遍及河北、浙江、广西、湖北等地,在此期间相继撰写了《清苑的农家经济》《广西粮食问题》《浙江省食粮之运销》和《中国粮食经济》等书籍,发表了40多篇论文。这一时期他关于农村经济的系统调查研究,为后来创立农业国工业化理论体系奠定了基础。张培刚的博士论文《农业与工业化》获哈佛大学1946—1947年度经济学专业最佳论文奖和"大卫·威尔士奖金"。该著是国际上第一种试图从历史上和理论上系统探讨农业国工业化问题的学术专著,其理论成为后来在西方兴起并蓬勃发展的新兴学科"发展经济学"的主题内容,该著成为发展经济学的奠基之作。

张培刚在《农业与工业化》中指出,农业国必须通过全面的工业化来实现经济发展。所谓全面的工业化,就是既包括工业资本投资不断增长,使用现代化机器设备,也包括对农业的现代化改造,加快农业的机械化进程,提高农业的劳动生产率。工业的现代化与农业的现代化是全面工业化不可分割的两个方面。张培刚在《经济研究》1989年第6期上发表《发展经济学往何处去:建立新型发展经济学刍议》,主张从发展中国家实际情况和根本利益出发,在借鉴和吸收以往成果的基础上,建立比较全面的、新型的发展经济学理论体系。他认为，新型发展经济学应拓宽研究范围，以发展中大国为研究重点；改进研究方法，从经济社会发展的历史方面探根溯源，从经济和社会、历史、政治、文化等非经济方面综合分析；把体制转轨纳入发展经济学的分析视野。根据这一设想，他和学生合作完成著作《新发展经济学》，产生了广泛的学术影响。此外，他与厉以宁教授先后合著了《宏观经济学和微观经济学》《微观宏观经济学的产生和发展》等著作，对于当时我国普及和传播市场经济知识、转变人们对市场经济的认识，发挥了先导作用。

张培刚的主要著作包括：《清苑的农家经济》(1936)、《广西粮食问题》(1938)、《浙江省食粮之运销》(1940)、《农业与工业化》(1949)、《宏观经济学和微观经济学》(1980)、《发展经济学通论（第一卷）》(1991)、《新发展经济学》(1992)、《发展经济学与中国经济发展》(1996)、《张培刚选集》(1997)、《微观经济学的产生和发展》(1997)、《发展经济学教程》(2001)、《二十世纪中国粮食经济》(2002)、《农业与工业化》(上中下合卷)(2002)等。

二、谭崇台

谭崇台（1920—2017），著名发展经济学家，武汉大学人文社科资深教授，中国发展经济学启蒙者与拓荒者之一。

谭崇台 1920 年 6 月 8 日出生于四川成都；1943 年毕业于武汉大学经济系；1947 年毕业于哈佛大学，获经济学硕士学位；1948 年，回武汉大学经济学系任教，任职副教授；1958 年调入外文系从事英语教学；1978 年晋升为教授并重回经济系，从事经济学教学研究工作；2004 年获聘为武汉大学首批人文社会科学资深教授；先后担任经济管理学院院长、经济学院名誉院长、教育部人文社科重点研究基地武汉大学经济发展研究中心名誉主任、武汉大学国际学术交流委员会副主席、武汉大学学术委员会顾问。2009 年中华人民共和国建国 60 周年之际，他入选"影响新中国 60 年经济建设的 100 位经济学家"。

谭崇台是最早将西方发展经济学系统地引进中国的经济学家之一。1983年，他合作主编国内第一部西方经济学教材；1985年，出版国内第一本发展经济学专著；1987年，成为国内第一个招收发展经济学方向博士生的导师；1993年，出版国内第一部以经济发展思想为脉络的西方经济学说史专著。尝试构建发展经济学学科体系、寻求经济发展思想渊源、通过跨期历史比较研究拓宽发展经济学研究领域、通过研究当代中国经济发展进程创新发展经济学理论，是谭崇台研究发展经济学的"四部曲"。20世纪80年代初，谭崇台便开始从经济学说史中寻求发展经济学的思想渊源。经过10年潜心研究，谭崇台主编的《西方经济发展思想史》于1993年出版，该书被誉为"国内第一部以经济发展思想为脉络的西方经济学说史"。他主持编撰《发达国家发展初期与当今发展中国家经济发展比较研究》，把发达国家早期发展纳入发展经济学的研究框架，将发达国家早期发展与当今发展中国家的发展进行跨期比较研究，探讨了发达国家早期经济发展过程中各国经济发展思想影响政策制定和经济绩效的机制，拓宽了发展经济学研究领域，实现了"史论结合、融论于史、以史立论"。

谭崇台的主要著书有：《苏联的商业》（1952）、《当代西方经济学说》（主编，1983）、《发展经济学》（1985）、《中国人口湖北分册》（主编，1988）、《发展经济学的先驱》（译著，1988）、《发展经济学》（主编，1989）、《发展经济学概论》（主编，1992）、《西方经济发展思想史》（主编，1993）、《经济发展的先驱理论》（译著，1995）、《经济发展理论研究丛书》（共10部，主编，1995）、《谭崇台选集》（专著，1997）、《现代经济学》（合著，1998）、《发展经济学的新发展》（主编，1999）、《发展经济学》（主编，2000）、《发展经济学概论》（主编，2001）、《发展经济学辞典》（主编，2002）、《发展经济学》（台湾版，主编，2004）、《发达国家发展初期与当今发展中国家经济发展比较研究》（主编，2008）、《20世纪的西方经济学》（主编，2010）等。

谭崇台的代表性论文有：《综论西方发展经济学》（1983，载《经济学动态》）、《十年来我国对发展经济学的研究和应用》（1990，载《中国社会科学》）、《寻租理论及其思想渊源》（1994，载《经济评论》）、《论快速增长与"丰裕中贫困"》(2002，载《经济学动态》)、《从发展经济学看我国农业问题》(2002，载《当代经济研究》)、《开发人力资本 构建社会资本：解决农民贫困、农村落后问题的必由之路》(2004，载《宏观经济研究》)。

三、杨小凯

杨小凯（1948—2004），原名杨曦光，著名经济学家。

杨小凯1948年生于吉林敦化，原籍湖南湘潭。1980年杨小凯考入中国社会科学院，1982年毕业，获计量经济学硕士学位；1983年，经经济学家邹至庄推荐，赴美国普林斯顿大学学习；1988年，获经济学博士学位；1990年，被澳大利亚莫纳什大学聘为终身教授；1994年，出任美国路易维尔大学经济系教授；2000年，成为澳大利亚莫纳什大学经济学系的首席教授。

杨小凯最突出的贡献是提出了新兴古典经济学与超边际分析方法和理论，试图用他所建立的经济学分析框架将微观经济学、宏观经济学、发展经济学、制度经济学、企业理论等经济学各分支进行综合。以亚当·斯密为代表的古典经济学认为劳动分工是经济发展和增长的原动力，杨小凯为这一伟大洞见提供了微观机制和数学框架。他的《经济学：新兴古典经济学与新古典经济学》对经济学根基进行重新梳理，为经济学教学提供了崭新的方法；他的研究使亚当·斯密的劳动分工论与科斯的交易费用理论融为一体。此外，他对宪政经济学、经济转轨也颇有研究，他的许多经济思想对我国社会主义经济建设和发展具有重要的理论意义和现实意义。

杨小凯的主要著书包括：《数理经济学初步》(1985)、《控制论的经济应用》(1985)、《专业化与经济组织》(1992)、《分工和经济组织：一个新兴古典微观经济学分析框架》(1994)、《当代经济学与中国经济》(1997)、《经济学原理》(1998)、《发展经济学：超边际分析与边际分析》(2000)、《经济改革与宪政转轨》(2000)、《经济学：新兴古典经济学与新古典经济学》(2003)。

杨小凯的代表性论文包括:《发展、结构转型与城市化》(1990,载《发展经济学杂志》)、《经济增长的微观经济机制》(1990,载《政治经济学杂志》)、《分工和产品多样化》(1992,载《美国经济评论》)、《垄断竞争和最优先产品多样性》(1993,载《美国经济评论》)、《内生的城乡结构二元经济均衡模型》(1994,载《城市经济学杂志》)、《工业化新理论》(1995,载《比较经济学杂志》)、《公司理论与剩余权结构》(1995,载《经济行为与组织杂志》)等。

四、林毅夫

林毅夫(1952—　),著名经济学家,北京大学新结构经济学研究院院长、国家发展研究院名誉院长、南南合作与发展学院院长;曾任世界银行高级副行长、首席经济学家。

林毅夫1952年生于中国台湾宜兰,原名林正义。他1978年在台湾政治大学企业管理研究所获硕士学位;1982年获北京大学经济系政治经济学专业硕士学位;1986年获美国芝加哥大学经济系博士学位;1987年在耶鲁大学完成博士后研究后回国,成为改革开放以后最早从美国获经济学博士后回国工作的学者之一;1987—1990年任国务院农村发展研究中心发展研究所副所长;1990—1993年,任国务院发展研究中心农村部副部长;1993年任北京大学教授;1994年创立北京大学中国经济研究中心(现北京大学国家发展研究院),并担任主任;2008年被任命为世界银行首席经济学家兼负责发展经济学的高级副行长,成为担此要职的发展中国家第一人;2012年在世界银行任期届满,返回北大继续教学研究工作,并担任北京大学国家发展研究院名誉院长;2015年创立北京大学新结构经济学研究中心,担任主任;2017年该中心更名为北京大学新结构经济学研究院,担任院长。

林毅夫的研究主要集中在农业经济学与制度分析、中国经济改革发展和新结构经济学上。林毅夫的博士论文根据农业生产的特性，构建了一个理论模型证明：在农业生产劳动投入监督困难的前提下，家庭农场是一个最合适的农业生产组织，并以理论与实证分析解释了中国农村改革的成功经验。林毅夫是最早将新制度经济学引入中国的学者之一。他将制度经济学与发展经济学结合起来，分析制度与经济发展问题，将制度变迁区分为强制性变迁与诱致性变迁，认为政府在弥补制度供给不足方面具有非常重要的作用。基于发展中国家发展与转型经验，林毅夫提出了一套新的关于发展经济学和转型经济学的理论体系，揭示了"要素禀赋→比较优势→发展战略→企业自生能力→制度结构→发展绩效"的内在逻辑，被称为"新结构经济学"，开创了中国社会科学自主理论创新之先河。新结构经济学理论主张发展中国家或地区从其自身要素禀赋结构出发，发展具有比较优势的产业，在"有效市场"和"有为政府"的共同作用下，推动经济结构的转型升级和经济社会的发展。

林毅夫的代表著书有：《制度、技术与中国农业发展》(1992)、《中国的奇迹：发展战略与经济改革》(与蔡昉、李周合著，1994)、《充分信息与国有企业改革》(与蔡昉、李周合著，1997)、《再论制度、技术与中国农业发展》(2000)、《繁荣的求索：发展中经济如何崛起》(2012)、《解读中国经济》(2012)、《新结构经济学》(2012)、《从西潮到东风》(2012)、《本体与常无：经济学方法论对话》(2012)、《超越发展援助：在一个多极世界中重构发展合作新理念》(与王燕合著，2016)、《新结构经济学新在何处》(与王勇、付才辉合著，2016)、《战胜命运：跨越贫困陷阱 创造经济奇迹》(与塞勒斯汀·孟加合著，2017)、《新结构经济学导论》(上下册，与付才辉合著，2019)。其中，《中国的奇迹：发展战略与经济改革》是研究中国经济改革发展的经典之作。

林毅夫的代表性论文有：《中国的农村改革与农业增长》(1992，载《美国经济评论》)、《竞争、政策性负担与国有企业改革》(1998，载《美国经济评论》)、《财政分权与中国经济增长》(2000，载《经济发展和文化变迁》)、《中小金融机构发展与中小企业融资》(2001，载《经济研究》)、《发展战略、自生能力和经济收敛》(2002，载《经济学（季刊)》)、《信息、非正规金融与中小企业融资》（2005，载《经济研究》)、《发展中国家的产业政策该遵循还是违背比较优势：林毅夫与张夏准的辩论》(2009，载《发展政策评论》)、《新结构经济学：反思发展的框架》(2011，载《世界银行研究观察》)、《禀赋结构、产业动态和经济增长》（2015，载《货币经济学杂志》）等。

第七章

发展经济学学科经典文献

本章介绍发展经济学在不同阶段、不同理论流派的重要文献，为读者提供学科经典文献的概貌。文献介绍侧重两个方面的内容：一是文献内容概述，包括文献来源与背景、基本内容、主要结论等；二是文献的学术贡献或政策含义。

第一节 发展经济学萌发期的经典文献

发展经济学是第二次世界大战后出现的一门新兴学科，但在短短七十余年中，它的分析思路和具体的理论模式经历了很大的变化，呈现出鲜明的阶段性特征。本节首先介绍20世纪40年代理论萌发时期发展经济学先驱们的探索。这一时期代表性的文献主要有罗森斯坦-罗丹1943年发表的《东欧与东南欧工业化问题》、曼德尔鲍姆1947年出版的《落后地区的工业化》等。1949年哈佛大学出版社出版的张培刚的博士论文《农业与工业化》，也是这一时期的重要文献。

一、《东欧与东南欧工业化问题》

1943 年,罗森斯坦-罗丹(Paul Rosenstein-Rodan)发表《东欧与东南欧工业化问题》①。在这篇经典文献中,罗森斯坦-罗丹提出了"过剩农业人口""社会分摊资本""货币性外部经济"和"技术性外部经济"等概念,以及在存在互补关系的工业部门实施有计划的工业化的思想。这篇论文为他后来提出"大推进"理论奠定了基础。

这篇经典论文提出了四点创见。第一,分析"过剩农业人口",即伪装失业问题。过剩农业人口的存在,虽然是经济问题,但也可能成为推动经济发展的力量。第二,提出了"货币性外部经济"的概念。这种外部经济能带来规模经济即递增收益。为了获得这种收益,必须在具有互补性的工业部门同时实行有计划的工业化。第三,强调基础设施的重要性。他认为,在消费品工业建立之前必须大规模地筹集大量的、不可分割的社会分摊资本,即建立起基础设施。社会分摊资本通常在总投资中占 30%—35%,单靠私人市场的积极性无法及时做到,必须通过倡议、计划或规划等步骤筹集。第四,强调了"技术性外部经济"的作用。技术性外部经济的存在,使得私人边际净收益与社会边际净收益间存在着相当大的偏差,即培训产业工人人数每增加一个,给社会带来的好处要远远大于私人企业主出钱培训工人获得的好处。因此,在竞争性的市场条件下,工人的教育和训练会低于最适度水平。然而,不发达国家工业化的进程,在很大程度上是以训练、在职训练和人力资本形成为基础的。由此推之,工业化的进程不能仰赖市场机制,而必须依靠计划安排。

罗森斯坦-罗丹在这篇经典文献中得到的结论是:在一个国家内部或者国家之间,市场机制并没有实现"最适度",因为市场机制依赖于一些不现实的假设,如生产函数是线性齐次的,不存在递增收益或者规模经济,不存在最小量或限度等。该结论的政策含义是,支持有计划的工业化

---

① ROSENSTEIN-RODAN P N. Problems of Industrialisation of Eastern and South-Eastern Europe [J]. Economic Journal (London),1943,53 (210/211):202-211.

和"大推进"式的平衡发展战略。

二、《落后地区的工业化》

1945年，曼德尔鲍姆（Kurt Mandelbaum）的《落后地区的工业化》一书出版①。在书中，他构建了人口众多而经济落后的东南欧地区工业化的数量模型，分析落后地区人口过剩、工业化不足和"大规模农村伪装失业"现象之间的关联。曼德尔鲍姆认为，东南欧地区之所以经济不发达，其原因是缺少工业化。缺少工业化迫使日益增多的人口进入城市和农村生产力极低的行业。人口压力、贫困和工业薄弱，形成了一种恶性循环。这种恶性循环绝不局限于东南欧一隅，也出现在其他欧洲国家，在亚洲也非常明显。在人口稠密而工业化不足的落后国家，常见的经济病象是"大规模的农村伪装失业"。

曼德尔鲍姆认为，就业不能扩大的原因是需求不足和资本稀缺。曼德尔鲍姆的政策主张是，为了克服这些障碍，国家的干预是必要的。国家通过重新分配的措施，可以提高"必要的消费"，从而减轻贫困，也可以建立一种强迫国家储蓄体制以支持较快的资本形成。

三、《农业与工业化》

中国学者张培刚在哈佛大学攻读博士学位期间，于1945年完成了题为《农业与工业化》的博士论文。这篇博士论文荣获美国哈佛大学1946—1947年度最佳论文奖和"威尔士奖金"；1949年被收入"哈佛经济丛书"出版，1951年被译成西班牙文，1969年英文本再版。

在《农业与工业化》的"导论"中，张培刚明确指出写作该书的目的是分析工业化过程中农业与工业之间的调整问题，提出了应该着重探讨的几个问题，包括工业发展与农业改革的互动关系、一个国家农业与工业怎样保持平衡、农业国与工业国的贸易和资本移动，以及中国这样的农业国在工业化过程中可能遇到的迫切问题。

---

① MANDELBAUM K. The Industrialization of Backward Areas [M]. Oxford：Blackwell, 1945.

在《农业与工业化》中，张培刚系统地分析了农业在工业化过程中的积极作用和贡献：一是农业作为整个人类经济社会粮食供应的主要源泉，可以为工业化提供粮食；二是农业作为初级产品的生产部门，可以为工业化提供原料；三是农业作为工业劳动力的供给来源，可以为工业化提供劳动力；四是农民作为工业品市场的买者和农产品市场的卖者，可以为工业化提供市场动力。他还系统地分析了工业化的含义、发动因素、限制因素以及类型和阶段。首先，他分析了工业化的定义和基本特征。工业化可以被定义为一系列基要的"生产函数"连续发生变化的过程。这种变化可能最先发生于某一个生产单位的生产函数，然后再以一种支配的形态形成一种社会的生产函数而遍及于整个社会。其次，他分析了工业化的发动因素和限制因素。他认为影响工业化进程的重要因素有五种，它们的性质和影响各不相同，可以再归纳而划分为两大类：一类是发动因素，包括企业创新管理才能即生产技术；一类是限制因素，包括资源和人口。再次，他分析了工业化的类型和阶段。根据工业化的发动主体可以分为三种类型，即个人或私人发动的工业化、政府发动的工业化、政府与私人共同发动的工业化。此外，该著还分别根据动力、运输方面的生产技术变化，以及资本品增加和消费品减少的趋势，具体地分析了工业化的阶段。张培刚深入分析了工业化影响农业生产和农场劳动的机理及方式。首先，从技术和组织两个方面看，工业发展是农业改良的必要条件。其次，机械化对于农业生产和农场劳动两个方面都有深远的影响。再次，工业化导致劳动力从农场到工厂的转移。张培刚还分析了农业国在工业化过程中与工业国的经济关系及各自的优势。

在发展经济学中，"二元经济结构"理论的前提是，发展中国家的传统农业部门和现代工业部门并存，这种客观事实引发从农业部门向工业部门转变的客观要求。张培刚提出的农业国工业化理论，为"二元经济结构"理论的创立奠定了基础。

第二节　结构主义经济发展理论经典文献

20世纪40年代末至60年代末，这一阶段的发展经济学理论具有明显的结构主义特征。结构主义经济发展理论认为，发展中国家内部存在着与发达国家不同的社会经济结构，如二元经济、劳动剩余、隐蔽性失业、结构性通货膨胀等问题；与此同时，在世界经济体系的"中心-外围"结构中，发展中国家处于外围的依附地位。该阶段的发展经济学从发展中国家经济结构失衡的事实出发，强调发展中国家的结构变革，因此，这类发展理论和政策主张被称为结构主义。

一、《拉丁美洲的经济发展及其主要问题》

普雷维什（Raúl Prebisch）在1950年发表的重要文章《拉丁美洲的经济发展及其主要问题》中提出了贸易条件对发展中国家日益不利的"普雷维什命题"。[①] 传统的国际贸易理论认为，按比较优势进行的国际分工与自由贸易，能使各国皆获其利。普雷维什认为情况并非如此。他研究拉美各国经济状况后，发现贸易条件对处于国际分工体系外围的发展中国家越来越不利，从而导致中心与外围之间的贫富差距越来越大。

该文认为，发展中国家贸易条件恶化是殖民时代遗留下来的国际分工的必然结果。在旧的国际分工下，资本主义世界形成了由发达国家组成的"中心"和由发展中国家构成的"外围"的不对称体系。正是这种体系的不对称性，滋生了诸多不利于外围国家初级产品贸易条件的内在因素：第一，技术进步利益在中心与外围之间的不平等分配，是造成后者贸易条件长期恶化的重要机制；第二，贸易周期运动对中心与外围的不同影响，也

---

① PREBISCH R. The Economic Development of Latin America and Its Principal Problems [R]. New York: United Nations, 1950.

是外围国家贸易条件长期恶化的重要原因；第三，对初级产品不利的需求条件，是外围国家贸易条件长期恶化更为重要的原因。

普雷维什在文中还给出了政策建议。他主张发展中国家实行工业化，以摆脱不合理的国际分工体系下作为发达国家原料供应者的附属地位。他建议发展中国家实行进口替代政策（后来转变为出口导向），以扭转贸易条件恶化的趋势。普雷维什强调，经济落后的各国要依靠国家的力量来干预经济，以改变收入低、投资少、发展慢这一恶性循环。

二、《投资国与贷款国之间的利益分配》

贸易条件恶化论的另外一个先驱者是著名的发展经济学家汉斯·辛格（Hans Singer）。辛格根据发展中国家经济发展的实际情况，于 1950 年发表论文《投资国与贷款国之间的利益分配》，扩展了这一理论的应用领域。[①] 该文注意到发展中国家越来越多地出口制成品的事实，并从以下三个方面拓展了贸易条件恶化论：第一，相比于发达国家，发展中国家初级产品贸易条件的恶化比率更高；第二，相比于发达国家，发展中国家出口制成品的价格下降得更快；第三，对于发展中国家，由于初级产品占出口产品的比重较高，初级产品贸易条件恶化对发展中国家的影响更甚于发达国家。

此前，贸易条件恶化论主要侧重上述第三点内容，而辛格的这篇文章则更多地强调前两点。这篇文章认为，发展中国家以出口劳动密集型制成品替代初级产品，实行出口导向发展战略，其结果只是转换了贸易条件恶化的内容，而无法从根本上解决发展中国家贸易条件长期恶化的问题。

该文的一个重要启示是：当发达国家与发展中国家之间的贸易主要以制成品和初级产品来分工时，贸易条件恶化论强调的是初级产品贸易条件的恶化；当发达国家与发展中国家之间的贸易主要以资本或技术密集型产品与劳动密集型制成品来分工时，该文将历史与现实紧密地结合起来，敏

---

① SINGER H W. The Distribution of Gains between Investing and Borrowing Countries [J]. American Economic Review, 1950 (2): 473-485.

锐地意识到了发展中国家的贸易条件恶化的必然趋势。

三、《不发达国家的资本形成问题》

哥伦比亚大学教授拉格纳·纳克斯（Ragnar Nurkse）于1953年出版了《不发达国家的资本形成问题》，提出了著名的贫困恶性循环理论。[①] 纳克斯在该书中指出，若干个"恶性循环并列"相互联系、相互作用，造成了发展中国家长期贫困，其中"贫困恶性循环"居于支配地位，而资本形成的不充分是产生贫困恶性循环的关键因素。

纳克斯在该书中从供给和需求两方面论述了资本形成的恶性循环过程。在供给方面，发展中国家由于经济不发达，人均收入水平低下，人们将大部分收入用于生活消费，导致了储蓄水平低、储蓄能力小。低储蓄能力引起资本稀缺，造成了资本形成不足。资本形成不足又导致了生产规模难以扩大，劳动生产率难以提高。低生产率造成低产出，低产出又造成低收入。这样周而复始，形成了一个"低收入—低储蓄能力—低资本形成—低生产率—低产出—低收入"的恶性循环。在需求方面，发展中国家经济落后，人均收入水平低下，低收入意味着低购买力和低消费能力。低购买力导致投资引诱不足，投资引诱不足又会造成资本形成不足。低资本形成使生产规模难以扩大，生产率难以提高。低生产率带来低产出和低收入。这样，也形成了一个"低收入—低购买力—低投资引诱—低资本形成—低生产率—低产出—低收入"的恶性循环。供给和需求两个循环相互联结、相互作用，形成了发展中国家长期难以突破的贫困陷阱。纳克斯在书中把贫困的恶性循环总结成一句话：一国穷是因为它穷。

纳克斯在书中还进一步提出，要打破这种贫困恶性循环，必须进行大规模、全面的投资，实施全面增长的投资计划；通过同时在许多工业部门之间相互提供投资引诱，使各部门的投资有利可图，资本形成就能实现，

[①] NURKSE R. Problems of Capital Formation in Underdeveloped Countries [M]. New York: Oxford University Press, 1953.

从而摆脱恶性循环。

四、《劳动无限供给下的经济发展》

1954年，刘易斯（William Arthur Lewis）发表《劳动无限供给下的经济发展》一文[①]，提出了"二元经济"的概念、划分标准和适用的前提条件（劳动剩余经济），明确了二元经济结构转换的方向（工业化）和特征（工业化、城市化、剩余劳力转移）。

刘易斯在文章中提出了二元经济的两个模型：封闭经济模型和开放经济模型。在封闭经济中，刘易斯认为凯恩斯主义和新古典主义的分析方法并不适用于发展中国家。他认为古典主义的非熟练劳动力的真实工资外生给定这一假设更符合发展中国家的情况。发展中国家存在"二元经济结构"，经济由"资本主义部门"和"传统部门"构成。传统部门中劳动力自我雇佣，雇佣的动机是满足被雇佣者维持生存所必需的消费。资本主义部门的真实工资取决于传统部门的劳动生产率，并保持不变。资本主义部门雇佣劳动力的目的是获取利润，利润是资本主义部门投资和扩大就业的源泉。在劳动力过剩、资本主义部门外生给定的真实工资高于传统部门收入的情况下，资本主义部门的就业数量受需求限制而不受供给限制，无限劳动力供给的概念正是在这个意义上提出的。给定工资和技术水平，资本主义部门的利润最大化决定了资本—劳动比率和资本主义部门的利润率。同时，刘易斯遵循古典主义传统假定：工资全部用于消费，利润是储蓄的唯一来源，经济增长率取决于利润率和利润的边际储蓄率。在经济增长过程中，由于城市失业人口和妇女也加入劳动大军，增加了劳动力的供给，而真实工资不会变化，因而保证资本主义部门不断扩大，由此带来的经济增长一直持续到经济中的过剩劳动力消失，劳动和资本都变得稀缺时，新古典主义模型开始发挥作用。

---

① LEWIS W A. Economic Development with Unlimited Supplies of Labour [J]. The Manchester School, 1954, 22（2）: 139-191.

刘易斯在文章中构建了开放二元经济模型用来分析贸易和经济增长的关系，但大多数人忽略了这一模型。刘易斯扩展了李嘉图-格雷厄姆（Ricardo-Graham）模型。假设存在两个国家和三种物品，每个国家生产两种产品，其中一种产品是两个国家都生产的，两个国家都消费这三种产品。假设 A 国生产钢铁和粮食，B 国生产橡胶和粮食。在国内，两种本国生产的产品具有线性的交换关系，钢铁、橡胶各自与粮食的交换比率决定了它们的相对价格。国家间的贸易商品是钢铁和橡胶，二者交换比率取决于两国粮食的劳动生产率，而非贸易商品各自的生产率。如果 A 国 1 单位劳动生产 3 单位粮食或 3 单位钢铁，B 国 1 单位劳动生产 1 单位粮食或 3 单位橡胶，双方的贸易条件是 1 单位钢铁换 3 单位橡胶，双方的要素贸易条件是 A 国 1 单位劳动换 B 国 3 单位劳动。双方贸易条件的不平等性反映了双方在粮食生产上的劳动生产率的差别，因此，对于落后国家而言，在贸易中改变不利地位的前提条件是提高非贸易品——粮食的生产率。

刘易斯的这篇论文开创了在二元经济理论统一分析框架下的古典主义经济发展观，被看作西方二元经济理论的开山之作。刘易斯的这篇文章奠定了发展经济学中结构主义的逻辑分析框架，对刘易斯理论的扩展和修正，推动着二元经济理论不断完善和发展。

需要特别注意的是，刘易斯二元经济的两个模型在发展战略选择上存在冲突。在封闭条件下，提高传统部门的生产率会抬高资本主义部门的真实工资，从而压低资本主义部门的利润率，减缓结构转换过程。在开放经济中，刘易斯则强调提高传统部门的生产率才能获取国际贸易利益，实现经济发展。矛盾是如何产生的、如何协调二者的矛盾以指导发展中国家制定经济发展战略，成为后来许多经济学家的研究课题。

五、《经济理论与不发达地区》

缪尔达尔（Gunnar Myrdal）在 1957 年出版的专著《经济理论与不发

达地区》中提出了著名的循环累积因果理论。[①]缪尔达尔认为，市场力量自发作用的结果趋向于导致区域之间不平衡发展。某一区域一旦拥有初始的先发优势条件，其自身会不断强化，形成一种动态的循环累积因果关系，导致社会经济发展沿着最初路径持续下去。

为了解释循环累积因果关系的形成过程，缪尔达尔提出了回波效应和扩散效应两个分析工具，来形象地描述空间发展的循环累积因果变化。回波效应指某一地区经济扩张给另一地区带来的所有不利变化，包括人口迁移、资本流动、贸易以及与之相关的其他所有经济、非经济的不利影响。扩散效应是回波效应的反向作用，指经济中心向其他地区扩张的离心力。缪尔达尔认为，要素流动并不能按照新古典经济学理论所假设的那样，使地区之间的失衡状态重新恢复到均衡状态。要素流动存在回波效应与扩散效应两个截然不同的方向，一般而言，在市场力量独自作用下，回波效应持续大于扩散效应，成为循环累积因果过程的主要推动力，地区之间发展不平衡状况因此而加剧。

市场力量自发作用的结果是回波效应占主体，形成循环累积因果关系，导致区域经济发展不平衡。为了实现平衡发展目标，缪尔达尔提出了政府干预的思想，认为通过政府干预，可以缓和区域发展的两极分化。

六、《经济发展战略》

赫希曼（Albert O. Hirschman）在 1958 年出版的《经济发展战略》一书中比较系统地提出了非平衡发展的思路，其基本内容是：发展中国家应当集中有限的资本和资源，首先发展一部分联系效应最大的产业，以此为动力逐步扩大对其他产业的投资，带动其他产业乃至经济全局的发展。[②]

赫希曼认为，由于资源具有稀缺性，发展中国家要实现经济发展，不平衡增长是最优途径。不平衡增长发展战略的思路是优先重点发展产业联

---

① MYRDAL G. Economic Theory and Underdeveloped Regions [M]. New York: Harper & Row, 1957.

② HIRSCHMAN A O. The Strategy of Economic Development [M]. New Haven: Yale University Press, 1958.

系效应较大的部门,进而带动其他部门的发展。赫希曼认为,通过短缺与过剩发展的方式,可以较好地实现这一目标。前者主要是指对直接生产性活动进行投资,随着投资的增加,社会预摊性资本会不断下降,进而使得直接生产性活动投资的机会成本大大增加,在此情况下投资的方向必然转向社会预摊性资本;后者是指先投资社会预摊性资本,其机会成本伴随该投资的加大而不断增加,进而相对降低了直接生产性活动的成本,使得投资向直接生产性活动转移。

根据赫希曼的观点,发展中国家在促进国民经济发展时,应该优先发展联系效应较大的产业部门。联系效应是国民经济各产业部门相互依赖和相互影响的关系,赫希曼认为,联系效应可以分为前向联系效应和后向联系效应。前向联系效应,是指某产业部门与为之提供中间投入的各部门之间的关系;后向联系效应,是指某产业部门与其向之提供中间投入的各部门之间的关系。由于联系效应的存在,对某一产业的投资会通过联系效应机制影响其他相关产业部门,甚至引起连锁投资。根据赫希曼的理论,对联系效应较大的产业进行投资,会取得更高的效益。因此,在不平衡增长的过程中,应重点投资联系效应较大的产业部门,充分发挥其对其他产业部门的带动作用。

七、《经济发展理论》

拉尼斯(Gustav Ranis)和费景汉(John C. H. Fei)1961年在《美国经济评论》上发表《经济发展理论》一文[①]。该文在刘易斯模型的基础上,提出了劳动剩余经济发展的二元经济模型——拉尼斯-费模型。

拉尼斯-费模型全面解释了农业在经济发展中的作用,以及工农业平衡增长的原因及其实现过程。与刘易斯相比,拉尼斯和费景汉把落后国家二元结构中的两个部门明确认定为农业部门和工业部门。他们继承了刘易斯模型中工业部门的实际工资外生给定的假设,用了一个新名词"制度工

---

① RANIS G, FEI J C H. A Theory of Economic Development [J]. American Economic Review, 1961, 51 (4): 533-565.

资"来表示。他们认可刘易斯对经济发展核心问题的认识，即通过工业化重新配置劳动力来实现经济发展，但他们对刘易斯模型进行了明显的拓展，主要体现在以下两个方面。

第一，细化了刘易斯模型对经济发展阶段的划分。按劳动力的边际生产力状况，拉尼斯和费景汉将经济发展区分为三个阶段：第一阶段，农业劳动力的边际产出为零，劳动力的向外转移并不影响农业总产出；第二阶段，农业劳动力的边际产出大于零，但低于制度工资，第一阶段和第二阶段都存在隐蔽性失业；第三阶段是劳动力的边际产出大于经济发展初始点的制度工资。经济发展过程将经历三个关键点：经济发展的初始点，一、二阶段之间的刘易斯模型转折点，二、三阶段之间的商业化点。在经济发展阶段上，拉尼斯-费模型细化了刘易斯模型对转折点的划分：当农业劳动边际产出大于零，但低于制度工资时，劳动力就不是无限供给，此时，农业发展就不仅是被动地适应工业发展，而且成为工业发展的制约因素。

第二，内生化农业发展。虽然刘易斯也重视农业发展，但农业发展不是刘易斯模型的内生产物。基于对工业发展第二阶段的认识，拉尼斯和费景汉认为，刘易斯转折点出现时，农业过剩劳动力依然存在，向外转移动力依然存在。此时，农业劳动力的减少会导致农产品短缺，恶化工业部门贸易条件，使刘易斯模型不能摆脱马尔萨斯陷阱，完成二元结构的转化任务。为推迟刘易斯模型转折点的出现，二人提出，只有提高农业的劳动生产率才能避免上述问题。这样，在拉尼斯-费模型中，农业发展是结构转换顺利进行的必要条件和内在要求，克服了刘易斯模型忽视农业发展的缺陷。农业发展的内生化是拉尼斯-费模型对刘易斯模型的最重要的修正。

拉尼斯、费景汉指出，工业和农业两部门不是独立发展的，它们互为对方的产品市场，而且工业必须有能力吸纳农业释放的劳动力，这就要求工农业必须平衡增长。工农业平衡增长的标准是，不断提高工业部门的就业吸纳量，同时保证工农业双方的贸易条件不恶化。这要求合理分配社会投资，保持两部门的平衡增长，而不是像刘易斯模型中提出的那样将全部工业利润都投资于工业或资本输出。至于合理分配社会投资的机制，二人认为市场价格体系能够自发实现，如果价格体系不完善，政府也可以承担这一职能。

刘易斯模型和拉尼斯-费模型构成二元经济模型的整体分析框架，后来的学者在其基础上将研究的重点从一般性的整体分析转向局部的深化与拓展。

八、《剩余农业劳动力与二元经济发展理论》

乔根森（Dale Jorgenson）于1967年发表《剩余农业劳动力与二元经济发展理论》一文①，提出了乔根森模型。

第一，乔根森指出了二元经济模型的古典主义与新古典主义的区别。乔根森模型的最大特点在于反刘易斯传统。刘易斯强调发展中国家劳动力过剩时不能采用建立在资源稀缺性基础上的新古典主义分析方法，转而回到古典主义分析方法。乔根森认为古典和新古典的二元经济发展理论的区别是，古典主义的假设前提是农业中存在边际生产力为零的劳动力，工业部门劳动力存在无限供给，工业部门的真实工资不变；新古典主义的假设前提是农业部门劳动力的边际生产力大于零，工业部门的真实工资伴随工业部门的技术进步和资本积累不断提高，不存在隐蔽性失业，工业部门劳动力在不降低农业总产出的情况下是不能增加的。

第二，乔根森提出了农业剩余的存在和大小是工业部门的发展基础。乔根森认为，如果人口增长速度过快导致农业剩余的下降或消失，工业部门的发展也将趋于停滞，这样，资本不断折旧而没有新的资本更新，经济容易陷入"低水平均衡陷阱"。为了实现经济持续发展，工业部门积累资本是必要的，但是，其先决条件是存在正的农业剩余。由于农业剩余的出现，现代部门的发展才成为可能。当农业产出达到了人口最快增长时所需要的农产品数量，农业部门就会出现剩余劳动力。这部分剩余劳动力是需要转移的，而农业劳动力向工业部门转移的速度取决于农业剩余的增长

---

① JORGENSON D W. Surplus Agricultural Labour and the Development of a Dual Economy [J]. Oxford Economic Papers, 1967, 19 (3): 288-312.

速度。

乔根森模型弥补了刘易斯模型只强调劳动力剩余而忽视农业剩余的问题，在一定意义上转变了发展经济学忽视农业的倾向。不过，乔根森的分析并没有超越拉尼斯和费景汉，乔根森只注意了工业部门对农产品的需求，而忽视农业部门的发展同样也需要工业品，从而导致模型中的农业发展缺乏技术上的支持和保障。从这个意义上说，乔根森没有找到农业发展的真正出路。

九、《略论"大推进"理论》

罗森斯坦-罗丹（Paul Rosenstein-Rodan）于1961年发表代表作《略论"大推进"理论》，论证了需求与生产的互补性及外部性使得"大推进"战略非常必要。① "大推进"理论作为平衡增长理论的代表，其核心思想是发展中国家要摆脱贫困及增长停滞，必须全面地、大规模地在各个工业部门投资，通过部门间的"需求互补"，推动整个工业全面、迅速发展。

罗森斯坦-罗丹认为，发展中国家以农业生产为主，农业生产方式落后、农业劳动生产率低下，是造成发展中国家贫困的主要原因。因此，尽快实现农业化向工业化的转变是发展中国家摆脱贫困的必然选择。但是，由于工业水平较低、基础设施落后、技术水平较差，发展中国家要实现工业化困难重重。此时，必须由国家主导，全面地、大规模地投资于各个工业部门，促进其均衡发展，才能推动整个国民经济实现高速运行和全面增长。大推进理论是建立在三个"不可分性"前提下的，即生产函数的不可分性、需求的不可分性以及储蓄供给的不可分性。罗森斯坦-罗丹指出：投入产出过程中的不可分性能够增加收益、提高资本产出比；一个国家或地区各个产业部门间往往存在市场需求的不可分性，即彼此间都能作为对方的要素投入者以及产品的需求者；此外，储蓄与资本的形成也具有不可分性，充足的储蓄在一定程度上能够扩大投资规模，推动经济发展。

---

① ROSENSTEIN-RODAN P N. Notes on the Theory of the "Big Push" [M]. Economic Development for Latin America. London: Palgrave Macmillan, 1961: 57-81.

在这三个前提下,罗森斯坦-罗丹的大推进理论主要强调了五个方面的内容。一是必须实施全面增长的投资计划。发展中国家要想发展,关键是要在贫困恶性循环中找到一个突破口,这就需要通过大规模、全面的资金投入来冲破原有狭小市场的束缚。二是利用外部经济效应推动本国经济发展。罗森斯坦-罗丹认为实施大规模投资计划的目的就是要获得外部经济效应。至于资金的投入指向,其一是对相互补充的工业部门进行投资,以创造出互为需求的市场;其二是对相互补充的产业部门进行投资,以降低生产成本、增加经济利润,并为增加储蓄、提供再投资的资本创造条件。对这些产业部门同时进行投资产生的外部经济效应,不仅能增加单个企业的利润,还可以增加整个社会的净产品。三是资金投放的重点必须在社会的基础设施以及具有相互联系的轻工业部门上,而非重工业部门。四是大推进的资金来源应该包括国内、国外双向投资。罗森斯坦-罗丹指出一个国家或地区的经济如果投入了资金也没有实现起飞,其原因可能在于资金的投入小于临界投资所需的最小资金规模,因此对于广大发展中国家来说,资金的来源必须广泛,应当包括国内投资以及大量的国外投资和资本的引进,只有这样才能保证充足的资金储备。五是政府必须在大推进过程中发挥主导性作用。发展中国家市场机制不健全,在短期内要依靠市场组织大量投资并按一定比例分配于各个部门不太现实,因此必须由政府发挥主导性作用,通过宏观计划调节促进经济的均衡增长。

罗森斯坦-罗丹的大推进理论为广大发展中国家或地区摆脱贫困、实现工业化提出了良好的发展建议,他所强调的通过扩大资本投资来推动经济发展的理念在当时具有一定的应用价值。然而,在实际操作过程中,大推进理论中所要求的大于临界投资所需资金的具体规模很难确定,加之发展中国家收入水平较低,理论中所需要的巨额资金在现实中往往难以筹集。实践证明,对于发展中国家来说,如果要在生产资源极为缺乏的情况下依靠国家干预推行平衡增长战略,其结果必然事倍功半,甚至会产生一些意想不到的严重后果。

十、《国外援助与经济发展》

钱纳里（Hollis B. Chenery）和斯特劳特（Alan M. Strout）于 1966 年发表经典论文《国外援助与经济发展》，提出了著名的"双缺口"理论。[①] 根据凯恩斯的国民收入分析和哈罗德—多马经济增长模型，钱纳里认为发展中国家为了达到既定的经济增长目标，必须积累足够的资本，取得所需要的追加投资量。如果没有外援，经济发展就会依次受到三种资源约束：一是"熟练技术和组织能力供给的约束"，即由于缺乏必要的技术、企业家和管理人才，发展中国家无法改变当前的生产结构，无法有效运用各种资源，无法使可能的储蓄转化为投资，从而影响生产率提高和经济增长；二是"国内储蓄供给的约束"，即国内储蓄不足以支持投资的扩大，从而影响经济发展；三是"外汇的约束"，或称"贸易约束"，即出口收入小于进口支出，外汇不足以支付经济发展所需要的进口，从而制约国内生产和出口发展。

用公式来表示，$Y = C + I + (X - M)$，而 $Y - C = I + (X - M)$，由于 $Y - C = S$，从而 $S - I = X - M$，变形得：$I - S = M - X$。其中，Y 表示总产出，C 表示消费，I 表示投资，X 表示出口，M 表示进口，S 表示储蓄。公式左端为投资与储蓄之差，称为"储蓄缺口"；右端为进口与出口之差，称为"外汇缺口"或"贸易缺口"。从均衡和计划的观点看，左右两端必须相等。但这种相等是一种事后平衡，事前公式中四个变量分别受不同的因素影响，各自的计划数量也是独立的，相互间并不一定是平衡的。因此，就需对两个缺口进行调整，使其平衡。钱纳里认为，利用外国资源可以消除经济发展的约束，填补缺口，实现国内经济更高的增长率。

"双缺口"理论认为，发展中国家的经济发展有三个阶段。第一阶段，为了实现既定的经济增长目标，国内储蓄不足，应利用外国资本弥补储蓄缺口，提高投资水平。第二阶段，随着外国资本流入，经济增长率逐渐提

[①] CHENERY H B, STROUT A M. Foreign Assistance and Economic Development [J]. American Economic Review, 1966, 56 (4): 679-733.

高，但为了使外国资本流入有所下降，本国边际储蓄率必须超过目标所需的投资率。第三阶段，为了减少资本流入，出口需要比进口更快地增长，但由于本国的生产结构并不能满足这一要求，而最低限度的进口又必须维持，从而形成贸易缺口。为了不降低经济增长率，只能在长期中缩小外贸缺口，因此需要继续利用外资来弥补外贸缺口。在经济发展各阶段都可能存在储蓄缺口与外贸缺口不等。为了实现更加有效的经济增长，当储蓄缺口决定的资本流入大于最小贸易缺口时，应用投资代替进口；而在最低限度贸易缺口所决定的资本流入大于储蓄缺口时，应以进口代替投资，从而使长期内两个缺口事前相等。

"双缺口"理论揭示了在国内资源不足、经济结构不平衡的条件下，发展中国家可以利用外国资本以补充储蓄缺口和外汇缺口，从而最大限度地提高经济增长水平。当储蓄缺口和外贸缺口不等，而外资流入填补了较大缺口时，应通过以投资替代进口或进口替代投资的方式，来保持两个缺口相等，并减少外资流入。

十一、《欠发达国家劳动迁移与城市失业模型》

托达罗（Michael P. Todaro）于 1969 年发表论文《欠发达国家劳动迁移与城市失业模型》[1]，指出二元经济理论框架没有分析城市失业的缺陷，力图建立一个城乡人口流动模型，以拓展二元经济理论对人口流动的分析。

第一，托达罗提出了城乡人口迁移的两阶段论。托达罗接受刘易斯模型、拉尼斯-费模型将经济发展等同于经济结构转换的论断，但不赞同将城乡人口流动当成是在一个阶段内就完成的观点。他认为一阶段论不仅过分简单，也不能解释发展中国家广泛存在的城市失业现象。托达罗认为城乡人口迁移分为两个阶段，农村剩余劳动力先是在城市传统部门找到临时工作，经过一段时间后才能进入城市正式部门就业。

第二，托达罗建立了城乡人口流动模型。模型中，决定移民迁移决策

---

[1] TODARO M P. A Model of Labor Migration and Urban Unemployment in Less Developed Countries [J]. American Economic Review, 1969, 59（1）: 138-148.

的是预期的城乡收入差别，而非实际的城乡收入差别；而城市的预期收入则是由农村劳动力在城市中的就业概率决定的。城市就业概率的引入是托达罗模型对二元经济理论最主要的创新与发展，增强了城乡人口流动模型的现实解释力。

第三，托达罗提出了政策建议，以缓解城市失业与农村劳动力持续涌入并存的矛盾。托达罗不赞成刘易斯等结构主义学者提倡的高速向城市转移劳动力的方案，而是建议政府将工作重心转向支持农村的全面发展，通过增强农业的就业吸纳能力，尽量减缓劳动力向城市的转移。具体政策建议包括：通过缩小城乡收入差距，减缓劳动力向城市迁移的速度，减轻城市就业压力；对人口流动规模进行限制；增加对农业的投资，提高农业生产率等。

托达罗模型的理论创新主要有三点：第一，提出了城乡人口迁移的两阶段论，扩展了刘易斯模型中工业就业的范围；第二，肯定了城乡劳动力流动是人们的理性决策；第三，强调了农业发展对二元结构转换的重要意义。

十二、《经济增长的阶段》

美国经济学家罗斯托（Walt W. Rostow）于 1960 年出版《经济增长的阶段》一书，提出了著名的经济增长阶段理论。[①] 罗斯托指出，现代化是从农业社会向工业社会转变的过程，这个过程包括一系列阶段的深刻变化。他运用经济史学家的归纳方法，将工业化进程分为六个阶段，即传统社会阶段、准备起飞阶段、起飞阶段、走向成熟阶段、大众消费阶段，及 1971 年补充的追求生活质量阶段，探讨了各个阶段的条件、特征、增长的动力、出现的问题、经济政策以及发展前景。

（一）传统社会阶段

在传统社会阶段，经济处于原始状态，经济活动是围绕生存而展开

---

① ROSTOW W W. The Stages of Economic Growth: A Non-Communist Manifesto [M]. New York: Cambridge University Press, 1960.

的，通常都是封闭或者孤立的经济。人们赖以生存的产业以农业为主，整个社会生产力低下，人均收入仅维持在生存的状态。社会结构僵硬，阻碍着经济变革，生产活动中采用传统技术，并以传统方式看待世界。

(二) 准备起飞阶段

这一阶段是传统社会与起飞之间的过渡阶段，社会上升所需的各种条件正在形成。这一阶段的重要任务是政治和经济制度上的变革，以便为发展创造条件。政治上须统一和趋于稳定，以促进统一市场的形成和大量资本的积累。经济上发展的障碍正在被逐步克服：近代科学知识开始在工业生产和农业革命中发挥作用；金融业开始发展，并开始解决新的投资所需的融资问题；商业也随着交通运输业的改进而逐渐扩大；但农业的发展仍然具有基础性的作用，它要提供更多的粮食来养活迅速增长的城市人口，又要为工业的发展提供资金积累和销售市场。这一阶段的主导产业是第一产业或者劳动密集型的制造业，要解决的关键难题是获得发展所需要的资金。

(三) 起飞阶段

起飞阶段是经济由传统向现代转换过程中的巨大分水岭，在社会历史发展中具有决定性意义。达到此阶段必须具备三个条件：一是要有较高的经济积累比例，积累占国民收入需达10%以上；二是要建立经济起飞的主导产业部门，使其较快发展并且带动其他生产部门的增长；三是要有体制上的改革，即建立一种能够保证"起飞"的制度体系，以推动经济的扩张。这一阶段大量的劳动力从第一产业转移到制造业，国外投资增加明显，以一些快速成长的产业为基础，国家出现了若干区域性的增长极，经济开始"自动持续成长"。这一阶段生产方法和生产技术剧烈转变，新的工业部门迅速扩张，新型企业家阶层日益扩大，其利润大部分用于再投资，人均收入也大幅度上升，经济增长速度比较快。

(四) 走向成熟阶段

这是经济起飞后经过较长期的持续发展所达到的一个新阶段。这一阶段，现代技术在经济活动领域的应用大为扩展；对工业设备部门、工业制造业的投资，带动了经济成长，新厂房设备的投资维持在国民收入的10%—20%的高水平；投资的增长使生产的增长超过人口的增长。但是一旦经济对新技术的应用或推广速度放慢，经济成长就会失去动力，从而出现减速趋势。由于生产技术的改进，产业结构的调整，高附加值的出口产业不断增多，本国经济在世界贸易中的地位和作用得到加强；国民福利、交通和通讯设施显著改善，经济增长惠及整个社会。

（五）大众消费阶段

这一阶段工业生产能力高度发达。落后产能已经被淘汰，越来越多的资源被用来生产耐用消费品，经济主导部门开始转向服务业；技术工人和城市人口的比重都比前一阶段有一定提高，用来提供社会福利和社会保障的资源在生产和分配中逐渐增大。人们的生活方式也发生了较大变化，用于休闲、旅游、教育、保健、安全项目上的花费增加；奢侈品消费向上攀升，高科技的成果应用广泛。

（六）追求生活质量阶段

1971年，罗斯托在其《政治和增长阶段》一书中又补充了第六阶段：追求生活质量阶段。他认为该阶段的主要目标是提高生活质量，人们主要看重的是劳务形式、环境状况、自我实现的程度等。经济的主导部门是提供劳务而非生产物质产品的服务产业，如教育卫生、市政建设、休闲设施、环境保护、文化娱乐、旅游等部门。居民消费追求时尚与个性，消费文化呈现出多样性和多变性。

罗斯托的增长阶段理论是对发达国家经济发展历史的抽象和概括，从中衍生出了许多重要推论，对广大发展中国家有一定的启发和借鉴意义。

第三节　新古典主义经济发展理论经典文献

从20世纪60年代后期开始，新古典主义发展理论成为发展经济学的显学。新古典主义发展经济学家认为，结构主义过于相信政府的能力而忽视了市场与价格激励功能;发展问题的分析不应当是"无价格的"(priceless),问题的关键是理顺价格,让市场发挥作用。他们提出了一系列充分发挥市场机制的作用、以"矫正价格"为核心的发展理论及政策主张,强调外向发展和对外贸易,强调经济的私有化、市场化,重视农业发展和人力资本投资。

一、《国际贸易的"古典理论"与不发达国家》

明特(Hla Myint)的《国际贸易的"古典理论"与不发达国家》是新古典主义复兴浪潮下经济发展理论中一篇代表性文献。① 明特在这篇论文中讨论了国际贸易的"古典理论"在不发达国家中的适用性,并发展了亚当·斯密的"剩余出路理论"。

明特指出,要辨析国际贸易的"古典理论"在不发达国家中的适用性,首先要明确以下二者的关系:规范的新古典经济理论与自由市场和自由贸易的政策。他认为两者之间并无简单的、不可分割的关系,而是有下述四种明显的可能性:第一种观点,接受新古典经济理论并主张自由市场和自由贸易政策,这是自由主义新古典经济学家的立场;第二种观点,反对新古典经济理论,也反对自由市场和自由贸易政策,这是非新古典主义思想流派经济学家的立场;第三种观点,接受新古典经济理论,但怀疑自由市场力量促成最佳资源配置的可能性,这是新古典主义福利经济学家的立场;第四种观点,怀疑新古典理论是否足以成为研究经济发展的构架,但主张欠发达国家实行自由市场和自由贸易政策。明特支持的是第四种立场。

基于上述理论立场,明特的论文主要讨论了新古典主义国际贸易理论在发展中国家的有限作用。作者列举了各种赞成自由贸易的非新古典主义论点,如"剩余出路"理论、对外贸易在引进新需求时的教育效应等。明特反对把从发达国家概括出来的单一的理论普遍应用于所有不发达国家,

---

① MYINT H. The "Classical Theory" of International Trade and the Underdeveloped Countries [J]. Economic Journal, 1958, 68 (270): 317-337.

强调针对不发达国家的具体情况提出各种可供选择的分析模式。

二、《国际贸易与经济发展》

《国际贸易与经济发展》是哈伯勒最为著名的论文。这篇文章最初是作者在埃及国民银行1959年第15次纪念学术研讨会上的演讲，后收录进《哈伯勒文集》。哈伯勒在论文中用现代一般均衡理论对比较优势理论重新作了系统表述，推导了自由贸易和贸易保护的福利含义，强调自由贸易对经济发展的积极贡献，反对结构主义者主张的进口替代论。

哈伯勒运用古典国际贸易理论，认为国际劳动分工和国际贸易使各国能够进行专业化生产，然后相互交换生产成本较低的产品，因而促进了参与国财富的增长和国民收入水平的提高。他认为劳动分工有利于经济发展的观点，既适用于发达国家，也适用于不发达国家。哈伯勒对普雷维什的"贸易条件恶化论"进行了最全面、最彻底的批判，认为"比较成本说"同样适用于发展中国家，以该理论为基础的国际分工同样也给发展中国家带来利润。他认为"贸易条件恶化论"中对初级产品与制成品、外围与中心的对应归位是不科学的，并不能完全用制成品与初级产品来分别代表工业中心和不发达外围各自的出口品。

三、《改造传统农业》

舒尔茨在1964年出版的经典著作《改造传统农业》一书中[①]，抽象出两种农业经济形态：传统农业经济形态和现代农业经济形态。他通过研究传统农业中农民的经济行为来研究发展中国家的农业问题，通过研究传统农业向现代农业的转变来研究发展中国家的农业发展问题。

舒尔茨认为，在传统农业中，农民的经济行为具有如下基本特征：第一，农民的经济行为是合乎理性的；第二，农民对经济刺激的反应是正常

---

① SCHULTZ T W. Transforming Traditional Agriculture [M]. New Haven: Yale University Press. 1964.

的；第三，农民具有企业家才能。由于传统农民与现代农民都是理性的经济人，传统农民的经济行为也遵循理性规律，所以应该从支配他们行为的经济活动本身去寻找贫穷的原因。传统农业经济活动的特点是投资收益率极其低下，这是由农业技术落后和农民的知识技能水平低下引起的。因此，农民贫穷的根本原因在于他们缺乏有利可图的现代物质资本和人力资本。

舒尔茨主张，发展中国家要消除贫穷，必须发展农业；要使农业发展，必须将传统农业改造为现代农业。改造传统农业的关键是将经济增长的决定性因素引入到传统农业中来。舒尔茨提出的政策主张有：一是加强对农业的研究；二是加强人力资本投资；三是充分发挥市场机制的作用。

20世纪五六十年代，许多发展中国家普遍采取重工轻农甚至以牺牲农业为代价的工业化发展战略，但是都失败了。在这种背景下，舒尔茨在《改造传统农业》中深入研究了促进发展中国家农业发展的问题。他提出的农业发展理论，突破了传统的经济发展理论思维，不仅引导人们转变对农业的认识，而且开辟了一条发展农业、消除贫穷的新思路。

四、《经济发展中的金融深化》

《经济发展中的金融深化》一书出版于1973年，是斯坦福大学教授爱德华·肖的代表作，也是金融深化理论的奠基作之一。[①] 同年，爱德华·肖的同事罗纳德·麦金农也出版了自己的著作《经济发展中的货币与资本》。这两本书宣告了一个新学说——金融深化理论的诞生。

《经济发展中的金融深化》一书采用了从一般到特殊的研究方法。该书首先介绍了新古典的货币模型——"财富观"模型，然后层层分析了"财富观"模型中不适用于发展中国家的地方，对其做了修正，在此基础

---

① SHAW E S. Financial Deepening in Economic Development [M]. New York: Oxford University Press, 1973.

上肖提出了自己的"债务中介观"模型。根据债务中介理论,随着金融发展和实际货币的增长,会产生四大效应。第一,收入效应。由于货币增长使市场扩大,首先会产生正的收入效应;同时,由于货币体系的存在本身需要资本与劳动力的投入,所以还存在着实际货币增长的负收入效应。第二,储蓄效应。由于正收入效应抵消了负收入效应,收入水平绝对增加,在私人储蓄倾向和税率一定时,较高的收入水平意味着较高的储蓄和投资。同时,由于市场的开放和扩大,投资的机会增多,人们的储蓄愿望更为强烈。此外,金融发展使得利率提高,减少了通货膨胀对货币持有者的不利影响,从而进一步鼓励储蓄。第三,投资效应。在过去市场分割的情况下,存在着很多收益较高却得不到贷款的投资项目,而一些收益较低的项目却能得到廉价的贷款配给,随着金融深化,贷款利率提高,可以淘汰收益较低的项目,提高投资的平均收益率。第四,就业效应。金融深化意味着资本相对昂贵,劳动力相对便宜,这会使人们转向劳动力密集型产业,从而增加就业。

金融深化理论否定了传统理论关于货币与实物资本相互替代的假定,认为这不符合很多发展中国家的实际情况。传统理论认为通货膨胀在经济发展和结构转变中是不可避免的,甚至是有助于发展的,金融深化理论批判了这种观点,坚决主张通过消除通货膨胀加快经济发展。金融深化理论既不同于凯恩斯学派(主张用低利率刺激投资,从而扩大总需求),也不同于货币学派(主张用控制货币发行总量作为稳定经济的手段),而是主张通过金融自由化和利率提高,一方面增加存款,增加货币需求,另一方面增加高收益的投资,从而既可克服因货币供大于求而引起的通货膨胀,又不致因产出减少而引起衰退。

五、《经济发展中的货币与资本》

《经济发展中的货币与资本》一书是斯坦福大学教授罗纳德·麦金农的

代表作①，与爱德华·肖的《经济发展中的金融深化》共同构成了金融深化理论的奠基之作。麦金农与他的同事肖是最早关注发展中国家的金融发展与经济增长之间关系的经济学家。他们于同一年出版了各自的著作，不约而同地阐述了关于发展中国家金融抑制与金融深化的思想。这两本著作系统地提出了一整套金融深化的理论。

在金融深化理论产生以前，新古典经济学理论中有一个十分重要的假定，即实际货币余额和投资之间是一种替代关系。由于这种关系的存在，为了增加资本积累，政府可以通过增大货币供应量，利用通货膨胀降低实际存款利率，这样，一方面公共收入增加导致公共投资增加，从而使实际资本积累增加，另一方面，根据替代效应，人们会减少货币持有量，而增加实际资本持有量。麦金农的《经济发展中的货币与资本》一书对新古典经济学的这一重要假定提出了异议。麦金农根据发展中国家的实际情况做出了三点假设：一，所有经济单位都是自我融资的，相互之间不发生借贷关系；二，工厂和家庭规模小，使得投资的不可分性变得十分重要；三，政府不通过税收支出过程和货币发行手段来直接参与资本积累。假设一、二意味着很多有生产条件的厂商无力投资，假设三则意味着政府只能通过影响实际存款利率而影响投资。麦金农由此得出了几点重要结论：（1）资本数量与持有货币的实际收益呈同方向变动；（2）在实际利率的一定限度内，对货币的需求与对实物资本的需求是互补的，而非替代的；（3）私人储蓄和投资对持有货币的实际收益的变动十分敏感；（4）存在着一个显著大于零的最低货币实际收益；（5）投资的不可分性使得规模收益递减规律失效。

就政策主张而言，可以将该著提出的金融深化理论理解为一种新的"经济自主"理论。该理论认为，发展中国家只要进行金融变革，就可在本国资金市场上筹集到所需要的发展资金；外资和外援无多大益处，相

---

① MCKINNON R I. Money and Capital in Economic Development [M]. Washington: The Brookings Institution, 1973.

反，它们却常常加深本国市场的扭曲。这与20世纪50年代纳克斯的观点正好相反。纳克斯认为，由于发展中国家存在着贫穷的恶性循环，要想发展必须引进大量的外资，而麦金农提出应将引进技术和引进外资区别开来，并举出了日本在这方面的成功经验。

六、《发展经济学的贫困》

拉尔1983年出版的《发展经济学的贫困》一书可谓是新古典复兴浪潮中对前一阶段的结构主义发展思潮进行全面批判的集大成者[①]。拉尔在该书中以新古典派（自称为正统派）自居，并在发展经济学的主要领域内，向以凯恩斯主义国家控制经济的思潮（被称为非正统派），发起了全面和猛烈的攻击。在书中，拉尔点名抨击了一些著名学者，如赫希曼、纳克斯、钱纳里、缪尔达尔、刘易斯、普雷维什等结构主义代表人物。该书的结语声称：发展经济学的消亡可能会有助于经济学和发展中国家经济的兴旺发达。拉尔所谓的发展经济学的消亡，其实是指曾经作为发展经济学主流的结构主义发展经济学的消亡，而其将被新古典主义的主张所取代。

关于该书的写作目的，拉尔在导言中介绍，是要概述并评论关于发展中国家经济发展的一系列信条的有效性。在他看来，过去几十年里，那些鼓吹国家控制经济的发展经济学家们所宣扬的思想和政策，在理论上是错误的，在实践上是有害的，应该由新古典学派的理论和政策取而代之。

《发展经济学的贫困》一书总结并普及了发展经济学中有关结构主义范式的许多早期批评，一经出版就在发展经济学界引起了广泛的争议，产生了巨大的影响。应该说，该书对发展经济学思想流派的巨大转变作出了贡献。

---

① LAL D. The Poverty of Development Economics [M]. London: Institute of Economic Affairs, 1983.

第四节 新古典政治经济学发展理论经典文献

20世纪80年代之后,发展经济学呈现出新的发展特征:基于发展中国家的特殊性,像古典经济学那样关注社会、政治、经济、制度、法律和文化在经济发展中的作用,同时又充分运用主流的新古典经济学分析方法,形成一批影响广泛的新古典政治经济学发展理论。

一、《寻租社会的政治经济学》

安妮·克鲁格(Anne O. Krueger)于1974年发表论文《寻租社会的政治经济学》[1],最早使用了"寻租"一词,并用数理模型探讨了数量限制贸易政策对福利的影响。尽管克鲁格研究的重点是国际贸易领域,但该文发表以后引起了大批学者对寻租问题进行不同角度的研究。该文2011年被《美国经济评论》评为创刊百年以来20篇最佳论文之一。

克鲁格首先对进口数量管制进行了解释,并描述了由此引发的寻租行为。对进口的数量管制通常是以发放进口许可证的形式实施,在国内进口替代和外汇短缺的情况下,进口许可证就意味着租金。对进口的数量限制伴随着一些显而易见的成本,如行政机构的运行费用、申请和发放许可证花费的时间等,甚至还有一些资源花费在对许可证的争夺上。不论是何种发放形式,只要许可证能带来租金,且其获取存在竞争性,就会引起企业竞相寻租。

克鲁格对模型的推导分为三步:第一步,推导了自由贸易下的情形;第二步,推导了不引起寻租的数量限制的情形;第三步,推导了伴有寻租的数量限制的情形。克鲁格的整个推导过程显示,数量限制如果不引起寻租,则造成的福利损失和等价关税是一致的,而一旦引起寻租(几乎是必

---

[1] KRUEGER A O. The Political Economy of the Rent-seeking Society [J]. American Economic Review, 1974, 64 (3): 291-303.

然的），会进一步造成福利损失。如果观察国内收入，数量限制在不引起寻租的情况下，会导致农业增产和国内收入的增加；而一旦引起寻租，又会引起农业减产和国内收入的减少。国内收入变化的净效应取决于进口商品的需求弹性。

克鲁格的寻租模型对贸易政策的启示在于：（1）如果进口许可证的发放会引发竞争，那直接禁止进口可能比限制进口更好，因为禁止进口消除了寻租，而国内生产的成本可能比寻租成本更低。（2）实行等价关税将比数量限制更好。（3）在关税条件下，一般认为，进口商品的国内需求弹性越小，福利损失越小；但对于伴有寻租的数量限制而言，进口商品的国内需求弹性越小，福利损失越大。（4）普遍认为进口商之间的竞争会带来更好的资源配置，但是如果存在寻租，一种独家垄断进口的格局尽管不一定提高分配效率，却会因减少竞相寻租而提高国内收入。（5）数量限制下的本币贬值，既能削弱进口许可证的价值，从而减少寻租活动，又有利于促进出口，因此贬值有着重要的政策意义。

尽管此前就有文献对寻租问题进行了一些探讨，但直到克鲁格发表该文后，寻租行为才获得广泛重视和深入研究。该文的重要性在于克鲁格对发展中国家的关注。克鲁格将寻租理论作为其贸易政策和经济发展整体分析框架的一个组成部分，分析了不恰当的经济政策引起激励机制的扭曲以及对经济发展的损害。此前大多数经济学家将政府的经济政策作为一个既定的外生变量，但是，克鲁格认为经济政策是一个内生变量，一旦被制定，就会在政治与经济互动过程中沿着自己的轨迹演进。该文的学术贡献体现在，它直接将政府主体作为市场主体之一纳入研究，这是对传统经济理论的突破。此前经济学也研究政府，研究政府干预对市场的影响，但只是将政府及其行为作为一个外生变量纳入经济模型之中，公共选择理论也只是将经济研究方法应用于立法体系、公共政策形成过程的研究。寻租理论则不同，它直接把政府作为市场主体之一纳入研究框架，并着重考察政府主体与其他市场主体之间的互动过程。

二、《经济史中的结构与变迁》

《经济史中的结构与变迁》是新制度经济学家道格拉斯·诺斯（Douglass C. North）的代表作之一[①]，也是新古典政治经济学发展理论分析制度与结构变迁的经典文献之一。诺斯在其《西方世界的兴起》一书中阐释了产权制度的重要，但并未解释国家之间存在产权制度有效程度差异的原因。基于此，诺斯在该著中进行了更为深入的研究。

该著围绕着经济史中的结构与变迁展开。诺斯认为，为了弥补新古典经济学理论的不足，需要人口变迁理论、知识存量增长理论以及制度理论，其中制度变迁理论是该书的研究重点。该理论包含三大基石：国家理论、产权理论、意识形态理论。

诺斯将国家定义为"在行使暴力上有比较利益的组织"，因而处于界定和行使产权的地位。诺斯认为契约论、掠夺论都是不全面的，他用暴力解释国家："国家可以以其暴力上的比较优势规定产权组织形式，潜在地利用暴力来实现对资源的控制。"

根据经济组织的有关分析，诺斯认为，经济的绩效取决于其组织结构，经济的组织结构影响交易费用。这里所谓的经济组织安排，就是通常所说的产权形式。不同的产权形式对经济绩效有着深刻的影响。产权理论与国家理论关系紧密，产权的创建和实施又与国家相关。诺斯指出，国家有着不完全一致的双重目标：由于稀缺性和竞争的存在，更有效率的组织形式将替代无效率的组织形式，但如果有效率的组织形式损害了统治者的利益，那么相对无效率的组织形式将存在下来。借助国家理论，诺斯解释了无效率的组织形式、不好的产权制度得以存在的原因。

在诺斯看来，国家在制定和变革制度方面受到两方面制约：一是政治市场的竞争；二是交易费用。但是交易费用与收益的计算并不能解释一切制度的稳定与变迁，还有一些情况是同新古典理论中个人主义合理算计相

---

① NORTH D C. Structure and Change in Economic History [M]. New York: Norton. 1981.

背离的，这就需要一种关于意识形态的理论来解释。国家作为产权的界定、保护和变革者，所提供的产权制度需要相应的意识形态才能得以维护。国家可以通过对意识形态的投资，使人们理解、支持制度变革，使制度变迁顺利，降低变迁成本，抑制"搭便车"行为，使制度变迁的成本内部化，从而节约变迁成本。

上述内容构成了该书的理论基础。经济环境的变化（如资源条件的变化、相对价格的变化等）构成了推动产权变动的力量，产权变动向着减少制度费用的方向发展，政府依靠其暴力上的比较优势在其自身动机的约束下确认并执行有效产权，意识形态上的变革有助于降低经济组织成本。这就是制度变迁的基本机制。

该著很好地实现了新制度经济学与经济史的融合。在方法论上，诺斯积极地恢复了理论与历史相融合的经济学传统。同时，诺斯在该书中构建了一个包括产权理论、国家理论和意识形态理论在内的制度变迁理论，这一理论颠覆了传统的经济增长理论，认为对经济增长起决定作用的是制度因素，并非技术因素。在诺斯看来，是一系列的制度安排为产业革命铺平了道路：市场规模的扩大引起了劳动的专业化分工，进而交易成本升高；交易成本升高导致了资源的大量浪费，说明原有的经济组织结构出现了不适应性，这种不适应性迫使经济组织结构发生变革；新组织结构降低了交易成本，加速了经济的增长。

三、《农业发展的国际分析》

速水佑次郎与弗农·拉坦在合著的《农业发展的国际分析》一书中系统地提出了诱致性技术创新假说，后来又在该书 1985 年修订版中提出了诱致性制度创新假说。①

诱致性技术创新假说认为，一个国家或地区成功实现农业生产率迅速

---

① HAYAMI Y, RUTTAN V W. Agricultural Development: An International Perspective [M]. Baltimore: Johns Hopkins University Press, 1985.

提高的基础是发展生态适应和经济可行的技术的能力，这涉及对初始资源禀赋和资源积累的动态调整。农业新技术的发展虽然本身不是劳动或土地的替代品，但却能起到类似于催化剂的作用，促进资源禀赋中相对稀缺的、昂贵的要素被相对丰富的、廉价的要素取代。那些促进机械和动力对劳动力替代的机械技术是"劳动节约型"的，其实质是用土地替代劳动力，因为机械化允许单个劳动者耕种更大面积的土地；那些促进劳动或工业投入品替代土地的生物技术是"土地节约型"的，实行新的劳动密集型耕作制度以增加土地肥力的再循环，并且配合使用化肥和具有高产反应的新种子、杀虫剂等投入品，就可以实现这种替代。

诱致性制度创新理论将诱致性技术和制度创新理论结合在一起。该假说认为，相对资源禀赋和技术进步的变动诱导了制度创新需求的改变。速水佑次郎曾用20世纪70年代后期菲律宾的农业发展实例来说明资源禀赋和经济条件变化对劳动关系和土地占有制度变革需求之间的相互关系。速水佑次郎研究发现，新技术使得土地生产率提高，人地比增加导致了工资率的降低，反映此二者变化的均衡地租提高，要高于在新的租约安排下租借人支付给地主的地租，所以诱导了转租制度出现。更高的土地生产率和人口压力还引起了新的雇主-劳动关系变革。

该著提出的诱致性技术-制度创新假说，因具有鲜明的理论特色和政策含义，一问世便受到学术界的密切关注。首先，诱致性创新假说把技术和制度的变革作为经济体系的内生变量来对待，同时把技术与制度变革的相互影响结合在一起。其次，诱致性创新假说弥补了舒尔茨、梅勒等学者的农业发展理论的缺陷，指明了此后农业发展研究的方向。不可否认的是，诱致性技术-制度创新假说作为对技术进步和制度变迁研究的一种视角，本身是具有局限性的。诱致性技术创新把技术进步看作是厂商或公共研究部门在变动的经济环境下自我实现的过程，并没有考虑创新的内在机制，学习和研究的过程依然停留在"黑箱"中。

四、《以自由看待发展》

《以自由看待发展》是阿马蒂亚·森（Amartya Sen）获得诺贝尔经济学奖次年即1999年出版的一本里程碑式的著作。[①] 该著综合了森在经济学基础理论、经验研究以及道德-政治哲学领域多年来的研究成果，提出了一个以"自由"为核心观念的理论框架，对发展的各方面问题作了系统的阐述。

在"导论"中，森开宗明义："本书论证，发展可以看作是扩展人们享有的真实自由的一个过程。"人类自由的发展观与一般的发展观形成了鲜明的对照。在森看来，一般的发展观认为发展就是国民生产总值（GNP）增长、个人收入提高、工业化、技术进步或社会现代化，这些在发展过程中都很重要，但它们只属于工具性的范畴，是为人的发展、人的福利服务的。人才是发展的中心，发展的最根本目的就是为人谋福利。以人为中心，最高的价值标准就是自由。

森所说的"自由"，有其明确而独特的含义，它是指人们在所处的社会条件下拥有"可行能力"，去享受他们根据自身的理由而珍视的那种生活。森把它称作"实质自由"。具体地说，实质自由包括免受困苦——诸如饥饿、营养不良、可避免的疾病、过早死亡之类——的基本的可行能力，以及能够识字算数、享受政治参与等自由；同时还包括有机会接受教育、发表言论、参与社会和政治活动等进一步的自由。实质自由一方面由法律规定的各种自由权利来保证，另一方面又涉及在发展中要实现的、一个社会为其成员提供的各种"资格"。比如说，失业者有资格得到救济，收入在最低标准线以下的人有资格得到补助，每一个孩子有资格上学受教育，等等。

该著前三章讨论了发展目标和价值标准问题，并通过实质自由的价值标准与几种主要的现代价值标准（功利主义的"效用极大化"、罗尔斯以公平为基础的正义观、诺齐克的自由权利观）的比较分析，阐述了完整的

---

① SEN A. Development as Freedom [M]. New York: Oxford University Press, 1999.

理论框架；第四至十章论述了自由如何促进发展，而缺乏自由、压制自由如何阻碍发展的问题。所涉及的领域包括贫困、市场与政府的作用、民主、饥荒、妇女、人口和粮食、文化传统等。书中还具体分析了5种手段性自由，它们分别为人们享有的实质自由做出贡献，相互联系而共同增强。

《以自由看待发展》全书论证发展是涉及经济、政治、社会、价值观念等众多方面的一个综合过程，它意味着消除贫困、人身束缚、各种歧视压迫、缺乏法治权利和社会保障的状况，从而提高人们按照自己的意愿来生活的能力。根据大量的经验研究资料，森分析了发展中国家面临的重大问题，阐明在实践中富有成效的解决途径。在强调市场机制、全球化对提高人们生活水平做出基础性重大贡献的同时，他指出还需要政府和社会在人的生存、保健、教育等领域承担责任，更需要人作为发展的主体在全面的社会交往和变革中发挥主动作用。森所倡导的发展过程涉及建立竞争性市场机制、宪政民主、社会保障以及促进社会进步等。

五、《制度是长期增长的基础性原因》

如果制度是内生的，那么为什么机能失调的制度能够长期存在？为什么各个国家的制度差别那么大？阿西莫格鲁等人2005年发表的《制度是长期增长的基础性原因》研究制度如何影响经济增长、什么因素决定了制度变迁。[1]

该文区分了政治制度和经济制度对经济行为的影响，作者认为政治制度只有在满足以下三个条件时才会有利于经济增长：(1) 政治制度在分配权力时倾向于那些以产权保护为广泛基础的群体；(2) 政治制度能很好地约束掌权者的行为；(3) 政治制度使得掌权者只能获得相对少的租金。经济制度主要是产权结构和市场的出现及完善。作者认为经济制度非常重要，因为它能影响社会的经济激励，将资源配置到最有效率的部门，决定

---

[1] ACEMOGLU D, JOHNSON S, ROBINSON J A. Institutions as a Fundamental Cause of Long-run Growth [C]. //AGHION P, DURLAUF S N. Handbook of Economic Growth. Amsterdam：Elsevier, 2005.

谁将获得利润、收益以及剩余控制权。根据作者的观点，拥有能够促进要素积累、创新和资源有效配置的经济制度的国家将更加繁荣。经济制度是内生的，至少部分地由社会决定或由社会的一部分决定，因而研究为什么某些社会比其他社会更穷，实际上就相当于研究为什么某些社会拥有更糟的经济制度。

尽管关于制度或政治经济学的传统文献都强调制度的重要性，但很少有人能回答，既然制度是重要的，那么是什么因素决定制度，为什么不同的国家会有不同的制度。该著试图解答这一问题。作者认为制度是内生的，并由社会中的集体选择行为决定。但是不同群体对不同经济制度的偏好不一样，在选择过程中必然会产生利益冲突，此时，不同群体的政治权力的大小就成为决定经济制度的最终因素。由于存在可信承诺问题，不同群体之间的利益无法协调，因为掌握政权的人不会承诺不使用政治权力来制定对他们最有利的资源分配方案，即使他们承诺了也是不可信的。只有群体自身掌握政治权力，才能从根本上保障自己的利益。此外，政治权力的分配也是内生的，作者将政治权力进一步划分为法理上（de jure）的权力与事实上（de facto）的权力。政治制度决定法理上的权力，而事实上的权力则由两个因素决定：一是群体解决集体行动问题的能力；二是群体可利用的资源（即资源分配）。在一个动态过程中，当期法理上的权力和事实上的权力又反过来影响当期的经济制度和下期的政治制度，当期的经济制度又进一步影响当期的经济行为和下期的资源分配。

第八章

发展经济学重要期刊和学术组织

学术期刊反映学科前沿的研究成果,学术组织是推动学科发展的重要力量。本章第一节介绍发展经济学的重要期刊,第二节介绍发展经济学领域的重要学术组织。

第一节 发展经济学重要期刊

一个学科的重要期刊汇集了该学科最重要的学术成果,是了解学科发展方向和学术前沿的主要途径。本节介绍发展经济学领域的重要期刊。

一、《发展经济学杂志》

(一) 基本信息

《发展经济学杂志》(Journal of Development Economics)是由爱思唯尔(Elsevier)出版公司出版的一份双月刊杂志。该刊创刊于1974年,是发展经济学领域公认的顶级期刊。《发展经济学杂志》2020年的影响因子为3.875,近5年的影响因子为5.263,引用分为5.0。该刊每年会收到大约

1300 份稿件，但只有其中 1/4 会进入外审程序，录用率大约为 6%—8%。

（二）期刊风格

《发展经济学杂志》主要发表与经济发展相关、具有较强原创性的定量分析和理论研究成果，所发表的论文涵盖的主题非常广泛，涉及与经济发展相关的诸多方面。

二、《经济增长杂志》

（一）基本信息

《经济增长杂志》（*Journal of Economic Growth*）是由施普林格（Springer）出版公司出版的一份季刊。该刊创刊于 1996 年，是经济增长领域公认的顶级期刊。该期刊 2020 年的影响因子为 4.8，在 Web of Science 收录的所有经济学期刊中排名第 3，在 RePEc 收录的所有经济学期刊中排名第 5。

（二）期刊风格

《经济增长杂志》是经济增长和比较经济发展领域的重要刊物。该刊主要发表研究和探索经济增长相关问题的高质量研究。该刊尤其欢迎探讨收入分配、人口转型、人力资本形成、技术变迁、结构转型等因素在经济增长过程中的作用的相关研究，以及分析地理、文化、制度和人类特征在比较经济发展中的作用的相关研究。

三、《世界发展》

（一）基本信息

《世界发展》（*World Development*）是由爱思唯尔出版的一份月刊。该刊创刊于 1973 年，2020 年的影响因子为 5.278，引用分为 8.4。

（二）期刊风格

《世界发展》主要关注与发展问题相关的研究，涵盖的研究主题广泛，具有较为突出的跨学科特征。该刊致力于研究诸如贫困、失业、营养不良、疾病、流离失所、环境退化、科技资源匮乏、贸易与国际收支失衡、国际债务、性别与种族歧视、军国主义与内战、民众在经济与政治生活中的缺位等问题，进而探索改善生活标准和人类状况的途径。

四、《经济发展与文化变迁》

（一）基本信息

《经济发展与文化变迁》（Economic Development and Cultural Change）是由芝加哥大学出版社发行的一份季刊，创刊于1952年，2020年影响因子为1.741，在发展研究领域的42种期刊中排名第11位，2020年引用分为2.5。

（二）期刊风格

《经济发展与文化变迁》主要发表利用现代理论和实证方法研究经济发展和文化变迁的各种影响和决定因素的研究成果。该刊侧重于建立在理论分析基础上的实证论文，强调微观层面的证据，比如使用合适的数据来检验理论模型，并探讨与经济发展相关的政策。

五、《发展研究杂志》

（一）基本信息

《发展研究杂志》（Journal of Development Studies）是由泰勒-弗朗西斯出版集团（Taylor & Francis Group）出版的一份月刊。该刊创刊于1964年，是发展研究领域最早的国际期刊之一，2020年的影响因子为2.210，5年影响因子为2.785，2017年文章接受率为6%。

（二）期刊风格

《发展研究杂志》优先发表具有如下特征的研究成果：与当前的发展政策和发展理论有关；在发展研究领域作出了重要贡献；以实证研究为基础，对不同的理论、观点或思想流派进行批判性检验。此外，该刊也欢迎跨学科或专注于特定学科（如经济学、政治科学、地理学、社会学或人类学）的研究成果，以及与发展政策相关的文献综述。

六、《世界银行经济评论》

(一) 基本信息

《世界银行经济评论》(*The World Bank Economic Review*) 是由牛津大学出版社出版的一份学术期刊,通常一年出版 3 期。该刊创刊于 1986 年;2020 年影响因子为 2.183,5 年影响因子为 2.787。

(二) 期刊风格

《世界银行经济评论》的创办宗旨是鼓励和支持发展经济学领域的相关研究。该刊致力于发表和传播在经济发展的微观和宏观研究方面具有创新性的理论和实证研究成果,为低收入国家和中等收入国家在设计和执行发展政策时提供必要的智力支持。该刊的目标读者包括政府、商业、国际机构、大学和研究机构的经济学家及其他领域的社会科学家。

七、《发展与变革》

(一) 基本信息

《发展与变革》(*Development and Change*) 是由英国国际社会科学研究所 (International Institute of Social Studies) 主办的一份双月刊杂志,创刊于 1979 年,由威利出版公司出版发行。该刊是发展问题研究和社会变革领域的顶尖国际期刊之一;2020 年影响因子为 2.920,在发展研究领域的 42 种期刊中排名第 12 位。

(二) 期刊风格

《发展与变革》致力于对发展相关的问题进行批判性分析和讨论。该刊具有突出的跨学科特征,发表的论文涵盖广泛的主题,包括与发展问题有关的社会科学分支和学术派别的文章。此外,该刊还以发表非常规分析和具有挑战性的观点而闻名。

八、《人口与发展评论》

（一）基本信息

《人口与发展评论》(*Population and Development Review*)是由美国人口委员会(The Population Council)主办的一份季刊，由威利出版公司出版发行。该刊创刊于1975年，2020年影响因子为3.338，在人口学领域的29种期刊中排名第6位，在社会学领域的149种期刊中排名第28位。

（二）期刊风格

《人口与发展评论》是了解人口研究、人口与社会、经济和环境变化之间关系以及相关公共政策的必要读物。该刊发表的文章既涉及发展中国家，又涉及发达国家；既有最新的理论进展，又有实证分析和案例研究；既关注历史问题，又关注当今社会的突出现象。该刊强调思想和见解的原创性，而不是分析技术的复杂性，同时注重跨学科的研究方法。该刊不仅发表理论性较强的学术论文，同时也发表评论文章、书评、经典著作摘录等。

九、《发展经济学评论》

（一）基本信息

《发展经济学评论》(*Review of Development Economics*)是由英国经济发展协会(Economic Development Association)主办的一份季刊，由威利出版公司出版发行。该刊创刊于1997年，2020年影响因子为1.170，在发展研究领域的42种期刊中排名第37位，在经济学领域的378种期刊中排名第281位。

（二）期刊风格

《发展经济学评论》主要发表探讨发展中国家包括转型经济体面临的经济增长问题，同时具有严格的理论分析或实证分析的研究成果。该刊涵盖的主题包括增长理论、自然资源、技术变革、生产率、国别研究、农业发展、人口流动、收入分配、贸易政策、人口与环境等。该刊创办的宗旨是为理论研究和发展实践、发展经济学家和相关领域的同行之间建立起沟通和交流的桥梁。该刊发表的论文具有较强的理论性，对决策者和研究人员，尤其是发展中国家的决策者和研究人员具有借鉴意义。

十、《国际发展杂志》

（一）基本信息

《国际发展杂志》（*Journal of International Development*）是由英国发展研究协会（Development Studies Association）主办的一份学术期刊，由威利出版公司发行。该刊创办于1989年，2020年影响因子为1.821，在发展研究领域的42种期刊中排名第29位。

（二）期刊风格

自创办以来，《国际发展杂志》致力于发表国际发展领域最优秀的研究成果。整体而言，该刊主要关注社会科学领域的研究，如经济学、政治科学、国际关系、社会学、人类学以及发展研究等，也欢迎将自然科学和社会科学综合起来分析发展挑战的研究成果。该刊旨在发表对转型国家和低收入国家的发展问题有高质量贡献的研究成果。

第二节　发展经济学重要学术组织

学术组织是推动学科发展的重要力量，对学术组织的追踪了解有助于把握学科发展动向。本节介绍发展经济学领域重要的学术组织。

一、联合国大学世界发展经济学研究院

联合国大学世界发展经济学研究院（The United Nations University World Institute for Development Economics Research）1985年成立于芬兰赫尔辛基，是联合国大学的首个研究和培训中心。作为联合国的主要研究机构之一，

该研究院致力于发展经济学研究，对经济可持续发展和贫困国家的社会发展进行政策分析。

该研究院的工作包括：对影响世界最贫困人口生活条件的突出问题进行研究和政策分析；为专业交流和各种政策主张提供讨论的平台，以促进稳健、公正、资源可持续的增长；为经济和社会发展领域的学者和政府官员提供培训。这些工作由在赫尔辛基的研究人员、访问学者以及全球的其他学者和机构借助互联网合作完成。

二、世界银行发展经济学研究部

世界银行发展经济学研究部（Development Economics Vice Presidency，以下简称 DEC）是世界银行重要的研究和数据部门。DEC 的主要职责是通过向世界银行和发展共同体提供智力领导和分析服务，增进对发展政策和规划的理解。DEC 负责制定世界银行的研究议程，并就一系列发展政策问题向世界银行管理层提供咨询。DEC 的常规工作内容包括以下四个方面：

（1）发展数据：包括国际统计数据、统计能力构建以及结果监测；

（2）发展研究：包括科学研究与知识创造；

（3）全球经济指标：针对一系列政策问题设计跨国可比较的度量指标；

（4）知识管理：使用机器学习、知识流动和协作等来管理操作性知识。

三、哈佛大学国际发展中心

哈佛大学国际发展中心（Harvard University Center for International Development，以下简称 CID）隶属于哈佛大学肯尼迪学院。作为哈佛大学主要的研究中心之一，CID 以"将知识应用到发展实践之中，推动世界发生革命性的变化"作为自己的使命。自成立以来，CID 致力于推动理解发展面临的挑战，为消除全球贫困问题提供可行的解决方案，探索如何在发展中国家创造稳定、共享、可持续的繁荣。

作为一个覆盖全校的研究中心，CID 汇集了哈佛大学多个学院的研究力量，包括肯尼迪学院、文理学院、商学院、教育学院、公共卫生学院等，与所有这些学院的紧密联系，使 CID 能够充分发挥哈佛大学全体教职员工和学生的集体智慧，应对全球发展面临的挑战。

CID 的领导层认识到，虽然全球发展面临诸多复杂的挑战，但是克服这些挑战是可能的，这需要借助于自然科学和社会科学领域的突破。该中心认为，没有单一的方法足以有效地应对这些挑战，相反，需要汇聚各种学科的智慧及视角，以理解和应对发展过程中遇到的挑战。这不仅需要吸纳哈佛大学的顶尖专家，还需要与世界各地的学者进行密切的交流与合作。为此，该中心利用哈佛大学独特的全球号召力，汇聚世界上最优秀的人才，以解决全球发展中一些最紧迫的问题。

四、全球发展中心

全球发展中心（Center for Global Development，以下简称 CGD）由斯科特（Edward Scott）、伯格斯坦（C. Fred Bergsten）和伯德撒尔（Nancy Birdsall）于 2001 年创建。作为科技企业家、慈善家，斯科特为全球发展中心提供资金支持。伯格斯坦是彼得森国际经济研究所荣誉退休所长，在学术界和政策圈享有盛誉。伯德撒尔是前世界银行研究部主任、泛美开发银行执行副行长，吸引了一批致力于 CGD 使命的研究人员。

GCD 致力于通过创造性的经济学研究帮助各国的决策者制定科学的政策，以减少全球贫困，改善生活水平。CGD 目前专注于以下对发展至关重要的领域：全球健康政策，移民、流离失所和人道主义政策，可持续发展金融，以及技术进步与发展的关系等。

五、阿卜杜勒·拉蒂夫·贾米尔贫困行动实验室

阿卜杜勒·拉蒂夫·贾米尔贫困行动实验室（Abdul Latif Jameel Poverty Action Lab，以下简称 J-PAL）是一个全球性的研究中心，该中心的前身为"贫困行动实验室"，由班纳吉、迪弗洛和莫莱纳森 2003 年在麻省

理工学院发起成立。2005年，该实验室更名为阿卜杜勒·拉蒂夫·贾米尔贫困行动实验室，以纪念麻省理工学院的杰出校友穆罕默德·阿卜杜勒·拉蒂夫·贾米尔之父，阿卜杜勒·拉蒂夫·贾米尔公司创始人阿卜杜勒·拉蒂夫·贾米尔。

自成立以来，J-PAL致力于贫困问题的研究，将在世界范围内消灭贫困作为使命。J-PAL主张减贫政策应该建立在科学证据的基础之上。为此，在关于贫困的理论研究和减贫实践方面，J-PAL始终坚持和贯彻随机对照实验的思路，来分析和解决与贫困有关的关键问题，并通过与政府、非政府组织和捐助者建立紧密的关系，分享和传播科学证据，设计和推广有效的减贫项目。

J-PAL的总部设在麻省理工学院经济系。到目前为止，J-PAL已通过与当地大学合作的方式，在全球范围内设立了8个办事处，包括400多名专业的研究、政策、教育和培训人员。

六、北京大学新结构经济学研究院

北京大学新结构经济学研究院（Peking University Institute of New Structural Economics，INSE）是以社会科学自主理论创新为宗旨的机构，其前身为北京大学新结构经济学研究中心，由世界银行前首席经济学家兼高级副行长林毅夫教授2015年12月创办，是国家首批高端智库试点单位之一。

研究院的宗旨是立足中国及其他发展中国家的发展经验，深化新结构经济学的理论创新、运用与推广，建成引领国际发展思潮的学术研究基地和世界一流的旗舰型智库机构。研究院的使命是积极开展新结构经济学领域的学术研究、政策实践、人才培养、国际交流等工作。

该机构有以下代表性研究成果。

1.《新结构经济学：理论溯源与经典文献》

该著由林毅夫教授与王勇、赵秋运合作完成，2021年出版。该书精选过去十多年来新结构经济学研究的部分经典文献，涉及新结构经济学的理论溯源、思想框架、分支理论与实证研究方法等，旨在呈现新结构经济学的学术概貌。

该书包括五个部分。第一部分收入三篇有关新结构经济学思想框架与理论溯源的重要文献,主要从新结构经济学的理论框架、理论见解,以及新结构经济学理论溯源与进展等方面进行了系统的介绍。第二部分收入新结构发展理论的五篇重要文献。第三部分收入新结构转型理论的五篇重要文献。第四部分收入新结构运行理论的九篇重要文献,包括货币、财政、金融、劳动、产业组织、制度、区域、环境、国际发展等主题。第五部分涉及新结构经济学实证研究方法,收入的两篇重要文献对经济发展战略与经济增长进行了实证分析,提供了技术选择指数测量与计算的具体方法。

2. 《新结构经济学导论》(试行本)

该教材由林毅夫和付才辉合作编著,2019年出版。教材系统介绍新结构经济学的理论体系及其实践应用,包括新结构经济学的来龙去脉与学科体系、基本原理与方法论、各个领域的前沿进展、中国及世界的案例等。

该书为新结构经济学学科体系的建设奠定了理论基础,是新结构经济学研究者的必读教材,也是第一本比较正式的新结构经济学自主理论创新的范本。

3. *Endowment Structures, Industrial Dynamics, and Economic Growth*

该论文由鞠建东、林毅夫和王勇合作完成,2015年发表于《货币经济学期刊》[①]。该论文提出了要素禀赋驱动的结构变迁理论模型。

该文构建了一个易于处理的动态结构模型,刻画了要素禀赋结构决定产业结构的理论机制,为新结构经济学的理论发展奠定了一个基础性模型。该文基于产业动态的四个典型事实,构建一个具有无穷多个产业的增长模型,提出了禀赋驱动的结构变迁理论。模型中,总体经济仍然遵循卡尔多事实,但基础产业的组成随时间内生变化。每一个行业都具有一个驼峰型生命周期:当资本达到一定的门槛水平时,一个新的行业出现、繁荣然后衰退,逐渐被一个资本密集度更高的行业所取代。该文的贡献主要有

---

① JU J, LIN J Y, WANG Y. Endowment Structures, Industrial Dynamics, and Economic Growth [J]. Journal of Monetary Economics, 2015, 76: 244-263.

两点。第一是在实证上整理了产业构成与产业发展的四个定量的特征性事实。第二是构建了一个包含无穷多个产业的内生增长模型,刻画了随着资本的积累要素禀赋结构的变化。该文还建立了宏观增长与微观产业结构之间通过要素禀赋结构的渠道所发生的动态内生的逻辑联系,提出了要素禀赋驱动的结构变迁的理论机制,区别于现有文献中导致结构变迁的其他理论机制。此外,该模型通过获得解析解,能够清晰地刻画每个行业的生命周期和永久性的结构变化,提供了在封闭经济条件下无摩擦的理想状态中的禀赋结构推动的产业升级的理论参照系,是新结构经济学的一个基础模型。

4. *New Structural Economics: A Framework for Rethinking Development Policy*

该书由林毅夫教授独著,2011 年由世界银行出版,2014 年由北京大学出版社再版。

新结构经济学以企业自生能力为微观分析基础,以每一个时点给定的要素禀赋结构为切入点,提出经济发展是一个动态的结构变迁过程,需要依靠"有效市场"来形成能够反映要素稀缺性的价格体系,以诱导企业按比较优势来选择产业、技术从而形成竞争优势,也要有"有为政府"来解决结构变迁过程中必然出现的外部性问题和软硬基础设施完善的协调问题。一个国家只有同时用好市场和政府这两只手才能实现快速、包容、可持续的增长。该书共分为七章,其中第一章回顾了经济发展思潮的演变,并阐述了新结构经济学的主要论点和推论;第二章阐述了新结构经济学是如何对以往关于经济发展和增长的思想做出补充的;第三章阐述了增长甄别与因势利导框架;第四章说明如何在发展中国家应用增长甄别与因势利导框架;第五章集中探讨金融结构和发展的问题;第六章提供了支持新结构经济学的实证证据;第七章指出,随着经济有力增长的新兴市场经济的工资水平迅速上升,在 21 世纪的多极增长世界中,这些新兴市场经济的劳动密集型产业将逐步失去比较优势,这为其他低收入国家进入这些行业提供了黄金时机。

七、武汉大学经济发展研究中心

武汉大学经济发展研究中心由我国著名经济学家谭崇台先生1990年创立，依托武汉大学经济学领域四个国家级重点学科（西方经济学、世界经济、人口资源与环境经济学和金融学），集聚校内外发展经济学领域优秀学者而构建，是集理论研究、政策分析和教学于一体的学术机构和智库。2000年该中心被批准为教育部人文社会科学重点研究基地。

自成立以来，武汉大学经济发展研究中心始终把发展经济学作为主要研究领域，以发展经济学理论和方法研究中国经济实践，以中国经济发展的经验事实推动发展经济学的理论创新，取得了一系列丰硕成果，使武汉大学成为中国发展经济学研究重镇。武汉大学经济发展研究中心是中国唯一的发展经济学学术团体——中华外国经济学说研究会发展经济学分会的常设秘书处。中心编辑出版学术期刊《经济评论》《发展经济学研究》《珞珈智库•经济观察》和《中国发展经济学年度发展报告》等。

该机构有以下代表性研究成果。

1.《西方经济发展思想史》

该著由谭崇台教授主编，武汉大学出版社1993年出版，1995年修订再版。

《西方经济发展思想史》是国内外第一部以经济增长和发展为线索梳理和阐释经济思想史，从经济学说史中寻求发展经济学的思想渊源的学术著作。该书比较详细地考察了从15世纪到20世纪40年代末（发展经济学诞生前夜）的经济发展思想史。该著主要的学术创新如下。第一，发现并重新诠释了一般经济学说史未曾阐明的重要经济学家的经济发展思想。比如，过去对古典经济学家的认识集中在劳动价值论，该书则详尽地分析了斯密、李嘉图等人的经济增长理论。第二，发掘了一些有价值的理论并进行详尽的述评。比如，李斯特强调不同国家应有符合各自国情的发展道路，分析自由经济的弊端，强调政府必须对经济进行宏观干预，等等。第三，发现了当代发展经济学的思想渊源。比如，斯密对人口质量、萨伊对"精神资本"，以及马歇尔对教育的分析，已形成了人力资本论的雏形。第四,提出了一些新的学术观点,如在西方经济发展思想史的断代等问题上做出了非常有见地的分析与思考。

《西方经济发展思想史》产生了广泛的学术影响,先后获得教育部首届高校人文社会科学研究成果一等奖(1995年)、国家图书奖(1997年)、国家社科基金项目优秀成果二等奖(1999年)等多项重要学术奖项。

2.《发达国家发展初期与当今发展中国家经济发展比较研究》

该著是谭崇台教授主持下由武汉大学经济发展研究中心6位学者集体研究的结晶,于2008年3月由武汉大学出版社出版。

该书是国内外第一部在发展经济学框架中对发达国家早期与当今发展中国家经济发展进行跨期比较研究的学术著作。其理论意义在于:(1)把发达国家早期经济发展进程纳入发展经济学的理论视野,扩展了发展经济学的研究领域;(2)重新审视和检验了国际经济学界从发达国家早期发展历程中概括总结出来的"程式化事实"、理论命题及政策措施,破除了以西方发达国家发展模式作为发展中国家仿效模板的教条理念,为各国探索自己的发展道路提供了理论依据;(3)对发达国家早期发展与当今发展中国家的经济发展道路进行"不同时点"的跨期比较研究,使"不同时点"的经济发展问题在统一的理论框架中得到逻辑一致的分析与阐释。

3.《农业发展论》

郭熙保著,武汉大学出版社1995年出版。

该书从发展经济学的角度较为系统地探讨了发展理论,把理论分析与实证分析有机结合在一起,把农业发展置于整个经济发展的大框架内加以考察,避免了就农业论农业的局限性。该书除了在体系上比较独特之外,还有很多创新之处。例如,该书在前人研究基础上提出了一个适合我国资本转移的核算体系,并根据这个体系对我国40年来农业资本流出数量进行了较为科学的计算,对资本流出的特点进行了较有说服力的概括。该书对农业剩余劳动的概念提出了独立的见解,并从理论和事实两个方面给出了可信的证明。该书对土地制度与农业的关系也提出了自己的观点,从历史和理论两个方面详细地论证了农业家庭经营制度是迄今为止最有效率的制度,从而为巩固和完善我国现行农业家庭经营制度提供了理论基础。

4.《中国发展经济学年度发展报告》

该报告由武汉大学经济发展研究中心组织编撰,叶初升担任主编,肖利平、胡晖担任副主编,武汉大学出版社出版。

该报告每两年出版一期,年鉴式地记录和梳理中国发展经济学在学术研究和学科建设等方面的发展进程,展示报告期内中国发展经济学的进展,评论和反思报告期内中国发展经济学各领域的发展状况,探寻进一步发展的方向,为我国发展经济学的学术研究和学科发展提供建设性的参考意见。

八、华中科技大学张培刚发展研究院

华中科技大学张培刚发展研究院是在原华中科技大学经济发展研究中心的基础上建立的开放式的具有国际影响的发展研究院。该发展研究院致力于发展经济学的基础理论创新,立足中国,面向世界,探索包括我国在内的发展中国家如何有效地实现工业化和现代化的理论和政策;以发展中国家经济社会发展为中心议题,立足于中国改革发展与现代化的实践,前瞻性地提出重大的战略、制度、政策和基础理论问题,积极参与改革和发展实践;按照"小机构、大网络"的原则,组织跨学科的综合研究,积极开展学术活动,成为中部地区乃至全国集结高水平综合性知识的思想库。

该机构有以下代表性研究成果。

1.《农业与工业化》

该书由张培刚独著,是 1949 年美国哈佛大学出版社出版的"哈佛经济丛书"第 85 卷,在国际上声誉卓著,被誉为发展经济学的奠基之作。

该书是第一部试图从历史上和理论上比较系统地探讨农业国工业化,即农业国家或者经济落后的国家实现经济起飞和经济发展的学术专著。其中有些理论直到 20 世纪 60 年代、70 年代甚至 80 年代,才为西方经济学界逐渐认识。该书比较系统地论证了农业与工业在农业国工业化过程中的地位、作用,以及在发展过程中互为条件和相互制约的动态关系。

2. 《基于新型工业化道路的工业结构优化升级研究》

张建华等著,中国社会科学出版社 2012 年出版。

该著从理论上厘清工业结构优化升级的科学内涵,把握工业结构变化的规律,并探索规律背后的动因、作用机制和变动途径,试图建立一个工业结构优化升级的分析框架;在准确把握我国现阶段基本国情和工业化发展情况的基础上,测度我国目前工业结构的现状,为工业结构优化升级的目标制定、方向选择提供判断标准。

3. 《中国经济转型与创新驱动发展研究丛书》(共 10 种)

张建华等著,华中科技大学出版社 2018 年出版。

该丛书是国家社会科学基金重大项目"基于创新驱动的产业结构优化升级研究"成果,旨在从创新驱动的视角,为中国经济转型和产业结构优化升级做出贡献。该丛书理论与实证分析相结合,多层次、多维度地探讨中国经济转型与创新驱动发展过程中的关键问题。丛书选题立足于国家现实发展需求,在全球化视野中探寻经济结构转型与创新驱动发展趋势,以期实现经济发展方式转变。该丛书共有 10 种:《中国工业结构转型升级的原理、路径与政策》《中国经济转型发展与动能转换》《中国企业创新与产业转型升级研究》《区域创新系统与中国产业结构转型升级》《创新资源再配置与中国工业发展》《中国城市经济转型发展》《中国农村多维贫困测度与反贫困政策研究》《产品内国际分工与中国产业发展》《中国进出口贸易内涵自然资本研究》《金融发展对中国全要素生产率的影响研究》。

九、基金会

张培刚发展经济学研究基金会

为了推动我国发展经济学的研究和传播,探索包括我国在内的发展中国家快速实现工业化和现代化的有效途径,1992 年 10 月,在华中科技大学的支持下,张培刚教授的朋友、同事和学生在"张培刚学术思想研讨会"上发起成立了以张培刚名字命名的经济学公益基金——"张培刚发展经济学研究基金会"。

该基金会主要业务活动范围包括：（1）评选张培刚发展经济学优秀成果奖并举办中国经济发展论坛；（2）评选张培刚发展经济学青年学者奖；（3）开设张培刚纪念讲座和张培刚发展经济学系列讲座；（4）开设金融市场前沿系列讲座；（5）支持和举办发展经济学领域内的相关学术公益活动；（6）捐资助学。

第九章

发展经济学与中国

中华人民共和国的经济实践与发展经济学都经历了七十余年的发展历程。20世纪80年代初,西方发展经济学被引入中国,从此,发展经济学理论与中国经济实践相互作用、相互影响,都加快了前进的步伐。中国需要发展经济学,发展经济学也需要中国。本章在历史、实践和理论的三维空间中,勾勒实践足迹与理论脉络,从两条起伏交错的历史线索中探索发展的逻辑,阐释中国经济实践的发展经济学意义。

第一节 发展经济学在中国的传播与发展

改革开放以来,中国人民在中国共产党的领导下,百折不挠地探索具有中国特色的社会主义发展道路,开创了经济腾飞、富民强国的人间奇迹;同时,也在中国发展道路的选择、发展经验的总结、发展模式的探讨等方面,做出了宝贵的探索与贡献。中国经济的迅猛发展,与发展经济学在中国的引介、传播和发展有着极其密切的联系。可以说,在西方经济学诸多分支学科中,对于中国的经济发展与富民强国贡献最多、影响最大的当属发展经济学。

一、发展经济学传入中国

第二次世界大战以后，整个世界格局发生了重大变革，其中最深刻的变革之一就是民族解放运动的兴起和旧的殖民体系的瓦解。在这一过程中，世界上先后有100多个国家和地区摆脱了殖民统治，获得了民族独立和国家主权。这些国家的人民在遭受了几十年、上百年的殖民统治之后，第一次掌握了自己国家的命运。以往的经历使他们痛切地感到：没有经济上的独立，就没有政治上的最终独立。因此，在取得独立之后，如何迅速发展本国的民族经济，使自己的国家能够自立于世界民族之林，就成为这些新生国家所面临的首要的、最为紧迫的任务。与此同时，随着现代化传播媒介的发展，广播、电视的广泛普及和广大第三世界国家普遍实行的对外开放政策，人们看到、了解到甚至亲身感受到，在那些经济先行发展的国家，人民生活水准有了普遍的提高，认识到通过自己的努力可以过上富庶的生活。数百年来在苦难的深渊中无望挣扎的广大第三世界人民，第一次燃起了强烈的希望，迅速发展经济，创造物质财富，改变穷困的生活。这使他们对经济发展问题非常关注。广大第三世界国家尽管在历史发展、社会形态、经济结构、发达程度等方面存在着差别，但都面临着一些共同的问题，需要找出解决问题的方针、政策和措施。于是，如何从共同的问题中找出具有普遍性、规律性的东西，对落后国家的贫困状况做出合乎实际的说明，给落后国家的经济发展提供适宜的战略、道路、政策和措施，就成为历史赋予经济学家的任务。可以说，第二次世界大战后民族独立运动蓬勃兴起这一划时代的根本性转折，对发展经济学的产生提出了时代的要求。综上所述，我们可以看到，发展经济学是在第二次世界大战后形成的一门新兴的综合性、应用性很强的经济学科。发展经济学通过对各种发展理论和战略、经济体制和可行性对策进行比较，研究不发达条件下经济发展的过程和规律。西方发展经济学的产生，一方面出自发展中国家要求独立自主地发展民族经济、自立于世界民族之林的强烈愿望，另一方面也反映出西方发达国家为使发展中国家走上资本主义的发展之路、把它们的未来与世界资本主义体系联系在一起所做的努力。经济学家们为了相互矛盾的目标而研究同一个经济领域的问题，使发展经济学从诞生之日起就没有一个完整统一的理论体系，而成为一种观点彼此相左、意见尖锐冲突的经济学分支学科。这种状况在其他经济学科的研究中是比较罕见的，自然加大了学科研究的难度，也使中国的发展学者承担起更为艰巨神圣的使命，面临更为严峻重大的挑战。

中国是发展中的大国，有着上百年沦为殖民地、半殖民地的痛苦遭遇，富民强国从来是中华志士仁人永不磨灭的梦想。事实上，真正最早系统地研究脱胎于殖民地、半殖民地的不发达国家的经济发展问题的是我国伟大的资产阶级革命先行者孙中山。尽管当时还没有"发展中国家""第三世界"这样的提法，也没有"发展经济学"的概念，然而孙中山的《建国大纲》《建国方略》等著作全面研究并确定了不发达经济的发展战略规划。20世纪三四十年代，中国一批经济学学者，如刘大钧、方显廷、翁文灏、马寅初、张培刚等，研究过中国的工业化发展问题。20世纪40年代，中国的一些海外留学生以落后国家的工业化作为博士论文选题①，哈佛大学张培刚的博士论文《农业与工业化》便是典型代表②，成为第一部从历史和理论上比较系统地研究经济发展问题的专著。该著在当时引起了巨大反响，荣获美国哈佛大学1946—1947年度最佳论文奖和"威尔士奖金"，1949年被收入"哈佛经济丛书"出版，1951年被译成西班牙文，1969年英文版再版。

发展经济学在中国的广泛传播和迅猛发展是改革开放以后的事情。1979年11月初，为了增加对当代国外经济学及其研究情况的了解，国务院财政经济委员会调查组理论与方法研究小组委托外国经济学说研究会在北京大学举办了"国外经济学讲座"，系统介绍当代国外经济学说。在这个讲座上，北京大学范家骧教授以"发展经济学"为题第一次将西方的经济发展理论引入了中国高等院校的课堂。在这个讲座中，还有北京师范大学陶大镛教授主讲的"罗斯托的经济成长阶段论"和张培刚教授主讲的

---

① 参见本书第一章第一节相关内容。
② 张培刚. 农业与工业化（上卷）：农业国工业化问题初探 [M]. 武汉：华中工学院出版社，1984.

"熊彼特的创新理论",也都是西方发展经济学的经典理论。1985年10月,人民出版社出版了"现代外国经济学说知识丛书"。作为丛书之一,中国著名发展经济学学者谭崇台教授撰写了中国第一本系统介绍西方经济发展理论的著作《发展经济学》,揭开了发展经济学在中国引介、传播、发展的序幕。1988年,陶文达教授撰写的《发展经济学》和杨敬年教授撰写的《西方发展经济学概论》先后问世。1989年,谭崇台教授主编的《发展经济学》出版。1991年,张培刚教授的《发展经济学通论》第一卷《农业国工业化问题》出版。1989年,发展经济学被国家教育委员会列为中国高等院校"财经类专业核心课程"。1992年7月,由陶文达教授主编,黄卫平、彭刚副主编的高等学校财经类专业核心课程教材《发展经济学》出版,发展经济学成为中国高等院校财经类专业的必修课。可以说,20世纪80年代末90年代初,是中国发展经济学的春天。有关经济发展的论文、专书、教科书如雨后春笋般出现,大量本科生、研究生涌入发展经济学的课堂。以张培刚、谭崇台、陶文达、杨敬年为代表的一代中国发展学者为发展经济学在中国的传播与发展做出了重大贡献,培养了整整一代年轻的发展学者。1986年,陶文达教授率先成立了中国人民大学经济发展研究中心;1988年3月,张培刚教授创立了华中科技大学(当时为华中理工大学)经济发展研究中心;1990年,谭崇台教授创立了武汉大学经济发展研究中心。多年来,在老一辈发展学者的带领下,中国发展经济学的园地繁花似锦,硕果累累。

改革开放之初,中国对于发展经济学的了解和学习不仅是通过引进来的途径,而且还积极地走出去,由国家派出留学生到发达国家系统地学习发展经济学。1985年,中国人民大学校长袁宝华当时还担任国家经济委员会主任,在他的积极主导下,分批派出留学生前往意大利经济发展研究院(ISVE)攻读发展经济学专业硕士学位。1985年至1987年,中国人民大学黄卫平、清华大学孙礼照、国家计划委员会的张勇等六位同志经过两年的刻苦拼搏,全部顺利荣获学位。1987年至1989年,中国人民大学的彭刚、国家科学技术委员会的张群和内贸部的邓红国三位同志经过严格的考核筛选进入这个项目并顺利荣获学位。应该说这是我国在改革开放以后最早在西方发达国家系统研读发展经济学理论并荣获学位的学者。在学成归国后，他们都成为发展经济学研究和传播的骨干与领军人物。黄卫平、彭刚回到中国人民大学后，率先为本科生和研究生开设了发展经济学和发展计划与项目评估等课程；张勇等在国家政府机关工作的同志则集体撰写了《方法与参数》等经济发展理论著作。

二、发展经济学在中国的新发展

发展经济学在中国的引介、传播与发展具有起点高、发展快、变革深的特征。当中国第一代发展经济学学者将西方发展经济学引介给中国读者的时候，他们就在考虑如何赋予发展经济学以新的生命。

1985 年，谭崇台教授撰写中国第一部发展经济学的著作时，就明确地提出："我国属于第三世界，是一个发展中国家。在增长和发展过程中，我们已经遇见，今后还会遇见在其他发展中国家出现的类似问题，而我们在过去三十多年中积累了不少成功的经验和令人难忘的教训。如何把我们的经验教训和其他发展中国家的经验教训进行比较、鉴别，在马克思列宁主义指导下，建立起崭新的、科学的发展经济学，更是我国经济学界的重大任务。"[①] 1988 年，陶文达教授在他的研究著作《发展经济学》中，第一次专辟章节，明确提出要"建立马克思主义发展经济学"。在论及发展经济学的出路时，陶文达教授强调指出："真正能解释当代发展中国家贫困与落后，真正能解决不发达经济各种根本矛盾的只有概括马克思主义立场、观点和方法建立的发展经济学。事实将证明，在这个问题上，也只有马克思主义才能取得成就，只有社会主义才能最终使第三世界广大人民群众摆脱贫困与落后，走上和平与发展的光明大道。"[②] 正是在这个发展经济学学科建设最根本的问题上，中国的发展经济学学者达成了共识。尽管我国第一代发展经济学家都在西方接受过严格、系统的经济学训练，并取得过令世人瞩目的研究成果，但是，作为坚定的马克思主义经济学家，他们

---

① 谭崇台. 发展经济学 [M]. 北京：人民出版社，1985：183.
② 陶文达. 发展经济学 [M]. 北京：中国财政经济出版社，1988：419.

深知，只有以马克思主义的立场、观点、方法为指导，以发展中国家的发展实践为依据，创建具有中国特色的发展经济学理论，才是发展经济学的真正出路。

从 20 世纪 80 年代末期开始，发展经济学的先驱人物、著名发展经济学家张培刚教授便连续撰文，探讨建立"新发展经济学"。1988 年，在青岛召开的中华外国经济学说研究会华东分会上，张培刚教授提出了重建发展经济学的四条建议。1989 年，张培刚把在青岛会议的报告分为两篇论文，分别在《经济研究》和《经济学家》杂志刊出。在题为《发展经济学往何处去：建立新型发展经济学刍议》的论文中，张培刚教授明确提出了建立新型发展经济学的基本原则。第一，要扩大研究范围，包括发展中的社会主义国家。第二，要改进研究方法，加深分析程度，并具体提出：首先，要以发展中大国作为重点研究对象；其次，必须从社会经济发展的历史角度探根溯源；再次，必须从发展中国家的国情出发，制定发展战略；最后，既要研究采用市场机制的发展中国家如印度对计划体制的应用，又要研究原来是计划经济的国家如中国市场取向的改革。[①] 1992 年 9 月，张培刚教授主编的《新发展经济学》由河南人民出版社出版，这是一部运用历史的、综合的分析方法，首次试图建立发展中国家自己的发展经济学的学术专著。[②]

1999 年 11 月，谭崇台教授主编的《发展经济学的新发展》一书问世。该书篇幅浩大，内容丰富，几乎囊括了 20 世纪 70 年代以后西方发展经济学理论研究的所有主要成果。书中系统阐述了新增长理论的兴起和发展，详细介绍了新增长理论中知识外溢和"干中学"内生增长的思路、内生技术变化增长的思路、线性技术内生增长的思路、开放经济内生增长的思路、劳动分工和专业化内生增长模式以及知识经济的兴起对经济发展的影响等。书中探讨了与经济发展密切相关的技术创新、市场完善、金融深化、政策调整、体制转换、制度变迁等一系列重大问题。《发展经济学的

---

① 张培刚. 发展经济学往何处去：建立新型发展经济学刍议 [J]. 经济研究, 1989 (06): 14-27; 张培刚. 关于建立新型发展经济学的几个问题 [J]. 经济学家, 1989 (06): 40-48 + 122.
② 张培刚. 新发展经济学 [M]. 郑州：河南人民出版社, 1999.

《新发展》不拘泥于传统发展经济学研究领域的约束，对涉及现代经济发展的主要经济学理论如新制度经济学、新历史经济学、经济发展中的寻租活动与寻租理论等都进行了系统的阐述和评价，使国内发展学界对西方发展经济学有了更丰富、更深刻的了解和认识，也为创建具有中国特色的发展经济学体系提供了更为广阔的思路。

进入21世纪，中国经济发展的辉煌成就更是令一代中国发展学者深受鼓舞。何炼成主编的《中国发展经济学概论》被列入面向21世纪经济学专业教材。洪银兴《发展经济学与中国经济发展》致力于发展经济学的中国化。洪银兴和任保平合著的《新时代发展经济学》按照我国经济发展理论的九大重大创新主线展开讲解，提出了新思路和学理依据。中国由低收入国家跨进中等收入国家之后，要素禀赋结构、社会需求结构和外部发展环境都发生了明显变化，面临着不同于低收入阶段的发展问题与发展任务，而既有的发展经济学理论都是以低收入国家为研究对象，那些摆脱贫困陷阱、实现经济起飞的理论分析与政策建议大多不再适用于包括中国在内的中等收入国家经济实践的需要。据此，叶初升在《经济研究》（2019年第8期）发表封面文章《中等收入阶段的发展问题与发展经济学理论创新：基于当代中国经济实践的一种理论建构性探索》，试图提炼发展经济学研究范式，界定和解析中等收入阶段经济发展的基本问题，在中等收入阶段客观存在的问题逻辑、经济学的认识逻辑与发展经济学研究范式三者融合中，讨论中等收入阶段发展经济学的理论逻辑、基本架构与研究任务。

自从发展经济学在20世纪80年代被引入中国以来，一批中国学者先后编写了层次不同、风格各异的发展经济学教材。比如，华中科技大学张培刚教授、张建华教授，武汉大学谭崇台教授、郭熙保教授，中国人民大学陶文达教授、黄卫平教授、彭刚教授、于同申教授，南开大学杨敬年教授、陈宗胜教授，北京大学叶静怡教授、姚洋教授，吉林大学马春文教授，山东大学张东辉教授，中央党校周天勇教授，南京大学高波教授，他们编写的发展经济学教材，为发展经济学在中国的传播与发展做出了贡献。2019年8月，马克思主义理论研究与建设工程重点教材《发展经济学》通过了国家教材委员会终审，由高等教育出版社正式出版。该教材由武汉大学郭熙保教授担任主编，武汉大学、中国人民大学、南京大学、吉林大学、华中科技大学、陕西师范大学等全国著名高校共 9 位学者参加了该教材编写。该著从 2011 年 3 月立项到 2019 年 8 月出版，历时八年半。该教材突出了马克思主义的指导地位，把马克思主义的立场、观点和方法贯彻于全书，把马克思主义基本原理、中国特色社会主义理论体系、发展经济学基本理论、发展中国家的发展实践、中国特色的经济发展实践有机地统一在一个框架里，融政治性、学术性、知识性、通俗性于一体，是探索中国特色发展经济学的一次尝试。

2021 年 10 月 28 日，国家教材委员会办公室公布了首批中国经济学教材编写入选学校和团队名单，中国人民大学刘守英教授、南京大学洪银兴教授、武汉大学郭熙保教授领衔的《中国发展经济学》编写团队成功入选。《中国发展经济学》按照国家教材委对中国经济学教材的编写要求，打破了现有发展经济学教材体系格局，以习近平新时代中国特色社会主义经济思想为指导，以中国七十余年尤其是近四十年经济发展实践作为研究对象，从中国经济实践中总结中国经济发展规律，提炼中国特色的新概念、新范畴和新表述，讲好"中国故事"，增强中国发展经济学教材的解释力和生命力。

三、中国自主创新的发展理论：新结构经济学

"新结构经济学"这一概念第一次被正式提出，是北京大学林毅夫教授前往世界银行担任发展经济学首席经济学家、副行长一周年之际。2009 年 6 月 2 日举行世界银行发展经济学部第四次高级经济学研讨会期间，林毅夫教授作题为《新结构经济学：重构发展经济学的框架》的报告时首次明确提出这一概念。2011 年应邀到耶鲁大学做库兹涅茨年度讲座时，他再次以此为题发表演讲。英文稿发表于同年《世界银行研究观察》第 26 卷第 2 期，成为新结构经济学的纲领性奠基之作。

新结构经济学运用的是现代经济学方法，主要研究的是经济结构的决

定因素、动态内生变化及其对经济发展的各种含义,被认为是发展经济学的第三波思潮。林毅夫教授在总结评价发展经济学的理论发展进程的基础上,对新结构经济学进行了精辟而又深入的阐述。他指出,发展经济学是因两次世界大战之后,为满足许多新摆脱殖民地、半殖民地地位的发展中国家现代化建设的需要,而从现代经济学独立出来的一门学科。第一波思潮结构主义,强调克服市场失灵,主张发展中国家采用进口替代战略,以政府主导的方式直接配置资源,发展发达国家当时拥有的那些资本、技术密集型的现代化大产业。遵循这种政策建议的国家在早期取得了一段时间的投资拉动的增长后,经济便普遍陷入了停滞状态,危机不断,和发达国家的差距继续拉大。

从20世纪80年代开始,经济学界便开始反思结构主义政策失败的原因,由此催生了发展经济学的第二波思潮——新自由主义,强调克服政府失灵,主张以"休克疗法"推行私有化、市场化、自由化等激进的改革措施,建立像发达国家那样的市场经济体制,以"华盛顿共识"方式应对经济发展问题。其结果却使众多发展中国家经济面临崩溃,经济增长速度缓慢。新结构经济学试图从发展中国家、转型国家自身的成败经验来总结出一套新的经济发展和转型理论。

新结构经济学的核心思想是,每个时点上的生产力和产业结构是由该时点的要素禀赋及其结构决定的,交通、电力等硬的基础设施和作为上层建筑的制度安排则需与之相适应。不同发展程度的国家,要素禀赋状况各异。在发展中国家,资本较为稀缺,劳动力与自然资源相对丰富;在发达国家,资本相对丰富,劳动力资源相对短缺。要素禀赋结构在每个时点是既定的,但随着时间的推移,要素禀赋及其结构将发生变化。新结构经济学的分析逻辑是,任何经济体在每一时点的要素禀赋是该经济体在此时点的总预算,而要素禀赋结构决定着要素的相对价格,并由此决定在该时点具有比较优势的产业。

新结构经济学认为,结构主义的失误在于不了解产业结构是由要素禀赋结构内生决定的,误认为发展中国家市场中资本密集型现代化大产业发展不起来是市场失灵所致,因此主张由政府直接动员和配置资源来优先发展资本和技术密集型现代化大产业。然而,发展中国家的资本相对短缺,在这类产业上没有比较优势,此类产业的企业在开放竞争的市场中缺乏自生能力,只有在政府的保护补贴下才能建立起来并继续生存。所以,结构主义强调的市场失灵,是对发展中国家资本密集型先进产业不能发展壮大的误判。新自由主义的失败则在于,对政府失灵的原因缺乏正确的认识。发展中国家存在的市场扭曲,是政府为保护赶超战略下缺乏自生能力的企业而存在的。若取消保护补贴,缺乏自生能力的企业必将倒闭,进而引发失业和动荡,经济发展无从谈起。同时,一些资本密集型现代化大产业是国防产业的基础。为避免社会动荡和损害国防安全,转型国家推行了"华盛顿共识"的改革,取消保护补贴后,实施隐蔽的保护补贴,但其效率更低。新结构经济学对渐进式双轨制改革的成功也提供了合理的解释。给予原来优先发展的产业部门中缺乏自生能力的企业以必要的保护,有助于维护经济和社会稳定。放开对原先受抑制的、符合比较优势部门的准入,有利于实现经济可持续增长。符合比较优势的部门的资本获得了快速增长,原先缺乏自生能力的企业逐渐获得了自生能力。当传统部门的企业具备自生能力时,再取消保护补贴,就可以实现向市场经济的过渡。

新结构经济学认为,一个经济体按要素禀赋结构的特性来发展具有比较优势的产业是经济取得稳定、快速、包容发展的最佳途径。企业按要素禀赋结构所决定的禀赋优势来选择技术和产业的前提是要素价格必须能够充分反映各种要素的相对稀缺性,而这种价格体系只有在充分竞争的市场中才能存在。因此,有效市场是按照比较优势发展经济的前提。随着技术的创新和产业的升级,硬的基础设施和软的制度环境必须随着产业和技术提高的需要而不断完善。所以,在市场经济中,政府必须发挥积极有为的作用,以克服在经济转型升级过程中必然存在的外部性以及市场失灵等问题。

发展中国家软、硬基础设施普遍不足,但是,政府的资源和执行能力有限,只能针对所要发展的符合比较优势的产业的需要来完善软、硬基础设施，也就是政府在经济发展过程中必须采用针对特定产业的"产业政策"才能发挥"有为政府"的作用。从历史经验来看，许多产业政策是失败的，但是，还没有不用产业政策而能成功追赶发达国家的发展中国家，也没有不用产业政策而能继续领先、快速发展的发达国家。我们不能因为有产业政策失败而把"婴儿和洗澡水一起倒掉"，否定一切产业政策的必要性。经济学家，尤其是发展经济学家的一个重要职责就是厘清产业政策失败的原因和成功条件，向政府决策者提供参考，以降低产业政策失败的概率。

新结构经济学认为，绝大多数产业政策之所以不成功，原因在于政府所要支持的产业违反了比较优势，这些产业中的企业在开放竞争的市场中缺乏自生能力，需要政府长期的保护补贴，这会导致资源错配，滋生寻租和腐败行为。成功的产业政策应该通过因势利导使企业进入具有潜在比较优势的产业，这种产业符合要素禀赋结构的特性，要素生产成本在国际同行业中处于较低的水平。在国际竞争中，由于电力、交通、金融、法制等软硬基础设施不完善，许多企业的交易成本和总成本太高而缺乏竞争力。因此，产业政策的目标之一就是，通过改善基础设施、金融环境、法制环境等以降低交易成本，并给予先行企业一定的激励以补偿其外部性，使具有潜在比较优势的产业快速发展成为具有竞争优势的产业。[①]

尽管新结构经济学还需要进一步的完善，探索之路还很长，尽管经济学界对新结构经济学还存在分歧和争议，但是，新结构经济学代表了中国学者在中国改革开放、经济腾飞的实践基础上对于发展经济学理论的潜心探索与自主创新，并在国际经济学界产生了重要影响。2017年7月8日，第十一届中华发展经济学年会以"供给侧结构性改革与新结构经济学"为主题在温州举行，新一届学术委员会主任林毅夫教授在大会开幕式上作了题为《新结构经济学、自生能力与新的理论见解》的主旨报告，引发了强烈反响。这届学会的召开标志着中国发展学者对于发展经济学理论的研究和探索进入了一个新的发展时期。

---

① 王勇. 新结构经济学思与辩 [M]. 北京：北京大学出版社，2017.

目前，北京大学新结构经济学研究院已经在国内和兄弟院校、机构成立了众多新结构经济学研究中心或研究分院。对国内发展经济学来说，新结构经济学为中国的发展学者开辟了发展经济学理论研究的新方向、新领域、新课题，将会把中国的发展经济学研究推向一个崭新的境界。

20世纪90年代以来遍及全球的经济发展浪潮，尤其是中国经济发展的强劲势头，给沉闷多年的经济发展理论带来了新的生机。人们越发认识到，丰富的发展实践有待于总结升华，曲折漫长的发展进程更需要经济发展理论的指导。经济发展包容了如此丰富的内容，牵涉到亿万人的命运，维系着整个世界的安宁，这从根本上决定了发展经济学终将成为一门最有发展前景的经济学科。也正是由于发展经济学是从如此广袤富饶的实践园地中结出的理论硕果，所以它必然是一个科学、完整、严密的理论体系。要构建这样一个科学的理论体系，又必须以马克思主义的辩证唯物主义和历史唯物主义为指南，坚持用马克思主义的立场、观点和方法来观察、认识、分析中国与世界的经济发展问题。中国是发展中的大国，中华民族迎来了从站起来、富起来到强起来的伟大飞跃，中国伟大的发展实践能为发展经济学理论体系提供坚实的实践基础和丰富的经验素材。因此，这一任务注定要历史地落到中国发展学者的肩上。

梦想在心、重任在肩的中国人民承负着更为艰巨的发展使命，建设现代化的社会主义强国，任重而道远。在中国这片经济发展的热土上，发展经济学必将进入一个繁荣发展的历史新阶段。

第二节　发展经济学与中国经济发展

中华人民共和国作为发展中大国的经济实践，以及发展经济学作为唯一专注于发展中国家经济发展的现代经济学分支，都经历了七十余年的发展历程。在七十余年的实践探索中，中国经济既有走弯路的教训，也有大量成功的经验，值得我们从发展经济学的理论视角去分析、概括和提炼；在七十余年的理论演进中，发展经济学几经风雨，在跌宕起伏中前行，需要我们以实践经验去检验、修正并支撑发展。我们在时间、实践和理论的三维空间中，勾勒实践足迹与理论脉络，从两条起伏交错的历史线索中探索发展的逻辑，概括出有规律性的新实践，阐释中国经济实践的发展经济学意义，提炼出有学理性的新理论，对于发展经济学理论的发展和包括中国在内的发展中国家的经济实践，都具有十分重要的意义。

在发展经济学意义上，中华人民共和国经济发展的历史进程有两个重要的节点，第一是 1978 年从计划经济转向市场经济的改革开放，这是经济体制和发展战略的根本变革；第二是 2007 年中国从低收入国家跨入中等收入国家行列[1]，这是经济发展水平的跃迁。根据这两个节点，可以把这七十余年的发展历程分为三个历史阶段：第一个时期是计划经济时期（1949—1977 年）；第二个时期是经济高速增长时期（1978—2007 年）；第三个时期是经济高质量发展时期（2008 年以来）。在不同的历史时期，经济发展要素、发展环境、面临的发展问题与发展任务不同，发展动力和发展战略都发生了重大变化。

一、计划经济时期（1949—1977 年）

第二次世界大战结束以后，面对政治独立而经济落后的发展中国家的实践需要，一批西方经济学家研究发展中国家经济增长与发展问题，逐渐形成了具有独立研究对象的经济学分支——发展经济学。早期的发展经济学家们着眼于发展中国家极度贫困、资本极度匮乏、市场发育不良的实际，认为资本匮乏是发展中国家不发达的主要原因，必须促进资本形成，强调工业化是由不发达走向发达的必由之路，主张以进口替代推进工业化；鉴于发展中国家市场残缺、结构失衡、部门刚性、供给与需求缺乏弹性，以及经济主体的非新古典主义理性行为方式，而市场机制需要有一个长期的培育过程，他们认为发展中国家经济发展所需要的宏大的结构变革是其不完善的市场体系不可能胜任的，因而强调国家或政府是经济变革的

---

[1] 黄群慧，黄阳华，贺俊，等. 面向中上等收入阶段的中国工业化战略研究 [J]. 中国社会科学，2017（12）：94-116+207.

行为主体。他们提倡政府配置资源,提出了一系列以"唯资本化""唯工业化""唯计划化""内向发展"为特征的政策主张。他们从发展中国家经济结构失衡的事实出发,以发达国家经济结构为目标,强调发展中国家的结构变革,因此,这类发展理论和政策主张被称为结构主义。

结构主义的这些基本观点,一方面反映了刚刚在政治上获得独立的发展中国家贫穷落后的现实和谋求经济迅速起飞的迫切愿望,另一方面,也是当时盛行于西方的凯恩斯主义在发展经济学领域的一种映射。在结构主义发展经济学理论的影响下,不少发展中国家实行封闭式的、计划指令性的进口替代工业化发展战略。当时的中国从战乱走向和平,一穷二白,远在西方的发展经济学虽然理论纷呈,但尚未传入中国。中华人民共和国在西方发展经济学理论之外开始了自己的实践探索。

1949年,中华人民共和国成立之初,我国现代工业产值只占全国工农业产值的17%左右,农业和手工业占83%左右,现代工业中几乎没有重工业。经过三年经济恢复时期,1952年现代工业在工农业总产值中的比重上升到26.6%,重工业在工业产值中占35.5%。但是,我国许多重要工业产品的人均产量远远落后于发达国家。基于中国当时的经济现实与发展的需要,第一个五年计划(1953—1957年)选择了重工业优先发展战略。然而,要在一个经济发展水平低下、资本极为匮乏的经济中优先发展资本密集型的重工业,指望市场机制配置资源而推动重工业优先发展,既不现实也不可能。只有依靠政府的力量人为地压低生产要素价格,通过指令性计划方式配置资源,以降低重工业发展的成本。同时,在技术落后的中国,发展重工业所必需的技术设备有相当大的部分需要花大量外汇从国外引进,还必须实行低汇率政策。这种战略对于我国迅速恢复经济、建立经济进一步发展所必需的基础产业和基础设施,对于提高人民的物质生活水平,都具有显著的绩效。1957年第一个五年计划完成时,我国粮、棉、钢、煤、电和原油分别比1952年增长19%、26%、296%、96%、166%和235%。1957年全国居民平均消费水平比1952年提高34.2%。

耐人寻味的是,在意识形态上拒斥西方社会理论思潮,在经济发展道路上坚持自力更生、奋发图强的中国,发展初期所选择的经济发展战略却与西方发展经济学所倡导的进口替代工业化战略基本一致。

随着实践的深入发展和社会历史条件的变化,结构主义发展理论和发展战略逐渐丧失其有限的合理性。一旦发展中国家经济发展起步,并完成了国家工业化的基础产业和基础设施的建构以后,封闭性、计划指令性进口替代工业化发展战略变得不合时宜,结构主义理论内在的缺陷也就逐渐暴露出来。20世纪60年代初,特别是60年代中期,实施结构主义发展战略的发展中国家在经过较为宽松的初始阶段之后,农业滞后、工业竞争乏力、国民经济效率低下、人民生活水平提高缓慢;相反,那些注重充分发挥市场机制、经济比较开放、执行出口导向政策的发展中国家,却在经济上取得快速的进步。此外,发达国家在20世纪60年代中期以后特别是70年代出现了严重的滞胀,强调国家干预的凯恩斯主义经济学受到了现实的挑战,信奉市场的新古典主义重新抬头。在这种社会实践和理论背景下,20世纪60年代末,在发展经济学领域,新古典主义发展理论逐渐取代结构主义成为"显学"。

新古典主义发展经济学家批评结构主义过分强调发展中国家经济的特殊性。他们认为,像发达国家一样,在发展中国家,价格刺激—反应机制无处不在;个人作为经济决策主体会在利益的驱使下,在成本等因素的约束下,能够根据市场价格信号,在不同的替代品之间做出选择以获得最大福利。新古典主义发展理论或明或暗地认为,发展中国家市场的供给弹性、需求弹性以及要素的替代弹性都比较高,因而价格的变动必然会引起产品的供给数量和需求数量以及生产要素配置比例的相应变化。因此,他们主张以新古典主义的分析方法研究发展中国家的经济问题,并提出了一系列以"矫正价格"、充分发挥市场机制的作用为核心的发展理论和政策主张,并以此修正结构主义发展理论:从片面强调工业转向重视农业;从片面强调物质资本的形成,转向重视人力资源开发;从片面强调计划转向重视市场;从片面强调封闭性的进口替代转向开放的出口鼓励。在实践上,一些发展中国家在新古典主义发展经济学的影响下,改变经济发展战略,注重市场机制,使国民经济逐渐焕发活力,出现了持续、快速的增长。其中,东亚几个国家和地区的经济绩效比较突出,被称为"东亚奇迹"。此外，东欧一些社会主义发展中国家对苏联的计划经济模式进行反省，并在不同程度上实施以市场经济为取向的经济改革。这说明发展中国家经过经济恢复和重建之后，市场经济取代计划经济已成为客观要求。

当时的中国，还处在与世界相对隔离的状态，西方封锁、中苏交恶。中国在建国初期实行重工业优先发展战略并取得初步成效后，没有果断地进行市场化转向，没有将经济建设的重心转移到培育市场、发展微观经济主体上来，而是不合时宜地继续推进原先的战略，甚至把计划经济推向极至，以 1958 年 "赶英超美" 的 "大跃进" 为先导，开启了以政治运动的方式推进经济建设、过分夸大主观能动性、片面追求高速增长的历程。在 1958—1977 年的二十年间，中国全面实行计划经济，压低居民收入和消费，大幅度提高投资率，集中全国资源进行工业化建设。

客观地说，在中国共产党的领导下，中国人民克服各种困难，自力更生，在这二十年仍然取得了很大的成就，为后来的改革开放奠定了基础。第一，经济有了较快的增长。1958—1977 年，基础原材料和重工业产品产量大幅度增长，工业增加值年增长 9.3%，GDP 保持了 5.1% 的中速增长，经济增长速度与世界平均水平相当。第二，初步建立起相对独立、比较完整的工业体系。不仅在国防工业、尖端科学方面取得了巨大进展，创造了 "两弹一星" 奇迹，而且建立了冶金、电力、机械、汽车、造船、飞机制造、石油、化工、电子、轻工、纺织等门类比较齐全的工业体系，为日后成为世界最大的工业国打下了基础。第三，基本建立了现代教育体系和医疗体系，人力资本得到极大提高。基本普及小学教育，学龄儿童净入学率由 1958 年的 80.3% 上升到 1977 年的 96.5%；人均预期寿命从 1957 年 57 岁上升到 1977 年 66 岁。

然而，计划经济成就的另一面是巨大的代价。整个经济体系价格扭曲，资源错配，经济结构严重失衡；在实现重工业快速发展的同时，很大程度上牺牲了农业、消费品工业、服务业的发展。二十年的计划经济虽然大体保持了中速增长，但给人民带来的生活改善微乎其微，人均收入水平很低。1958—1977 年，农业增加值年增长率只有 1.5%，粮食产量年增 1.9%；同期全国人口年增长 1.9%，人均农产品供应毫无改善。1977 年，农村居民人均年收入只有117元，2.5亿人口生活在当时的100元贫困线以下，处于赤贫状态。1977年全国职工人均月工资48元，全国居民人均储蓄存款余额只有19元。由于消费品供给严重匮乏，国家实行需求管制，食品、衣物等基本生活日用品都是严格限量供应。

二、经济高速增长时期（1978—2007年）

1978年岁末，安徽省凤阳县小岗村的农民自发实行家庭联产承包责任制，开启了农村改革的进程。这场自发的制度变迁立即得到了政府的肯定，得到了全社会的呼应，迅速形成不可逆转的发展潮流。改革先驱们，无论是农民、工人、知识分子，还是领导者，当时并不知晓强调市场经济发展机制的发展经济学理论。他们从社会实践中、从自己的人生经历中，深切体悟到从计划经济体制向市场经济体制的变革才是中国发展的希望所在。市场经济取向的改革开放是中国人民在实践中摸索出来的，同时也为市场经济取向的发展经济学理论提供了有力的实证支持。

1978年12月召开的十一届三中全会，是中国经济发展的历史转折点。第一，解放思想，拨乱反正，以经济建设为中心，基于国情探索有中国特色的社会主义道路。第二，改革经济体制，培育市场，充分发挥市场在配置资源中的作用，尊重民众的首创精神，激发经济主体创造财富的活力。第三，改革从受压抑最重、原有体制最薄弱的农村经济突破，逐渐过渡到城市国有企业；开放从沿海地区设立经济特区开始，逐渐向中西部扩展。第四，从增量开始，以渐进的方式推进改革开放，以效率优先兼顾公平的原则处理改革、发展、稳定三者关系。经过20世纪八九十年代的迅速发展，中国不仅改变了重工业优先的模式，改善了经济结构，而且改变了长期存在供给不足的短缺经济，解决了人民群众生活的温饱问题，实现了从低收入国家向中等收入国家的跨越，1997年提前实现了原计划于2000年实现的工农业总产值翻两番的任务。1998年，在亚洲金融危机和世界经济不景气的条件下，中国国内生产总值仍然保持7.8%的高速增长。

在这一时期，中国哲学社会科学界从教条主义的思维方式中解放出来，翻译、引进了大量国外哲学社会科学的学术著作，评介国外各种学说和理论思潮，其中包括研究发展中国家经济增长与发展问题的西方发展经济学。由于所研究的基本问题恰恰就是中国在经济建设中力图解决而未能很好地解决的问题，发展经济学在我国经济学界和政府决策层产生了广泛的影响，为"摸着石头过河"、制定和实施市场经济取向的发展战略提供了理论依据。今天常见诸大众传媒、为普通百姓耳熟能详的一些经济学名词概念，比如二元经济、剩余劳动力、人口流动、刘易斯拐点、贫困陷阱、增长极、主导产业、前向联系、后向联系、库兹涅茨曲线、进口替代、出口鼓励等，最初都是来自这一时期引入的发展经济学著作和教材。与此同时，中国改革开放成为世界上最大的发展经济学天然实验场，吸引了越来越多的国外经济学家研究中国改革开放的探索经验。

中国2001年加入世界贸易组织，深度参与全球经济，同时也促进国内改革进一步深入。如果说，入世之前中国开放侧重于"引进来"，那么，入世之后的开放则侧重于"走出去"。2001—2007年，FDI从466.8亿美元增加到835亿美元，中国商品出口年均增长20.9%，GDP年均增速10.7%；2007年出口占GDP的比例38.6%，GDP增长达到14.23%。农业改革提高了劳动生产率，大量农业劳动者成为剩余劳动力。同时，改革开放也给第二、第三产业的发展插上翅膀，提供了大量的城市就业机会，农村劳动力大量转向城镇非农产业。1978—2007年，第一产业劳动力就业比重从0.705下降到0.408；第二产业劳动力就业比重从0.173上升到0.268；第三产业劳动力就业比重从0.126上升到0.324。1978—2007年，中国农村居民家庭人均纯收入从133元增加到4140元，城镇居民家庭人均可支配收入从343元增加到13787元。1978年，中国的人均收入仅为同期美国人均收入的5.3%；2007年中国人均收入与同期美国人均收入的比值超过了20%，标志着中国进入了中等收入国家行列[1]。

中国的经济改革开放，一方面是对市场经济的肯定和接受，与新古典主义发展经济学的理论倾向相近；另一方面，它更是结合中国国情的新探

---

[1] 黄群慧，黄阳华，贺俊，等. 面向中上等收入阶段的中国工业化战略研究 [J]. 中国社会科学，2017（12）：94-116+207.

索，因而能以自己的实践去检验、修正和推动发展经济学的理论发展。针对 20 世纪 80 年代拉美国家主权债务危机，一些新自由主义经济学家和研究机构曾提出一系列结构调整措施，形成"华盛顿共识"，主张发展中国家通过快速私有化形成自由市场经济，实现经济社会快速发展。20 世纪 80 年代末苏联解体、东欧剧变之后，一些转型国家，如俄罗斯与中东欧国家，纷纷采取"华盛顿共识"的政策处方，以激进的、休克式的方式向市场经济转型。但是，无论是贯彻华盛顿共识最彻底的拉美国家，还是俄罗斯等转型国家，除了少数维持了基本的增长速度外，大部分国家都没有达到预期的效果。中国是在坚持社会主义基本制度的前提下，从局部到总体、从体制外到体制内，以增量调整方式激活存量，摸索出适合本国国情的渐进式改革模式。实践证明，这种渐进改革能最小化改革的社会成本，能赢得最大化的社会共识，在实践中成效斐然。新自由主义者以为，只要削减政府规模，市场就会出现；只要让市场自由配置资源，就能实现经济增长。而中国改革实践告诉我们，在发展中国家市场发育过程中需要政府的力量，市场与政府可以互补促进经济发展；经济发展不只是经济增长，还包括经济结构转型和社会结构的全面改造。中国的改革实践促使发展经济学"扬弃"新古典主义超越时空的纯经济分析，把制度变迁过程纳入研究视野，将政治、文化、制度等非经济因素内生化，全方位地研究经济发展问题，从而把新古典政治经济学分析思路推向发展经济学研究的前台。

三、经济高质量发展时期（2008 年以来）

2008 年，中国经济增长率从 2007 年的 14.23% 下降到 9.65%。这一年，始发于美国的次贷危机演变成了一场席卷全球的国际金融危机，进而演化成全球性的实体经济危机。受国际金融危机的影响，中国的外需开始萎缩，给当期经济带来很大冲击，许多出口企业关闭，失业率上升，民工回流。在当时的背景下，人们很容易将经济减速归因于外需收缩，因而很自然地采用凯恩斯宏观经济学的干预措施。从 2008 年年底到 2010 年年底，中国完成 4 万亿元的投资量。这 4 万亿元投资使 2010 年的经济增长率上升到 10.6%，但很快又下滑了。

事实上，增速下降是经济发展从低收入阶段跃迁到中等收入阶段之后，社会主要矛盾以及由此引起的一系列内在结构变化的外在表现。在低收入阶段，社会主要矛盾是人民日益增长的物质文化需要同落后的社会生产之间的矛盾，我们面对的发展问题是供给的全面短缺，几乎所有产品都是供不应求，因此在这个阶段追求产出量的增长。进入中等收入阶段之后，我国社会主要矛盾已经转化为人民日益增长的美好生活需要和不平衡、不充分的发展之间的矛盾，我们面对的发展问题就从总供给和总需求在量上的供不应求，转换为总供给和总需求在结构上的失衡。我们需要转换发展动力，从要素驱动转换为效率驱动（创新驱动）。相应地，经济发展的目标从追求高速增长转向追求高质量增长，以高质量发展解决不平衡、不充分问题。

2012年，党的十八大召开，中国改革开始了新的征程。

针对经济增速放缓、过去长期高速增长中积累的矛盾和问题的集中暴露，党中央、国务院认识到，不能沿用过去的增长模式和发展战略解决新问题、新困境，需要新的发展动力、政策措施与发展战略以迎接新挑战。围绕市场在资源配置中起的决定性作用，2013年党的十八届三中全会提出了16个方面的改革措施。2014年5月，习近平总书记对中国新时期经济发展做出新常态的研判，号召要从长期的视角认识新常态、适应新常态、引领新常态。2015年11月，党中央进一步做出供给侧结构性改革的战略部署，力图通过制度创新的改革促进经济结构变迁，引导经济由高速增长转向高质量发展。2017年10月，党的十九大明确提出，中国特色社会主义进入新时代，我国社会主要矛盾已经转化为人民日益增长的美好生活需要和不平衡、不充分的发展之间的矛盾，我国经济已由高速增长阶段转向高质量发展阶段。当今世界正经历百年未有之大变局，国际经济、科技、文化、安全、政治等格局都在发生深刻调整，世界进入动荡变革期。2020年10月，根据我国发展阶段、环境、条件变化，党的十九届五中全会明确提出要加快构建以国内大循环为主体、国内国际双循环相互促进的新发展格局，强调以推动高质量发展为主题，以深化供给侧结构性改革为主线，以改革创新为根本动力，以满足人民日益增长的美好生活需要为根本目的。

在新的历史定位下,中国调整发展战略,不再追求高速度增长,着力解决发展不平衡不充分的问题,大力提升发展质量和效益。在世界经济持续低迷的背景下,中国经济尽管面临下行压力,2013—2017年间的年均经济增速仍超过6%,超过世界平均增速的2倍,成为世界经济增长的主要动力源和稳定器。2016年,中国的外国直接投资(FDI)流入量达1340亿美元,是全球第三大外资流入国,仅次于美国和英国;2016年中国对外投资达到1830亿美元,首次成为全球第二大对外投资国,比吸引外资多36%。2018年,货物进出口总额达到4.6万亿美元,连续两年居世界首位;服务进出口总额7919亿美元,居世界第2位。2018年中国对外直接投资1430.4亿美元,是第二大对外投资国。2018年年末,中国对外直接投资存量达1.98万亿美元,是2002年末存量的66.3倍,在全球分国家地区的对外直接投资存量排名由第25位升至第3位,仅次于美国和荷兰。2018年中国对外直接投资分别占全球当年流量、存量的14.1%和6.4%。中国2013年发起的"一带一路"倡议已经成为国际发展和全球治理的新机制,2013—2020年期间中国与"一带一路"沿线国家货物贸易总额累计达9.2万亿美元。

2020年,中国吸收的FDI增长6%,达1490亿美元,仍是全球第二大FDI流入国;对外投资规模达1330亿美元,与前一年基本持平,成为全球最大投资国。2020年,货物贸易保持较快增长,进出口总额达到4.7万亿美元,连续三年居世界首位,与此同时服务贸易进出口总额为6617亿美元,居世界第2位。2020年面对全球新冠疫情的冲击,中国经济仍然逆势增长,GDP达到101.4万亿元人民币,占世界经济比重接近17%。

在科技创新方面,中国的全球创新指数已经从2012年位列世界第34位的"创新学习者"提升到2020年的第14位,大大地缩小与发达国家的差距。经济结构进一步优化,2013年第三产业比重首次超过第二产业,2020年第一、二、三产业比重分别为7.7%、37.8%和54.5%。经济发展带来的民生改善显著提升,居民获得感不断增强。2020年,全国居民人均可支配收入达3.2万元人民币,全国居民人均消费支出为2.1万元人民币。

2021年7月1日，在庆祝中国共产党成立100周年大会上，习近平总书记庄严宣告，经过全党全国各族人民持续奋斗，我们实现了第一个百年奋斗目标，在中华大地上全面建成了小康社会，历史性地解决了绝对贫困问题，正在意气风发地向着全面建成社会主义现代化强国的第二个百年奋斗目标迈进。

第三节　中国实践的发展经济学意义

一、什么样的研究才具有发展经济学意义？

在时间、实践和理论的三维空间中，我们看到，在改革开放之前，中国经济实践与发展经济学理论这两条轨迹虽然方向一致，但基本上是分立地发展。相对于那些直接受发展经济学理论影响的发展中国家而言，独立于发展经济学理论之外的中国经济实践对发展经济学的检验性更强。改革开放之后，西方发展经济学被引入我国，从此理论与实践在相互作用、相互影响中加快了发展的步伐。中国经济实践之于发展经济学理论，不仅具有独立检验理论的功能，修正了诸如"华盛顿共识"之类的发展战略与理论主张，更重要的是，它已成为推动发展经济学深入发展的一股重要力量。

中国是一个发展中大国，与其他发展中国家相比，面临的经济问题更繁杂，谋求经济发展的任务更艰巨，其曲折起伏的发展过程能够为发展经济学的理论研究提供更为丰富的经验素材，因而中国的经济实践更具有典型的发展经济学意义。改革开放以来，中国学者以经济发展中的重大现实问题为导向，应用发展经济学理论研究中国问题，在经济体制转型、市场与政府、价格体制改革、二元经济与结构转型、剩余劳动力流动与城镇化、金融深化、财政制度改革、利用外资、外向型发展战略、技术创新、产业升级、精准扶贫、绿色发展、区域协调发展等方面取得了重要进展。但是，总体而言，中国的发展经济学研究存在两点不足：第一，应用性强，原创性不足；第二，实证性强，理论性不足。

在中国经济问题的发展经济学研究中，要增强原创性的理论研究，我们首先要解决一个认识论问题：什么样的研究才具有发展经济学意义？

中华人民共和国成立七十余年，特别是改革开放四十余年，中国取得了举世瞩目的经济成就。在发展经济学的思维视野中如何认识这些成就并做出理论阐释，不同学者持有不同的学术观点。大体而言，可以分为两类观点：一些学者坚信"中国奇迹说"，并从"制度变迁""制度基因""中国文化""中国模式"等不同角度对中国巨大的经济成就进行解释；另一些学者认为，中国的经济增长并没有超出一般的经济发展规律，其成功经验与不足都可以在其他国家的发展经历中找到印证，虽然我们可以为经济成就感到骄傲并做出解释，但还不能称之为奇迹。这两种认识虽然表面上是冲突的，但认识倾向是相同的：把中国发展的经验事实放置到一般经济学的分析空间，以一般经济学的思维方式观察和分析中国经济发展问题。

经济发展是一种质变，它意味着新模式、新结构的涌现，表现为经济系统由远离均衡逐渐向均衡逼近、由低水平均衡向高水平均衡的跃迁。如果经济发展完全是一个自然现象，那么，我们要做的就是了解这个过程，顺其自然。但是，现实世界长期存在着不发达国家的事实告诉我们，这个过程并非必然地、自动地发生。很多发展中国家很难启动这个过程，或者在这个过程的某个阶段停滞不前（低水平均衡陷阱或中等收入陷阱）。这是研究人类经济活动普遍现象和一般规律的一般经济学没有解释的基本事实，也是发展经济学存在的客观前提。不可否认，那些普适于发达国家和发展中国家的一般规律对发展中国家经济实践的确具有积极意义，但是，对于那些深陷"贫困恶性循环"或"中等收入陷阱"的发展中国家而言，实践中最棘手的问题是，尽管按照一般经济学所提供的指南不懈努力，经济仍然不能发展。发展经济学必须在理论上解析、再现、推演经济发展这种涌现、跃迁过程本身，并导出在实践上推动这个跃迁过程的发展方略。

因此，无论用"制度变迁""制度基因""中国文化""中国模式"去肯定和解释中国经济发展的奇迹，还是用人类经济发展的一般规律去否定或消解奇迹,虽然可以在一般经济学的思维框架中讨论和争论,但是,都不具有发展经济学的意义。与那些同样具备这类因素的发展中国家相比,取得巨大经济成就的为什么是中国?中国快速的增长与发展为什么出现在最近四十年?只有那些关于经济发展过程的"病理学""发生学"研究,才是发展经济学研究。

二、具有发展经济学意义的中国经验事实

发展经济学需要中国。在中国经济问题的发展经济学研究中,要增强原创性的理论研究,我们需要明确的另一个认识论问题是:发展经济学的理论建构在什么意义上需要中国经济实践?新的理论一定出现在发展经济学理论存在缺陷或盲区、需要完善的地方。中国由一个农业国初步转变为工业国,从一个落后的低收入国家稳健跨入中上等收入国家行列,七十年的经济实践中能够为发展经济学的理论创新贡献什么样的中国智慧?我们认为,至少存在以下蕴藏着普遍性的实践意义和理论建构意义的"特征事实",值得我们进一步挖掘和提炼。

第一,发展动力的激励,这是构建发展经济学微观分析基础所需要的经验事实。

长期以来,发展经济学以发达国家为参照系,致力于发展中国家经济增长、结构变迁等宏观发展问题研究。正如美国经济学家阿德尔曼所批评的那样,发展经济学家们总是直观地为发展中国家的不发达寻找各种各样单一的原因,并由此寻求单一的解决办法,形成"理论拼盘"。① 发展经济学理论不能形成有逻辑联系的整体,一个重要的原因在于,发展经济学较少关注微观经济主体及其经济行为,缺乏微观分析基础。社会经济活动是微观层面上人的经济行为的宏观呈现。著名经济学家、诺贝尔经济学奖获得者阿罗认为,任何研究社会经济现象理论,都必须对处于特定社会环境之中、在一定的社会变量影响下的经济主体行为做出合理的解释,或者在

---

① ADELMAN I. Fallacies in Development Theory and Their Implications for Policy [C] // MEIER G M, STIGLITZ J E. Frontier of Development Economics: The Future in Perspective. New York: Oxford University Press, 2001: 103-134.

逻辑上与对经济主体行为的合理解释相一致。①

经济发展归根到底是由人推动的，而人的行为则受动机支配，因此，发展经济学研究宏观层面的经济发展，必须深入到微观层面上经济主体的动机激励，从此推演发展过程，构造具有逻辑联系的理论体系。中华人民共和国七十余年的经济实践从正反两个方面说明，以一定的制度安排激励经济主体的经济行为至关重要。培育市场经济，需要激励产权明晰、自主决策的经济行为主体；推动改革，无论是前期的自下而上，还是后来的自上而下顶层设计，需要激励进行制度设计与实施的主体，如农村的家庭联产承包责任制，城市的国有企业改制、公司治理，政府部门中的地方财政分权、政府官员"政治任命"加"经济考核"，等等。市场经济取向的改革之所以能够取得优异的经济绩效，最根本的原因就在于，制度变迁对微观层面经济活动主体产生激励，激励了人们努力工作、不断创新的动机，并且根据不同阶段的发展任务，在不同社会环境下找到了激励相容、持续发展的机制，形成富有成效的制度安排。这是促进经济发展的微观动力源泉，也应该成为发展经济学建构理论的微观分析基础。

第二，发展韧劲，这是发展实践中非常重要而被发展经济学忽略的经验事实。

发展中国家从贫穷落后的基础实现经济起飞，不仅需要发展要素的积累与投入，需要发展动力的激励，需要发展条件和环境，还需要抵御风险、驾驭不确定性的稳定发展能力，或称发展韧劲。这是发展经济学迄今为止没有研究过的盲区，与经济学中关于短期与长期的理论分野不无关系。在现代经济学视野中，经济不确定性、风险、经济波动、经济周期、经济危机等都属于短期问题，而经济增长、结构变迁等属于长期问题。关注发展中国家长期经济发展问题的发展经济学，忽略不确定性、风险、波动等问题，似乎也在情理之中。但是，在现实中，短期问题可能会影响长期发展。随着国际经济依赖程度的加深，经济不确定性不仅影响一国国内宏观经济运行，还会蔓延至其他国家，产生相互强化的负向外溢效应。与

---

① ARROW K J. Methodological Individualism and Social Knowledge [J]. American Economic Review, 1994, 84 (2): 1-9.

市场经济成熟、经济发展水平较高的发达国家相比，发展中国家抵御风险的能力更差，经济发展过程很容易受内生的不确定性和外生冲击所干扰，甚至因为经济危机、金融危机、政治危机和文化宗教冲突而中断。在世界上发生的经济危机或金融危机中，即使原发地不是发展中国家，但受到伤害最重的都是发展中国家。2008年国际金融危机爆发之后，经济不确定性加剧成为全球经济面临的突出问题，引起学界和各国政府的高度关注。

虽然不确定性和波动是短期的，但是抵御风险、驾驭波动的能力或发展韧劲却是长期性的。这是一个谋求经济发展的发展中国家能力建设的重要方面，应该纳入发展经济学的研究议题。

中国七十余年经济实践能够奉献给发展经济学作为研究案例的特征事实，除了高速增长之外，还有面对经济不确定性与风险所展现出来的发展韧劲。无论在发达国家的早期发展中，还是在二战以来发展中国家或地区的经济发展过程中，没有一个国家或地区能够保持四十年高速增长而不发生经济危机。但是，中国能够做到。在改革开放四十余年的经济发展过程中，中国没有发生过经济危机。不仅如此，在1997—1998年亚洲金融危机、2008年国际金融危机的危急时刻，中国担当了全球经济增长的火车头角色，将亚洲及全球经济拉出危机地带。其实，自中国改革开放以来，国际上一直都有唱衰中国的声音，中国经济即将崩溃的论调有时还甚为流行。但是，中国经济发展未如他们所料。尤其是在2008年全球金融危机中，中国为全球经济稳定增长所发挥的显著作用，使得"中国崛起论"取代"中国崩溃论"逐渐成为国际社会的共识。近年来，世界经济持续低迷，中国经济尽管面临下行压力，但是，面对不确定性和风险，中国经济仍有望稳定地发展，并担当世界经济增长的稳定器和主要动力源。这就是中国的发展韧劲。

中国的发展韧劲不仅表现在改革开放之后，在改革开放之前也有突出表现。中国在百废待兴的基础上，经历三年自然灾害和十年"文革"动乱，面对西方封锁，仍能保持与世界平均水平相当的经济增长速度，并且初步建立起相对独立、比较完整的工业体系。中国的发展韧劲不仅表现为面对外部冲击时具有广阔的回旋空间，还表现在遇到内生于体系内部的经济问题时具有超强的自我纠错能力和纵深调整空间，面对困难应对风险时经济体系具有协调一致的行动能力。发展韧劲作为一种长期的发展能力，要从中国的基本制度和经济治理体系中找到解释。

第三，经济结构及其变迁的内生性，这是修正发展经济学核心理论所需要的经验事实。

发展意味着变化，但并不是所有的变化都可称为发展。经济发展是在经济增长过程中人民生活水平的提高以及与之相应的经济结构变迁。发展经济学特别关注结构变迁，体现出不同于一般经济学的研究旨趣。一般经济学很少涉及经济结构，即使近年来研究结构，也只是把结构变迁看成是经济系统自然发生的过程。发展经济学则关注不发达经济体的结构失衡、结构刚性，解析结构刚性的形成机理，探究矫正结构失衡、促进合意的结构变迁的可能路径。不过，在现有的发展经济学理论中，对发展中国家合意的经济结构却是外生性的，是以发达国家经济结构为样板而加之于发展中国家的。

中国七十多年的经济实践表明，经济结构及其变迁内生于经济增长过程，是由禀赋结构、需求结构以及技术进步共同决定的，并且在经济发展的不同阶段随着禀赋结构、需求结构和技术进步的变化而变化。如果超越发展阶段，脱离特定的禀赋结构、需求结构和技术进步而外在地造就某种经济结构，就会扭曲经济，导致经济绩效低下，人民生活得不到改善，从而背离经济发展的初衷。

林毅夫教授提出的新结构经济学，是按现代经济学规范进行建构的具有原创性的发展经济学理论。新结构经济学基于中国等发展中国家发展和转型的成败经验，强调在不同发展阶段经济结构的内生性差异及其动态变迁，主张以新古典主义经济学的方法来研究经济发展过程中不同发展程度的国家中各种结构及其变迁的决定因素和影响，从理论和实践层面提出"有效市场"和"有为政府"的主张，试图重构和拓展主流的发展经济学理论。新结构经济学认为，每个时点上的生产力和产业结构是由该时点的要素禀赋及其结构决定的。要素禀赋结构在每个时点是既定的，但随着时间的推移，要素禀赋及其结构将发生变化。一个经济体按要素禀赋结构的特性来发展具有比较优势的产业是经济取得稳定、快速、包容发展的最佳途径。在经济结构的内生性研究中，新结构经济学特别强调要素禀赋的作用。

第四，战胜贫困，这是深化发展经济学减贫理论的重要经验事实。

贫困一直是困扰发展中国家的顽疾，消除绝对贫困是发展中国家经济发展的首要任务。2021年2月25日，习近平总书记在北京举行的全国脱贫攻坚总结表彰大会上宣布，中国脱贫攻坚战取得了全面胜利，完成了消除绝对贫困的艰巨任务，创造了又一个彪炳史册的人间奇迹。改革开放以来，我国已有近8亿人口摆脱贫困，对全球减贫贡献率超过70%，提前10年实现联合国2030年可持续发展议程减贫目标。中国创造了人类减贫史奇迹。

发展中国家仍然存在着大量绝对贫困人口的事实表明，现有的减贫理论仍然面临着巨大的挑战，人们很难找到单一地、适用于大多数国家和地区的减贫政策体系。研究减贫的学者不得不关注于一些小范围的减贫实验，通过准自然实验的方法来观察贫困人口的行为。这些研究对于减贫政策的效应评估的确十分稳健，但各个地区发展条件差异巨大，很难将在可控实验条件下得到的政策应用于真实世界的减贫。

中国的贫困政策实践，对于发展经济学的减贫理论具有重要的启示。2014年开始正式实施的"精准扶贫"行动，是中国最终消除贫困的主要政策。这一政策将减贫目标上升为经济发展的主要任务，政府以其强大的组织动员能力，为贫困地区的发展提供有力的支持。这些支持包括：大规模的财政资金投入，用于低息或免息贷款、基础设施建设、社会事业投入；通过行政力量组织干部下乡帮扶，提升基层治理能力；引进大量的产业化项目；等等。更重要的是，在这一时期进行了大量的制度创新，如第一书记制度，将行政事业单位的干部派出至农村参与管理，并对第一书记的考核与提拔提供专门的激励；驻村干部制度，选派县以上单位干部长期在农村工作；贫困人口的精准识别制度，通过对贫困户建档立卡，使上一级政府能够实时动态掌握贫困户的情况，给予精准的帮扶；贫困县摘帽制度，组织跨区域的考核团队以及引入第三方团队，对贫困地区脱贫绩效进行考核打分。

显然，中国的减贫实践没有照搬任何现有的成熟理论，更多地是利用了现有的制度优势，并在试错过程中不断创新制度。中国脱贫奇迹得益于以人民为中心的发展思想，得益于坚强的组织领导和坚定的执行力，得益于集中力量办大事的制度优势和精准扶贫等一系列独创性的重大理念和举措。中国在脱贫攻坚领域的探索无疑给全球减贫事业注入了信心，为广大发展中国家的脱贫实践提供了宝贵经验，也为完善和推进发展经济学减贫理论提供了重要的经验素材和成功样本。

第五，新发展理念，这是丰富发展经济学发展战略的重要经验事实。

中国进入中等收入阶段以后，发展要素、发展条件、发展环境、发展问题和发展任务等都发生了深刻变化。习近平总书记指出，我国社会主要矛盾已经转化为人民日益增长的美好生活需要和不平衡不充分的发展之间的矛盾，发展中的矛盾和问题集中体现在发展质量上，要求我们必须把发展质量问题摆在更为突出的位置，着力提升发展质量和效益。在发展经济学的意义上，经济增长是一种量变，而经济发展则是在增长基础上的质变，表现为经济社会结构变革、社会福利水平普遍提高、不平等状态改善、经济主体生活质量提高与实质自由扩张。事实上，经过改革开放以来的经济快速增长，中国经济在"量"上取得了巨大成功，经济量变的积累已经达到一定程度，已经到了需要更关注"质"的时候了。进入新发展阶段，应该从"质变"的角度，研究经济增长量变过程中所蕴含的"质的提升"，由此反思经济发展模式。其实，无论是从哲学的角度，还是从经济学特别是发展经济学的角度，真正称得上经济发展质量的东西，应该是经济增长这种量变过程中所蕴涵的"质"及其"部分质变"。

发展是解决我国一切问题的基础和关键。发展理念是发展行动的先导，是发展思路、发展方向、发展着力点的集中体现。在深刻总结国内外发展经验教训、深刻分析国内外发展大势的基础上，针对我国发展中的突出矛盾和问题，党中央在发展战略上作出了重大调整，提出了"创新、协调、绿色、开放、共享"的新发展理念。这一主动的发展战略转变，是发展问题驱动的。因为，经过四十余年的快速发展，中国经济增长取得瞩目成就的同时，也面临着许多新的发展挑战。例如，大多数产业仍处于中低端水平，附加值不高；地区间、城乡间的发展差距不断拉大；资源环境的可持续性问题日益突出；在对外开放过程中，面临着发达国家技术封锁与其他发展中国家低劳动力成本替代的双重挑战；社会收入分配差距持续扩大，带来新的社会不稳定因素。这些挑战同时出现在一个发展中的大国，难以在现有的发展理论与发展实践中找到可参考的解决方案。不过，中国的决策层已经意识到当前的发展挑战，并以新发展理念来迎接挑战。自2015年首次提出新发展理念以来，中国出台了大量相关的政策。在创新方面，政府越来越重视基础研发和"从0到1"的创新，并投入大量资源用于大飞机、芯片、操作系统等领域的核心关键技术的研究；在绿色发展方面，不断加强环境保护的执法力度，修订了相关环境保护法律，并从中央到地方实行空前严格的环境执法督查，提出了"碳达峰""碳中和"目标；在共享方面，提出了促进共同富裕的宏伟目标，强调"三次分配"在促进社会公平中的作用，并开始实施相应的配套政策。

新发展理念，是关系我国发展全局的一场深刻变革。相较于已有发展经济学所提出的发展战略，新发展理念不是单一性的发展政策，在目标上更为多元，在政策体系上更为完整。与新发展理念相关的政策，也将在中国这个发展中大国得到检验。因而，发展经济学，尤其是以中等收入阶段经济发展为主要研究问题的发展理论，更应充分关注中国新发展理念的实践效果。

三、新发展阶段的实践探索与理论展望

研究发展中国家经济发展问题的发展经济学，并非产生于发展中国家，而是萌发于西方发达国家并发展成为一门学科。这种背景在很大程度上决定了发展经济学主流的理论取向：立足发达国家，俯视发展中国家；总结发达国家经济发展经验，为发展中国家的经济发展提供参照。这种研究取向必然走向两难境地：一方面，在实践上，由于发展中国家经济基本面存在着不同于发达国家的特殊性，发展经济学对发展中国家经济的解释力受到了极大限制，发展中国家如何摆脱贫困陷阱和中等收入陷阱的发展问题依然存在，并没有得到圆满解决，二战后二百多个发展中经济体中至

少有 180 个仍未能摆脱中等收入陷阱或低收入陷阱①；另一方面，在理论上，既然只是从发达国家经济发展经验中提炼理论而应用于发展中国家，那么，发展经济学就失去了作为一门独立学科存在的合理性与必要性。美国经济学家哈伯勒认为，经济学应该是一元的，即新古典主义经济学，它足以处理发达国家和发展中国家的经济问题；不存在专门以发展中国家经济发展为研究对象的发展经济学。

实践是理论之源。发展经济学在现代经济学体系中的这种尴尬境况根源于其实践基础，以及由实践基础决定的理论取向。正本清源，研究发展中国家经济发展问题的发展经济学之根，必须回归发展中国家的经济实践。

中国是一个发展中国家，在经济基本面、面临的发展问题和发展任务等方面，与其他发展中国家有诸多共性。更重要的是，中国是一个从贫困走向富裕、在实践中创造了经济奇迹的发展中大国。七十余年跌宕起伏的发展历程，既有弯路教训，也有成功经验，值得我们用严谨科学的方法去研究、概括和提炼。从中国经济实践中总结的发展经济学理论，比起基于发达国家实践建构的发展理论，更符合发展中国家实际，对发展中国家经济发展更具有实践意义。事实上，发展经济学自 20 世纪 80 年代初传入中国以来，就不断地从中国经济实践中获取思想营养，随着中国改革开放的步伐前行。发展经济学见证了中国由一个农业国初步转变为工业国，从一个落后的低收入国家稳健跨入中上等收入国家行列的发展历程；中国经济奇迹般的增长过程、发展经验与发展策略，不仅检验了发展经济学理论，更有力地推动了发展经济学的理论创新。发展经济学与中国发展实践已经形成了"逻辑与历史相一致"的演进路径。

2020 年，中国全面建成了小康社会，历史性地解决了绝对贫困问题。经济发展是在经济增长基础上社会经济结构变迁与人民生活质量普遍提高的过程。从经济结构看，中国新发展阶段是从工业化后期向后工业化阶段

---

① 林毅夫. 我在经济学研究道路上的上下求索 [J]. 经济学（季刊），2018，17（02）：729—752.

过渡，与钱纳里的工业化后期、后工业化社会和现代社会相对应，是新型工业化、信息化、城镇化、农业现代化同步发展的高质量工业化阶段；从经济质量看，中国新发展阶段意味着已经从经济高速增长阶段转向高质量发展阶段，与罗斯托的"大众高消费"和"追求生活质量"这两个阶段相对应。因此，习近平总书记强调，我国仍处于并将长期处于社会主义初级阶段，发展仍然是我们党执政兴国的第一要务。

进一步而言，一个经济体即便达到了世界银行分类的高收入阶段，也未必全面实现了现代化；一个经济体即便既达到了高收入，又实现了现代化，也未必就是一个强国。在更广阔的发展视野中，一个经济体由穷变富是发展，一个国家由富变强也是发展。中国新发展阶段是中国共产党带领中国人民实现从富起来到强起来的历史性跨越的发展过程，这一伟大实践将为世界其他中等收入经济体的发展提供中国方案，为发展经济学理论创新贡献中国智慧。发展经济学研究这一伟大实践过程，意味着拓展研究领域的边界，将会把发展经济学从由贫变富的发展理论，进一步拓展为由富变强的发展理论，从而开创发展经济学的新时代。